बिमल दे

बिमल दे का जन्म सन् 1940 में कोलकाता में हुआ। बचपन में घर से भागकर उन्होंने कई बार हिमालय के चक्कर लगाए। 1956 में जब तिब्बत का दरवाज़ा विदेशियों के लिए लगभग बन्द हो चुका था, एक नेपाली तीर्थयात्री दल में शरीक होकर तमाम अड़चनों से जूझते हुए वे ल्हासा से कैलास तक की यात्रा कर आए। 1967 में साइकिल से विश्व-भ्रमण के लिए निकले। एक पुरानी साइकिल, जेब में कुल अठारह रुपए, मन में अदम्य उत्साह और साहस, यही उनकी पूँजी थी। रास्ते में छिटपुट काम कर रोटी का जुगाड़ करते, फिर आगे बढ़ते। इस तरह पाँच साल तक दुनिया की सैर करने के बाद वह 1972 में भारत लौटे। 1972 से 1980 तक मुख्यत: पर्वतारोही पर्यटक के रूप में विश्व के पर्वतीय स्थलों की यात्रा करते रहे। 1981 से 1998 के बीच उन्होंने तीन बार उत्तरी ध्रुव और दो बार दक्षिणी ध्रुव की यात्रा की।

उनकी प्रमुख पुस्तकें हैं—'मैं हूँ कोलकाता का फॉरेन रिटर्न भिखारी', 'महातीर्थ के अंतिम यात्री', 'महातीर्थ के कैलासबाबा', 'सूर्य प्रणाम', 'साइकिल से दुनिया की सैर'।

फ्रांस की संस्थाओं तथा वाशिंगटन के नेशनल जिओग्राफ़िक सोसाइटी ने उन्हें कई बार सम्मानित किया है। वे अमेरिकी पोलर सोसाइटी के आजीवन सदस्य और ब्रितानवी पोलर सोसाइटी के परामर्शदाता रहे हैं। अपने ढंग का अनूठा पर्यटक और दार्शनिक होने के साथ ही बिमल दे एक मानव-प्रेमी हैं और निरन्तर जनहितकर कार्यों में जुटे रहते हैं।

मैं हूँ
कोलकाता का फॉरेन रिटर्न भिखारी

[उपन्यास]

बिमल दे

अनुवाद

दिलीप कुमार बनर्जी

लोकभारती पेपरबैक्स

पहला पुस्तकालय संस्करण
लोकभारती प्रकाशन द्वारा
2013 में प्रकाशित

लोकभारती पेपरबैक्स में
पहला संस्करण : 2024

लोकभारती पेपरबैक्स : उत्कृष्ट साहित्य के लोकप्रिय संस्करण

लोकभारती प्रकाशन
पहली मंजिल, दरबारी बिल्डिंग, महात्मा गांधी मार्ग,
प्रयागराज-211 001
द्वारा प्रकाशित
वेबसाइट : www.lokbhartiprakashan.com
ईमेल : info@lokbhartiprakashan.com

शाखाएँ : 1-बी, नेताजी सुभाष मार्ग, दरियागंज, नई दिल्ली-110 002
अशोक राजपथ, साइंस कॉलेज के सामने, पटना-800 006
1, अनमोल सोराबजी संतुक लेन, धोबी तलाव, मरीन लाइंस, मुम्बई-400 002

बी.के. ऑफसेट
नवीन शाहदरा, दिल्ली-110 032
द्वारा मुद्रित

मूल्य : ₹299

MAIN HUN KOLKATA KA
FOREIGN RETURN BHIKHARI
by Bimal Dey

ISBN : 978-81-19996-27-8

लेखक **बिमल दे** ने बांगला उपन्यास *'आमि कोलकातार बिलेत फेरोत भिखिरी'* का प्रकाशन *'भिखारी दास (बी.डी. लन्दन)'* छद्मनाम से किया था। लेखक से अनुमति प्राप्त कर हम इस उपन्यास के हिन्दी अनुवाद का प्रकाशन लेखक **बिमल दे** के नाम से कर रहे हैं।

प्रकाशक

मैं हूँ कोलकाता
का
फॉरेन रिटर्न भिखारी

मैं हूँ कोलकाता का फॉरेन रिटर्न भिखारी। तुम्हें शायद मेरी बात का यक़ीन नहीं, यही स्वाभाविक भी है। कोई भिखारी विलायत कैसे जायेगा भला? मेरी उक्ति ने तुम्हें चौंका दिया है और तुम सोच रहे हो कि पट्ठा डींग मार रहा है। ठीक है, तुम चाहे जो भी सोचो, लेकिन तुम्हें मेरी पूरी कहानी सुननी ही पड़ेगी, और सब सुनने के बाद यदि तुम्हें लगे कि मैंने तुम्हारा समय बर्बाद किया, तो इसके लिए मैं तुमसे माफ़ी माँग लेता हूँ।

तो शुरू करूँ? तुम या तुम लोग, जो भी इस पुस्तक को पढ़ रहे हो, उसी के लिए यह पुस्तक लिखी गयी है। मैं तुम्हें 'तुम' कहकर सम्बोधन कर रहा हूँ, तुम्हें इसका मलाल तो नहीं?

मेरे दाआबू ने मुझसे कहा है, ''देख बीड़ी, अपने छोटे भाई से लेकर बाप-दादा शिव, काली, दुर्गा, सरस्वती तक सबको 'तुम' कहकर पुकारा जा सकता है, लेकिन 'तू' या 'आप' सम्बोधन सब पर लागू नहीं होता। अतः तू अपनी किताब में 'तुम' शब्द ही रखना।'' मैं अपने दाआबू के निर्देश का ही अनुपालन कर रहा हूँ।

हाँ, अपनी कथा शुरू करने से पहले मैं अपना परिचय दे दूँ। मुझे नहीं मालूम कि मेरा जन्म कहाँ हुआ था, परन्तु दाआबू से सुना था कि या तो सियालदह स्टेशन के आसपास कहीं, अथवा पूर्वी बंगाल यानी बांग्लादेश से मेरा आयात हुआ था।

मैं एक ऑथेण्टिक भिखारी हूँ। जब से होश सँभाला है, तब से भीख माँग रह हूँ। मुझे अपने माँ-बाप का नाम नहीं मालूम। बचपन में कोई मुझे छोकरा कहकर पुकारता, कोई खोका, और कोई बच्चा कहकर। जब कुछ बड़ा हुआ तो रास्ते में जब भी कोई

सुलगती बीड़ी-सिगरेट की टोटी फेंकता तो उसे उठाकर उसका आख़िरी कश मैं ज़रूर लेता, और तभी से मुझे एक पक्का नाम मिल गया था—लोग मुझे बीड़ी कहकर पुकारने लगे। असल में कॉलेज जानेवाले डेली-पैसेन्जर दादा-दीदियों ने ही मेरा नाम बीड़ी रखा था। क्योंकि उन दिनों सियालदह स्टेशन, बैठकख़ाना बाज़ार, सुरेन्द्रनाथ तथा बंगबासी कॉलेज क्षेत्र में मेरा राज था। मैं ज़्यादातर सियालदह स्टेशन पर ही रहता था, कभी-कभी नीलरतन सरकार मेडिकल कॉलेज के सामने रखे कॉरपोरेशन के बड़े-बड़े ड्रेन-पाइपों के अन्दर। यही था मेरा परिचय और पता।

अब मैं अपने गुणों के विषय में बताऊँ। वस्तुतः मुझमें बहुत-से गुण हैं। अव्वल, बीड़ी फूँकना; दूसरे, स्टेशन या सड़कों पर भीख के लिए चिरौरी करना; तीसरे, बैठकख़ाना बाज़ार के व्यापारियों को चाय पहुँचाना; चौथे, कोई थोड़ा भी असावधान हुआ तो उसका सामान ग़ायब कर देना; ऐसा बहुत कुछ मैं करता आया था। दाआबू ने कहा है कि सब-कुछ लिखने की ज़रूरत नहीं, उससे एकरसता आ जायगी, और ऐसा होने पर मेरी किताब कोई नहीं पढ़ेगा। जो हो, मैं यह बता रहा था कि मेरे और भी कुछ धन्धे थे जिस कारण उम्र कम होने पर भी मुझे पैसे की दिक़्क़त नहीं थी। यह मानना ही होगा कि आम भिखारियों से मेरा दर्जा कुछ ऊपर था, मैं मामूली चावल-दाल की भीख नहीं माँगता था। मेरे दिमाग़ में गोबर नहीं भरा था। दिमाग़ की यह बात मेरी नहीं, दाआबू की है। उन्होंने कहा था, 'बंगाली है न, दिमाग़ से पैदल नहीं हो सकता, अरे बाबा कुछ है उसके अन्दर!'

अच्छा, यह बताओ, तुम्हें कैसी लग रही है मेरी कहानी? चलेगा न? तो फिर आगे बढ़ता हूँ :

दाआबू यानी मेरे दादा बाबू। मेरे गुरु, शिक्षक और मेरे मालिक। उनसे मेरा परिचय कैसे हुआ? हाँ, बताता हूँ। दाआबू के बारे में न लिखूँ तो क्या ख़ाक लिखूँगा? उनसे मेरी पहली मुलाकात एक मज़ेदार घटना थी। लो, सुनो।

और दिनों की तरह उस दिन भी सियालदह स्टेशन पर डेली-पैसेन्जर की भीड़ थी। प्लेटफॉर्म पर उतरते ही सब ठेलाठेली और धक्कमधुक्का झेलते हुए मामा के गेट से होकर बाहर निकलने के लिए पिल पड़ते। मैं साधारणतः गेट के बाहर मामा के पीछे ही खड़ा रहता था। सभी मामा लोग मुझे पहचानते थे, इसलिए मैं बिना टिकट स्टेशन के अन्दर-बाहर आवाजाही कर पाता था, और हो भी क्यों न, मैं तो इस स्टेशन का ही औलाद था और यह स्टेशन भी भिखारियों और कुलियों का था। बाहरी लोगों के लिए बिना टिकट आवाजाही की पाबन्दी थी। हाँ, यहाँ यह बता दूँ कि इस पुस्तक को लिखते समय मुझे उस समय की बहुत-सी बातें याद आ रही हैं, इससे मूल प्रसंग से भटकने की सम्भावना बनी हुई है। तुम्हें जो भी अंश अटपटा या एकरस लगे, उस अंश को मत पढ़ना। हाँ, तो मैं दाआबू के बारे में बता रहा था, है न?

हाँ, उस दिन स्टेशन की रेल-पेल में लोग एक-दूसरे को ठेलते-धकेलते, कुहनी मारते, पाँव कुचलते, धक्कमधुक्का करते किसी तरह ख़ुद को सुरक्षित रखते हुए अपनी जगह बनाकर गेट से बाहर निकलने में व्यस्त थे और मैं हाल में सीखे अपनी पेशा को आज़माने की फ़िराक में उपयुक्त ग्राहक की तलाश में खड़ा था। अचानक एक सज्जन पर मेरी निगाहें गयीं, उनके कन्धे से लटकते बैग का चेन खुला हुआ था। फिर क्या, पलक झपकते मैंने भीड़ में धँसकर उस बैग से एक सामान लगभग निकाल ही लिया था, जब उस सज्जन ने तपाक से मेरी कलाई पकड़ ली। वे लम्बे और ताक़तवर थे; मैं नाटा, दुबला और कमज़ोर। मैंने कोशिश तो की, लेकिन उनकी गिरफ़्त से अपनी कलाई नहीं छुड़ा पाया। उस घटना को याद करते हुए मुझे आज भी लगता है जैसे मेरी कलाई किसी के पंजे में नहीं बल्कि किसी सँड़सी में क़ैद थी। समझ गया कि मैं पकड़ा गया हूँ। मेरे सामने की दुनिया यकायक जैसे गुब्बारे की तरह फटकर बिखर गयी। क्षण भर में थप्पड़-तमाचा, लात-घूँसा, जूता-चप्पल, डण्डा, टूटे हाथ-पाँव, टूटे दाँत और फूटे सिर की भयावह कल्पना ने मुझे नरक का दृश्य दिखा दिया। अब एक ही उपाय था कि अपनी जीभ काटकर मुँह से ख़ून बहाऊँ। जिस गुरु ने मुझे उठाईगीर बनने की तालीम दी थी यह उन्हीं का सुझाव था। उन्होंने कहा था कि आम जनता कम उम्र के जेबकतरे या चोर-उचक्कों को ज़्यादा नहीं मारते, और मुँह से अगर ख़ून निकल आये तो सब ख़ुद को अपराधी मानकर अपनी राह चल देते हैं। मेरे साथ ऐसा कुछ भी नहीं हुआ। मैं सपने में भी नहीं सोच सकता था कि उस दिन मेरी क़िस्मत मुझे एक नये मोड़ पर पहुँचा देगी। वह सज्जन एक अद्‌भुत जीव थे, एक असाधारण व्यक्ति, वे मुझे स्टेशन से बाहर ले जाकर डाँटते हुए बोले, "ऐसा अकुशल हाथ लेकर तू इस धन्धे में आया है, अब तेरा क्या होगा इसकी भनक है तुझे?" डाँट और सतर्कता के मिश्रित स्वर में इतना कहने के बाद वे धीमे स्वर में बोले, "मैं तेरा हाथ छोड़ रहा हूँ लेकिन तू भागेगा नहीं, भागेगा तो मैं 'चोर-चोर' कहकर चिल्लाऊँगा, उसके बाद मुझे कुछ नहीं करना है, जो करना है पब्लिक करेगी। तू तो इतना दुबला-पतला है कि मार खायेगा तो मर ही जायेगा।"

उनकी बातों से मेरी जान में जान आयी। रुआँसा होकर मैं बोला, "मैं आपके पाँव पड़ता हूँ बाबूजी, मुझे छोड़ दीजिये! मैं नाक रगड़ रहा हूँ, फिर कभी नहीं करूँगा, माँ काली की कसम!"

उसके बाद जो हुआ वह मेरे लिये अप्रत्याशित था। उन्होंने मुझे समोसा खिलाया, चाय पिलाया, फिर दस रुपये का एक नोट मुझे थमाकर बोले, "ठीक है, अब तू जा। कल मैं इसी ट्रेन से आऊँगा, फिर इसी दुकान पर चाय पीऊँगा। तू मुझसे मिलना, डरना नहीं।"

हाँ, यही हैं मेरे दाआबू यानी दादा बाबू। कैसी लगी यह घटना? यक़ीन नहीं हुआ? मुझे मालूम था तुम यक़ीन नहीं कर पाओगे। अब तो फ़्लाइओवर बन गया है,

पहले ऐसा नहीं था। सियालदह स्टेशन के मोड़ से बैठकख़ाना बाज़ार में प्रवेश से पहले बायीं ओर साधना औषधालय की छोटी-सी दुकान थी और उसी के बग़ल में थी चाय-समोसा-कचौड़ी की दुकान। अगले दिन मैं उस सज्जन से मिलने के लिए उसी दुकान पर यथासमय पहुँचा था। मुझे देखकर वे बोले, "खा ले, जो भी मन चाहे, ले ले।"

उसके बाद समोसा खाते-खाते उन्होंने पूछा, "तेरा नाम क्या है?"

"बीड़ी।"

उन्होंने स्मित हँसकर कहा, "बीड़ी? बहुत अच्छा! पिताजी का क्या नाम है?"

"पिता नहीं हैं।"

"अम्माँ?"

"माँ भी नहीं है।"

उन्होंने कुछ उत्साह दिखाते हुए पूछा, "भैया, मामा, मौसी, चाचा कोई तो होगा?"

"नहीं, कोई नहीं है।"

तब उन्होंने आन्तरिकता के साथ पूछा, "कहाँ रहता है?"

"कहीं नहीं, रात में स्टेशन में या पाइप के अन्दर सोता हूँ।"

मेरा उत्तर सुनने के बाद उन्होंने उस दिन भी मुझे एक दस रुपये का नोट दिया और कहा, "भीख माँगता है तो ठीक है, किन्तु कभी भी चोरी या पॉकिटमारी नहीं करेगा। मैं आठ-दस दिनों के बाद फिर आऊँगा। कोलकाता मैं इसी ट्रेन से आता हूँ, यहीं चाय पीता हूँ, तब फिर भेंट होगी।"

इस तरह दो महीने के अन्दर उनसे मेरी लगभग दस बार मुलाकात हुई। न जाने क्यों मुझे लगता था कि जीवन में पहली बार मुझे स्नेह और प्यार मिला था। मेरे जीवन का ढर्रा कुछ बदल गया था, भीख माँगने का तरीक़ा भी। अब मैं रो-कलपकर पाँव पकड़कर यात्रियों से पैसे नहीं माँगता था, हँसकर मुस्कराकर भीख माँगता था। मेरी आमदनी पहले से दस गुना बढ़ गयी थी। मुझे पहले नहीं मालूम था कि लोग इतने इच्छे भी होते हैं। बहुधा कॉलेज के छात्र और डेली-पैसेन्जर मुझे बुलाकर भी पैसे देते, वे बुलाते, "ऐ बीड़ी, इधर आ!"

कुछ महीने बाद उनसे पुनः मुलाकात हो गयी, किन्तु इस बार चाय की दुकान में नहीं, सियालदह से रानाघाट जानेवाली रात की ट्रेन में। वे खिड़की की बग़ल में बैठे अख़बार पढ़ रहे थे। मैंने प्लेटफॉर्म पर उस खिड़की के पास खड़े होकर कहा था, "बाबूजी, मुझे दस पैसे देंगे?" मेरा कण्ठ स्वर पहचानकर उन्होंने हँसते हुए मेरी ओर देखकर कहा, "ऐ बीडी, ऊपर आ जा!" मुझे आश्चर्य हुआ कि उन्होंने मुझे बीड़ी के बजाय बीडी क्यों पुकारा? मैं कम्पार्टमेण्ट में उनके पास पहुँचा तो उन्होंने मुझे दस रुपये

का एक नोट देकर कहा, "इसे रख ले। अब मैं तुझे बीड़ी नाम से नहीं पुकारूँगा, मैंने तेरा नया नाम रख दिया—बीडी।" उस समय मैं बारह साल का था। मुझे अपने उम्र का पता नहीं था। यह दाआबू ने ही अपने हिसाब से कहा था कि मेरी उम्र बारह के लगभग है, या उससे कुछ कम।

इसके बाद दाआबू मुझे सीधे सियालदह से शान्तिनिकेतन ले गये। मेरी ज़िन्दगी बदल गयी, मेरे लिये एक नया जीवन शुरू हुआ। पहले कभी भी मैंने कोलकाता से बाहर क़दम नहीं रखा था। दार्जिलिंग एक्सप्रेस से बोलपुर स्टेशन पर उतरकर शान्तिनिकेतन जाते हुए मुझे लगा कि मैं किसी नये देश में पहुँच गया हूँ।

शान्तिनिकेतन में दाआबू का एक पुराना मकान है। उनका एक माली है जो पेड़-पौधों को सींचता है और मकान की देखभाल करता है।

अगले दिन बहुत तड़के मैं घूमने के लिए निकल पड़ा। कहाँ सियालदह और कहाँ यह शान्तिनिकेतन! सियालदह एक जीवित शहर था, खचाखच भीड़, व्यस्तता, भागमभाग। यहाँ की स्थिति ठीक उससे विपरीत थी। बोलपुर स्टेशन के आसपास का क्षेत्र फिर भी ठीक था, लेकिन डाकघर पार करने के बाद शान्तिनिकेतन में प्रवेश करते ही लगा यह एक मृत नगरी है। राह में जैसे अधमरे लोग घूम-फिर रहे थे, उनमें न व्यस्तता थी, न चंचलता। मुझे जैसे सियालदह स्टेशन के भिखारी को लगा कि शान्तिनिकेतन आलसी लोगों का देश है। निष्प्राण लोग उद्देश्यविहीन होकर चल-फिर रहे थे।

कुछ दिन वहाँ रहने के बाद दाआबू मुझे धीरे-धीरे सब समझाने लगे—शान्तिनिकेतन सियालदह स्टेशन नहीं है। यह विश्वकवि रवीन्द्रनाथ ठाकुर का देश है, पुण्यभूमि है, शिक्षित और ज्ञानी-गुणी लोगों को लेकर ही शान्तिनिकेतन बसा है। यह एक तीर्थक्षेत्र है। उस दिन दाआबू की थोड़ी-सी बातें मैं समझ पाया था, किन्तु उनकी अधिकांश बातें मेरी समझ से परे थीं। शुरू में मैंने सोचा था कि दाढ़ी-मूँछवाला रवीन्द्रनाथ ठाकुर भी दुर्गा ठाकुर या शिव ठाकुर जैसा कोई भगवान् होगा। बाद में जब असलियत जाना तो अपनी मूर्खता पर मैं स्वयं ही लज्जित हुआ था।

मेरा नया जीवन शुरू हुआ। दाआबू मुझे थामे रहे। वे बोले, "तुझे इन्सान बनना है, तेरे अन्दर प्रतिभा है।" प्रतिभा का मतलब मैं नहीं समझ पाया, लगा कि वे मुझे चालाक कह रहे हैं। फिर मुझे घोर आश्चर्य हुआ जब उन्होंने बताया कि यूँ इस मकान की देखभाल माली करता है किन्तु मेरा दर्जा उससे भी ऊपर का है। मुझ पर उन्हें इतना विश्वास था देखकर मुझे हैरानी हुई। ट्रेन में या स्टेशन में मुझ जैसा भिखमंगा दिखते ही लोग शीघ्रता से अपना सामान सहेजकर आँखें तरेरते हैं—'भाग, भाग यहाँ से!' अक़सर मुझे लगता कि हम लोग रास्ते के आवारा कुत्तों से भी अधम हैं। लेकिन हम शिकायत नहीं कर सकते क्योंकि हम सियालदह के भिखारी हैं, सभ्य लोगों का नफ़रत

झेलने के लिए ही हमारा जन्म हुआ है। दाआबू के पास आने के बाद से मेरी पुरानी अवधारणाएँ धीरे-धीरे बदलने लगी थीं। मन में यह प्रश्न भी बार-बार कौंधता रहा कि आख़िर क्यों वे मुझे अपने इतने क़रीब ले आये?

दाआबू से सम्पर्क होने के बाद की सारी घटनाएँ ज्यों मेरे लिये हैरतअंगेज़ थीं त्यों ही वे मेरी उन्नति में सहायक। उन्होंने मेरे लिये एक शिक्षक का भी प्रबन्ध कर दिया। मास्टर जी अपनी सुविधानुसार जब मुझे समय देंगे तब मुझे उनके घर जाकर पढ़ना-लिखना सीखना पड़ेगा। अ-आ-क-ख से लेकर जोड़-घटाव-गुणा-भाग तक। सीखना यानी सब-कुछ सीखना—बैठने का ढंग, चलने का ढंग, मुस्कराकर बातचीत का ढंग। मुझे बहुत अच्छा लगता जब मास्टर जी कहते, "मेरी बातें ध्यान से सुनाकर, हमेशा उत्तर देने की ज़रूरत नहीं।" मास्टर जी मुझे बहुत अच्छे लगे। वे दाआबू के मित्र थे और उन्हीं की तरह भले व्यक्ति भी। आज मैं जो यह सब लिख रहा हूँ उसका पूरा श्रेय मास्टर जी को जाता है। तुम यह अवश्य समझ रहे हो कि मास्टर जी से शिक्षा प्राप्त करने के काफ़ी वर्षों के बाद मैं अपनी पुरानी स्मृतियों को संजोकर यहाँ पिरो रहा हूँ।

हाँ, तो जो मैं कह रहा था, मास्टर जी मुझ जानवर को आदमी बनाने में जुट गये यानी मैं धीरे-धीरे आदमी बनने लगा था।

दाआबू एक दिन मुझे उस घर में अकेला छोड़कर दिल्ली चले गये। तब मास्टर जी मेरे अभिभावक थे, यानी मुझे रुपये-पैसे या और किसी चीज़ की ज़रूरत होती तो वे ही देते। दाआबू अक़सर टेलीफ़ोन पर मेरे विषय में पूछताछ करते। मैं आसपास हुआ तो मास्टर जी मेरी ओर देखकर क्षीण मुस्कुराहट के साथ उत्तर देते, "हाँ, सीख रहा है, आग्रह है बहुत, मेहनती भी है, लेकिन तू जानता ही होगा कि गधे को चाहे जितना पीटो, वह घोड़े की तरह कभी नहीं दौड़ पायेगा। अब देखें...।" बाद में मैं मास्टर जी की एक आदत समझ गया था, वे मुझे प्यार से गदहा, बन्दर, साला आदि कहते थे। मेरे लिये वे शब्द गालियाँ नहीं, मिसरी के ढेले थे। मास्टर जी गुस्सा होते तो कहते 'गदहे का बच्चा' और फिर मेरी आँखों से उनकी आँखें टकरातीं तो कहते, 'बच्चा गदहा!'

यहाँ तक तुमने मेरी बातें सुनीं, मैंने विस्तार से कुछ भी नहीं लिखा क्योंकि उससे तुम्हें यह बोझिल लगती और यकायक धड़ाके से दरवाज़ा बन्द करने की तरह तुम किताब बन्द कर देते। मैं यथासम्भव संक्षेप में अपने शुरुआती जीवन की कथा बता रहा हूँ। यद्यपि इससे तुम्हारा कुछ वक़्त जाया हो रहा है, किन्तु मैं अपने प्रारम्भिक जीवन के विषय में न लिखूँ तो तुम लोग मुझे समझ नहीं पाओगे। तुम लोग मेरी विलायत यात्रा के बारे में सुनोगे तो दंग रह जाओगे। बताऊँगा वह भी, पहले जो बता रहा था उसे समाप्त कर लूँ : ऐसा नहीं कि मुझे शान्तिनिकेतन अच्छा लगा था, लेकिन यहाँ रहने,

खाने और रात में सोने की निश्चित व्यवस्था के चलते मैं यहाँ टिक गया था, उस पर मास्टर जी की भी पैनी नज़र मुझ पर लगी रहती थी। उस पैनी नज़र में एक अद्‌भुत आत्मीय प्यार का बन्धन था। जीने का यह ढंग मेरे लिये नया था।

अब सुनो, मैं असली बात पर आता हूँ जो अविश्वसनीय लगने पर भी सच है। कई महीने के बाद एक दिन अचानक दाआबू शान्तिनिकेतन लौट आये। और उसके बाद? उसके बाद...

उसके बाद दाआबू और मास्टर जी, दोनों मिलकर मुझे मेरे भविष्य के बारे में समझाने लगे। दाआबू मुझे अपने साथ विलायत ले जाना चाहते थे। मास्टर जी ने मुझे विलायत के बारे में इस तरह समझाया कि मैंने सोचा कि विलायत न जाकर यदि मैं आजीवन सियालदह का भिखारी बना रहूँ तो मेरे लिये वही मुक्ति का पथ होगा। लेकिन दाआबू की बातों से मुझे भरोसा मिला। वे बोले, "तू कोलकाता नहीं पहचानता, तू दिल्ली नहीं पहचानता, मुम्बई तो और भी दूर है, और विलायत के बारे में तो तू सोच ही नहीं सकता! तू मेरे संग चल, वहाँ भी मेरे साथ ही रहेगा। धीरे-धीरे वहाँ भी रहने की आदत पड़ जायेगी, ज्यों यहाँ पड़ी है।" दाआबू पर मुझे पूरी आस्था थी, वे मेरे देवता थे, वे जो भी करेंगे मेरे भले के लिए करेंगे, अतः एक नया अनुभव बटोरने और एक नया देश देखने क़ा मौका मिल रहा है जानकर मेरा मन उमंग से नाच उठा—और सच कहूँ तो इस शान्तिनिकेतन की सभ्यता मुझ जैसे असभ्य के लिए असहनीय हो उठी थी।

तीन दिनों के अन्दर हम शान्तिनिकेतन से कोलकाता पहुँचे। सियालदह पहुँचकर मुझे लगा कि मैं अपने पुराने देश में लौट आया हूँ। किन्तु मुझे भीख नहीं माँगनी पड़ी। भवानीपुर में दाआबू के एक मित्र के घर पर हम ठहरे। उसके बाद पासपोर्ट, वीज़ा, हलफ़नामा, प्रमाणपत्र और न जाने क्या-क्या दस्तावेज़ कैसे कहाँ से संग्रह किये गये यह मेरी समझ से परे थी। दाआबू की इच्छा, कृपा और प्रयत्नों से एक भिखारी के लिए विलायत जाने का प्रबन्ध हो गया। कोलकाता से शान्तिनिकेतन जाकर हम फिर लौट आये और दाआबू ने मुझे अपने सभी यार-दोस्तों से विदा लेने के लिए दस दिनों की मुहलत दी। मेरे परिचितों में राह के भिखारी, पॉकिटमार, रिक्शावाले, ताँगावाले और स्टेशन के क़ुली थे। मैं उन सबसे मिला और उनसे कहा कि मुझे एक चाय की दुकान में काम मिल गया है।

कोलकाता से हम मुम्बई पहुँचे, तब मुम्बई का नाम बम्बई था। वहाँ तीन दिन रहने के बाद हवाईजहाज़ से हम सीधे विलायत यानी लन्दन पहुँचे। लन्दन में दाआबू का एक फ़्लैट था। हवाईजहाज़ रेलगाड़ी जैसा नहीं था, हालाँकि फर्स्ट क्लास का कमरा रेलगाड़ी जैसा ही बड़ा था। किन्तु खिड़कियाँ पालकी की तरह छोटी-छोटी थीं। दस घण्टे की यात्रा में मेरा दम घुट रहा था। तब मैं यह नहीं समझ पा रहा था कि लोग

इतना व्यय करके क्यों हवाई यात्रा करते हैं! तब मैं एकदम मूर्ख था। कुछ ठीक से समझ पाऊँ इससे पहले ही मैं विलायत पहुँच गया था। अपने देश इण्डिया के विषय में मुझे तब भी कुछ नहीं मालूम था, अब भी नहीं मालूम। मैं जो जानता हूँ अब, वह है सियालदह स्टेशन और लन्दन। पेरिस में भी मैं रहा हूँ, इसके बारे में बाद में बताऊँगा। मैं यहाँ यह स्पष्ट कर दूँ बाबू, मेरी इस रचना में मेरे देश के विषय में जो भी उल्लेख तुम्हें मिले, समझ लेना कि वह जानकारी मुझे दाआबू से मिली थी।

विलायत पहुँचकर मैं शुरू में एकदम गूँगा बन गया था। उन दिनों की बातें मैं तुम्हें लिखकर नहीं समझा पाऊँगा। कई साल बीतने के बाद एक दिन दाआबू और मैं, पेग की चुस्की लेते हुए, टी.वी. के सामने बैठकर एक फ़िल्म देख रहे थे जब अचानक दाआबू बहुत उत्तेजित हो पड़े, मेरा हौसला बढ़ाते हुए बोले, "यह देख, यह देख बीडी, इतनी मामूली घटना पर लाखों-लाखों पाउण्ड व्यय करके फ़िल्म बना डाली—तू लिख, हाँ, अभी से शुरू कर दे। तू अपनी नज़रों से जैसा देख रहा है ठीक वैसा ही लिख अपनी भाषा में। देखना हॉटकेक! हाँ, हॉटकेक की तरह बिकेगा।"

उसके बाद दाआबू ने मुझे आलिंगन में भरकर कहा, "वादा कर, तू कल से ही शुरू करेगा।"

दाआबू ने मुझे अपना आदेश सुना दिया था, इस पर मैं क्या कहता। मैंने सिर्फ़ पूछा, "मेरी विद्या में ताक़त कहाँ है?"

यह सुनकर उन्होंने मुझे कुछ परे हटा दिया, फिर मुझे आपादमस्तक घूरकर बोले, "सुन, सुन, तू कोलकाता का भिखारी है, अब विलायत में रहता है, आगे कोलकाता लौट जायेगा, तेरी पुस्तक का नाम होगा—'मैं हूँ कोलकाता का फॉरेन रिटर्न भिखारी'!"

इसके बाद वे यकायक चिहुँक पड़े, "इउरेका! इउरेका!! ठीक! ठीक!! साला एक ग़ज़ब की चीज़ बनेगी। ला, ला, और उड़ेल, बोतल खाली कर दे!"

दाआबू आजकल थोड़े में ही उत्तेज़ित हो उठते हैं किन्तु कभी भारसाम्य नहीं खोते। जो हो, उन्होंने ही मुझे आदमी बनाया था, वे मेरे हुज़ूर, मालिक, भगवान् तो थे ही, मेरे दोस्त भी थे।

दाआबू आजकल रोज़ाना टी.वी. के सामने व्हिस्की का गिलास थामे अर्द्ध-शायित मुश्व में भगवद्गीता पढ़ते और कभी-कभी चीख़कर कहते, "ऐ बीडी, इधर आ, यह देख साले, कृष्ण ने जीवन में क्या नहीं किया, वे अच्छे और बुरे दोनों के राजा थे। आह, क्या कुशाग्र बुद्धि थी! शत्रु और मित्र, दोनों दलों को एक घाट का पानी पिलाया, सभी उनको पूजते हैं। हाँ बीडी, सुन! मैं तेरा मालिक भी नहीं, दाआबू भी नहीं, मैं तेरा दोस्त हूँ, सखा हूँ। तू अर्जुन है, मैं कृष्ण। तू लिखना शुरू कर दे, तेरे बग़ल में मैं हूँ न। काहे का भय?"

इसी तरह मेरा लेखन शुरू हुआ। पुस्तक का नाम पहले ही तय हो चुका था : 'मैं हूँ कोलकाता का फॉरेन रिटर्न भिखारी।'

मेरे दाआबू अब 'आप' से 'तुम' हो गये थे। मुझे अपनी पुरानी आदत सुधारने में वक़्त लगा, लेकिन मैं क्या करता, दाआबू का आदेश था कि पुस्तक के शुरू में उन्हें 'आप' कहूँगा, बाद में 'तुम'। केवल पुस्तक के ख़ातिर नहीं, हमारा सम्बन्ध भी 'तुम' पर आकर टिक गया। हाँ मैं तुम्हें एक और बात की जानकारी दे दूँ—

पासपोर्ट में मेरा नाम : मि. भिखारी दास। मुँहबोला नाम : बीडी। डेट एण्ड प्लेस ऑफ बर्थ : 1 जनवरी 1980, पाइप लाइन, सियालदह, कोलकाता-1।

पिता का नाम : मि. अपरिचित दास। संक्षेप में, ए. दास।

माता का नाम : मिसेज़ नामालूम दास। संक्षेप में, एन. दास।

(2)

दाआबू कई सप्ताह के लिए बाहर गये थे जिससे मुझ पर काम का दबाव कम था। इसलिए मैंने लिखना शुरू कर दिया था। वापस लौटकर कमरे में घुसते ही दाआबू ने मुझसे पूछा, "लिखना शुरू किया?"

"हाँ।" मैंने उत्तर दिया।

ख़ुशी से मेरी पीठ पर एक धौल जमाकर वे बोले, "ले आ, दिखा मुझे।"

असमंजस के साथ अपनी कॉपी सोफा-मेज़ पर रखकर मैं चाय बनाने के लिए रसोई में चला गया। दाआबू हमेशा दौरे से लौटकर दार्जिलिंग की पत्ती-चाय पीते, यही उनका रिलैक्स था यानी तनावमुक्त होने का ज़रिया। मेरे टी-पॉट लेकर उनके क़रीब पहुँचते ही उन्होंने सप्रशंस दृष्टि से मेरी ओर देखते हुए बोले, "ठीक है, चलेगा!" उसके बाद और कुछ पन्ने उलटकर बोले, "इन पंक्तियों को थोड़ा उलट-पुलटकर लिखना होगा, कुछ पंक्तियाँ बदलनी भी पड़ेंगी। स्टाइल ठीक है। मुझे मालूम है कि गुस्सा आने पर तेरे मुँह से गन्दी गालियाँ निकलती हैं। तूने लिखकर ठीक ही किया। तेरे मन में जैसा आया, वैसा लिखा। यही होना चाहिए। लेकिन एक बात जान ले, हम जो कहते हैं, हमेशा वैसा नहीं लिखते। लिखित भाषा मार्जित होती है, उसमें अपशब्द नहीं होते।"

मैंने प्रतिवाद के स्वर में कहा, "लेकिन बिना गाली के बात करने का आनन्द ही क्या? थोड़ा मन खुल जाये तो गाली पहले निकलती है। मेरी मातृभाषा की यही विशेषता है।"

"तूने ठीक ही कहा। लेकिन जैसा मैंने कहा, भाषा बदलनी पड़ेगी। गाली-गलौज को तीन खण्डों में बाँट लेना। पहला, वे गालियाँ जो सबके सामने दी जा सकती हैं, यानी चालू गालियाँ, जिनका इस्तेमाल मज़ाक में भी होता है। दूसरे वे गालियाँ जो सबके सामने नहीं दी जातीं या सबके लिए नहीं होतीं, ये गालियाँ हमउम्र तथा छोटे तबकों के बीच सीमित रहती हैं। ये अनौपचारिक अपशब्द होते हैं। और तीसरे, अश्लील गालियाँ, जिन्हें हम नहीं लिख सकते। ठहर, तुझे मैं समझ देता हूँ। जैसे साला, गधा,

बन्दर, सुअर, बैल, उल्लू आदि हम किसी को सबके सामने कह सकते हैं, हँसी-मज़ाक में भी हम इन शब्दों का प्रयोग कर सकते हैं। गधे का बच्चा, सुअर का बच्चा, कुत्ते का बच्चा आदि गालियों को हम शान्तिनिकेतन के सभ्य लोगों की तरह सुधारकर बच्चा गदहा, बच्चा सुअर आदि कह सकते हैं। तीसरे चरण में सेक्स और स्लैंग से सम्बन्धित वे गन्दे और अश्लील शब्द या गालियाँ आती हैं जिन्हें न हम लिख सकते हैं न छाप सकते हैं।

"किन्तु दाआबू, वह भी तो भाषा ही है।"

"हाँ, अवश्य। यूरोप के हर देश में उनकी अपभाषा के लिए अलग शब्दकोश है। इंग्लैण्ड, फ्रांस, जर्मनी और इटली में गाली-गलौज की उत्पत्ति और उनके इस्तेमाल के विषय में किताबें उपलब्ध हैं, किन्तु हमारे देश में अब भी ऐसा कोई शब्दकोश नहीं लिखा गया है, यदि हो भी तो मुझे इसकी जानकारी नहीं।"

"किन्तु दाआबू, तुम्हीं देखो, यहाँ मैंने लिखा है कि जब भी हमारे टी.वी. का वॉल्यूम थोड़ा भी तेज़ होता है तो ऊपर रहनेवाली महिला गुस्से में फ़र्श पर जूते ठोंककर ख़ट्-ख़ट् की आवाज़ करती है और हमें सतर्क करती है। अब धीमी आवाज़ में क्या वेस्टर्न सुना जा सकता है? वे जब भी जूते ठोंककर आवाज़ करती है तो मैं खिसियाकर उन्हें बहन...तेरी..."

दाआबू ने मुझे टोका, "नहीं, नहीं, यह भाषा क़तई नहीं चलेगी, क्योंकि यह सेक्स-स्लैंग है।"

"दाआबू, मैं यह गाली लिख दूँ तो एक ही शब्द से मेरी बात पूरी हो जाती है। और यही बात अगर मुझे घुमा-फिराकर दूसरे शब्दों में व्यक्त करना पड़े तो बहुत लिखना होगा, फिर भी बात अधूरी ही रहेगी। दाआबू, तुम ख़ुद भी तो गुस्से में किसी को बी.सी. यानी बोका... कहते हो, किन्तु मैं तो तुम्हारी तरह शिक्षित नहीं, अशिक्षित हूँ, इसीलिए..."

"शिक्षित या अशिक्षित का सवाल नहीं है, असल बात तो यह है कि तू जो लिखेगा वह बाज़ार में चलने लायक होना चाहिए। हमेशा यह याद रखना कि जो लोग तेरी किताब पढ़ेंगे उनमें बहुत-से लोग उम्र में तुझसे छोटे होंगे और बहुत-से लोग तुझसे बड़े। इसलिए इस तरह लिखा जाय जिसे सभी पढ़ सकें। यह किताब तू भिखारियों के लिए नहीं लिख रहा।"

मैंने उनकी बात मान ली। लेकिन सच कहूँ तो मेरा मन खिन्न हो गया क्योंकि गाली बकने में मैं माहिर था, यही मेरी विशेषता थी। सियालदह छोड़ने के बाद से मेरी वह विशेष विद्या धीरे-धीरे ह्रास होने लगी थी। लन्दन पहुँचने के बाद मुझे एक राहत यह मिली थी कि यहाँ चाय की दुकानों या रेस्तराँओं में बैठते हुए बहुत-से बांग्लादेशी भाईजनों से मेरा परिचय हो गया था। जब इन दोस्तों के बीच होता तब गाली-गलौज

की महफ़िल ख़ूब जमती। पूर्वी बंगाल की बोली बोलनेवाले इन बांग्लादेशियों के साथ बैठकबाज़ी का निराला ही आनन्द था।

मन की बातों को किस तरह सजा-सँवारकर सबके लिए लिखा जाय। दाआबू मुझे निरन्तर इसका अभ्यास कराते रहे। फिर भी मेरे मन में यह मलाल रह ही गया कि गन्दे अलफ़ाज़ में जो रस है मुझे उस रस से वंचित रहना पड़ेगा। इससे मेरी रचना रसहीन रसगुल्ला-जैसी होगी। कोई मुझे विलायती भाषा में गाली देता तो मुझ पर उस गाली का कोई प्रभाव नहीं पड़ता क्योंकि बिना मातृभाषा में गाली खाये मन में असर ही नहीं होता। मेरी बेवकूफ़ी के लिए दाआबू के बहुत-से दोस्त मज़ाक में मुझे अंग्रेज़ी में गाली देते, मैं सुनकर हँसता रहता, क्योंकि या तो मैं उन गालियों का अर्थ नहीं समझ पाता और समझता तो सोचता कि अंग्रेज़ी गाली भी कोई गाली है! मुझे यूँ हँसते देखकर कभी-कभी दाआबू चिढ़ जाते, कहते, "तू पिछले जनम में ज़रूर अंग्रेज़ों की पादुका का भक्त था, तभी अंग्रेज़ी में गाली खाकर भी हँसता है।"

लन्दन ग्रेट ब्रिटेन या इंग्लैण्ड की राजधानी थी। दाआबू ने मुझे सतर्क कर दिया था, "तुझे इंग्लैण्ड की राजधानी, अजायबघर, स्मारक, सड़कें, राजप्रासाद, पुल, नदी आदि पर कुछ नहीं लिखना है क्योंकि हमारे कोलकातावासियों के लिए लन्दन उनके अपने मुहल्ले-जैसा है। अतः आलतू-फालतू बातें लिखने के बजाय न लिखना ही बेहतर है।"

उन्होंने ठीक ही कहा था, क्योंकि यहाँ की रानी और सड़कों के साथ हमारे देश का इतिहास जुड़ा था। मेरी इस जनम की विद्या के बूते पर वह सब लिखना मेरे बस का रोग नहीं था। इस बाधा ने मुझे यह सब लिखने से बचा लिया।

लन्दन में मेरे खो जाने का भय नहीं था। जेब में हमेशा कुछ पाउण्ड और पेन्स रहते। घर का पता भी सहज था, टेम्स नदी मेरे गाइड का काम करती। मैं चलने में माहिर था, पैदल चलने से जगह की अच्छी पहचान बन जाती है। यह स्थान सियालदह की तरह नहीं जहाँ ट्रेन और प्लेटफ़ॉर्म के बीच मेरा दायरा सीमित था। यह एक अलग दुनिया थी। चेलसी से निकलते ही दायीं ओर टेम्स नदी और तट की बड़ी सड़क का नाम चेलसी एमबैंकमेण्ट। इसी सड़क का आगे नाम था ग्रस्वेनर रोड। उससे आगे बड़ी पुल का नाम था वॉक्सहॉल ब्रिज। इस पुल से जो सड़क शहर के अन्दर चली गयी है उसका नाम है वॉक्सहॉल ब्रिज रोड। इसी सड़क के सीधे विक्टोरिया स्टेशन पहुँच सकते हैं। मुझे विक्टोरिया स्टेशन और ट्रॉफलगार स्क्वेयर बहुत अच्छा लगता था। विक्टोरिया स्टेशन के निकट बांग्लादेशियों की अच्छी जमघट है, उस जमावड़ा में दिल खोलकर बातें की जा सकती हैं। ट्रॉफलगार स्क्वेयर में बूढ़े-बूढ़ियों का कबूतरों में व्यस्त रहना देखना भी अच्छा लगता है। वे कबूतरों को खिलाने के लिए पावरोटी, गेहूँ आदि लिये बैठे होते हैं और कबूतरों का झुण्ड उनके सिर, हाथ और गोद में बेझिझक बैठकर

चाव से खाते रहते हैं। कबूतरों को खिलानेवालों को छोड़कर और जो वहाँ आते हैं उनमें लगभग सभी पर्यटक होते हैं। उनकी व्यस्तता फ़ोटो खींचने में रहती है। स्मारक के नीचे बड़ी-बड़ी सिंह-मूर्तियाँ हैं। ये टूरिस्ट इन सिंह मूर्तियों के सामने, पीछे, बग़ल में खड़े होकर या उनकी पीठ या गर्दन पर खड़े होकर अपनी तसवीरें खिंचवाते हैं। मुझे नहीं मालूम कि सिंह की स्टैचू के सामने ऐसी तसवीरें खिंचवाने में कौन-सी बहादुरी है? इसके सामने ही फौव्वारा है, पिचकारी की तरह पानी ऊपर उठकर झरने की तरह नीचे आता है, उसके इर्द-गिर्द भी काफ़ी पर्यटक इकट्ठे होते हैं। यहाँ जो लोग आते हैं और बैठते हैं उन्हें देखने से ही लगता है कि ये सब शौकिया टूरिस्ट हैं। मुझे कभी-कभी यहाँ बंगाली टूरिस्ट भी मिल जाते। उनसे आमना-सामना होने पर वे पूछते :

"आप लन्दन में रहते हैं या कोलकाता में?"

"लन्दन में।" मेरा स्पष्ट उत्तर पाकर फिर पूछते, "पढ़ने आये हो या नौकरी लेकर?"

"मैं दाआबू के घर पर काम करता हूँ।"

इससे अधिक मुझे कुछ कहने की ज़रूरत नहीं पड़ती। मेरा उत्तर सुनकर "अच्छा, अच्छा" कहकर वे खिसक लेते।

दाआबू के घर पर काम करता हूँ, यह सुनते ही वे मुझसे कन्नी काटते हैं। मैं मन-ही-मन सोचता कि कहीं मैं अपना असली पेशा बताता तो कमबख़्त काछ खोलकर भागता। हालाँकि पतलून में काछ नहीं होता, इसके बदले क्या लिखा जाय, मैं नहीं जानता। बाद में और भी बहुत से भारतीय मुझे मिले हैं, किन्तु उसी अनुभव की पुनरावृत्ति, मैं किसी के यहाँ नौकर हूँ सुनते ही वे भाग जाते। इसकी वजह समझना आसान था। मैं घरेलू नौकर था, इसलिए समाज में मेरा कोई मूल्य नहीं था। मुझे कभी-कभी लगता कि घरेलू नौकर से भिखारियों की जात ऊँची है, क्योंकि पेशेवर भिखारी फ्रीलान्सर की तरह होता है, वह स्वतन्त्र रूप से कार्य करता है, स्वच्छन्द विचरण करता है।

लन्दन की गिरजाघरों, मकानों, गाड़ियों और सड़कों से भी अच्छा लगता था मुझे यहाँ की लड़कियों का चलना-फिरना देखते रहना, और उससे भी अच्छी लगती थी यहाँ की दुकानों के शो-केसों में सजाकर रखी गयी युवतियों की आदमक़द पुतलियाँ। इन सुन्दरियों के आकर्षण में उनके क़रीब पहुँचने की कोशिश में न जाने कितनी बार मैं काँच की दीवार से टकराया हूँ। बहुत-से विण्डो की ये मॉडल पुतलियाँ इतनी ख़ूबसूरत हैं कि वे जीवन्त लगती हैं। एक दिन दाआबू के साथ राह चलते आँखें फाड़े ऐसे ही एक मॉडल को देखता हुआ मैं सहसा विण्डो से यूँ टकराया कि मेरे माथे में सूजन आ गया। मेरी बेवकूफ़ी पर हँसते-हँसते दाआबू ने मेरी पीठ पर एक धौल जमाकर कहा

था, "साला बुद्धू! वे तो मॉडल हैं, उनकी ओर देखकर माथा फोड़ रहा है, बेवकूफ़ चारों ओर के असली माल देख—जीवित गुड़िया रहते नकली गुड़िया पर नज़र क्यों?"

मैंने अपराधी की तरह सकुचाकर कहा, "उनकी ओर देखने से अगर वे बुरा मान जायँ?"

दाआबू ने मुझे आश्वस्त किया, "अगर वे बुरा मान जायँ... अरे, यह क्या कोलकाता है? यह विलायत है। लड़कों को पकड़ने के लिए ये दौड़-धूप करती हैं—ये कुछ बुरा नहीं मानतीं, जो कहना हो सीधे कह देती हैं। यहाँ लज्जा और आत्मसम्मान अलग तरह का है। देख, देख, चारों ओर आँखें खोलकर देख, जितना देखेगा उतनी ही समझ बढ़ेगी।"

लन्दन में उस दिन मैं पहली बार दाआबू के साथ शॉपिंग करने के लिए निकला था। यहाँ का बाज़ार बैठकख़ाना बाज़ार की तरह न होकर ख़ास विलायती क़ायदे का बाज़ार था, एक आलीशान भवन के अन्दर सब-कुछ बिकता था। इसे डिपार्टमेण्टल शॉप या सुपर मार्केट कहते थे। कोलकाता के न्यू मार्केट से भी साफ़-सुथरा और सजा-सँवरा। मुझे आश्चर्य लगा कि यहाँ एक भी क़ुली नहीं था, डोलची या टोकरी लिये कोई पीछे-पीछे नहीं घूमता था। दुकानदार न तो ग्राहक तलाशते थे, न उन्हें सामान बेचने की फ़िक्र थी। सुपर मार्केट में हर तरह की दुकानें थीं, सब-कुछ हाथों के सामने, मुझे बार-बार लग रहा था कि हाथ सफ़ाई या चोरी करने का यहाँ पर्याप्त अवसर था, मुझ जैसे व्यक्ति के लिए यह स्वर्ग था, मैं यहीं रह जाऊँ तो मुझे दिक़्क़त नहीं होगी। काश, मैं अपने सियालदह के शागिर्दों को यह दृश्य दिखा पाता! यह सोचते हुए मैं उदास हो गया था, हाथ के सामने इतना माल लेकिन मैं छू नहीं पा रहा था। दाआबू साथ में न होते तो आज अवश्य ही मैं अपनी हाथ-सफ़ाई की पुरानी विद्या को परख लेता।

"ए, इधर आ!" दाआबू की पुकार सुनकर मैं होश में आया। वे एक बोतल की दुकान में घुस गये थे। मैं भी अन्दर गया। चारों ओर बोतलें ही बोतलें। विभिन्न रंग के, विभिन्न प्रकार के, विभिन्न आकार के। दुकान के अन्दर छोटे-छोटे ताख थे, उनमें ये बोतलें बहुत सुन्दर ढंग से सजाकर रखे गये थे। ताख भी एक मंजिला, दो-मंजिला बने थे। अद्भुत सुन्दर थी बोतलों की सजावट, लगता था वह दुकान नहीं, बोतलों का एक छोटा-सा प्रासाद था।

दाआबू की तरह और भी बहुत से ग्राहक बोतल हाथ में लेकर घुमा-फिराकर उसे देखते, फिर किसी मूल्यवान् सम्पदा की तरह अति सावधानी से यथास्थान रख देते। बहुत-सी छोटी-छोटी लकड़ी की पेटियों में तीन, चार या छह बोतलों का सेट भी रखा था। सभी बोतलों में रंगीन पानी भरा हुआ था। दाआबू मुझसे बोले, "देख ले, शराब का पैराडाइस।"

मैं कुछ नहीं बोला, विस्मय से उस पैराडाइस को देखता रहा।

कोलकाता के बालीगंज, न्यू मार्केट, पार्क स्ट्रीट स्थित अंग्रेज़ी शराब की दुकानों से मैं परिचित था। दाआबू प्रेसक्रिप्शन की तरह नाम लिख देते जिसे दुकान में दिखाते ही दुकानदार बोतल निकालकर अख़बार में लपेटकर मेरे राशन की झोली में डाल देता। मुझ-जैसे और भी घरेलू नौकर वहाँ बोतल लेने के लिए आते थे। मुझे इस ख़रीददारी में डर नहीं लगता था। दाआबू कहते थे, हम अपने पैसे से ख़रीदते हैं, इसमें डरने का क्या है? लेकिन मैंने कोलकाता के उन दुकानों में और भी भद्र ग्राहक देखे हैं जो हैण्डबैग या ब्रीफ़केस में बोतल यूँ छिपा लेते ताकि किसी को पता न चले। दुकान से बाहर निकलते समय भी वे सामने तथा आसपास सतर्क दृष्टि डालते कि कहीं कोई परिचित उन्हें उस दुकान से निकलते हुए देख न ले। वे सब शिक्षित सभ्य लोग थे, वे शराब ख़रीदते समय इतना डरते क्यों थे यह मैं समझ नहीं पाता था। उस तुलना में लन्दन के इस दुकान का परिवेश एकदम भिन्न था। यहाँ सब फ्री है। दाआबू ने मुझे एक बोतल दिखाकर कहा, "यहाँ सभी शराब असली शराब है, यानी वाइन। कोलकाता में हम सब स्ट्राँग ड्रिंक लेते हैं। स्ट्राँग ड्रिंक यानी ऐलकोहॉल। ह्विस्की में ऐलकोहॉल की मात्रा बहुत अधिक रहती है। वास्तविक शराब है वाइन। फ्रेंच में शराब को भ्याँ कहते हैं। असल में यहाँ की सभी बोतलें फ्रेंच प्रोडक्ट हैं, वे ही हैं दारू के राजा, दारू भक्त, दारू प्रेमी, दारू के महारथी। फ्रेंच वाइन सारी दुनिया में प्रसिद्ध है।"

दाआबू ने दुकान पर शराब का बख़ान शुरू किया था, फ़्लैट में लौटकर भी वे थमे नहीं। वे कहते रहे, "फ्रेंच शराब साधारणतः तीन रंग का होता है। एक बिना रंग का जिसे ह्वाइट वाइन कहते हैं, दूसरा लाल रंग का रेड वाइन और तीसरा इन दोनों के बीच का रोज़ वाइन या गुलाबी वाइन। मुझे तथा अधिकांश लोगों को रेड वाइन ज़्यादा पसन्द है। शराब के नामी बोतल इस प्रकार हैं : कोत् दयु रोन, बो जोले तथा बर्दो। ऐलकोहॉल की मात्रा साधारणतः बियर में कम होती है, वाइन में उससे अधिक और ह्विस्की में सबसे अधिक। इस देश में चाय-कॉफी अथवा पानी की तरह सभी बियर पीते हैं, शराब आमतौर पर भोजन के साथ और ह्विस्की शाम को या रात में पीते हैं। इसके अलावा क्षुधा बढ़ाने के लिए भोजन से पहले पिया जानेवाला मादक पेय 'अपेरिटीफ' भी है। पीने का साधारण सारणी यही है, किन्तु बार में हर ड्रिंक हर वक़्त मिलता है।"

उस दिन काफ़ी रात तक दाआबू मुझे शराब तत्त्व समझाते रहे और शाम को ख़रीदे गये रेड वाइन बोजोले का पेग हिला-हिलाकर उसका रंग देखकर जीभ के अग्रभाग से किस तरह उसका स्वाद चखा जाता है इसका क़ायदा भी दिखाया। मैं तो अवाक् हो गया था, शराब तत्त्व समझने के लिए यथेष्ट विद्या की आवश्यकता होती है यह मेरी कल्पना से भी परे थी। यह मेरा अहोभाग्य था कि ख़ास विलायत में बैठकर मैं शराब की डिग्री प्राप्त कर रहा था। उसी रात सोने से पहले दाआबू ने मुझे बुलाकर एक और नयी जानकारी दी, "ऐ बीडी सुन! तुझे मालूम होगा कि विद्या की देवी हैं सरस्वती, धन-

दौलत और भोजन की देवी हैं लक्ष्मी, सक्सेस होने के देवता हैं गणेशजी और शराब के देवता का नाम है भाकुस्, वे ग्रीक देवता हैं।''

शराब विद्या प्राप्त करने के बाद से मुझे शराब की दुकानें और अधिक दिखने लगी थी। दाआबू के फ़्लैट में शराब की बोतलें सजी रहतीं। वे ख़ुद ह्निस्की ज़्यादा नहीं पीते थे, किन्तु यार-दोस्तों के लिए उनका बार भरा रहता था, साधारणतः स्कॉटिश ब्लेण्ड। और गाड़ी के लिए रहता गीलूसपाइये का स्कॉटिश स्कॉउट। वाइन के लिए सेइंसबरि के वाइन मर्चेण्ट दाआबू के फेवॅरिट सलाहकार थे, उन्हीं की राय लेकर वे पसन्दीदा वाइन ख़रीदते। मैंने शराब के बारे में लिखा, क्योंकि विलायत पहुँचने के बाद से विण्डो-शो और शराब की दुकानें—ये दोनों चीज़ें मुझे घोर आश्चर्य में डालते थे।

चार वर्षों के बाद जब दाआबू मुझे कोलकाता ले गये तब पार्क-स्ट्रीट और टालीगंज के विभिन्न क्लबों, बेंगल क्लब, गॉल्फ़ क्लब, कैलकाटा क्लब, सैटरडे क्लब आदि विभिन्न स्थानों के बारों के अड्डों के साथ मेरा परिचय हुआ। दाआबू ने सबको मेरा परिचय उनके पी.ए. के रूप में दिया था, इससे मैं दाआबू के पीछे उनकी पूँछ की तरह चिपका रहता था जबकि औरों के नौकर और ड्राइवर बाहर ही रह जाते थे। दाआबू का हैण्डबैग मेरे पास रहता और अक्सर वे अपने अपॉइण्टमेण्ट के बारे में मुझसे पूछ लेते। कोई उन्हें न्योता देता तो वे तुरन्त बता देते कि वे जा पायेंगे या नहीं। और कभी-कभी उन लोगों के सामने मुझसे पूछते, ''बीडी, क्या परसों शाम को मैं फ्री रहूँगा?''

मैं थोड़ा सोचकर उत्तर देता, ''नहीं, आपको तो बाहर जाना है।''

''हाँ, हाँ, ठीक—देन् रियली ऐम सॉरी, ठीक है, अगली बार मिलेंगे।''

यह कहने की आवश्यकता नहीं कि दाआबू मुझे पहले से ही सिखाकर रखते थे। वे बता देते कि मुझसे उनके अपॉइण्टमेण्ट के बारे में पूछने पर मैं क्या उत्तर दूँगा।

कोलकाता की पार्टियों और सभाओं में दाआबू मुझे अपने साथ ले जाते और समझाते, ''तू कोलकाता का है, तुझे कोलकाता के इस चेहरे की भी जानकारी होनी चाहिए। सियालदह स्टेशन और बैठकख़ाना बाज़ार तक कोलकाता सीमित नहीं है, कोलकाता एक अज़ब शहर है। आँखें खोलकर देखना और कान खोलकर सुनना।''

एक दिन दाआबू मुझे कोलकाता प्रेस क्लब ले गये। इस प्रेस क्लब की साख मैदान के प्रसिद्ध फुटबॉल क्लबों जैसी ही थी। प्रेस क्लब में सभी लोग दाआबू को पहचानते थे क्योंकि वे कभी-कभी विलायत की नयी ख़बरें सुनाने के लिए यहाँ पत्रकारों को बुलाते, उन्हें ड्रिंक कराते और जमकर अड्डा मारते। मुझे अजीब लगा कि यहाँ एक पर्दा था, पर्दे के इस पार चाय-कॉफी-स्नैक्स की व्यवस्था थी और पर्दे की आड़ में या उस पार स्ट्राँग ड्रिंक सर्व किया जाता था। वहाँ दाआबू की कुछ पुराने मित्रों से मुलाकात हो गयी थी, साथ ही एक पूर्व परिचित महिला भी उनसे मिली जिसने हाल ही में शादी

की थी और हाल ही में पत्रकारिता में प्रवेशकर एक नयी दुनिया पा गयी थी। वह महिला शुरू-शुरू में मौन थी, किन्तु दो पेग पीने के बाद चहकने लगी और दाआबू के बहुत क़रीब आ गयी। वह दाआबू के पीछे पड़ गयी कि वे उसके इंग्लैण्ड जाने की कोई जुगाड़ बैठा दें। क्लब से लौटकर दाआबू ने मुझे बुलाया, लगता था कि वे काफ़ी मूड में हैं। वे बोलने लगे, "प्रेस क्लब में जिन्हें देखा वे पत्रकार या जर्नलिस्ट थे। सारी दुनिया इन्हें सम्मान दिखाती है। ये छोटे को बड़ा और बड़े को छोटा बना सकते हैं। ये प्रेस मीडियावाले हैं, ये हर तरह का समाचार संग्रह करते हैं, फिर अख़बारवाले उन्हें अपनी सुविधानुसार छापते हैं। पॉलिटिशियन से लेकर साहित्यिक और क्लब आदि सभी अपनी ख़बर छपवाना चाहते हैं। लेकिन दुःख की बात यह है कि जिन्हें तूने आज देखा, ख़बर छपवाने के मालिक वे नहीं हैं। इनका काम है समाचार संग्रहकर अख़बार के सम्पादक को देना, उसके बाद सम्पादक अख़बार के मालिक-जैसा चाहते हैं उस तरह समाचारों को हेर-फेर या नयी सजावट के साथ पेश करते हैं, कभी-कभी उन्हें छापते ही नहीं। कोलकाता के पत्रकार ख़ुद को असाधारण समझते हैं, ये साधारण या आम लोगों को घास नहीं डालते, हमेशा बड़ी मछली पकड़ने की फ़िराक में रहते हैं। अपनी नौकरी बरकरार रखने के लिए ये पत्रकार भी सम्पादक या मालिक का मन रखकर चलते हैं। वे हर तरह का संवाद बटोर सकते हैं, किन्तु छापने का अधिकार उन्हें नहीं। इसमें पत्रकारों का दोष नहीं, उनकी क्षमता भी सीमित है, लोभ या भय या पेशे के ख़ातिर वे सच्ची घटनाएँ बटोरते हैं, किन्तु ज़्यादातर उनकी इन ख़बरों को विण्डो-शो की तरह सजा-सँवारकर अलंकारों के साथ पेश किया जाता है। ज्यों आज की घटना ही लें, आज उनके साथ यूरोप तथा अमरीका का न्यूक्लियर पॉवर तथा ग्लोबलाइज़ेशन पर चर्चा हुई, किन्तु इस ख़बर को वे काट-छाँटकर जब मर्ज़ी तब पेश करेंगे।"

"दाआबू, तुमने जो कहा वह कल के अख़बार में छपेगा?"

"नहीं, नहीं, मैंने प्रेस-मीट के लिए किसी को नहीं बुलाया था, मैंने उन्हें बुलाया था गपशप के लिए, फिर बातों-ही-बातों में कुछ आलोचनाएँ भी हुईं, और कुछ नहीं। तुझे तो मालूम है कि बंगाली अड्डाबाज होते हैं, यह भी नशा जैसा है। हाँ तो मैं तुझे बताना चाह रहा था कि प्रेसवालों के साथ सम्पर्क रखने में भलाई है।"

दाआबू के साथ मेरी अधिक रात में आलोचना होती जब बाहर का काम, आगन्तुकों की भीड़ या टेलीफ़ोन का खलल नहीं रहता। वे मूड में होते तो मुझे बहुत कुछ समझाते, नयी-नयी जानकारियाँ देते। कुछ बातें तो मैं समझ जाता किन्तु कोई पेचीदा मसला होता या गहराई से सोचने की बात होती तो मैं उसकी तह तक नहीं जा पाता। कुछ समय साथ रहने के बाद हमारा सम्पर्क दोस्त-जैसा हो गया था, किन्तु मालिक मालिक ही होता है, मैं चाहे उन्हें 'तुम' कहकर पुकारूँ, उनमें और मुझमें ज़मीन-आसमान का फ़र्क़ था। मास्टर जी कहते थे, "कहाँ राजा भोज और कहाँ गंगू तेली।"

देखो, मैं फिर भटक गया था। लन्दन के वाइन शॉप की चर्चा करते-करते मैं कोलकाता प्रेस क्लब पहुँच गया था। तुम्हें कुछ बोरियत तो हो रही होगी, फिर भी तुम मेरी किताब पढ़ रहे हो इसके लिए मैं आभारी हूँ। तुम मेरे पास होते तो तुम्हें ड्रिंक करा देता। मुझमें यह आदत दाआबू से संक्रमित हुई है। अब कोई मेरे क़रीब होता है तो उसे ड्रिंक के लिए पूछता हूँ। मैं जब सियालदह में था तब सबको मूँगफली और चनाचूर खिलाता था, क्योंकि तब मेरी आय अच्छी ही थी।

हाँ, अब मैं लन्दन की ही बातें करूँगा। वस्तुतः मैं लन्दन की वजह से ही यह पुस्तक लिख रहा हूँ। विलायत में अपने विलायती अनुभव की ही बातें करूँगा।

लन्दन में भारतीयों की कमी नहीं थी, इसके बावज़ूद भारतीय या बंगालियों से मेरी घनिष्ठता बहुत कम थी, इसकी वजह मैं पहले बता चुका हूँ। एक तो मैं घरेलू नौकर था, दूसरे मैंने अपना पुराना पेशा नहीं छोड़ा था। इसलिए जब कोई पूछता कि कोलकाता में मेरा निवास कहाँ है और वहाँ मैं क्या करता था, और इसके उत्तर में मैं निःसंकोच कहता कि कोलकाता में मेरा निवास सियालदह स्टेशन था और वहाँ मैं भीख माँगता था, तो उस व्यक्ति के साथ मेरा सम्पर्क वहीं समाप्त हो जाता। मैं समझता था कि उनके समाज के साथ मेरा कोई तालमेल नहीं बैठता। इसलिए मैं अकेला ही घूमता था। हालाँकि यह शुरुआती दिनों की बात है।

कभी-कभी मैं 'दि टैमॅरिण्ड इण्डियन रेस्टोरेण्ट' में जाता। टैमॅरिण्ड रेस्तराँ का मालिक कौन था यह मुझे नहीं मालूम, परन्तु वहाँ का चीफ कुक था अतुल, यानी अतुल कोछार, बहुत ही सज्जन व्यक्ति। मुझे देखते ही वे मुझे सीधे रसोई में ले जाते, फिर कहते, "ले, ले, प्लेट लेकर बैठ जा।" वे अमीर थे, नामी गुणी व्यक्ति, लेकिन हँसमुख और दिलदार। उस दिन का जो सबसे अच्छा व्यंजन होता, मुझे वे वही खिलाते। मुझे शोरबायुक्त सूखा मांस और तन्दूरी रोटी बहुत अच्छी लगती थी। उसके साथ मेडोक का लाल शराब भी। टैमॅरिण्ड के वुड् कॉक्टेल बार में जब लोग ड्रिंक लेकर मेज़ खाली होने का इन्तज़ार करते तब मैं छाती फुलाकर सीधे अन्दर चला जाता मानों अपने ही घर में घुस रहा था। साड़ी पहनी सुन्दरी माया मुस्कुराती हुई मुझसे हाथ मिलाती, फिर कहती, "हाय, बीडी!" उसके मुँह से अपना नाम सुनना मुझे बहुत अच्छा लगता था। बीस नम्बर क्वीन स्ट्रीट का यह टैमॅरिण्ड रेस्तराँ मुझे बहुत प्रिय था। मैं मुफ़्त में नहीं खाता था, खाने के पैसे देता था। यही नहीं, अधिक भीड़ होने पर मैं मेज़ साफ करना, बर्तन धोना तथा और दीगर काम भी कर देता था, किन्तु इसके लिए पैसे नहीं लेता था, अपने घर का काम समझकर करता था। अतुल भैया दाआबू के ख़ास दोस्त थे, अतः वह रेस्तराँ मेरे घर-जैसा ही था। अतुल भैया कुशल बावर्ची थे। वे पहले दिल्ली के ओबेरॉय होटल में थे।

टैमॅरिण्ड के अलावा एक और घर मुझे बहुत प्रिय था, वह था बनर्जी आण्टी का घर। आण्टी के पति मृदुल बनर्जी कुछ साल पहले गुज़र गये थे। आण्टी लन्दन की मेम थीं; शादी के बाद से ब्राइटन में रहती थीं। उनके हज़बैण्ड यानी मि. बनर्जी सॅसेक्स यूनिवर्सिटी में अध्यापक थे और दाआबू के एक घनिष्ठ मित्र। ब्राइटन लन्दन से दूर था, ट्रेन से लगभग एक घण्टा लगता। कभी-कभी मैं दो-तीन दिनों के लिए वहाँ चला जाता। दाआबू लन्दन में होते तो वे भी कभी-कभी वहाँ जाते। ब्राइटन लन्दन से दक्षिण में इंग्लिश चैनल के किनारे बसा था। आण्टी जी का घर इंग्लिश चैनल के किनारे बने डॉलफिन पार्क के निकट था, वह एक छोटा-सा बँगला था। वहाँ पहुँचते ही मेरा काम बढ़ जाता,बँगला के चारों ओर का झाड़-झंखाड़ साफ़ करना, घास काटना और धूल झाड़ना। आण्टी बहुत अच्छी थीं। उनकी उम्र मुझे नहीं मालूम, पर थीं बहुत ही ख़ूबसूरत। गर्मियों में जब वे बिना आस्तीनवाली कमीज़ और जाँघिया पहनकर बग़ीचे में काम करती हुईं धूप सेवन करतीं तब उनकी ख़ूबसूरती और भी निख़र उठती और तब किसी-न-किसी बहाने उनके इर्द-गिर्द मँडराना अच्छा लगता, ठीक फूल के आस-पास भँवरे जैसा।

दाआबू ने शादी नहीं की थी, करना भी नहीं चाहते थे। पहले कभी शादी की थी या नहीं यह मुझे नहीं मालूम। वे साफ़ कहते, "बिना शादी किये भी वंचित नहीं हूँ, फिर क्या परेशानी?"

"परन्तु हमारे देश में शादी करने से इज़्ज़त बढ़ती है, है न?"

"तू ठीक कहता है, इज़्ज़त बढ़ती है; सामाजिक रीति, व्यक्तिगत जीवन की ज़रूरत—यानी बॉयोलॉजिकल नीड। हमारे देश में शादी न करने पर क़ैफ़ियत देनी पड़ती है। किसी जवान युवती से घनिष्ठ परिचय होते ही लोगों की आँखें टेढ़ी हो जाती हैं। और यहाँ तू अविवाहित रहे तो चारों ओर तेरा डिमाण्ड बढ़ जायेगा। तुझे एक बात बताऊँ, अब देश-विदेश सब एक जैसा है, हाई सोसाइटी से शर्म, निन्दा आदि ग़ायब हो चुकी है। पहले आदर्श, विद्या आदि की क़ीमत थी। अब किसी को उसकी आर्थिक स्थिति और उसके आचरण से परखते हैं।"

मैं दाआबू की बातें ध्यान लगाकर सुनता क्योंकि वे ही थे मेरी विद्या। विलायत आकर जब मैं शुरू में किसी की कोई भी बात नहीं समझ पाता था तब उन्होंने ही मुझे अंग्रेज़ी सिखाने का बीड़ा उठाया था, वे मुझे रोज़ सिखाते—ख़ासकर हिज्जे और उच्चारण, बार-बार कहते...देखो, मैं बार-बार भूल जाता हूँ कि दाआबू को आप नहीं तुम कहना है क्योंकि मुझे आप कहना ही ज़्यादा अच्छा लगता है। इसीलिए उसने के स्थान पर उन्होंने और वह के स्थान पर वे आ जाता है। दाआबू का तर्क है कि "अंग्रेज़ी में सबको 'यू' कहते हैं, इससे न किसी की अमर्यादा होती है न किसी की जाति चली जाती है। हमने उनसे सिगरेट पीना सीखा, जीवन को जटिल बनाना सीखा, किन्तु उनकी

सहज विद्याओं को हम यानी भारतीय नहीं ले पाये। हालाँकि ये लोग भी भारत की अच्छी चीज़ें लेना नहीं सीख पाये, फिर भी ये हमारे स्वभाव की प्रशंसा अवश्य करते हैं।"

(3)

उस रात दाआबू टी.वी. देखते समय मेरी पाण्डुलिपि में संशोधन भी कर रहे थे। पूरा स्क्रिप्ट पढ़ने के बाद मुझे बुलाकर बोले, "मैं लगभग तीन महीने के लिए बाहर जा रहा हूँ, तू अपना लेखन जारी रखना, जो मन में आये वही लिखना, कहाँ क्या ग़लती हो रही है इसकी चिन्ता मत करना, छापने से पहले छापनेवाले ही उसे दुरुस्त कर लेंगे। तू अपने लिखने की गति बनाये रखना और इसी तरह अपनी शैली में लिखना, याद रहे यह तेरी कहानी है, तेरी डायरी है, और तू यह स्पष्ट कह चुका है कि तेरी कोई स्कूली विद्या नहीं है। मुझसे तथा आस-पास जो कुछ देखा उसी से तूने सीखा है। किसी विषय की गहराई में मत जाना, ऐसा करने से तेरी विद्या की दौड़ पकड़ में आ जायेगी। लिखने के लिए तुझे कुछ कल्पना या झूठ का सहारा लेना आवश्यक लगे तो संकोच मत करना। कल्पना असल में झूठ की ही दुनिया है।"

"लेकिन दाआबू, मैं झूठ कैसे लिखूँगा? तुमने तो कहा है कि झूठ बोलना पाप है।"

दाआबू ने कहा, "झूठ जब लेखन की स्टाइल बन जाय तो उसे उपन्यास कहते हैं। उपन्यास को झूठ-सच से सरोकार नहीं होता, वह लोगों को दिलचस्प लगना चाहिये। बंकिमचन्द्र, शरत्चन्द्र से लेकर रवीन्द्रनाथ तक सभी ने उपन्यास लिखा है, उनमें कोई वास्तविक घटना नहीं है, सब कल्पना पर आधारित है।"

"दाआबू, तुम्हारी बातें मैं नहीं समझ पा रहा। इतने नामी-गिरामी लोग क्या बिना सच बोले इतने प्रसिद्ध हो गये?"

"झूठ-सच की बात ही नहीं है, सिर्फ़ कल्पना। कल्पना, जागकर सपना देखने जैसी चीज़ है। झूठ-सच से परे एक और ही दुनिया...मन की भावनाओं को भाषा में पिरोना।"

मैंने बहस के स्वर में दाआबू से कहा, "आज नदी किनारे दो उन्नत उरोजवाली लड़कियों के चलने का तरीक़ा देखकर मेरे मन में एक अद्‌भुत इच्छा जगी थी जो तुम्हें बताने में मुझे शर्म लग रही है, और उस भावना को मैं सच में तबदील कर पाता तो माँ क़सम मेरी हालत पतली हो जाती। अगर मैं इस बारे में लिखूँ तो वह सच तो नहीं होगा, और उसे झूठ भी कैसे कहूँ?"

"हाँ, अब तूने अकल की बात की, इसी को साहित्य कहते हैं। सच को झूठ की तरह कहना, और झूठ को सच की तरह पेश करना। और झूठ तथा सच से बाहर तेरी

चिन्ता या कल्पना को सजा-सँवारकर लिखेगा तो वही साहित्य होगा। असल में तू जो लिख रहा है वह यदि पठनीय हो और लोगों को जँचे तो तेरा प्रयास सार्थक है। लिखकर तू किसी का सर्वनाश तो नहीं कर रहा।''

दाआबू की बातें मुझे पहेली जैसी लगी। नामी-गिरामी लेखक जो मन में आता है वही लिखकर नाम कमा लेते हैं, यह मैं ठीक से समझ नहीं पाया था। फिर भी दाआबू मेरे देवता थे और उनका कहा मेरे लिये दैववाणी। इसके अलावा उनसे बहस करने की योग्यता भी नहीं थी मुझमें। मैंने केवल कई बार उनसे कहा कि किताब लिखने की क्षमता नहीं है मुझमें। इस पर चिढ़कर उन्होंने मेज़ पर एक धौल जमाया, फिर ड्रामबुइ की गिलास से एक चुस्की लेकर बोले, ''साला तू अव्वल दर्जे का चूतिया है! सीधी बात तेरे दिमाग़ में नहीं धँसती। तेरे दिमाग़ में सिवाय गोबर के कुछ भी नहीं है। अरे बाबा, कितनी बार कहा है कि अच्छी नौकरी के लिए अच्छी विद्या यानी डिग्री चाहिए। तुझे न तो नौकरी ढूँढ़नी है, न तो डिग्री की ज़रूरत है। रवीन्द्रनाथ की कौन-सी डिग्री थी? ठाकुर रामकृष्ण के पास भी डिग्री नहीं थी, लेकिन इन्हीं लोगों की किताबों से बाज़ार भरी है। बड़ा होने के लिए कहीं से तो शुरुआत करनी पड़ेगी! हाँ, एक बात और। तेरे लेखन में दाआबू-दाआबू की भरमार हो गयी है। अब से मेरा प्रसंग कम कर दे, तू अपनी बात लिख। पिछले बीस साल से तो तू दाआबू-दाआबू करता आया है, बहुत हो चुका, अब नहीं। बार-बार मेरे बारे में लिखेगा तो लोग सोचेंगे कि मैंने ही तुझसे मेरे बारे में लिखवाया है। असल में यह किताब तेरी कहानी है। 'मैं हूँ कोलकाता का फॉरेन रिटर्न भिखारी' तेरी किताब है, तू ख़ुद भिखारी दास, बीडी, अपनी बातें कह रहा है।''

रात के बारह बज गये थे, इसलिए उस रात और बातचीत नहीं हुई। दाआबू और एक पेग लेकर एक्स प्रोग्राम देखेंगे। अतः मैं वहाँ से खिसक गया।

मैं यह पहले लिख चुका हूँ कि दाआबू का शान्तिनिकेतन में एक मकान है जहाँ से मेरा सामाजिक जीवन शुरू हुआ था। कोलकाता में वे साधारणतः होटल या गेस्टहाउस में टिकते। साल के कुल तीन महीने वे भारत में रहते, तीन महीने लन्दन में, शेष छह महीने यूरोप के विभिन्न शहरों तथा न्यूयार्क, सैनफ्रान्सिस्को, सिडनी, मेलबोर्न व सिंगापुर में। मैं लन्दन में ही रहता।

अब मैं काम चलाऊ अंग्रेज़ी बोल लेता था, लेकिन लिखना चाहूँ तो कलम टूट जाये। मेमसाहबों की बातचीत पूरी समझ लेता था। पढ़ भी लेता था। इससे मेरा जीवन पहले से काफ़ी सहज हो गया था। साउथ हॉल में अक़सर मुझे ऐसे भारतीय मिल जाते थे जो यस, नो, वेरी गुड से आगे कम ही बोल पाते थे। उनकी तुलना में मैं सौभाग्यशाली था।

दाआबू दौरे पर निकल गये थे। उनकी हिदायत के अनुसार मैं नियमित टी.वी. पर अंग्रेज़ी प्रोग्राम देखकर अंग्रेज़ी सीखता। सुबह बच्चों का प्रोग्राम देखना मुझे ज़्यादा अच्छा

लगता। उससे नये-नये शब्द और उनका उच्चारण सीखने का मौक़ा मिलता और ये प्रोग्राम देखने में मज़ा भी आता। मैंने अपना लेखन जारी रखा था, और ऊँची आवाज़ में अंग्रेज़ी पुस्तकें पढ़ने की कोशिश भी करता। खाने-पीने की दिक़्क़त नहीं थी। दुकानों में नगद पैसे नहीं देने पड़ते थे। मेरे नाम से बैंक का कार्ड था। बैंकमैट में कार्ड डालकर कोड नम्बर देते ही स्क्रीन पर सवाल उभरता और मुझे जितने पाउण्ड चाहिए वह संख्या डालते ही झट से उतने पाउण्ड निकल आते। कार्ड डालकर पैसे निकालने की यह पद्धति मुझे बहुत अच्छी लगती। यूँ मेरी जो मासिक आय थी, मैं अपना व्यय उसी के अन्दर रखता।

पहले मैं सोचता था कि अमीरों के जेब में बहुत पैसे रहते हैं। विलायत में ऐसा नहीं था। यहाँ सबकी जेबों में क्रेडिट कार्ड होते हैं। सुना है अब हमारे देश में भी चालू हो गया है। मुझे यह सोचना भी अज़ीब लगता कि श्यामबाज़ार के नाटू भाईसा'ब ने मुझे कहा था, "हमेशा अमीरों की जेब काटेगा, रिस्क लेना ही है तो बड़ा ग्राहक पकड़, उससे या तो बहुत फ़ायदा होगा नहीं तो डूबेगा। ग़रीबों का जेब काटकर कोई फ़ायदा नहीं, एक तो रिस्क उतना ही, दूसरे फ़ायदा बहुत कम।" हाँ, तुम शायद इस लाइन के नहीं हो, इसीलिए नाटू भाईसा'ब को नहीं पहचानते। उनसे मैंने जो विद्या सीखी थी, उसी का अभ्यास करते वक़्त दाआबू के हाथों पकड़ा गया था। दाआबू ने ठीक ही कहा था, वैसा अकुशल हाथ लेकर मुझे उस धन्धे में नहीं जाना चाहिए था। ख़ैर, मैं जो कह रहा था, नाटू भाईसा'ब अगर विलायत आ पाते तो यहाँ की हालत देखकर दंग रह जाते। वहाँ की कार्य-पद्धति यहाँ बिलकुल अचल है।

जैसा मैंने पहले कहा, मुझे बैंक के मशीन से पैसे निकालना अच्छा लगता था, ख़ासकर अगर वहाँ कोई भारतीय, पाकिस्तानी, बांग्लादेशी या श्रीलंकाई मौज़ूद हुआ तो मुझे इतनी ख़ुशी होती जिसका मैं बख़ान नहीं कर सकता। उस समय गर्व के साथ पाउण्ड निकालते हुए मैं गैस-गुब्बारे की तरह फूलकर कुप्पा हो जाता।

दाआबू के दौरे पर जाने के कुछ दिनों के बाद ब्राइटन से आण्टी का बुलावा आया, उनके घर पर कुछ काम था जिसमें मेरी मदद चाहिए थी। वहाँ पहुँचकर काम पूछने पर आण्टी बोलीं, "वाल-पेपर बदलने हैं, ये बहुत पुराने हो गये हैं और इनके कोने उधड़ने लगे हैं जो बहुत भद्दा लगता है।"

काम समझने के बाद मैंने कहा, "ठीक है, हो जायेगा।" विलायत में इस तरह के छोटे-मोटे काम लोग ख़ुद ही कर लेते थे, कोई किसी के भरोसे बैठा नहीं रहता था। मैंने शान्तिनिकेतन में देखा था कि वहाँ काम का आदमी न मिलने तक वह काम पड़ा ही रहता। हालाँकि यहाँ सुविधाएँ काफ़ी थीं। सब-कुछ रेडीमेड मिल जाता था। यहाँ के डू-इट्-योरसेल्फ़ दुकानों में सब-कुछ मिल जाता। यही नहीं, कैसे क्या करना है इसका वे सुझाव भी देते। मैंने मन-ही-मन हिसाब लगाकर आण्टी से कहा, "इस काम में तीन-चार दिन लगेंगे।"

आण्टी बोलीं, "तीन-चार सप्ताह भी लग जाये तो मुझे आपत्ति नहीं, तेरे पास तो अब काफ़ी समय है।"

बातों-ही-बातों में आण्टी ने अचानक पूछा, "सुना कि तू कोई किताब लिख रहा है?"

"किताब नहीं, डायरी।"

"डायरी ही बाद में किताब बनेगी, है न?"

"देखा जाय!" मैं शर्मिन्दगी महसूस कर रहा था।

आण्टी के यहाँ आने पर मैं भोजन बनाता, बाज़ार करता और कमरों की सजावट करता। उनका कोई घरेलू नौकर नहीं था। आण्टी को भारतीय खाना बहुत पसन्द था, खासकर दमालू, सूखा मांस, दाल-रोटी। सुबह वे केवल चाय और दो टोस्ट लेतीं। मैं आमलेट खाता और गरम दूध पीता, बाद में चाय लेता।

अगले दिन सुबह जलपान करते हुए आण्टी बोलीं, "सुन, तुझे आज काम नहीं करना है, तू दस बजे के करीब लिण्डा के पास चला जा, वह घर पर आयी है। मैंने लिण्डा से कह दिया है, वह तुझे तेरी किताब के बारे में कुछ अच्छे सुझाव देगी।"

"लिण्डा क्यों?"

"क्यों? तुझे नहीं मालूम, लिण्डा लन्दन में राइटिंग स्कूल चलाती है, इस स्कूल का काफ़ी नाम है। राइटर बनने के लिए क्या-क्या करना चाहिए, इसके लिए क्या-क्या क्वॉलिफिकेशन ज़रूरी है, वह तुझे यह सब बतायेगी, इससे तेरा भला ही होगा। तुझे मालूम है, कोलकाता में अभी तक लेखक बनाने का कोई स्कूल नहीं खुला है।"

"क्यों, कोलकाता का उतना बड़ा राइटर्स बिल्डिंग तुमने नहीं देखा?"

"वह कभी किरानी बनाने के लिए थी। असल में वहाँ साहित्यिक या लेखक नहीं बनाये जाते।"

आण्टी दाआबू की तरह सब जानती थीं। वे अंकल के साथ कोलकाता में थीं। बाद में प्रदूषण और गर्मी अंकल नहीं सह पाये, इसलिए लन्दन लौट आये थे। आण्टी की बेटी की शादी हो गयी थी, वह अमरीका के न्यूयार्क शहर में रहती थी, सम्प्रति फिलाडेलफिया में एक मकान खरीदी है। लिण्डा आण्टी की सहेली की बेटी है, इस बँगलों के बग़ल में ही उनका घर था।

मैं लिण्डा के घर पहुँचा तो उसने हँसकर मुझे वेलकम कहा, उसके बाद चाय पीते हुए बातचीत शुरू हुई। उसने पहले से कुछ दस्तावेज़ सहेज़कर रखे थे। मेरी ओर देखकर वह बोली, "एलिज़ाबेथ ने मुझे सब बता दिया है। जानकर अच्छा लगा। इन दस्तावेज़ों को पढ़कर देखो, उसके बाद मुझसे सम्पर्क करना। तुम्हें बता दूँ कि लेखक बनने के लिए किसी बड़ी डिग्री की ज़रूरत नहीं पड़ती। जो ज़रूरी है वह है मोटे तौर पर व्यक्त करने की क्षमता और कल्पनाशक्ति। तुम इण्डियन हो, तुम लोगों में

कल्पनाशक्ति का अभाव नहीं होता। और चारों ओर मेरे अच्छे कनेक्शन हैं, किताब छापने का ख़र्च निकल आयेगा।''

लिण्डा की बातें सुनकर मैंने कहा, ''मेरा हौसला बढ़ाने के लिए बहुत धन्यवाद, किन्तु दिक़्क़त यह है कि मैं लिख रहा हूँ बँगला में, वही मेरी मातृभाषा है, मेरी अंग्रेज़ी की पकड़ उतनी मज़बूत नहीं है।''

मेरा उत्तर सुनकर लिण्डा यकायक निराश हो गयी। वह बोली, ''अच्छा, यह तो मुझे नहीं मालूम था, शायद एलिज़ाबेथ भी नहीं जानती कि तुम बँगला में लिख रहे हो।''

उसके बाद लिण्डा को धन्यवाद देकर मैं लौट आया। आण्टी से पूछने पर उन्होंने भी माना कि उन्हें वाक़ई नहीं मालूम था कि मैं बँगला में लिख रहा था। उन्होंने तत्काल टेलीफ़ोन पर लिण्डा को धन्यवाद दिया और उसका क़ीमती वक़्त जाया करने के लिए खेद जताया।

विलायत में औपचारिक बातचीत का काफ़ी प्रचलन था। बात-बात में धन्यवाद देना, सॉरी कहना, गुस्सा आने पर भी मुस्कुराते रहना, यह सब इनका स्वभाव था। यहाँ केवल लेखक बनाने का स्कूल ही नहीं, लोगों की तरक़्क़ी के लिए हर प्रकार का स्कूल था। अपनी शिक्षा या रुचि के अनुसार इन स्कूलों में दाखिला लिया जा सकता था जहाँ खाना पकाना, घर की सजावट, सफ़ाई, इस्तरी करना, बाग़वानी से लेकर शिशुओं की देखभाल, बेबी-सिटिंग, बेबी-केअर, वृद्ध-वृद्धाओं की सेवा तक हर तरह की शिक्षा-व्यवस्था थी।

इतना ही नहीं, तुम्हें सुनकर आश्चर्य होगा कि शिशु की कैसे देखभाल की जाये, किस तरह उसका गन्दा-पैड बदलें, कैसे उसे दुलारें, वह रोये तो माँ को क्या करना चाहिए आदि सिखाने के लिए भी स्कूलों की भरमार है यहाँ। बिल्ली ट्रेनिंग सेण्टर, कुत्ता ट्रेनिंग सेण्टर तथा दीगर पालतू जानवरों के लिए ट्रेनिंग सेण्टर हैं। इसके अलावा ट्रेडिशनल एजुकेशन सेण्टर तो हैं ही जिसका दरवाज़ा मुझ जैसे मूर्ख के लिए बन्द रहता है।

ब्राइटन में कुछ दिन रहकर आण्टी का काम निपटाकर मैं लन्दन लौट आया। अगले ही दिन मुझे फ़ोन मिला, ''हैलो, मैं लिण्डा बोल रही हूँ। मैंने तुम्हारे बारे में सोचा है। सुनो, तुम हमारे स्कूल में आ जाओ। मैं तुम्हें अपने स्कूल का प्रोग्राम समझा दूँगी तुम समझ जाओगे कि यह बिलकुल एक्सपेन्सिव नहीं है।''

''मैं कल दोपहर को आ सकता हूँ।''

''ठीक है।'' वह बोली।

अगले दिन मैं उसके स्कूल पहुँचा। स्कूल केवल नाम का था। असल में यह दोमंजिले मकान का एक फ़्लैट था, उस कमरे में दस-बारह कुर्सियाँ तथा छोटी-छोटी मेज़ रखी हुई थी। लगा कि यहाँ प्राइवेट ट्यूशन की व्यवस्था है।

लिण्डा ने मुस्कुराकर मेरा स्वागत किया।

मुझे नहीं मालूम था कि यहाँ मैं क्या सीखूँगा। मैं यह भी नहीं समझ पा रहा था कि लिण्डा मेरी क्या मदद करना चाहती थी। बहरहाल वह ख़ूबसूरत थी, उम्र में युवा थी, हँसमुख थी और बहुत मिलनसार भी। अतः तुम समझ ही रहे होगे कि मेरा आकर्षण कहाँ था?

मेज़ पर कुछ कुशल छात्र-छात्रा तथा कुछ उल्लेखनीय व्यक्तियों के पत्र रखे थे जिन्हें दिखाती हुई वह बोली, "यह देखो, मिस्टर ई.जी. ऐरो ने लिखा है कि दो कहानियाँ लिखकर उसे तीन सौ पाउण्ड मिला है। मिस्टर एस.बी. बसवार्स ने लिखा है कि इस राइटिंग स्कूल में आने के बाद उसकी वार्षिक आय एक हज़ार तीन सौ बारह पाउण्ड बढ़ गया है। यह देखो, मि. एन. एन. मेलस्टोन ने लिखा है, 'तीन पब्लिकेशन में लिखकर सिर्फ़ फरवरी महीने में मैंने छह सौ पचास पाउण्ड कमाया।' यह देखो...यह देखो...इसे पढ़ो...उसे पढ़ो...।" उसका आग्रह देखकर मैंने दस्तावेज़ देखे, उन्हें पढ़ने का ढोंग किया पर पढ़ा नहीं क्योंकि मेरी विद्या ही ऐसी थी। अन्त में मैंने पूछा, "तुम्हारे यहाँ लेखक बनने में मुझे कितना समय लगेगा?"

"इस ख़ास लन्दन में मुझ जैसे मूर्ख की लेखक बनने की क्षमता कितनी होगी?"

"क्षमता? तुम्हारी इच्छा ही क्षमता है। हम तो हैं न, तुम दाख़िला ले लो, सिखाने की विधि और जिम्मेदारी हमारी।"

वह मुझे इसी तरह के आश्वासन देती रही। काफ़ी देर की बातचीत के उपरान्त मैंने लिण्डा से यह कहकर विदा माँगी, "ठीक है, मैं सोचूँगा। दाआबू बाहर गये हैं, उनके लौटने पर सम्भावित ख़र्च को समझकर यथावसर तुम्हें बताऊँगा।"

वहाँ से बाहर निकलकर मेरी जान में जान आयी। कोई सुन्दरी हो तो उसके चंगुल में फँस जाऊँगा, मैं इतना बुद्धू भी नहीं था। इतनी सहजता से यदि कोई लेखक बन पाता तो शान्तिनिकेतन का हर व्यक्ति लेखक होता।

विलायत के साहब-मेम लोग बिना किसी दुविधा के मुझसे बातचीत करते। मेरा नाम क्या है, कहाँ रहता हूँ, क्या करता हूँ आदि सवाल करके वे कभी मुझे छोटा करने की कोशिश नहीं करते। लेकिन भारतीयों का मामला और था। उनसे मिलने पर पहला ही सवाल होता—क्या करते हो, कितने पाउण्ड कमाते हो? ऐसे अनावश्यक प्रश्न सुनकर कभी-कभी मन में आता कि बोल दूँ, "साले, तेरा खाता हूँ न पहनता हूँ, मैं चाहे जो कमाता हूँ उससे तुझे मतलब?"

हालाँकि मैंने कभी ऐसा उत्तर किसी को नहीं दिया। एक दिन दाआबू ने मुझे समझाया था कि ऐसे सवाल करनेवाले साधारणतः कमज़ोर होते हैं औरों को हीन साबित करके ख़ुद का बड़प्पन आँकते हैं। वे असल में हीनभावनाग्रस्त होते हैं।

इस बात को मैं भी समझता था। सियालदह का ऑथेण्टिक भिखारी होने के नाते मैं बेवकूफ़ नहीं, बल्कि चालाक था और अब लन्दन में रहता था। गाली-गलौज और झूठ बोलने में मैं विशेषज्ञ था। दाआबू के सिवाय मुझे किसी की परवाह नहीं थी।

लन्दन की आबोहवा, सड़कें और लोग जब मेरे लिये सहज़ हो उठे तब मैं अनायास लोगों को झाँसा देता—

"क्या करते हो?"

"बिज़नेस।"

"काहे का?"

"डायमण्ड।"

मेरा उत्तर सुनकर प्रश्नकर्त्ता अच्छा-अच्छा कहता हुआ खिसक जाता। गर्व से मेरी छाती फूल उठती।

मैं अपनी इन झूठों के बारे में लिख पा रहा हूँ इससे मुझे बहुत आनन्द मिल रहा है। मैं झूठ लिखूँ तो उसमें बाधा नहीं है, लेकिन और बातें सच-सच लिखने में पाबन्दी है। मैं इन सीमाओं को नहीं लाँघूंगा, लेकिन सतर्कता के बावज़ूद कभी मेरा मुँह खुल जाये तो तुम इसका बुरा मत मानना।

अब तुम समझ ही गये होगे कि मेरा यह लेखन मेरे अतीत के जीवन से जुड़ा है। मैं अपना संस्मरण सुना रहा हूँ।

लन्दन में पहुँचने के बाद मुझे काफ़ी वक़्त लगा था यहाँ की बोली समझने में। सड़क, बाज़ार, बार, पार्क और टेलीविज़न पर वर्षों लगातार इनकी भाषा सुनते-सुनते मैं यह भाषा सीख पाया था, साथ ही दाआबू की मदद तो थी ही।

मेरे लन्दन के सबसे प्रिय दोस्त का नाम है रॉबर्ट्सन, सब उसे रॉबर्ट कहकर पुकारते। वह हमारी ही बिल्डिंग की पाँचवीं मंजिल में रहता था। नौकरी से रिटायर हो चुका था। उसकी पत्नी कैन्सर से पीड़ित होकर गुज़र गयी थी। उसके दोनों बेटे शादीशुदा थे, उनके भी बच्चे थे, किन्तु समयाभाव के कारण वे लन्दन नहीं आ पाते थे। रॉबर्ट के पास एक बहुत सुन्दर ऐल्सिशियन डॉग था। वह दिन में चार-पाँच मर्तबा कुत्ते को लेकर निकलता, यानी कुत्ता चराने के लिए। गाय चराने और कुत्ता चराने में बहुत फ़र्क़ है। मैंने एक बँगला कविता में पढ़ा था, 'राखाल गोरूर पाल लोये जाय माठे', यानी चरवाहा गाय के झुण्ड को मैदान ले जाता है। चरवाहा ऐसा करता है गायों को घास चराने के लिए और विलायत में कुत्तों को बाहर ले जाते हैं उन्हें हगाने के लिए। हाय राम! शायद मेरी उक्ति भद्दी हो गयी, लेकिन मैं क़सम खाकर कहता हूँ कि यही सच है। चरवाहे शिक्षित नहीं होते, गाय चराना उनका पेशा होता है, और यहाँ कुत्ता चराना इनका नशा है। यहाँ कुत्तों को शयनकक्ष में घुसने की, कभी-कभी बिस्तर पर चढ़ने की भी छूट दी जाती है, किन्तु गायों के लिए ऐसा नहीं है। हमारे देश में भी कुत्तों का अभाव नहीं है। शान्तिनिकेतन की सड़कों पर लावारिस कुत्तों की भरमार है और लोगों के घरों में भी अच्छे-अच्छे नस्लों के कुत्ते हैं। कोलकाता में भी अमीरों के घर पर पालतू कुत्ते होते हैं। किन्तु वे अमीर साधारणतः कुत्तों को हगाने के लिए नहीं

ले जाते, क्योंकि ऐसा करने से उनका प्रेस्टिज़ पंचर होता है। अतः यह काम उनके घर के नौकर-चाकरों को करना पड़ता है। घर में विदेशी कुत्ता रखने से स्टैण्डर्ड हाई होता है। जो हो, मैं रॉबर्ट के बारे में बता रहा था। वह बार-बार कुत्ता लेकर बाहर निकलता, इसी से उससे मेरी बार-बार मुलाकात होती और हम बार-बार गुडमार्निंग कहते। उसे मालूम था कि मैं किसी के घर पर काम करता था। एक दिन पार्क में कुत्ते को छोड़कर वह इधर-उधर देख रहा था जब मुझ पर उसकी निगाह पड़ी, उसने पूछा, "कहाँ जा रहे हो?"

"कहीं नहीं, यूँ ही टहल रहा था।"

"आओ, बैठें।"

हम दोनों एक बेंच पर अग़ल-बग़ल बैठ गये। बातों-ही-बातों में मैंने पूछा, "अच्छा, वहाँ उस बोर्ड पर लिखा है कि यहाँ कुत्तों को छोड़ना मना है, फिर भी..."

रॉबर्ट ने हँसकर जवाब दिया, "अरे भाई, इस शहर में अगर तुम सारी निषेधों को मानने लगो तो तुम घर से बाहर निकल ही नहीं पाओगे! चारों ओर निषेधाज्ञा की फ़लकों की भरमार है।"

उसका जवाब सुनकर मैं चुप रहा। सुना है कि हमारे देश में अंग्रेज़ बहुत वर्षों तक रहे और वहाँ वे आज़ादी के साथ जो चाहते थे वही करते थे। और यह तो उनका अपना ही देश था। गुलाब के पौधों के निकट, फुटपाथ पर, घर की दहलीज़ के इर्द-गिर्द और बाल-उद्यानों के भीतर यत्र-तत्र कुत्तों का मल बिछा रहता। इस विषय को लेकर सोचने पर आश्चर्य लगता। यह सच है कि कोलकाता की सड़कों पर गाय छोड़ दिये जाते हैं, परन्तु कुत्ते की गन्दगी और गाय की गन्दगी में फ़र्क़ है। खम्भा देखते ही गाय वहाँ जाकर पेशाब नहीं करती। तुम कहोगे कि मैं भारतीय हूँ इसीलिए गो-सेवक या गाय-भक्त हूँ, कुत्ते की मर्यादा कैसे जानूँगा? शायद यह सही हो। मैंने बातों-ही-बातों में मन की बात लिख डाली, अब थोड़ा और कह लेने दो, फिर मैं अपने प्रसंग पर लौट आऊँगा। गाय एक शान्त पशु है। उसका गोबर, कण्डी, दूध, मांस, चमड़ा सब-कुछ काम में लग जाता है, इसलिए हम गाय की सेवा या देखभाल करते हैं। गाय उपकारी भी है, उपयोगी भी। कुत्ते का मांस, दूध, मल आदि किस काम का? सड़क की गायों की ओर से मैं यह पूछ रहा हूँ।

रॉबर्ट ने बताया था कि मुफ़स्सल में या निजी मकानों में सुरक्षा के लिए तथा शहरों में सहचर्य के लिए कुत्ता पालते हैं। हाँ, मैं उसकी यह बात पूरी तरह मानता हूँ। किसी व्यक्ति के साथ कोई कुत्ता जिस तरह खेल पायेगा क्या वैसा कोई गाय कर पायेगी? यहाँ मैं हार गया। मैं तुम्हें अपनी गाय-प्रीति का कारण बता दूँ, बहुत लोग मुझे गाय या बैल कहते हैं और दाआबू को गुस्सा आने पर वे कहते हैं कि मेरे दिमाग़ में गोबर भरा है। इसलिए बहुत समय मैं गाय से ख़ुद का मिलान करता हूँ। कोई यदि मुझे कुत्ता कहता तो शायद कुत्तों के प्रति मेरा रुझान बढ़ता।

रॉबर्ट उम्र में मुझसे तिगुना बड़ा था, और था बहुत ही खुले दिल का। उसने सीधे कह दिया था, "मैं तुम्हें तुम्हारा नाम लेकर बुलाऊँगा और तुम भी मुझे मेरा नाम लेकर पुकारोगे, कोई मिस्टर-विस्टर नहीं!"

इस पार्क में जितने कुत्ते आते, उसे उन सब के नाम मालूम थे। वह अक़सर मुझे उन कुत्तों और उनके मालिकों के बारे में बताता।

"वह देखो, आज टारजन को उसका अंकल ले आया है।"

"अंकल मतलब?" मैं चौंका। "अंकल यानी उसकी माँ का भाई?" मैंने सन्देह निवारण करना चाहा।

"उसकी माँ का भाई—यानी जो लड़की रोज़ इस कुत्ते को लाती है मिस बार्टन, वही कुत्ते की असली मालकिन है। यह युवक मिस बार्टन का भाई है, इसने भी शादी नहीं की है।"

"समझा, लेकिन तुमने तो कहा था कुत्ते का अंकल!"

रॉबर्ट ठठाकर हँस पड़ा। फिर अपने चुरुट का एक कश लेकर बोला, "तुम अब भी इण्डियन ही रह गये हो। कुत्ते की मालिक है मिस मैसी बर्टन। इसका मतलब है कि मैसी ही कुत्ते की माँ है और इसलिए उसका भाई अंकल हुआ।"

"अच्छा-अच्छा, समझ गया।" मैंने कहा और मन-ही-मन सोचा—साला, कुत्ते का मामा! किसी को कुत्ते का बच्चा कहूँ तो वह गाली है, किन्तु मिस बर्टन को अगर कुत्ते की माँ कहूँ तो वह बहुत ख़ुश होगी। रॉबर्ट के कुत्ते का नाम था ली। रॉबर्ट को ली का मालिक न कहकर यदि उसे ली का डैडी कहूँ तो उसमें असम्मान की कोई बात नहीं। यह सब विलायती क़ायदा है। सुना है, यह दस्तूर अब हमारे देश में भी चालू हो गया है।

एक दिन रात के नौ बजे कालिंग-बेल की आवाज़ सुनकर दरवाज़ा खोलकर देखा कि रॉबर्ट मायूस खड़ा था। मैंने कहा, "वेलकम, अन्दर आ जाओ, मैं दाआबू को बुला देता हूँ।"

"नहीं-नहीं, दाआबू से नहीं, मुझे तुमसे काम था, मुझे तुम्हारी मदद चाहिए।"

"ठीक है, तब भी तुम दाआबू से ही बोलो।" कहकर मैंने दाआबू को बुला दिया।

दाआबू के साथ रॉबर्ट की काफ़ी देर तक बातें होती रहीं, उसके बाद दाआबू ने मुझे बताया कि कुछ देर पहले रॉबर्ट को उसकी बहू ने फ़ोन किया था कि उसका बेटा बीमार है और उसे अस्पताल में दाख़िल करना पड़ा है। डॉक्टर ने कहा है कि मरीज़ को कोई ख़तरा नहीं है, किन्तु बहू कुछ घबड़ा गयी है और रॉबर्ट की वहाँ मौज़ूदगी चाहती है। अब रॉबर्ट समस्या में पड़ गया है ली के कारण। ली यानी उसका ऐल्सिशियन कुत्ता। उसे साथ में ले जाना मुमकिन नहीं है। यहाँ कुछ दिनों के लिए डॉग-

हाउस में रखा जा सकता है, लेकिन वहाँ ठीक से देखभाल नहीं करते। पिछली बार तीन दिन डॉग-हाउस में रहकर ली अस्वस्थ हो गया था, उसे डिप्रेशन हो गया था। इसीलिए रॉबर्ट मेरी मदद माँग रहा था। ली मुझे पहचानता था, मेरे साथ खेलना पसन्द करता था, मेरी बातें सुनता था और रॉबर्ट का मानना था कि मैं कुत्ते बहुत पसन्द करता हूँ। मुझे यह सब बताने के बाद दाआबू बोले, "हामी भर दे, कुछ दिनों के लिए डॉग-मैनेजमेण्ट का अनुभव हो जायेगा और जेब में कुछ पैसे भी आ जायेंगे।"

मैं राज़ी हो गया। मेरा आश्वासन पाकर रॉबर्ट ने ख़ुश होकर मुझसे हाथ मिलाया।

अगले दिन उसने मुझे दरवाज़े की चाभी, लेटर-बॉक्स की चाभी, टेलीफ़ोन नम्बर, ली के भोजन का डिब्बा, पशु-चिकित्सक का फ़ोन नम्बर आदि समझा दिया। फिर मुझे सामने रखकर वह बार-बार ली को समझाता रहा, "बीडी हमारा दोस्त है, मैं दो-तीन दिन में लौट आऊँगा, तू बीडी का कहा मानेगा...।" ज्यों एक बच्चे को समझाते हैं, रॉबर्ट ली को उसी तरह समझाता रहा। रॉबर्ट ने मुझसे ख़ास अनुरोध किया कि ली अगर ज़्यादा भौंकने लगे तो या तो मैं ली को अपने यहाँ ले आऊँ, अन्यथा मैं ख़ुद जाकर रॉबर्ट के फ़्लैट में रात में रहूँ। इसका कारण, कुत्ता ज़्यादा भौंके तो अड़ोस-पड़ोस के फ़्लैट वालों को तक़लीफ़ होगी, वे पुलिस बुला सकते हैं। मैं समझ गया कि मैंने अपने कन्धे पर बहुत बड़ी जिम्मेदारी ली है।

मुझे पहले नहीं मालूम था किन्तु बाद में महसूस हुआ कि ली की जिम्मेदारी लेने से मेरी प्रतिष्ठा यकायक बढ़ गयी थी। सेण्ट बर्नर, लैब्राडोर, सबसब, ऐल्सिशियन, हस्की आदि कीमती कुत्तों के साथ उसके मालिक की कीमत भी मानों बढ़ जाती है। मेरी बिल्डिंग में तथा आसपास रहनेवाले बहुतों से सामना होता था, आँखें मिलती थीं, किन्तु कभी उनसे परिचय नहीं हुआ। ली को साथ लेकर घूमते समय कई लोग स्वयं ही मुझे 'हैलो, गुड मार्निंग' कहने लगे।

दाआबू को मैंने अपने पहले दिन का अनुभव बताया तो वे बोले, "इसी को पेट्मीडिया यानी पेट् कम्यूनिकेशन मीडिया कहते हैं। अपनी भाषा में इसे 'कुत्ते के जरिये परिचय' कह सकते हो।"

सच कहूँ तो कोई भी मुझसे मेरा नाम नहीं पूछता था, लोग ली की पीठ पर और सिर पर हाथ फेरकर पूछते—इसका नाम क्या है, कितनी उम्र है, आदि।

ली के कारण मेरी लोगों से जान-पहचान बढ़ गयी। एक कुत्ता लोगों के बातचीत का मुख्य विषय हो सकता है यह भी मुझे पहले नहीं मालूम था। दो दिनों में मैं 'पेट-सर्कल' का अंग बन गया। ख़ास विलायत में कुत्ता-प्रेमियों का अभाव नहीं। यहाँ कोई व्यक्ति सर चकराकर गिर जाये तो वह कोई ख़ास बात नहीं, किन्तु कोई कुत्ता सर चकराकर गिर पड़े तो वह बहुत बड़ा हादसा है। कुत्ता यदि आनन्द से नहीं उछलता तो उसके लिए कुत्तों का मनोविश्लेषण करनेवाले डॉक्टर उपलब्ध हैं, वे कुत्तों के

विशेषज्ञ होते हैं। कुत्ते की जाँच-पड़ताल कर वे बता देते हैं कि कुत्ते का मन क्यों उदास है। इन डॉक्टरों के पास बड़ी-बड़ी डिग्रियाँ होती हैं। डॉग स्पेशलिस्ट, डॉग साइकियाट्रिस्ट। इनमें बहुत से अमरीका-रिटर्न। कुत्ते ज्यों बड़े, मझोले, छोटे, यहाँ तक कि पॉकिट डॉग और बॉस्किट डॉग भी होते हैं त्यों ही उनके चरित्र भी विभिन्न प्रकार के होते हैं। अच्छा, बुरा, बहुत बुरा, गुस्सैल, आलसी, ईर्ष्यालु, प्रेमी, सरल, चालाक, मूर्ख आदि मनुष्य की तरह ही कुत्तों में इतने दोष-गुण हैं जिन्हें गिना जाये तो वह गिनती कभी ख़त्म ही न हो। ली की बदौलत बहुत से कुत्ता-प्रेमियों के साथ मेरा परिचय हुआ और उनसे अन्तरंगता बढ़ गयी, यानी दोस्ती हो गयी।

रॉबर्ट अपनी वादानुसार दो दिनों के बाद ही लौट आया और मुझे अपनी जिम्मेदारी से छुट्टी मिल गयी। रॉबर्ट का बेटा स्वस्थ्य होकर अपने घर पहुँच गया था। हाँ, ली के कारण पार्क में और फुटपाथ पर जिनसे परिचय हुआ था, मैं उन्हें थामे रहा।

इसके बाद एक मज़ेदार बात यह हुई कि रॉबर्ट अपने परिचितों के पास मेरी तारीफ़ के पुल बाँधने लगा। वह लोगों को बताता, "यह लड़का बहुत दयालु है, कुत्ते के साथ उसका एक अलग ही रिश्ता है। वह भारतीय है और भारतीयों में बहुत धीरज होता है। उसकी निष्ठा अतुलनीय है।" आदि।

इस प्रशंसा का फल यह हुआ कि बहुत से लोग मेरा नाम और टेलीफ़ोन नम्बर ले गये। क्योंकि विलायत में मुझ जैसे डॉग-मॉनिटर की कमी थी।

उस दिन रात में रॉबर्ट से मेरे नये क्वालिफ़िकेशन के बारे में सुनकर दाआबू हँसते-हँसते लोटपोट हो गये। फिर अपनी आदत के अनुसार मेरी पीठ पर प्यार से एक चाँटा मारकर बोले, "साला, इसी को कहते हैं चालू माल! साला कहाँ का छोकरा, कहाँ आकर लोगों को चराने लगा है।"

मैंने मन-ही-मन सोचा, मैं जितना मूर्ख लगता हूँ, उतना हूँ नहीं...यह राय शान्तिनिकेतन के गोरादादा की थी। वे वहाँ मेरे मास्टर जी थे, शायद यह मैं पहले कह चुका हूँ।

कैसी लग रही हैं तुम्हें मेरी बातें? तुम्हारे लिये शायद ये साधारण बातें हैं, अथवा कह सकते हो कि इसमें कोई इण्टेलेक्चुअल फीडबैक नहीं है। तुम्हारा सोच सही है, लेकिन मेरे पास उपाय नहीं है। मुझमें न शिक्षा है न योग्यता। फिर भी मेरी दिली ख़्वाहिश है कि मैं तुम्हें अपनी बातें बताऊँ। तुम लोग तो बड़े-बड़े नामी-गिरामी लोगों और लेखकों को पढ़ने में अभ्यस्त हो। मनोभाव को भाषा में पिरोकर जो समझा पाते हैं वे ही पाठकों को थामे रहने की क्षमता रखते हैं, वहाँ मुझ जैसा एक महामूर्ख कोलकाता का भिखारी क्या लिखेगा भला?

फिर भी मुझे लिखना ही है। अव्वल तो यह मेरे दाआबू का सुझाव है, दूसरे लिखना शुरू करने के बाद अब लगता है कि लिखने लायक बहुत कुछ है। कितने लोग पढ़ेंगे

यह मुझे नहीं मालूम। चूँकि तुम इसे पढ़ रहे हो, यह अगर तुम्हें अच्छी लगे तो समझूँगा कि मेरा प्रयास सार्थक हो गया है। लेकिन हाँ, यह तो शुरूआत है, अभी बहुत कुछ बाकी है!

विलायत में कुत्ते और बिल्ली—ये पालतू जीव कैसे स्वामी और सन्तान का स्थान दख़ल किये बैठे हैं वह सब सुनोगे तो तुम दंग रह जाओगे। तुम भारतीय हो, रास्ते के लावारिस कुत्ते और दोस्तों के घर के पालतू कुत्ते, तुमने दोनों देखे होंगे। अतः माँ को मौसी की कहानी न सुनाकर एक बात मैं ज़ोर देकर कह सकता हूँ—यहाँ कुत्ते के जन्मदिन पर उसे सैलून में ले जाकर मोस्ट मॉडर्न पङ्क टाइप हेयर-कट द्वारा सजा-सँवारकर जिस तरह बर्थडे-मीट-केक का उत्सव मनाया जाता है वह तुम सोच भी नहीं पाओगे।

हाँ, ली के प्रसंग में एक और बात न कहूँ तो मेरी यह बात अधूरी रह जायेगी। ली को हगाने में मुझे कभी परेशानी नहीं हुई। हर जाति के कुत्तों का स्वभाव इस मामले में एक जैसा है। पेड़ की ठूँठ, खम्भा, लैम्पपोस्ट, बेंच का पाँव, गाड़ी का चक्का यानी कोई खूँटा या आड़ मिलने पर पिछला एक टाँग उठाकर निपट लेते। शुरू-शुरू में साफ़-सुथरे फुटपाथ, सुन्दर लॉन, ट्यूलिप या गुलाब के पौधों के बीच गन्दगी देखकर घृणा से अधिक मुझे शर्म लगती। बाद में श्रीमती एमिरितास ने मुझे एक अच्छा सुझाव दिया। वह बोलीं, "एक प्लास्टिक की थैली लेकर घूमो, थैली उलटकर कुत्ते का मल उसमें भर लेना, फिर निकट के डस्टबिन में उसे डाल देना, इससे पार्क भी साफ़ रहेगा और बच्चों को खेलने में दिक़्क़त नहीं होगी।" यह कहने की आवश्यकता नहीं कि इस तरीके को अपनाने के बाद मेरी बहुत ज़्यादा वाहवाही होने लगी। पार्क में आनेवाली बेबी-सिटर और यंग मदर सब मुझे इस सिविक सेन्स के लिए बार-बार धन्यवाद देने लगीं। और सच कहूँ तो मैं भी उन सुन्दरियों का धन्यवाद पाने के लिए ली को यथावसर ठेलने लगा—"जा न, और ज़्यादा हग, बार-बार हग! तू हगेगा तो मेरा सम्मान बढ़ेगा!"

●

(4)

अब मैं दूसरे प्रसंग पर आता हूँ।

यह सच है कि मैं अपने देश के बारे में नहीं लिख पाऊँगा, क्योंकि मैं देश के बारे में कुछ नहीं जानता। जो जानता हूँ वह यह है कि हमारा देश महान् है, अनेकों ऋषि-मुनियों की पुण्यभूमि है हमारा हिमालय। अनेकों मन्दिर हैं। देश में अधिकांश हिन्दू हैं, उसके बाद मुसलमान, ईसाई तथा और भी बहुत-सी जातियाँ हैं। यह सब मुझे मास्टर जी ने बताया था। मैं अगर अपने बारे में लिखूँ तो कहूँगा कि मेरा देश, गाँव, मुहल्ला, जन्मस्थान, कर्मस्थान, शिक्षास्थान आदि सब-कुछ सियालदह को घेरकर हैं। मैं हर तीन-चार साल में एक बार अपने देश लौटता हूँ। पहली बार लन्दन पहुँचकर मैं चार

साल यहाँ था क्योंकि चार साल निवास करने पर मेरे लन्दन में रहने के लिए वीज़ा की अवधि बढ़ाने, नौकरी के लिए आवश्यक वर्क-परमिट बनाने तथा दूसरे दस्तावेज़ बनाने की सहूलियत होती। यह सब मैं नहीं समझता था, दाआबू ने अपने वकील दोस्त के ज़रिये यह सब करवाया था। चार साल बाद जब देश लौटा तब दाआबू के साथ ही दमदम एयरपोर्ट में उतरा था। उतरने के बाद बार-बार पीछे मुड़कर ब्रिटिश एयरवेज़ की विमान को देखता रहा। इतना सामान और इतने लोगों को लेकर वह कैसे उड़कर आ गया यह समझने की क्षमता मुझमें नहीं थी। सब-कुछ स्वप्न-जैसा लग रहा था। एयरपोर्ट पर कोई हमें लेने के लिए नहीं आया था। लेकिन जब एयरपोर्ट के क़ुली मुझे 'सर' कहकर सम्बोधन कर रहे थे तब मुझे बहुत अच्छा लगा था। मुझे अफ़सोस इतना ही था कि मेरे सियालदह के परिचित किसी ने मुझे एयरपोर्ट से गर्व के साथ बाहर निकलते नहीं देखा। दाआबू ने मुझे सियालदह के निकट टैक्सी से उतार दिया और कहा कि मैं जब चाहूँ होटल पहुँच जाऊँ। उन्होंने मुझे होटल का पता दे दिया था।

चार साल बाद सियालदह का बच्चा सियालदह लौटा था।

स्टेशन पर पहुँचकर लगा कि मैं अपने ही देश में विदेशी हूँ।

दीर्घ चार साल में बहुत कुछ बदल गया था। सियालदह के चारों ओर काम चल रहा था। फ्लाइओवर बन रहा था, इसीलिए पहले की सड़क और फुटपाथ पर अस्थायी दुकानें लगी थीं। यातायात की सड़कें अवरुद्ध थीं, चारों ओर बाज़ार ही बाज़ार। स्टेशन पर पूर्व परिचित कोई नहीं मिला। लगा मानों मेरा जड़ ही उखड़ गया है। अपनी चालाकी और सयानापन के बावज़ूद मुझे लगा कि मैं यहाँ शरणार्थी हूँ। अचानक भाईसा'ब की याद आयी। खन्ना सिनेमा हॉल के बग़ल में यानी रास्ते के उस पार उसकी गोशाला थी।

मेरा सामान दाआबू अपने साथ होटल ले गये थे। मेरे पहनावे में विलायती शर्ट-पैण्ट, जूता-मोजा था और जेब में भरे थे कुछ पाउण्ड यानी विलायती मुश्व। कुछ ढूँढ़ने के बाद भाईसा'ब से मुलाकात हो गयी। उसने मुझे देखते ही पहचान लिया। आँखें फाड़े मुझे देखता हुआ उसने मेरा स्वागत किया, "तेरी बहिन...किधर से...!" मैंने आनन्द से उसे जकड़ लिया, बहुत दिनों के बाद मुझे कोई अपना मिला था।

दाआबू की मनाही थी कि मैं किसी को न बताऊँ कि मैं विलायत में रहता हूँ। कहता भी तो यह सच झूठ-जैसा लगता, कोई यक़ीन ही नहीं करता। अतः मैं सच को ढँपकर सच की तरह झूठ बोला, "मैं आजकल दिल्ली में रहता हूँ।"

"अरे मस्त! दिल्ली का लड्डू कोलकाता आ गया...।"

भाईसा'ब ने सोचा था कि उसके सिखाये रास्ते पर चलकर ही मैंने तरक्क़ी की है। जब मैंने बताया कि मैं पहले ही दिन पकड़ा गया था और क़िस्मत अच्छी थी जो बच गया था, तो वह ठिठककर खड़ा हो गया, फिर बोला, "ख़ैर, वह विद्या भविष्य में काम देगी, फ़िक्र मत करना।"

जब मैंने उसे बताया कि मेरे पास पाउण्ड है, तब वह बेतहाशा चौंका। बोला, "तूने तो गुरु को भी मात दे दी, तू अब बड़े कारोबार में लग गया है, बहुत अच्छा, तू तो बहुत ऊपर चढ़ गया है..."

भाईसा'ब के निर्देश से ही मैंने बैंक से पाउण्ड तुड़ाकर रुपये में बदला, उसके बाद सबको चाय-समोसा-आलूचाप खिलाया। मुझे जो आनन्द मिला मैं उसे व्यक्त नहीं कर सकता। हाँ, सबको यानी भाईसा'ब, उसके दो शागिर्द और चार दीदियाँ, दीदी यानी जो ग्राहक पकड़ती थीं। वे ग्राहक पकड़कर बहिनों को भेजतीं। बहिन लोग ही फील्ड-वर्कर थीं। दीदियों के ऊपर थीं मौसी, और मौसी के ऊपर मस्तान और मालिक। मस्तान और मालिक ही यह तय करते कि बहिन लोग कौन कहाँ धन्धा करेंगी। असल में दलाल लोग ग़रीब, भिखारी अथवा समाजच्युत लड़कियों को लाने का काम करते। ग़रीबी और भूख से सतायी लड़कियाँ ही साधारणतः इस लाइन में आतीं। माल समझकर दलाल उन्हें इधर-उधर भेजते। शुरू में उन्हें दीदियों की निगरानी में झोंपड़पट्टी या बस्तियों में रखते, लगभग महीने भर, उसके बाद वे कोलकाता की आबोहवा में अभ्यस्त होने पर उन्हें सोनागाछी, रूपोगाछी, साँतरागाछी आदि स्थानों पर भेज देते। मस्तान और मालिक लोग बहुत ऊँचे दर्जेवाले होते, साधारण बहिनों का उनसे सम्पर्क नहीं रहता। शारीरिक सम्पर्क होता भी तो उनका असली परिचय छिपा रहता। मालिकों का पुलिस, वकील और डॉक्टरों के साथ अच्छा सम्पर्क रहता। यह बड़ा नेटवर्क अत्यन्त होशियारी से चलाया जाता था। मैं बहुत ही निचले तबके का हूँ, न्याय-अन्याय, उचित-अनुचित से हमारा कोई वास्ता नहीं। हम असल में मूर्ख गधों का झुण्ड हैं। जो चालाक होते हैं, वे अपना रास्ता ख़ुद बना लेते हैं। न्यू-मार्केट, स्ट्रैण्ड रोड, पार्क स्ट्रीट तथा विभिन्न होटल क्षेत्रों में। साधारण बेवकूफ़ों के लिए उन क्षेत्रों में कोई जगह नहीं। हालाँकि मेरी ख़ुद की भी वहाँ आवाजाही नहीं है, अतः इस मामले में मैं कुछ बता नहीं पाऊँगा।

भाईसा'ब के साथ बातचीत करते हुए रात हो गयी। मुझे लड़कियों का संग भी अच्छा लग रहा था। लन्दन से कोलकाता फ्लाइट का जेट लैग और थकान जब मुझ पर हावी होने लगी तब मैं उठ पड़ा। काफ़ी रात हो गयी थी। भाईसा'ब ने मुझे एक टैक्सी में बिठा दिया। टैक्सीवाले को मैंने दो सौ रुपये थमा दिये, यह देखकर भाईसा'ब बोले, "इतना मत दो, टैक्सी मेरी है।" मैंने हँसकर कहा, "मैंने टैक्सी को नहीं, ड्राइवर को दिया है। अभी जेब में था, सो दे दिया, बाद में शायद न भी दे पाऊँ।" भाईसा'ब बोले, "फिर आना। तू मेरा भाई है, कोलकाता में कारबार करना चाहे तो आ जा, कोई परेशानी नहीं होगी।"

पार्क स्ट्रीट के होटल तक पहुँचाकर ड्राइवर मुझे सैल्यूट ठोंककर चला गया। रिसेप्शन में नाम बोलते ही मुझे कमरे की चाभी मिल गयी। कोलकाता में दाआबू होटल में अपने लिये स्वीट् लेते, मुझे अलग कमरे में ठहराते। हम एक ही होटल में थे, लेकिन

मुझे तीन दिनों की छुट्टी थी, इस अवधि में मैं कहीं भी जा सकता था, अपने पुराने यार-दोस्तों से मुलाकात कर सकता था। तीन दिनों के बाद यानी शुक्रवार को रात आठ बजे मुझे दाआबू के साथ भोजन करना था और तभी अगला कार्यक्रम तय होगा।

अधिक रात में सोने के कारण सुबह मैं गाढ़ी नींद में था जब कमरे के टेलीफ़ोन की घण्टी ने मुझे जगा दिया। फ़ोन उठाते ही रिसेप्शनिस्ट ने कहा, "मिस्टर दास, आपका गेस्ट आया है, लीजिये, बात्त कीजिये।"

"हैलो!"

"हैलो, मैं भाईसा'ब बोल रहा हूँ।"

सुनकर मैं चौंका, फिर उठकर बैठ गया। भाईसा'ब यहाँ क्यों? मन का सवाल मन में रखकर मैं बोला, "हाँ भाईसा'ब, सब ठीक है न? सुनो, तुम रिसेप्शन के वेटिंग हॉल में इन्तज़ार करो, मैं आधे घण्टे के अन्दर आ रहा हूँ।"

मैंने टेलीफ़ोन रख दी। नींद पूरी नहीं हुई थी, इससे मिज़ाज कुछ खिन्न था। जो हो, भाईसा'ब को यह हक़ था, मैं उसे सम्मान करता था और सियालदह क्षेत्र में वही एकमात्र मेरा अपना था। जल्दी से फ्रेश होकर मैं तैयार हुआ और नीचे उतर आया।

मुझे देखकर भाईसा'ब मुस्कुराता हुआ आगे बढ़ आया। बातचीत के लिए हम लॉबी में आ गये। वह चारों ओर का विस्मय से मुआयना करने के बाद सप्रशंस दृष्टि से मुझे घूरकर बोला, "वाह, वाह! बहूत ख़ूब! ताज़्जुब होता है, अरे तुम इतनी जल्दी गुरु बन जाओगे यह मैं सोच ही नहीं सकता था।"

दो कॉफी का ऑर्डर देकर हम आराम से शौकिया कुर्सियों पर बैठ गये। उसे सहज करने के लिए मैंने कहा, "मुझे अपने काम के लिए ऐसे बड़े-बड़े होटलों में ठहरना पड़ता है।"

"यह होटल तो शायद फाइव स्टार है, है न? यहाँ एक कप कॉफी की कीमत भी बहुत होगी, चलो बाहर चलकर किसी चाय की दुकान पर बैठते हैं। वहाँ सस्ता भी होगा और मन खोलकर बातें भी कर पायेंगे।"

"मैं कॉफी का ऑर्डर दे चुका हूँ। बाद में चलेंगे। अब बोलो, यहाँ कैसे पहुँच गये? अवश्य ही ड्राइवर ने बताया होगा?"

"हाँ, ड्राइवर ने ही तो। तुम्हें होटल में पहुँचाने के बाद से वह सबसे कहता फिर रहा है कि भाईसा'ब का शागिर्द फलाँ होटल में ठहरा है।"

यह कहने की आवश्यकता नहीं कि होटल के मॉडर्न डी-लक्स परिवेश में हमारी बातचीत नहीं जमी। भाईसा'ब मेरी बदली स्थिति अपनी आँखों से देखने के लिए यहाँ पहुँचा था। मैंने वादा किया कि रात में मैं उससे उसी के अड्डे पर मिलूँगा। वह बोला, "तो यह बोल दो मैं कितने बजे गाड़ी भेजूँ? गाड़ी यानी टैक्सी, वह मेरी ही गाड़ी है।"

"नहीं, मैं ख़ुद पहुँच जाऊँगा, किसी को भेजने की ज़रूरत नहीं। मुझे और भी कई लोगों से मिलना है। सबसे निपटकर तुम्हारे वहाँ पहुँच जाऊँगा।"

शाम को मैं सियालदह स्टेशन पहुँचा। स्पेशल चेकिंग थी। इसलिए मजबूरन मैंने एक प्लेटफ़ॉर्म टिकट खरीदी। मेरा पहनावा बताता था कि मैं एक सज्जन व्यक्ति हूँ, अतः बिना टिकट मैं अन्दर जाता कैसे? सज्जन बनने की यही मुसीबत है। मैंने कभी नहीं सोचा था कि मेरे अपने सियालदह स्टेशन के प्लेटफ़ार्म में घुसने के लिए मुझे टिकट लेनी पड़ेगी। मुझे इसका बहुत दुःख था, किन्तु परिस्थिति से समझौता तो करना ही पड़ता है। दाआबू की हिदायत थी, "क़ानून मानना ही पड़ेगा।"

ख़ुशक़िस्मती से दो नम्बर प्लेटफ़ॉर्म पर गंजा मामा मिल गये। लगा कि मुझे पहचानकर भी मामा कुछ ऊहापोह में थे, शायद मेरी वेश-भूषा के कारण। अतः मैंने स्वयं ही आगे बढ़कर कहा, "कैसे हो गंजे मामा? सब ठीक-ठाक?"

काफ़ी देर तक मुझे घूरते रहने के बाद मामा बोले, "अरे! बीड़ी, तू?"

उसके बाद कई प्रश्न : कहाँ रहता है, क्या करता है, कितना कमाता है? जब मैंने बताया कि मैं दिल्ली में हूँ, तनख़्वाह अच्छी है, तब तुरन्त ख़ातिरदारी, मामा ने चायवाले से मुझे एक कप चाय देने को कहा। उनके इस आकस्मिक अपनत्व ने मुझे चौंकाया।

"मेरा छोटा लड़का बी.एस-सी. पास करके बेकार बैठा है। बाज़ार में नौकरी का अभाव नहीं है। लेकिन सर्वत्र वही एक ही बात है, रिश्वत अथवा बैंकिंग अथवा पार्टी!"

मैंने हमदर्दी जतायी, "सच, इतनी तक़लीफ़ें झेलकर और इतना व्यय करके अगर उसे न पढ़ाते तो आज उसे बेकार बैठना नहीं पड़ता।"

मामा कुल्हड़ की चाय सुड़ककर अचरज से मेरी ओर देखते हुए व्यंग्य के स्वर में बोले, "उसे नहीं पढ़ाता? भद्र परिवार का लड़का होकर क्या वह सियालदह में भीख माँगने आता? उल्लू कहीं के! दिल्ली में रहता है तो क्या तुझे पूँछ निकल आयी है?"

मैं समझ गया कि मैंने ग़लत कह दिया था। मैंने प्रसंग बदला, "बहुत नये मामाओं को देख रहा हूँ।"

"हाँ, रेलवे की नौकरी ही ऐसी है, सब बदली हो जाते हैं। तो तुझे देखकर तो लगता है कि तू मजे में है। आजकल क्या और भीख नहीं माँगता?"

"नहीं, मैं व्यवसाय करता हूँ।"

"वही बोल। ट्रेन में हॉकरी करता है?"

"नहीं, दिल्ली में व्यवसाय।"

"साला, सीधे झाँसा दे रहा है। अरे, मेरा ट्रेन छूटनेवाला है, मुझे रानाघाट की ट्रेन पकड़नी है..." कहते हुए मामा प्लेटफ़ॉर्म में खड़ी ट्रेन में चढ़ गये।

मुझे याद है, मेरे समय में सियालदह में जितने मामा थे, उनमें गंजा मामा ही सबसे अच्छे थे। उनकी सभी से पटती थी। बिना टिकट जो यात्री पकड़े जाते उन्हें बहुत कम पैसे में छोड़ देते। हम लोग भी गंजा मामा की ख़ूब इज़्ज़त करते थे। दो मर्तबा उन्होंने हमें स्पेशल चेकिंग की ख़बर देकर सावधान कर दिया था। यह स्पेशल चेकिंग भी एक मज़ेदार चीज़ है। जाल फेंककर मछली पकड़ने की तरह जिनके पास टिकट या एम.एस.टी. नहीं होता उन्हें पकड़ लिया जाता। उसके बाद छोटी झींगा मछली की तरह कंगाल भिखारियों को निकालकर केवल जेण्टलमैनों को रखा जाता। उसके बाद हॉकर या फेरीवाले तथा बड़े भिखारियों को डरा-धमकाकर अथवा सामान्य ज़ुर्माना लेकर छोड़ दिया जाता। यह सही है कि किसी भिखारी को कभी जेल की हवा नहीं खानी पड़ती। क्योंकि उन्हें कोई भय नहीं था, जेल में चाहे जो हो खाना तो मिलेगा। जेल में स्थानाभाव भी एक बड़ी समस्या थी। टिकट न होने के कारण यदि भिखारियों की धर-पकड़ शुरू हो तो कोलकाता के सारे जेल दो घण्टे में भर जायेंगे।

सियालदह स्टेशन में बैठे रहने से बहुत मज़े से समय बीत जाता। स्टेशन पर किसी ट्रेन के पहुँचते ही लोगों का एक जत्था यात्रियों पर पिल पड़ता। इस जत्थे में क़ुली, चेकर और पुलिस-जैसे सरकारी प्रतिनिधि होते और ज़ेबकतरे, उठाईगीर तथा लड़के और लड़कियों के अपहर्ता जैसे ग़ैर सरकारी प्रतिनिधि भी। और सियालदह से छूटनेवाली ट्रेनों के यात्रियों पर धावा बोलनेवालों में मुख्यतः फेरीवाले, भिखारी, जूता-पालिशवाले और मामा लोग होते जो चलती गाड़ियों में उठ जाते, ये गाड़ियाँ असल में उन्हीं की जो हैं। यहाँ एक बात स्पष्ट कर दूँ, सियालदह के सभी भिखारी स्थायी भिखारी नहीं होते, उनमें बहुतेरे ऐसे भी हैं जो और कोई काम न मिलने के कारण भीख माँगते हैं। साधारणतः लँगड़े, लूले और अपाहिज़ लोग ही स्थायी भिखारी होते हैं और वे वाक़ई अभागे हैं। कभी-कभी पुलिस कूड़ा-कर्कट हटाने की तरह उन्हें खदेड़ देती क्योंकि यात्रियों की सहूलियत के लिए स्टेशन साफ़ रखना ज़रूरी है और भिखारियों की उपस्थिति बहुत बुरी लगती है। किन्तु समस्या यह कि ये अपाहिज़ लोग कहाँ जायँ? उनका विकलांग देह जीवित है, उनमें प्राण है और हज़ार दैहिक कष्ट के बावज़ूद वे जीना चाहते हैं। जीने के लिए उन्हें अन्न चाहिए और अन्न के लिए भीख, नहीं तो उन्हें भोजन कौन देगा? मदर टेरेसा तक पहुँचने की उनमें क़ुव्वत नहीं। मैं पहले कभी ऐसी बातें नहीं सोचता था, लेकिन सभ्य बनने के बाद से अक़सर ऐसी चिन्ताएँ मेरे दिमाग़ में घुमड़तीं।

रात में वादानुसार मैं भाईसा'ब के अखाड़े में पहुँचा। वहाँ मेरी आवभगत की व्यवस्था देखकर मैं दंग रह गया। चारों ओर चार चारपाई बिछी थीं, बीच में पटरा बिछाकर अस्थायी मेज़ का प्रबन्ध किया गया था। मुझे देखकर भाईसा'ब बोला, "आजा, आ, बैठ!"

उसके बाद उसने कुछ लोगों का परिचय दिया, "ये है मनुआ, श्यामबाज़ार का। ये है टुलु, चिड़ियामोड़ का। और ये हैं श्यामा दादा, बराहनगर का। ये सभी मस्तान हैं।"

मुझे टुलु का चेहरा परिचित लगा। भाईसा'ब से जब पॉकिटमारी सीख रहा था, तब देखा था। हालाँकि वह दमदम के चिड़ियामोड़ क्षेत्र से था, किन्तु उसका धन्धा डनलप ब्रिज़ क्षेत्र था, वहाँ वह ट्रैफिक पुलिस के साथ काम करता था। बाहर से आनेवाले हज़ारों ट्रकों को कोलकाता में प्रवेश के लिए ट्रैफिक पुलिस की मुट्ठी गर्म करनी पड़ती थी, बिना जेब ढीली किये कोई ट्रक शहर में दाख़िल नहीं हो सकता था। प्राइवेट कार, टैक्सी और बसें तो निकल जातीं, किन्तु ट्रकों को घण्टों लाइन में इन्तज़ार करना पड़ता। ट्रक ड्राइवर चाहे कोई सरदारजी हो या लालूजी का आदमी, बिना बख़्शीश दिये आगे बढ़ ही नहीं सकता था। ड्राइवरों से वसूली का यह काम टुलु मस्तान करता क्योंकि इन्स्पेक्टर के डर से या पकड़े जाने के भय से ट्रैफिक पुलिस ड्राइवरों से सीधे पैसे लेने से डरती। श्यामादादा का कार्यक्षेत्र अलग था, वह राजनैतिक पार्टियों के लिए भीड़ जुटाने का प्रबन्ध करता। कोलकाता मैदान में राजनैतिक पार्टियों का जमावड़ा और सड़कों पर जुलूस तो रोज़ ही लगा रहता किन्तु जुलूस में शरीक़ होने के लिए या मैदान में भीड़ बढ़ाने के लिए हमेशा लोग नहीं मिलते। श्यामादादा रिक्शवाले, टांगावाले और छोटे-मोटे काम करने वालों को जुलूस में शामिल करा देता। उसके लिए सभी पार्टियाँ एक-जैसी थीं, चाहे वह कॉमरेड की पार्टी हो या घास की जड़वाली पार्टी, जो पैसा दे उसी के लिए वह भीड़ जुटाता।

मुझे अच्छा लगा कि ऐसे सम्मानित लोग मुझे सम्मान दिखाने के लिए वहाँ उपस्थित थे। चाय और समोसे के साथ हमारी मजलिस शुरू हुई। दो दीदी और तीन बहनें भी बुलायी गयी थीं। बहनें बिलकुल कोरी थीं, शायद वे गाँवों से लायी गयी थीं। यह जानकर अच्छा लगा कि इन्हें लाने के लिए कोई ज़ोर-ज़बरदस्ती नहीं की जाती, ये अपनी रज़ामन्दी से आती हैं और ख़ुश हैं। प्रेम करने के लिए नहीं, सेवा करने के लिए। अभी इन्हें प्रशिक्षण नहीं दिया गया है। अड्डे में गाली-गलौज़, हँसी-हुल्लड़ और खान-पान चलता रहा। रात में मांस और रोटी के साथ ह्विस्की ने पार्टी में जान फूँक दी और खटियाओं में बहनों की उपस्थिति ने तो उसमें चार चाँद लगा दिया।

रात के लगभग दो बजे जब मैं उठा तो भाईसा'ब बोले, "तूने तो हमारा दल देख लिया। तुझे अच्छी लाइन मिल गयी है। तू मेरा दोस्त है, इसीलिए कहता हूँ यहाँ आ जा, हम एकसाथ काम करेंगे। तू सियालदह का था, यहीं लौट आ!"

फिर मिलने का वादा कर मैंने उससे विदा ली और उसके टैक्सी ड्राइवर ने मुझे होटल पहुँचा दिया।

हाँ बाबू, पता नहीं तुम क्या सोच रहे हो, लेकिन मैं यह सब न बताऊँ तो मेरी बातें पूरी नहीं होंगी, इसीलिए लिख दिया। रात के दो बजे तक हमने चारपाई पर क्या किया वह लिखने लायक नहीं, वह प्राइवेट बातें हैं। लेकिन माँ काली की कसम, मैंने ज़बरदस्ती कुछ भी नहीं किया, उन्होंने मुझे ऑफर किया था।

हाँ, अगर तुम सोच रहे हो कि विलायत के प्रसंग से हटकर मैं अचानक कोलकाता के बारे में क्यों बता रहा हूँ तो यह स्पष्ट कर दूँ कि मैं तुम्हें अपने बारे में सब-कुछ बताना चाहता हूँ। जिन प्रसंगों की चर्चा करने पर यह पुस्तक कभी नहीं छपेगी, मैंने उन प्रसंगों को छोड़ दिया। मैं विलायत से पहली बार अपने देश या अपने क्षेत्र सियालदह लौटा था, अतः मुझे अपना अनुभव तो बताना ही था। यदि मेरे परिचित पुराने दादाओं और दीदियों में कोई मेरी यह पुस्तक पढ़े तो मुझे बहुत आनन्द मिलेगा। मेरा यह जीवन तो तुम्हीं लोगों के लिए है। तुम लोगों ने ही मुझे सिखाया था, "हुजूर माई-बाप, मैं सुअर का बच्चा!" याद है?

उस समय मुझे लेकर तुम लोग बहुत मसख़रा करते थे और मैं कंगाल भिखारी दो पैसे के लिए खड़ा रहता था अथवा तुम्हारे फेंके सिगरेट की टोटी के लिए। चार साल बाद मैं सियालदह लौटा था और अब मेरे पास लिखने को बहुत कुछ था किन्तु विद्या के अभाव के कारण लिख नहीं पाया।

दाआबू की आदेशानुसार तीन दिन बाद रात में मैं उनसे मिला। होटल के बार में दाआबू ने हार्ड ड्रिंक लिया और मैंने सॉफ्ट ड्रिंक। पेग की दो चुस्कियाँ लेकर उन्होंने पूछा, "क्यों रे, कैसा लगा तुझे अपना सियालदह?"

"बहुत अच्छा। मैं नयी दृष्टि से सियालदह को परख रहा हूँ। पहले सिर्फ़ पैसे और ज़ेब पर निगाह रहती थी, अब लोगों को देख रहा हूँ।"

"वाह! वाह!! साले, तेरी आँखें खुल गयी हैं। तू तो आदमी बन गया है।"

मैंने उन्हें संक्षेप में सियालदह के गंजे मामा और भाईसा'ब के अखाड़े की अड्डा और बहनों के बारे में बताया तो उन्होंने मुझे सावधान किया, "सब ठीक है, लेकिन उस भाईसा'ब से ज़्यादा मेल-जोल करने से तू झमेले में पड़ेगा। असल में दोष किसी का नहीं, सब भ्रष्ट हैं, इसी को सभ्यता कहते हैं। हर व्यक्ति अपना अवसर ढूँढ़ता है। सब ख़ुद को सँवारने में लगे हैं। दिन में ये वकील, पुलिस और पॉकिटमार अलग दिखते हैं, रात में उन्हीं में से बहुत लोग एक ही मधुशाला में अड्डा मारते हैं। जेबकतरा जेब काटता है, पुलिस देखकर भी नहीं देखती, क्योंकि उनका कमीशन बँधा है। तेरे गंजा मामा कम पैसे लेते हैं लेकिन वह पैसा उनकी जेब में जाता है, रसीद बनाने से सरकारी खाते में जाता। तेरे भाईसा'ब और दूसरे मस्तानों को राजनैतिक संरक्षण प्राप्त है, उनकी सुरक्षा यानी वोटों की सुरक्षा। अब वास्तविक ईमानदार वकील-बैरिस्टर कहाँ मिलते हैं? वे मुवक्किलों को बचाने की तरकीब ढूँढ़ते हैं, हक़ीकत नहीं। अरे बुद्धू बीडी, तू यह

सब नहीं समझेगा। अगर तू समझदार होता तो तर्क द्वारा झूठ को सच और सच को झूठ साबित कर देता। यह सब बुद्धिजीवियों का खेल है।"

दाआबू जब मूड में होते तो मुझे दोस्त यानी चालाक समझते। उस समय मैं उनकी अधिकांश बातें समझ नहीं पाता, केवल सुन लेता। वे कहते, "समझने से भी ज़्यादा ज़रूरी है सुनना, जो बातें आज नहीं समझ पायेगा वही बातें आगे एक दिन अवश्य समझ जायेगा।"

दाआबू ने मुझे चेता, "सब देख, सुन, समझने की ज़रूरत नहीं। समझने की कोशिश करेगा तो सब गड़बड़ हो जायेगा।"

(5)

जब मैं सियालदह का भिखारी था, तब मुझे चलती गाड़ियों में भीख माँगने की मनाही थी। मनाही कालूदादा की थी। किस ट्रेन में कौन भीख माँगेगा इसका बँटवारा वे करते थे। सियालदह के भिखारियों पर उनकी कड़ी नज़र रहती और बाहर के भिखारी यहाँ पाँव ज़माने की कोशिश करते तो उन्हें वे खदेड़ देते। इसके अलावा एक पाँचूदादा थे जो सियालदह से बजबज और डायमण्ड हार्बर की ओर के ट्रेनों पर नज़र रखते। यदि अन्धा-काना-लूला-लंगड़ा भिखारियों को भोजन करने लायक पर्याप्त भीख नसीब नहीं होता तो उनके लिए दूसरे भिखारियों से चन्दा लिया जाता। मैंने ख़ुद भी कई बार पचास-साठ पैसे चन्दा दिये। मैंने सियालदह में कालू-दा और पाँचू-दा को बहुत ढूँढ़ा परन्तु कोई उनका अता-पता नहीं बता सका। मालूम हुआ कि पुलिस ने वह सिस्टम ही समाप्त कर दिया है। सोचा था मैं कुछ दान करूँगा, किन्तु वह अवसर नहीं मिला। जेब में पैसे थे लेकिन दान लेनेवाले नहीं थे। मैंने अपने इस दुःख का ज़िक्र दाआबू से किया तो वे बोले, "हम लोग कल शान्तिनिकेतन जा रहे हैं। तू इस पैसे से वहाँ के स्टेशन और बस स्टैण्ड में भिखारी-संघ खोल दे, मैं भी इसका सदस्य बन जाऊँगा।"

दाआबू ने ये बातें मज़ाक के लहज़े में कही थीं, किन्तु मुझे इससे बहुत सदमा पहुँचा था। मैं अपने मन की बात कैसे समझाता? वे शिक्षित हैं, भिखारियों की बातें वे समझेंगे कैसे?

दो सप्ताह शान्तिनिकेतन में बिताने के बाद हम ब्रिटिश एयरवेज़ की फ्लाइट द्वारा हिथ्रो पहुँचे, यानी विलायत वापस आ गये।

मुझे मालूम है कि पाठकों को थामे रहने लायक भाषा मेरे पास नहीं है, फिर भी जो लोग इसे पढ़ रहे हों, मेरा वक्तव्य उन्हीं लोगों के लिए है। मुझे अपने देश की ख़ास जानकारी नहीं, किन्तु विलायत को मैं पहचानने लगा हूँ। ख़ास विलायत में बैठकर यहाँ के बारे में लिखने का अलग ही आनन्द है। मैं उसी आनन्द में लिख रहा हूँ। लेकिन बिना गाली-गलौज के कुछ लिखना बिना नमक भात परोसने जैसा है। थोड़ा धीरज रखो, अभी मेरे पास बताने को बहुत कुछ है।

मैं दाआबू के फ़्लैट के बरामदे में बैठकर लिख रहा हूँ, सामने चाय का पॉट है। पिछले दो दिन बेल्जियम बियर का नया ब्राण्ड पीने के बाद से नाक बहने लगा है। रूमाल में नाक सुड़कने की आवाज़ होती है तो पड़ोस की फ़्लैट से नैन्सी कभी-कभी झाँक लेती है और उसके घर का कुत्ता भौंकने लगता है मानों वे जता रहे हों—रुक साले...आहिस्ता...डिस्टर्ब मत कर...गँवार भारतीय...!

दाआबू यहाँ मौज़ूद होते तो बरामदे की धूप में बैठकर नाक झाड़ने का न मुझे अवसर मिलता न हिम्मत होती। विलायत में डिसिप्लिन की बहुत अहमियत थी और यह डिसिप्लिन एक मज़ेदार चीज़ थी। फुटपाथ पर चलते समय कुत्तों का मल रौंदने से बचना पड़ता था, कहीं-कहीं फुटपाथों की वह दशा होती जिसे याद करने पर भी घिन लगता लेकिन कुत्ता-प्रेमी इसे नज़रअन्दाज़ कर जाते। और कोई अगर फुटपाथ पर खँखारकर बलगम थूके या नाक झाड़े तो चारों ओर से लोग उसे ऐसे घूरेंगे मानों उसने कोई भयंकर अपराध किया हो और उसे पुलिस के हवाले करना चाहिए। मेरी आण्टी जी ने बताया था कि अब साहब-मेमसाहब लोग काफ़ी अभ्यस्त हो चुके हैं, पिछली पीढ़ी के अंग्रेज़ अश्वेत लोगों की आदतों को बिलकुल बर्दाश्त नहीं करते थे। यह मेरा सौभाग्य ही था कि मेरा जन्म पिछली पीढ़ी में नहीं हुआ था। यूँ पिछली पीढ़ी का कुछ सोच अब भी बहुतों के ज़ेहन में था, ज्यों भारतीय अच्छे दास हैं तथा अफ्रीकी अच्छे ग़ुलाम। भारतीय ग्राउण्ड फ़्लोर में काम करते और अफ्रीकी मेट्रो के भूतल में। उनके देश में काम नहीं है इसलिए वह यहाँ काम करने के लिए आते। आण्टी जी अक़सर यह भी बतातीं कि बहुत लोग यहाँ रुपये का रंग बदलने के लिए भी आते हैं, वे काले धन को सफेद बनाते हैं। मुझे यह बात समझ में नहीं आती थी। यहाँ का बहुत कुछ मैं अब भी समझ नहीं पाता था क्योंकि उन्हें समझने के लिए जो विद्या चाहिए वह मुझमें नहीं है। फिर भी बिना समझे भी उनकी चर्चा मैं कर ही सकता हूँ क्योंकि मैं जैसा देख रहा हूँ वैसा ही बता रहा हूँ। ज्यों यहाँ का ऐण्टिक का व्यवसाय। कम्बोज के मन्दिर, काठमाण्डू के मन्दिर और तिब्बत के मंन्दिरों की बहुत प्राचीन मूर्तियाँ, मन्दिर के भग्नावशेष, दैव-सम्पत्ति आदि सड़क के किनारे, फुटपाथ पर और दुकानों के विण्डो में सजाकर रखे गये हैं केवल देखने के लिए नहीं बल्कि विक्रय के लिए।

अपने कौतूहल का शमन न कर पाने के कारण एक दिन मैं लन्दन के प्रसिद्ध ऐण्टिक गैलरी में घुसकर पूछ ही बैठा, "यह सामान यहाँ कहाँ से आया?"

दुकानदार ने मुस्कुराकर कहा, "आपको देखकर लगता है कि आप भारतीय हैं, हैं न?"

"जी हाँ, आपका अनुमान सही है।" मैंने कहा।

"आपको देखकर यह भी लगा कि आप इन चीज़ों के पारखी हैं। यह एक दुष्प्राय चीज़ हैं, यह आया है तिब्बत के कुमबुम मॉनस्ट्री से। तीन सौ साल पुराना है। इसकी

असलियत की हम गॉरण्टी देंगे। जो क़ीमत लिखी है उस पर इस सीज़न की छूट भी मिलेगी।"

दुकानदार ने मुझे पारखी कहा था, इसलिए मैं भी सामानों को विशेषज्ञ की तरह परखने लगा, दुकान में घुसकर तुरन्त निकल जाना ठीक न होता। दुकानदार ने आगे बढ़कर कहा, "आप अच्छी तरह जाँच कर लें, पुराना कांस्य है, एसिड का धुला नहीं, यह एक दुर्लभ संग्रह है और इसकी ऐण्टिक वैल्यू तो है ही।"

अब मुझे कुछ पूछना था। मैंने पूछा, "यह आपको कैसे मिला, यानी यह आप तक कैसे पहुँचा?"

"वह हमारा प्रोफेशनल सिक्रेट है, उस बारे में न पूछकर आप इसकी असलियत, स्थान, समय और ऐण्टिक वैल्यू अवश्य जाँच लें।"

उनका उत्तर सुनकर मैं उन्हें एकटक देखने लगा तो शायद वे कुछ असमंजस में पड़े। उन्होंने प्रसंग बदलकर कहा, "ठीक है, आपको यक़ीन न हो तो और चीज़ें देखिये। आप ग्राहक हैं, सामानों को जाँचने-परखने का आपको हक़ है, ग्राहकों को ख़ुश रखने की जिम्मेदारी हमारी। मैं यह फिर कहूँगा, यहाँ का हर सामान असली है।"

और चीज़ों से मतलब दुकान में मौज़ूद तमाम काँसे और सोने की मूर्तियों से था जो प्राचीन मन्दिरों से यहाँ लाया गया था। इन्हें कैसे लाया गया, कौन लाया आदि अनावश्यक प्रश्न मुझ जैसा कोई अनाड़ी ही पूछ सकता था। दूर तिब्बत से इस विलायत तक इन मूर्तियों को लाते समय क्या रास्ते के पुलिस, कस्टम्स, चेक-पोस्ट और अन्तरराष्ट्रीय ख़ुफ़िया विभागवाले सब आँखें मूँदे बैठे थे? मैं इन्हें देखकर हैरान हो रहा था, दुकान की ऐण्टिक मैगजीन के कुछ पन्ने पलटकर तो मेरे होश ही उड़ गये। नक़्क़ाशी द्वारा अलंकृत, तिब्बत की एक कुबेर की कांस्य मूर्ति की क़ीमत थी एक सौ साठ हज़ार पाउण्ड। यह मूर्ति 14वीं शताब्दी की थी। चीन से लायी गयी 18वीं शताब्दी की एक बारह हाथवाले सम्भवा की मूर्ति की क़ीमत साठ हज़ार पाउण्ड थी। बुद्ध की मूर्ति, डान्सिग गॉड्स, विभिन्न तान्त्रिक आस्था की लिंग मूर्तियों की क़ीमत अस्सी हज़ार से लेकर डेढ़ लाख पाउण्ड तक थी। इनमें से अधिकांश स्टैचू सूटकेस में आ जाते। लगता है कि सभ्य दुनिया के पर्यटक साहब-मेमसाहबों के सूटकेस जाँचने की क्षमता या तो बॉर्डर पुलिस को नहीं है अथवा कोई और व्यवस्था है।

मुझे नहीं मालूम था कि चोरी के सामान इतने महँगे होते हैं। मैं पहले सोचता था कि साहब लोग धनी हैं, वे चोरी नहीं करते। यहाँ तो कुछ और ही देख रहा था, चोरी भी और सीनाजोरी भी! चोरी के सामानों की खुल्लमखुल्ला प्रदर्शनी और विक्रय व्यवस्था।

मुझ जैसे सियालदह के भिखारी और उठाईगीर जो सामान चुरा पाते उन्हें बैठकख़ाना बाज़ार ले जाते, वहाँ के दुकानदार हमसे ख़रीद लेते। सामान अच्छा होता

और क़िस्मत अच्छी होती तो ज़्यादा से ज़्यादा दस रुपये तक मिल जाता। हालाँकि यह तब की बात थी जब मैं वहाँ था।

भिखारी भीख माँगता, पॉकिटमार जेब काटता, चोर आँखों के सामने से सामान चुरा लेता। ये सब मामूली वारदातें थीं। लेकिन मुझे तथा मुझ जैसे सभी को जो इस लाइन में थे यह मालूम था कि इन मामूली वारदातों को अन्जाम देने में कहीं पकड़े गये तो जनता मारेगी, पुलिस डण्डे बरसायेगी और अदालत जेल की हवा खिलायेगी। यह जानकर भी हम यह काम करते थे क्योंकि जीने के लिए रिस्क लेना ही पड़ता है। पेट भरने के लिए, जीने के लिए, हम यह ज़ोखिम उठाते। अच्छा-बुरा, पाप-पुण्य यह सब शिक्षा की बातें हैं, हमारे लिये पेट की अहमियत शिक्षा से अधिक थी। दाआबू ने मुझे कई बार कहा है, "ग़रीब चोरी करते हैं और अमीर मैनेज करते हैं। दोनों में बहुत फ़र्क़ है। यह फ़र्क़ भाषा और शिक्षा का है।" वस्तुतः लन्दन का यह विशाल विदेशी प्राचीन सामग्रियों का बाज़ार भी मुख्यतः मैनेज की गयी सामग्रियों से भरा था।

विलायत पहुँचकर मैं शुरू में विस्मय से चारों ओर देखता, यह मेरे लिये एक नयी दुनिया थी। तुममें जो शिक्षित हैं उन्हें मैं अपना यह अनुभव समझा नहीं पाऊँगा क्योंकि शिक्षा के माध्यम से तुमने विलायत को पाया है, विलायत न आकर भी तुम्हें यहाँ के विषय में सब-कुछ मालूम है। इसके विपरीत मेरे लिये लन्दन-दिल्ली-मुम्बई सब एक जैसा था, क्योंकि इनमें से कोई भी शहर मैं नहीं पहचानता था। कोई सुख-स्वप्न देखने के लिए जो सामान्य विचार-बुद्धि की ज़रूरत पड़ती है उसका भी मुझमें अभाव था। केवल दाआबू, मेरे देवता, मुझे समझ पाते थे। उन्होंने जादूगर की मानिन्द मुझे धीरे-धीरे इन्सान बनाया। वे मेरी बाहें पकड़कर मुझे रास्ता पार करवाते और बार-बार सचेत करते, "आँखें खोलकर देख, कान लगाकर सुन। सब-कुछ समझने की कोशिश मत कर, आज जो देख रहा है उसे आज नहीं तो कल अवश्य समझ जायेगा।" अब काफ़ी बरस बीत जाने के बाद मैं देख रहा हूँ और सीख रहा हूँ। मेरे देखने और सीखने में काफ़ी तालमेल है। दो-चार वर्षों में जब अपने देश लौटता हूँ तो ले जाता हूँ यहाँ का अनुभव, जब वापस आता हूँ तो ले आता हूँ देश की बातें। मेरे लिये यही आयात है, निर्यात भी। इन दिनों मेरा मन मानों आयात और निर्यात का बाज़ार बन बैठा है।

(6)

अब मैं कुछ अपनी बातें बताऊँ।

लन्दन में शुरू के तीन साल मैंने बीड़ी स्पर्श नहीं किया, यानी मुझे मिला नहीं। दाआबू बीड़ी-सिगरेट नहीं पीते, वे चाय, कॉफी और ऐलकोहॉल के आदी हैं। अतः दाआबू जो नशा नहीं करते मुझे वह नशा होता कैसे?

उसके बाद दाआबू ने ही एक दिन मुझे बीड़ी थमाया। वे दो बण्डल बीड़ी लाकर बोले, "देख, तेरे लिये क्या लाया हूँ! ले साले, बीड़ी फूँक, क्यों रँडुआ बना रहेगा?"

मैंने सोचा था कि वे मज़ाक कर रहे हैं अथवा मेरी परीक्षा ले रहे हैं। लेकिन यह मज़ाक नहीं था। वे आगे बोले, "कोलकाता में लन्दन का सिगरेट और हवाना का चुरुट क्लास चीज़ माना जाता है और यहाँ कोलकाता की बीड़ी स्वदेशी चीज़ है यानी स्वदेशी क्लास! गाँधी जी होते तो बहुत ख़ुश होते।"

उसके बाद से ही मैंने बियर के साथ बीड़ी पीना शुरू किया। क़सम खाकर कहता हूँ, बीड़ी और बियर का कॉम्बिनेशन बहुत जमता है, दोनों का ही स्वाद बढ़ जाता है। यक़ीन करो, मेरी बीड़ी की महक जितने लोगों को आकर्षित करती है किसी के चुरुट की गन्ध को उतनी सफलता नहीं मिलती। अब लन्दन में तन्दूरी, करी, बिरयानी, बीड़ी आदि सब-कुछ उपलब्ध है। मैंने तो ट्रॉफलगार स्क्वॉयर के अपने परिचितों को यह बता दिया कि मेरा नाम पहले बीड़ी ही था। दिल्ली के एक ज़नाब मुझे बीड़ी बाबू कहकर पुकारते। लन्दन में मैं बीड़ी की महक़ फैलाने लगा था। मुझे याद आता सियालदह स्टेशन से बाहर दीवार से घिरी दो झोंपड़ियाँ थीं जहाँ गाँजा और बीड़ी के साथ खैनी और कुल्हड़ की चाय की महफ़िल सजती। उसका स्वाद मैं अब भी नहीं भूला था। गाँजा के साथ बमभोले शिवशंकर का हमेशा का साथ रहा है, बजरंगबली हनुमानजी के साथ खैनी का अच्छा सम्बन्ध है। बीड़ी के साथ किसका, यह मुझे नहीं मालूम। उस अड्डे में अक़सर बिहारी बाबाजी लोग आकर रामधुन गाते और गाँजा, खैनी और बीड़ी की महक़ से हमारा मन किसी और दुनिया में पहुँच जाता। हाइड पार्क के एक कोने में तथा ट्रॉफलगार के एक बार में मैंने वैसा ही परिवेश रचना चाहा था किन्तु भाषा की दिक़्क़त से मुझे सफलता नहीं मिली। किन्तु मैंने बीड़ी पीना जारी रखा। दाआबू ने स्वयं ही मुझे फिर से बीड़ी थमाया तो इसकी कोई वजह ज़रूर होगी। विलायत की राजधानी में मैं सानन्द बीड़ी फूँकता रहा।

दाआबू कुछ सप्ताह के लिए बाहर गये थे। अपना काम निपटाने के बाद भी मेरे पास काफ़ी वक़्त रहता, समय बिताने के लिए पार्क में जा बैठता, बीड़ी फूँकता, लोगों की चहल-कदमी देखता। चंचल शिशु को सँभालने में माँ की दौड़-धूप, पार्क के झूले में बच्चों का झूलना, ऊपर से नीचे फिसलते हुए उतरना, क्रास-बार में अपने करतब दिखाना, किसी बच्चे का गिरकर रोना-कलपना आदि देखते हुए मज़े से समय बीत जाता। एक दिन मैं पार्क में बैठ यही सब देखने में मगन था जब मेरी बग़ल से किसी की मीठी आवाज़ ने मुझे चौंकाया, "ए जी, एक मुझे दोगे?"

मैंने उसकी ओर देखा। वह एक गोरी-चिट्टी कमसिन ख़ूबसूरत लड़की थी। मैंने कहा, "अवश्य।" मन-ही-मन सोचा कि यह मेरा परम् सौभाग्य है।

मैंने जेब से एक बीड़ी निकालकर उसे देते ही वह हँसकर बोली, "धन्यवाद!" उसके बाद मेरी सुलगती बीड़ी से ही उसने अपनी बीड़ी सुलगाया। यह देखकर मुझे लगा कि वह धूम्रपान में अभ्यस्त है हालाँकि उसके नरम होठों में बीड़ी कुछ अटपटी

दिख रही थी। मेरी बग़ल में बैठी वह इत्मीनान से बीड़ी फूँक रही थी। बेंच के दूसरे छोर पर बैठा सज्जन शायद बीड़ी की महक़ बरदाश्त न कर पाने के कारण उठकर चला गया। अब बेंच पर हम दोनों थे। मैंने कनखियों से देखा वह जीन्स की फटी पतलून और ढीला स्वेटर पहने थी, गले में रुद्राक्ष की माला थी। वह उम्र में मुझसे छोटी थी अथवा मेरी हमउम्र, बीस से अधिक तो क़तई नहीं। बीड़ी फूँकते हुए कभी-कभी हम एक-दूसरे को देख लेते। मैं बहुत ख़ुश था, मन्द-मन्द मुस्कुरा रहा था। मैंने उसे फिर बीड़ी दी। हमारे बीच कोई बातचीत नहीं, हम दोनों बैठे-बैठे बीड़ी फूँकते रहे।

लगातार कुछ बीड़ियाँ पीने के बाद उसने पूछा, "तुम भारतीय हो?"

"हाँ।"

"मैं भारत जाने का सपना देख रही हूँ। सुना है कि वह एक सुन्दर देश है। वहाँ का जीवन सहज है। वहाँ लोगों में तनाव कम है।"

"हाँ।"

मैं उसके कथन पर केवल हामी भरता रहा क्योंकि मुझे लगा कि वह मुझसे ज्ञानी है और भारत के विषय में भी बहुत जानती है। ज्ञान के मामले में मैं हीनभावना ग्रस्त था क्योंकि मैं कभी स्कूल नहीं गया और भारत के विषय में भी मुझे कोई जानकारी नहीं थी। इसलिए मैं हाँ-हाँ करता रहा, कुछ कहूँ तो मेरी पोल खुल जायेगी और वह उठकर चली जायेगी। अतः बिल्ली की पीठ पर हाथ सहलाने की तरह मैं उसकी बातों पर हामी भरता हुआ उसका मन सहलाने की कोशिश करता रहा।

लगभग दो घण्टा साथ बैठकर मैं उसका संग पाकर ख़ुश होता रहा। वह कभी-कभी भारत की तारीफ़ में कुछ कहती, फिर चुप होती तो मैं एक और बीड़ी थमा देता। एक समय वह उठकर खड़ी हो गयी। बोली, "मुझे बहुत भूख लगी है। तुम्हें?"

"हाँ, ठीक कहा तुमने, मैं भी तुमसे यही कहनेवाला था।"

मैं भी उठा। लगभग बीस मिनट चलकर हम बर्गर किंग के वाइन-बार में पहुँचे।

बर्गर किंग लन्दन का एक फास्ट-फूड रेस्तराँ था। लन्दन में ऐसे बर्गर बार और पिज़्ज़ा पार्लरों की कमी नहीं। सस्ता, स्वादिष्ट और द्रुत सेवा। पारम्परिक रेस्तराँओं में जाने पर वहाँ बहुत समय लगता। वहाँ बैठकर मेन्यू पसन्द करने, ऑर्डर देने, खाने के बाद डिज़र्ट मँगाने और फाइनल बिल पाने में काफ़ी समय लगता। युवा पीढ़ी को सब-कुछ झटपट चाहिए, उनमें इन्तज़ार करते रहने का धैर्य नहीं। बच्चों के लिए भी इन फास्ट फूड सेण्टरों की संख्या बढ़ती गयी थी। यहाँ के कुछ नामी रेस्तराँओं में हैप्पी इटर, पिज़्ज़ा हॉट, दि टेस्ट, दि पैनल, पिज़्ज़ा लैण्ड, मैकडोनॉल्ड, जंगल-बंगल आदि उल्लेखनीय हैं। शिशुओं की बर्थ-डे पार्टी के लिए इनके कैरी-पैकेज बहुत सस्ते होते हैं। मैकडोनॉल्ड में ग्यारह बच्चों और तीन वयस्कों के लिए बर्थ-डे पैकेज सिर्फ़ चालीस पाउण्ड में मिल जाता है जिसमें नाना प्रकार के बैलून (गुब्बारा), आतिशबाजी, फूलझरी,

लेवेनचुस या टॉफी, तस्वीरें, बर्गर, चिकन पैगेट्स, मिल्क कोक या कोकाकोला पैक किया रहता है।

हमने चिल्ड्रेन कॉर्नर में इत्मीनान से बैठकर चिकनकरी-बर्गर और कोकाकोला के साथ कुछ समय बिताया। वहाँ धूम्रपान वर्जित था। खाने के बाद बाहर निकलकर 'गुड्बाइ' कहकर हम एक-दूसरे से रुख़सत हुए।

अगले दिन पार्क के एक कोने में बैठ मैं बच्चों का उछलकूद और कुत्तों का गेंद खेलना देख रहा था जब पिछले दिनवाली वही लड़की आकर बग़ल में खड़ी हो गयी और हौले से बोली, "हाई!"

सच कहूँ तो पिछली रात और आज दिन भर मैं उसी के बारे में सोचता रहा था और इस उम्मीद में था कि शायद वह आज भी आये। मैं बहुत ख़ुश था कि वह वाक़ई आ गयी थी। मेरी हीनमन्यता और भाषा की दिक़्क़त के कारण अब तक विलायत में मेरा कोई यार-दोस्त नहीं था, किसी लड़की से दोस्ती की तो मैं सोच भी नहीं सकता था। यूँ परिचय बहुतों से था और राह में हैलो कहनेवाले भी बहुत।

पिछले दिन की तरह ही वह मेरे बग़ल में बैठ गयी और बीड़ी का एक लम्बा कश खींचकर बोली, "यह बहुत नेचुरल स्मोक है, इसका स्वाद ही अलग है, है न?"

"हाँ, तुम ठीक कह रही हो, मैं असल में इसकी महक़ के लिए बीड़ी पीता हूँ।" मैंने कहा।

"मैं कभी-कभी बीड़ी पीती हूँ, यह हर जगह नहीं मिलती।"

"मैं बचपन से ही पीता हूँ।"

"क्या कह रहे हो? मैंने तो सुना है कि स्कूली बच्चे इण्डिया में बीड़ी-सिगरेट नहीं पीते।"

"तुमने ठीक ही सुना है। मैं कभी स्कूल नहीं गया, इसलिए मुझ पर पाबन्दी नहीं थी।"

हम दोनों में इस तरह की बातें होती रहीं। मैं सतर्क था, मैं उसे थामे रहना चाहता था। उसने न अपना नाम बताया और न मेरा नाम पूछा। मैंने भी ठान ली कि मैं अपनी ओर से कोई गरज नहीं दिखाऊँगा। घण्टे भर इधर-उधर की बातें करने के बाद वह चली गयी।

यह सिलसिला आगे भी जारी रहा। हम एक ही बेंच पर बैठते, बीड़ी का धुआँ उड़ाते, कभी-कभी साथ टहलते हुए रेस्तराँ में जाकर सैण्डविच खाते। वह खिलखिलाकर हँसती और मैं ठठाकर। असल में मैंने हँसना उसी से सीखा था।

दाआबू दौरे से लौट आये तो मैंने उन्हें अपने नये अनुभव के बारे में सारी बातें बता दीं। सब सुनकर वे बोले, "वाह, वाह, बहुत ख़ूब! इससे तेरी अंग्रेज़ी स्पीकिंग पॉवर बढ़ जायेगी, साथ ही विलायती परिवारों के विषय में अनुभव बढ़ेगा। तू उसे थामे रह, इसमें कोई बुराई नहीं।"

दाआबू ने हौसला बढ़ाया तो मैं उत्साहित हुआ। लगा कि मैंने कोई नया जीवन शुरू किया है।

दो दिन से बारिश हो रही थी, दाआबू भी घर पर थे, इसलिए मैं पार्क में नहीं जा पाया था। दाआबू कोई रपट तैयार करने में व्यस्त थे, अतः आज भी बाहर नहीं निकलेंगे। घर पर मैंने चिकन ब्रेस्ट बनाया था। कमरे में बीड़ी पीने की मनाही थी क्योंकि बीड़ी की महक़ दरवाज़े-खिड़कियों के पर्दे में पैठ जाती, अतः नीचे की लॉबी में जाकर बीड़ी फूँक आया था। शाम को मन उदास होने लगा था कि कहीं वह हसीना पार्क में मेरी बाट तो नहीं जोह रही? इसलिए बाहर निकलने का बहाना बनाने के लिए मैंने दाआबू से पूछा, "कॉफी ख़त्म होनेवाली है और भी दो-एक सामान लाना है, तुम्हारे लिये भी कुछ लाना है क्या?"

मेरी ओर एक नज़र देखकर दाआबू बोले, "मेरे लिये तीन-चार कप चाय बनाकर पॉट में रख दे, अदरक-इलायची-कालीमिर्चवाली मसाला चाय। उसके बाद तू पार्क से घूम आ, कॉफी वगैरह कुछ लाने की ज़रूरत नहीं।"

दाआबू की उक्ति से मैं चकित नहीं हुआ, क्योंकि ऐसा पहली बार नहीं हुआ था। मैं जब भी जो भी सोचता वे ठीक समझ लेते। तभी तो मैं उन्हें अन्तर्यामी मानता था।

पाँवों में बूट डाले और सर पर छाता ओढ़े मैं अपने परिचित बेंच के इर्द-गिर्द कई चक्कर लगाया किन्तु हाय, जिसके लिए आया था वह नहीं आयी थी। अतः घर लौटना पड़ा।

लॉबी में रॉबर्ट मिल गया। यह कहने की आवश्यकता नहीं कि ली भी था उसके साथ। मुझे देखकर ली मेरे कमर में अपने दो पाँव टिकाकर खड़ा हो गया और मेरी ठुड्डी पर जीभ फेरने लगा। यह उसकी दोस्ती का इज़हार था।

रॉबर्ट बाहर की ओर देखता हुआ बोला, "देखो, कैसी दुर्दशा है, नरक है नरक! बाहर निकल ही नहीं सकते।"

विलायत में जब भी बारिश होती तब मैं यही देखता कि साहब-मेम लोग बारिश बिलकुल पसन्द नहीं करते। उनके लिए बारिश यानी नरक, सारा लन्दन ही मानों नरक बन जाता। इस मामले में मैं अब भी नाबालिग था, मैं समझ ही नहीं पाता था कि बारिश इनकी क्या क्षति करती है?

बारिश से बचाव के लिए इनके पास वाटरप्रूफ़ जूते, छाता, वाटरप्रूफ़ कमीज़-पैण्ट-टोपी यानी हर प्रकार की पोशाकें थीं, यातायात के लिए प्रत्येक के पास गाड़ियाँ थीं और बस, टैक्सी, मेट्रो आदि का भी अभाव नहीं था। मेट्रो में चढ़कर बिना आकाश देखे भी घूम सकते थे। बस-स्टैण्ड से लेकर पार्क और पब्लिक प्लेसों में सर्वत्र रेन-शेड बने थे। इसके बावज़ूद दो दिन की मामूली बारिश में ऐसा हाय-तौबा मचता मानों बाढ़ आ गयी हो। इससे तो बारिश के समय हमारा सियालदह स्टेशन ही अच्छा। ट्रेन

से उतरकर लोग किसी तरह फाइल या अख़बार से सिर बचाते हुए भागते। जिनके पास छाता होता वे छाते से बहते पानी से औरों को भिंगोते अथवा छतरी में दोस्त को सुरक्षा देने के चक्कर में ख़ुद ही भींगते। बारिश जैसे हरेक को स्पोर्ट्समैन बना देता। लन्दनवासियों की तरह कोलकाता में सबके पास न छाता है न वाटरप्रूफ़। फिर भी वे हँसते रहते हैं। आकाश को या भगवान् को बहुत कम लोग ही कोसते। यहाँ कोलकाता जैसी बारिश होने लगे तो ये तो मर ही जायेंगे!

●

(7)

दो दिनों के बाद पार्क में उससे फिर मुलाकात हो गयी। उसे देखकर मुझे लगा जैसे अरसे बाद मुझे कोई अपना मिल गया था। हमेशा की तरह बीड़ियाँ सुलगाकर हमने बातचीत शुरू की। वह यकायक बोल पड़ी, "मुझे अब तक तुम्हारा नाम नहीं मालूम!"

"मेरा नाम बीड़ी है।"

मेरा उत्तर सुनकर वह खिलखिलाकर हँस पड़ी, हँसती हुई बोली, "धुत्त! बीड़ी किसी का नाम होता है?"

मैंने कहा, "नहीं, बीड़ी नहीं, बीडी, यानी भिखारी दास।"

वह बोली, "बिकिरि, ठीक है। मेरा नाम एलिस है।"

हमने एक-दूसरे का नाम जाना, फिर एक-दूसरे को चूमा। एलिस ने पहली बार मुझे चूमा था, होठों को नहीं, गालों को। उसी से मेरे शरीर में झुरझुरी दौड़ गयी। विलायत में बातों-बातों में चुम्बन देना और चुम्बन लेना मामूली बात थी, प्रेमी युगलों को खुलेआम एक-दूसरे को जकड़कर चुइंगम की तरह होंठों को चूसते हुए देख-देखकर मैं अभ्यस्त हो चुका था। इसके बावज़ूद इस मामूली घटना ने मुझे बहुत उत्तेजित कर दिया था। उस उत्तेजना के आवेश में मैंने उससे कहा, "आज मैं तुम्हें इण्डियन रेस्तराँ में खाना खिलाऊँगा...अगर तुम्हारे पास समय हो तो चलो।"

एलिस तुरन्त राज़ी हो गयी। मैं आनन्द से झूम उठा।

वहाँ से बस पकड़कर मैं एलिस को लेकर सीधे अतुलदादा के "दि टैमरिण्ड इण्डियन रेस्टोरेण्ट" में पहुँचा। एलिस को बार में बैठाकर मैं अन्दर दाख़िल हुआ तो अतुलदादा ने पूछा, "क्यों भाई, ठीक हो?" मेरे कुछ कहने से पहले ही माया उनसे बोली, "आज इसके साथ कोई दोस्त भी है।" फिर उसने मुझसे पूछा, "अन्दर बैठोगे, या रेस्तराँ में?"

अतुल-दा बोले, "बहुत अच्छा, बहुत अच्छा। तू कोई ग़ैर नहीं, जहाँ ख़ुशी वहाँ बैठ।"

"ठीक है, लेकिन हमें ग्राहक समझोगे और पैसे भी लेने पड़ेंगे।"

"अरे, वह बाद में देखा जायेगा, पहले जाकर बैठ तो सही!"

उनका यह अपनत्व मुझे बहुत भाता, इसीलिए अक़सर मैं यहाँ खिंचा चला आता।

सुसज्जित रेस्तराँ में आराम से बैठकर मैंने एलिस से कहा, "मेन्यू पसन्द करो। लेकिन मैं पहले यह बता दूँ कि तुम मेरी गेस्ट हो।"

मैंने अपनी पसन्दीदा समोसा-चटनी से शुरुआत की, फिर भोजन के लिए तन्दूरी-चिकन लिया और अन्त में लस्सी। एलिस ने भी यही लिया। खाते-पीते हम दोनों में बातें भी होती रहीं। आमने-सामने बैठने के कारण मैं उसे जी भरकर देख पा रहा था। भोजन तो बहाना था, उसका संग पाना ही मेरा असली मक़सद था। एलिस ने बताया कि उसने भारत के विषय में बहुत पढ़ा है, रामायण, महाभारत, भागवद्गीता से लेकर कामसूत्र तक। भारत के विषय में पढ़ते-सुनते हुए ही उसे भारत के प्रति दिलचस्पी हो गयी थी। वह ख़ुद ही सवाल करती, फिर ख़ुद ही जवाब देती। मैं बीच-बीच में भोजन के बारे में बताता, किसमें कौन-सा मसाला दिया गया है, रोटी मैदे की नहीं आटे की है, आदि। मैंने यह भी बताया कि हाथ से भोजन करने का निराला ही आनन्द है, चम्मच से खाने में मुझे स्वाद कुछ कम लगता है। वह भारतीय अध्यात्म पर चर्चा करना चाह रही थी और मैं उसका ध्यान आहार की ओर खींचने की कोशिश कर रहा था क्योंकि अध्यात्म पर उसने कुछ पूछा तो मैं बगलें झाँकने को मजबूर हो जाऊँगा और मेरी विद्या पकड़ी जायेगी।

लगभग दो घण्टा उसका साथ पाकर मेरा मन बाग़-बाग़ हो उठा था। उसके बाद अलविदा कहकर हमने अपने-अपने घर का रास्ता पकड़ा। बस से उतरकर उछलते हुए फ़्लैट में लौटते समय एक गीत के बोल मेरे मुँह से अनायास फूट पड़े, मेरा जूता है जापानी...ये पतलून इंग्लिश्तानी...सर पे लाल टोपी रूसी...फिर भी दिल है हिन्दुस्तानी...! फ़्लैट में घुसकर दरवाज़ा ओढ़काते ही कानों में ये शब्द गूँज उठे—"क्यों बे, बहुत मूड में है, दारू पीकर लौटा क्या?"

दाआबू के कण्ठ स्वर ने मुझे चौंकाया। मैं बोला, "अरे दाआबू! तुम लौट आये हो। तुमने तो कहा था लौटने में काफ़ी रात होगी?"

"टी.वी. में आज एक बढ़िया प्रोग्राम है। इसके अलावा एक गरम ख़बर भी है, इसलिए सी.एन.एन. देखना है। तुझे मेरे लिये कुछ नहीं बनाना है, मैंने बाहर खाना खा लिया है। तू अपनी बात बोल। मैं नहीं रहता तो क्या तू बार में जाकर ड्रिंक करता है?"

मैं दाआबू से कुछ छिपाने का प्रयत्न नहीं करता क्योंकि वे मन के अन्दर झाँक लेते हैं और सब जान जाते हैं। इसलिए मैंने उन्हें सीधे से बता दिया, "नहीं दाआबू, मैंने बाहर शराब नहीं पी। असल में आज मुझे एलिस मिल गयी, उससे पक्की दोस्ती हो गयी।"

दाआबू को अपनी ओर घूरते देखकर मैंने कहा, "एलिस यानी वह लड़की जो रोज़ पार्क में बीड़ी पीने के लिए आती है।"

"ओह साला! तो ये बात है! तू तो साला सचमुच आदमी बन गया!"

आनन्द से गद्गद होकर मैं बोला, "मैं अपने दिल का हाल नहीं बता पाऊँगा दाआबू, कि मैं आज कितना ख़ुश हूँ। अगर मैं ली होता, यानी रॉबर्ट्स का कुत्ता, तो अवश्य तुम्हारे पाँवों के पास लोटपोट होकर पूँछ हिलाकर तुम्हें समझा पाता।"

मेरी पीठ पर एक धौल जमाकर दाआबू बोले, "अरे साला, बस हो गया!"

"हो गया मतलब?" मैंने विस्मय से पूछा।

"हो गया मतलब? साला, नख़रे दिखाता है। तेरी तो पूँछ निकल आयी...जा, वोदका की नयी बोतल निकाल, तेरे यौन-पर्व की शुभ-सूचना का जश्न मनायें।"

लगा कि मेरी तरह दाआबू भी उत्तेजित हो पड़े थे और यह भी विलायती क़ायदा था कि घर में नयी बोतल खोलने के लिए कोई-न-कोई बहाना चाहिए।

वोदका का पेग थामकर दाआबू बोले, "एलिस के नाम पर ज़िन्दाबाद, बीडी के नाम पर ज़िन्दाबाद, इन दोनों का प्रेम-प्रसंग सफल हो!"

मैंने कहा, "ज़िन्दाबाद!"

गिलास से गिलास ठोंककर अपना होंठ गीलाकर लेने के बाद दाआबू बोले, "बढ़िया माल लीलने में कभी जल्दबाज़ी नहीं करनी चाहिए, धीरे-धीरे चख। पहले चखना चाहिए, बाद में खाना चाहिए।"

"देर करने से अगर माल खिसक जाये?" मैंने उनका सुझाव माँगा।

"खिसक जाये तो जाये, दूसरा माल पकड़ लेना। अरे तू विलायत में है, यहाँ का दस्तूर सीख! लन्दन न तो सियालदह स्टेशन जैसा है, न ही शान्तिनिकेतन जैसा। देश और काल के हिसाब से तकनीक बदलनी पड़ती है। हाँ, इण्डियन स्टाइल का प्रेम अगर सही स्थान पर कर पाये तो उसका एक अलग ही स्वाद है, बिलकुल ओरिजॅनल ओरिएण्टल परफ़्यूम की तरह। ठीक है, चलाये जा...।"

इतना कहकर दाआबू ने टी.वी. ऑन किया और सी.एन.एन. चैनल लगा लिया। जब वे कोई पसन्दीदा चैनल देखते तो उनसे और बातचीत नहीं हो पाती थी। अब भी मैं उनसे बहुत कुछ पूछना चाह रहा था, किन्तु मुझे वोदका का गिलास थामे अपने कमरे में लौटना पड़ा। मुझे इस बात का सन्तोष था कि दाआबू मुझसे रुष्ट नहीं थे, बल्कि मेरा प्रेम-प्रकरण उन्होंने सहजता से लिया था।

दाआबू ने मुझे जल्दबाज़ी करने से मना किया, साथ ही विलायती दस्तूर सीखने और इण्डियन स्टाइल में प्रेम करने की हिदायत दी। ये बातें मेरे लिये अस्पष्ट थीं क्योंकि मुझे नहीं मालूम था कि प्रेम का इण्डियन स्टाइल क्या है। कोलकाता में जब था तब मैं छोटा था। कुछ कॉलेजों में, जहाँ सुबह लड़कियों का क्लास लगता और दिन में लड़कों का, वहाँ मैंने देखा था कि सुबह का शिफ्ट समाप्त होने के बाद जब लड़कियाँ निकलतीं और लड़के कॉलेज में घुसते, उस समय उनमें से कुछ एक-दूसरे को घूरते,

कोई आँख मारता, कोई दो-चार लाइन लिखे चिरकुट का आदान-प्रदान करता, कोई जान-बूझकर अपना रूमाल गिराती और कुछ लड़के-लड़कियाँ क्षणिक हँसी-मज़ाक भी कर लेते। उनके पास क्षणिक अवसर होता और इससे अधिक मैंने कभी कुछ नहीं देखा। हाँ, सियालदह के शंटिंग-यार्ड काँकुड़गाछी में सामान्य कुछ देखा अवश्य था किन्तु उस समय मैं भीख माँगने की फ़िराक में घूमता था, दादा-दीदियों के किसी सम्बन्ध के बारे में सोचता ही नहीं था। वोदका सुड़कते हुए मुझे शान्तिनिकेतन के भी कुछ दृश्य याद आये। संगीत-भवन, कला-भवन के आम के पेड़ के नीचे युवक-युवतियों का जमावड़ा, केले के पेड़ की आड़ में आँचल हटाकर हाथ सफ़ाई का दृश्य मुझ जैसे अनाड़ी ने भी देखा था। एक बार मास्टर जी ने कहा था, ''उधर मत देख, उन्हें किसी गुप्तधन की तलाश है। यह जवानी के शुरू की लुकाछिपी है।'' वे मास्टर थे, इसीलिए शायद उन्होंने मुझे ज़्यादा कुछ नहीं समझाया। किन्तु अब मैं समझ गया था, पिछले कुछ दिनों से एलिस के शरीर का घ्राण और उसके कपड़ों का हलका-सा स्पर्श भी मुझे समझा देता कि दुनिया के सभी इन्सान एक-जैसे हैं, जवानी में वे एक ही चीज़ तलाशते हैं। न जाने यह स्ट्राँग वोदका का कमाल था या एलिस के सामान्य स्पर्श का असर, मेरा उत्तेजित मन इन्हीं ऊल-जलूल चिन्ताओं में डूबा रहा।

चार दिनों के बाद दाआबू फिर यात्रा पर निकल गये उन्हें जर्मनी होकर सिंगापुर जाना था।

मैं रोज़ की भाँति एलिस से मिला। बीड़ी फूँकते-फूँकते मैंने उससे पूछा, ''तुम्हारा भाई-बहन कोई है?''

''हाँ। लेकिन मैं सबसे छोटी हूँ। तुम्हारा?''

''मैं निपट अकेला हूँ, मेरा बाप-माँ-भाई-बहन वगैरह कोई नहीं है।''

''अच्छा? ठीक है। यहाँ तुम्हारा अभिभावक कौन है?''

''दाआबू, वे मेरे पिता-जैसे हैं।''

''ओह, समझ गयी। गॉडफ़ादर, अॅडॉप्टेड।''

एलिस से बात करने में यही सहूलियत थी, उसे कुछ समझाना नहीं पड़ता था, वह ख़ुद ही समझ जाती। मुझे बातचीत में दिक़्क़त होती तो प्रसंग चुनने में। किस विषय पर चर्चा करूँ? किसी भी विषय पर आलोचना करने लायक विद्या ही नहीं थी मेरे पास। फिर भी मैं उसकी समीपता चाहता था, उसे थामे रहना चाहता था, उसका स्पर्श चाहता था। मेरी चाहत इतनी भर थी, जो मिल जाये, जितना मिल जाये, उसी में मुझे लाभ था। फिर भी यह जानने का कौतूहल होता कि वह कहाँ रहती है, क्या करती है, उसके माँ-बाप देखने में कैसे हैं आदि। इसी कौतूहल से मैंने पूछा, ''तुम्हारा घर कहाँ है? मैं तो उस कोने के ब्लॉक में रहता हूँ।''

''मेरा कोई घर नहीं है। मेरे माता-पिता शहर से बाहर रहते हैं, पिताजी का अपना मकान है। मैं यहाँ औरों के साथ स्क्वॉटर में रहती हूँ। स्क्वॉटर यानी एक पुराना मकान

जिस पर हमने कब्जा जमाया है। अच्छा ही है, क़िराया देने का प्रश्न नहीं उठता!"

इतना कहकर एलिस कुछ पल ख़ामोश रही, उसके बाद वह अनर्गल अपने बारे में बहुत कुछ बोल गयी। पता नहीं उसके घर के बारे में पूछकर मैंने उसकी कोई दुखती रग पकड़ ली अथवा वह अपने विषय में पूरी जानकारी देकर हलका होना चाहती थी। वह अंग्रेज़ थी और उसके उच्चारित्त सभी अंग्रेज़ी शब्द मैं समझ नहीं पाता था, फिर भी जितना समझ पाया उसी से मैं हैरान हो गया। मैं सोचता था कि साहब-मेमों की दुनिया में कोई भी दुःखी नहीं है, सुसज्जित शहर के सुसज्जित मकानों में रहनेवाले अंग्रेज़ों के जेब में रुपये भरे होते हैं, फ्रिज़ में खाना भरा रहता है और घर-गाड़ी-सड़क-दुकान-बाज़ार-पार्क आदि सभी में श्रृंखला, सौन्दर्य और सुखी जीवन की ही छवि दिखायी देती है। लेकिन एलिस ने यह क्या बताया? उसने तो मेरी आँखें खोल दी। यक़ीन करने लायक न होने पर भी यही सच था। मैं बाबा तारकनाथ और माँ काली की क़समें खाकर कहता हूँ, एलिस ने जो कहा उसे मैं बिना नमक-मिर्च मिलाये ही पेश करूँगा और मुझे यक़ीन है कि सब सुनकर तुम भी मेरी तरह विस्मय से भौंचक रह जाओगे। तो लो, विशुद्ध विलायती जीवन की यह सत्यकथा भी सुन लो—

एलिस पढ़ाई में अच्छी थी। स्कूल के बाद वह कॉलेज गयी और वहीं उसके नशाखोरी का श्रीगणेश हुआ। डीलर्स के माध्यम से हशीश की पुड़िया मुफ़्त में हाथ लगी। लन्दन के स्कूल कॉलेजों में ड्रग का कारोबार अच्छा चलता है। ड्रग विक्रेताओं की कोई निश्चित दुकानें नहीं हैं, हाथोंहाथ माल खपाकर यह धन्धा चलता है। ये विक्रेता डीलर्स कहलाते हैं, वे पहले बिगड़ैल या नेता टाइप के छात्र-छात्राओं को पैसे देकर या मुफ़्त में ड्रग्स देकर अपने वश में कर लेते हैं, बाद में उन्हीं के ज़रिये धीरे-धीरे माल खपाने लगते हैं। स्कूल-कॉलेज के छात्र-छात्राओं में ड्रग्स की अच्छी खपत है। पुलिस, शिक्षक और अभिभावक इसे देखकर भी अनदेखा करते हैं। यह ओपन सिक्रेट है। यह नशाखोरी इतनी व्यापक हो गयी है कि सभी इसे नेशनल प्रॉब्लम यानी राष्ट्रीय समस्या कहने लगे हैं। इस समस्या का व्यक्तिगत तौर पर समाधान नहीं है। एलिस जब स्कूल में थी तभी वह ड्रग्स चख चुकी थी, कॉलेज में उसे चार-पाँच मर्तबा मुफ़्त में पुड़िया मिली। फिर चस्का लग गया तो ख़ुद ख़रीदने लगी। काले कारोबारी इसी तरह अपना धन्धा फैलाते हैं। वे पहले मुफ़्त में पुड़िया बाँटते हैं, छात्र-छात्राओं को नशे की लत लग जाती है तो फिर वे ख़रीदने के लिए मजबूर हो जाते हैं। विलायत में साधारणतः माता-पिता दोनों ही काम करते हैं और अधिकांश परिवार में एक ही सन्तान होती है। डीलर्स ऐसे बच्चों को निशाना बनाते हैं। माता-पिता की ग़ैर-मौज़ूदगी में ये बच्चे खाली घर में इनडोर गेम खेलने या साथ पढ़ाई के बहाने अनायास यार-दोस्तों को बुला लेते हैं और फिर नशाखोरी का अड्डा ख़ूब जमता है। अभिभावक भी ख़ुश रहते हैं कि उनके बच्चे घर में यानी कण्ट्रोल में हैं!

बेटा या बेटी की आदत बिगड़ने की भनक शुरू-शुरू में अभिभावकों को नहीं लगती। बाद में जब बच्चे के स्वभाव में परिवर्तन नज़र आने लगता है और पता चलता है कि बच्चे क्या गुल खिलाते रहे हैं तब तक बहुत देर हो चुकी होती है क्योंकि बच्चा ड्रग्स और सेक्स के नशे में बुरी तरह फँस चुका होता है। अभिभावक हाय-तौबा मचाते हैं, किसी पर दोषारोप करते हैं और बच्चे के स्वास्थ्य के लिए दौड़-धूप करते हैं। नशाखोरों का देह-मन शुद्ध करने के लिए चिकित्सक, साइकियाट्रिस्ट, समाजसेवी तथा अभिभावकों के प्रतिनिधि आदि अच्छे-अच्छे पोस्ट बनाये गये हैं। एलिस का मानना था कि ये सब पोस्ट ड्रग्स के कारण बने थे, समस्या का समाधान हो जाय तो ये पोस्ट नहीं रहेंगे, इसीलिए समस्या मिटाने के नाम पर वे सावधानी से समस्या को जिलाये रखते हैं। यह समस्या इतनी बेकाबू है कि सभी एक-दूसरे पर दोषारोप करने लगे हैं। पुलिस, खुफ़िया, पत्रकार, राजनीतिज्ञ, समाजसेवी सभी इस समस्या के निदान में कमर कसकर लगे हैं, लेकिन समस्या ज्यों की त्यों है। इसका एकमात्र कारण यह कि ड्रग्स का कारोबार एक बहुत बड़ा कारोबार है और जो लोग इस धन्धे से जुड़े हैं वे ख़ुद ही मीडिया के ज़रिये चिल्ल-पों मचाते हैं कि देश का सत्यानाश हो रहा है। ठीक ज्यों सिगरेट के डिब्बे पर लिखा जाता है—धूम्रपान स्वास्थ्य के लिए हानिकारक है। जो लोग सिगरेट बनाते हैं, वे ही कैन्सर के रिसर्च के लिए धन जुटाते हैं। असल में यह पूरा मामला ही नाटकीय है। सब जानकर भी लोग गूँगा बने रहते हैं। इसका अन्जाम हम भुगतते हैं। हम, यानी टीन-एजर्स।

एलिस ड्रग ऐडिक्ट थी। नशा की आसक्ति से मुक्त होने के लिए वह कई बार विशेष अस्पतालों में दाख़िल हुई है, बहुत-से डॉक्टरों से इलाज कराया है, किन्तु ड्रग्स का भूत अब भी उसके कन्धे से नहीं उतरा था। इस बुरी लत के कारण उसके माता-पिता, सगे-सम्बन्धियों ने उसे बहुत समझाया, डाँटा-डपटा, लेकिन आख़िर में उसने ड्रग को ही साथी बनाकर अपने अभिभावक, सगे-सम्बन्धी तथा मित्रों को छोड़ दिया था। ड्रग के कारण ही वह पढ़ाई में मन नहीं लगा पायी, अतः कॉलेज छोड़ दिया। यानी अब वह ड्रॉप-आउट स्टूडेण्ट थी। उसकी पढ़ाई बन्द हो गयी थी, वह गाँजा पीती और घूमती रहती।

मेरे बिना कुछ पूछे ही एलिस एक प्रवाह में अपने बारे में इतना कुछ बोल गयी। मैंने गम्भीर प्रकृति के कुछ लोगों को शराब के नशे में बच्चे की तरह सहज होते देखा था, किन्तु कुछ बीड़ियों के एवज़ में इतनी क़ीमती जानकारियाँ प्राप्त करने की उम्मीद मुझे नहीं थी। जिन बातों को मैं ठीक से समझ नहीं पाता उन बातों को मैं क़ीमती मानता था, किसी मूर्ख के लिए हर तथ्य मूल्यवान् होता है। सच कहूँ तो एलिस ने अपने विषय में जो सारगर्भित बातें कहीं, उसका मैं कुछ भी नहीं समझ पाया था, केवल बीच-बीच में हाँ-हाँ करता रहा था, उसी से उत्साहित होकर वह लगातार बोलती गयी थी।

वह ख़ुश थी, शायद इतना कहकर वह हलका हो गयी थी। उसने पूछा, "समझ गये न?"

मैंने सहजता से उत्तर दिया, "नहीं, सब नहीं समझ पाया।"

"जानते हो, ड्रग-सर्किल का यह धन्धा जो लोग चला रहे हैं, वे ही लोग इस देश को भी चला रहे हैं।" वह बोली।

"ऐसा क्या? मैंने तो सोचा था कि तुम्हारी रानी इस देश को चलाती हैं।"

मेरी इस उक्ति से एलिस खिलखिलाकर हँस पड़ी।

मैं उसकी हँसी का क़ायल था। ख़ासकर जब वह हँसते-हँसते मेरी ओर झुक पड़ती और मैं उसके सिर को टेक देने के लिए अपना कन्धा आगे बढ़ा देता तब मुझे जो रोमांच और आनन्द मिलता उसे मैं लिखकर समझा नहीं पाऊँगा। असल में मेरी दिलचस्पी उसकी बातों में कम, उसकी हँसी और उसके सान्निध्य में अधिक थी, उसका थोड़ा भी स्पर्श मिल जाता तो मैं उसी से धन्य हो जाता।

कई दिनों की बारिश के बाद आज धूप खिली थी और एलिस से भी कई दिनों के उपरान्त भेंट हुई थी। पार्क में बैठकर उसके ड्रग ऐडिक्ट होने की आपबीती सुनते-सुनते ठण्ड लगने लगी थी। वहाँ से उठकर बतियाते हुए हम ट्रॉफलगार स्क्वायर पहुँचे। यहाँ के एक बार में खाली समय में मैं अक़सर आया करता था जिससे मेरे छह-सात दोस्त बन गये थे, मैं उन्हें बीड़ी पिलाता, कभी-कभी चाय भी। हम एक-दूसरे का नाम नहीं जानते थे, फिर भी दोस्त थे। यहाँ हमारी बातचीत भी अलग ढंग की होती। कौन मोटा है, कौन पतला, कौन शराब पीकर लुढ़क गया था, किसने बिल का भुगतान नहीं किया था तो बवाल हुआ था आदि प्रसंगों पर हम बातें करते और ठहाका मारते। एलिस को लेकर मैं कोने की मेज़ पर जा बैठा तो मेरे वे मित्र मेरा संग देने पहुँच गये। मेरे लिये यह परिवेश भारतीय परिवेश था और मुझे यहाँ अच्छा लगता। यहाँ कॉफी और शराब भी मिलती थी लेकिन शराब वगैरह सब अपने-अपने पैसे से पीते।

न जाने क्यों एलिस को यह जगह अच्छी नहीं लगी। इसलिए हम चाय पीकर उठ पड़े, मैं दोस्तों के संग अड्डा नहीं मार सका। चलते-चलते विक्टोरिया स्ट्रीट के निकट पहुँचकर परस्पर का चुम्बन लेकर हमने अपने-अपने घर का रास्ता पकड़ा। उससे अलग होने के बाद भी उसी की बातें मेरे दिमाग़ में घूम-फिर रही थीं। बहुत माथापच्ची करने के बाद भी मैं क़तई नहीं समझ पाया कि ड्रग माफ़िया कैसे देश को चला रहे हैं। जब बहुत प्रयत्नों के बावज़ूद मैं इस मसले को स्पष्ट नहीं कर पाया तो सोचा कि यह सब साहब लोगों का मामला है, मुझे इसे समझने की ज़रूरत नहीं है।

एलिस से मेरा प्रेम एक भिखारी का मेम से प्रेम था। रात में थोड़ी-सी पीकर जब मैं टी.वी. देखने बैठता तो मन के पर्दे में एलिस की तसवीरें उभरने लगतीं। कभी-कभी वेस्टर्न फ़िल्म की बन्दूक़ों की आवाज़ से उस चिन्तन में ख़लल पड़ती, किन्तु कुछ ही

पलों बाद फिर उसी चिन्ता में खो जाता। मेरा हाथ-पाँव-सिर-छाती सब-कुछ उसे ही जकड़े रहना चाहते थे। मैं समझ रहा था कि मुझे प्रेम हो गया है। कभी सोचता कि क्या मुझ-जैसे भिखारी को प्रेम करना चाहिए? फिर यह भी सोचता कि इसमें उचित-अनुचित का सवाल क्यों? ज्यों भूख लगने पर खाता हूँ, प्यास लगने पर पीता हूँ, प्रेम का मामला भी तो वैसा ही है। ख़ुद को बार-बार समझाता कि सामने भोजन उपलब्ध रहते उपवास करना बेवकूफ़ी है।

मैं यह सब लिख रहा हूँ क्योंकि मैं तुम्हें अपनी भावनाओं या प्रेम की अनुभूतियों से वाकिफ़ कराना चाहता हूँ। मेरे जीवन में एलिस का आगमन एक अनहोनी घटना थी और उसे पाने के बाद से मेरे दिमाग़ का कोई स्क्रू या तो ज़्यादा टाइट हो गया था अथवा ढीला हो गया था यानी पहले जैसा नहीं था। मुझमें थोड़ा नहीं, बहुत ज़्यादा परिवर्तन आ गया था, शायद मैं पहले से अधिक होशियार हो गया था, हालाँकि मैं अब भी पहले की तरह धोबी का गधा ही था, केवल आजकल कुछ ज़्यादा ही उछलने लगा था।

एलिस एक दिन मुझे अपना स्क्वॉर्टर दिखाने ले गयी। स्क्वॉर्टर यानी कब्जे का मकान। एक पुराने मकान पर कब्जा जमाकर उसमें बारह लोग रह रहे थे, सब एक-दूसरे के मित्र थे। उनमें लड़के भी थे, लड़कियाँ भी। इनकी जीवन-यात्रा अजीब थी। ख़ास लन्दन शहर में रहकर भी वे समाज से जुदा थे। जब जो कुछ जुटा खा लिया, नींद लगी तो सो लिया, जब शरीर की भूख लगी तो मिटा लिया। लड़के-लड़कियाँ साथ रहते थे, उनमें न पर्दा था न हया-शर्म, छिपकर कुछ करने की बात वे जानते ही नहीं थे, वे फ्री-सेक्स के आदी थे। इनमें एक जोड़ा होमो भी थे और एक जोड़ी लेस्बियन भी। यह देखकर मुझे सदमा पहुँचा था क्योंकि मैं सोच भी नहीं सकता था कि वहाँ का ऐसा माहौल होगा। मुझे लगा कि वहाँ लापरवाही से कुछ देह रखे हुए थे जो किसी तरह जीवित थे। इनके जीवन से जीने का स्वाद, जीवन की चंचलता, पूरी तरह ग़ायब हो चुकी थी। ख़ास विलायत की युवा पीढ़ी की यह दशा देखकर मुझे लगा कि सियालदह का भिखारी होकर भी मेरा जीवन इनसे बहुत-बहुत-बहुत अधिक दुरुस्त है, सिर्फ़ अभी नहीं, जब मैं बिना बटनवाले हाफ़ पैण्ट में गाँठ बाँधकर भीख माँगता था तब भी मैं इनकी तुलना में राजा था।

कोलकाता, मेडिकल कॉलेज में बेड न मिलने से रोगी जिस तरह बरामदे में लेटे या बैठे रहते हैं, उसी हालत में एलिस के स्क्वॉर्टर के संगी-साथियों को देखकर मेरे चेहरे का रंग फ़क़ पड़ गया था। एलिस बहुत चंट है, मेरा चेहरा देखकर वह समझ गयी कि मुझे सदमा पहुँचा है, वह तुरन्त मुझे लेकर बाहर निकल पड़ी। एक बार में दाख़िल होकर एक पेग कोनियाक हलक़ के नीचे उतारकर मैंने उससे कहा, "एलिस, तुम बहुत सुन्दर हो, तुम उस परिवेश में नहीं जँचतीं।" मुझसे लिपटकर उसने मुझे चूमा, फिर कहा, "ऐम सॉरी!"

मेरा मन थोड़ा हलका हुआ तो मैंने कहा, "तुम लोगों के पास सब-कुछ रहने के बावज़ूद यह अधमरा जीवन क्यों? आज मैं तुम्हें बता दूँ एलिस, मेरी कोई शिक्षा नहीं है, वंश परिचय नहीं है। भिखारी था, जीने के लिए खाता था और खाने के लिए भीख माँगता था। सुबह से शाम तक भीख माँगते हुए हम थकते नहीं थे, जीने का एक आनन्द था, रोमांच भी था। हज़ार दुःखों में भी हम जीना जानते थे, यह दुःख भी हमें आनन्द देता था। जब मेरे पास एक फटी बनियाइन और एक फटा पैण्ट के सिवा कुछ भी नहीं था तब भी मुझे जीवन अभिशप्त नहीं लगा। इसकी वजह जानती हो?"

"क्या?"

"विद्या का अभाव, शिक्षा का अभाव, अभिभावक का अभाव। जब पेट खाली रहता है तब मन में सोच-विचार नहीं आता। किन्तु जीवन को अधमरा बनाने की बात मैं सोच ही नहीं सकता था। तुम लोग जो मृतप्राय ज़िन्दगी जी रहे हो, उससे वाक़ई मुझे बहुत धक्का लगा।"

बार से निकलकर राह चलते एलिस बोली, "लन्दन में ड्रग ऐडिक्टेड ड्रॉप-आउट्स की संख्या काफ़ी है।"

"तुम लोगों को खाने-पीने या जेब ख़र्च के लिए जिस पैसे की ज़रूरत होती है वह कहाँ से मिलता है?" मैंने पूछा।

"हमें नियमित जेब ख़र्च माता-पिता देते हैं। इसके अलावा बेकारी भत्ता अथवा इनवैलिड इन्श्योरेन्स और चैरिटेबल डोनेशन भी है।"

"ऐसी ज़िन्दगी अपनानेवालों को माता-पिता उत्साहित करते हैं?"

"नहीं, वे उत्साहित नहीं करते, लेकिन उन्हें जेब ख़र्च देना ही पड़ता है।"

मुझे यह बातचीत कुछ पेचीदा लगी, अतः और सवाल नहीं किया। हम दोनों को ही भूख लगी थी, इसलिए हम पिज़्ज़ा हाट पहुँचे जहाँ सस्ते में गरम स्वादिष्ट पिज़्ज़ा मिलता था। वहाँ से निकलते काफ़ी रात हो गयी थी। पार्क लाँघकर हमारे फ़्लैट भवन के निकट पहुँचकर एलिस ने पूछा, "तुम अकेले रहते हो?"

"इन दिनों अकेला ही हूँ।"

"तो फिर तुम्हारे साथ रात बिता सकती हूँ, तुम्हें आपत्ति तो नहीं?"

एक छोटा-सा प्रश्न था, किन्तु उसका बहुत बड़ा अर्थ था, यह मेरे लिये आज का दूसरा धक्का था। मेरे मन में सहसा एक तेज़ आँधी उठी, शरीर और मन काँप उठा, मैं तत्काल उत्तर नहीं दे पाया। मुझे निरुत्तर पाकर एलिस ने मेरे गर्दन पर हाथ रखा और आँखों में आँखें डालकर बोली, "तुम्हें दिक़्क़त हो तो कोई बात नहीं, मैं ज़ोर नहीं डालूँगी, तो मैं..."

"नहीं एलिस, दिक़्क़त नहीं, यह तो मेरा सौभाग्य है, यानी परम सौभाग्य... यानी..."

"थैंक यू, थैंक यू!" कहकर उसने मेरे गाल और होंठों को प्यार से चूमा। क्या बताऊँ कि उस समय मेरी क्या हाल हो रही थी। आनन्द भी था, उत्तेजना भी, और मैं पिघला जा रहा था। मुझे नहीं मालूम था कि आनन्द और उत्तेजना के अतिरेक में देह जड़वत् हो जाता है, अपार्टमेण्ट के दरवाज़े के छेद में चाभी डालते समय हाथ काँप रहा था, जो दरवाज़ा मैं दो सेकेण्ड में खोलता था। उसे खोलने में आज दो मिनट लग गये। मेरे हाथों का कम्पन देखकर एलिस ने पूछा, "तुम क्या नर्वस हो गये हो?"

"नहीं, नर्वस नहीं, शायद बहुत एक्साइटेड हो गया हूँ।"

दरवाज़ा खोलकर मैंने एयर इण्डिया के महाराजा की तरह एलिस की अभ्यर्थना की—"वेलकम!"

अन्दर दाख़िल होकर चारों ओर निगाहें दौड़ाने के बाद एलिस आश्चर्य से चिहुँक उठी, "वाव! वण्डरफुल!"

कमरे का आकार देखकर, सजावट देखकर या कमरे से बाहर का दृश्य देखकर वह चौंकी थी यह मुझे नहीं मालूम, किन्तु वह चकित अवश्य हुई थी। उसे सोफ़ा में बैठने को कहकर मैं पानी की बोतल उठा लाया, आज पहली बार यह जाना कि उत्तेजना में शरीर का सारा पानी सूख जाता है। दो गिलास पानी पीकर मैंने एलिस से कहा, "पानी के अलावा बियर, ऐलकोहॉल, फ्रूट-जूस वगैरह सब-कुछ है, अपना घर समझकर माँग लेना।"

मैंने एलिस को सहज करने के लिए ऐसा कहा, किन्तु सच कहूँ तो अपने ही घर में ख़ुद मैं कुछ असहज हो पड़ा था। मुझे लगा कि एलिस सब समझ रही थी, वह बहुत चालू लड़की थी और ऐसी स्थितियों की आदी भी।

"टॉयलेट किधर है?"

"उस कोने में।"

उत्तर सुनकर वह उठ गयी। मैं नहीं समझ पा रहा था कि मैं क्या करूँ? दाआबू का कमरा हमेशा सुसज्जित रहता था। लेकिन मेरा कमरा किसी शरणार्थी के कमरे जैसा था। मैंने झटपट बिस्तर पर से अपना पुराना गन्दा कपड़ा, जिनमें शर्ट-पैण्ट-चड्ढी-मोजा वगैरह था, उठाकर आलमारी के अन्दर ठूँस दिया। इस्तरी करने की फोल्डिंग मेज़ तहाकर कमरे के कोने में रखकर पलटते ही एलिस से सामना हुआ। सामना नहीं, वह मेरी ओर बढ़ आयी। उसने पैण्ट, स्वेटर, कमीज उतारकर ख़ुद को सहज बना लिया था। मेरे कुछ कहने से पहले ही वह मुझे जकड़कर खिलखिलाती हुई बिस्तर पर कूद पड़ी।

उसके बाद क्या हुआ? उसके बाद? बताता हूँ। मैं तो बुद्धू हूँ, मूर्ख हूँ, गधा हूँ और वह चालाक, चतुर और बहुत-बहुत सेक्सी। उसके बाद क्या हुआ यह मेरे बताने की आवश्यकता नहीं। सारी रात हमने पलक नहीं झपकाया, फिर भी रोमांस की

उत्तेजना में रात जैसे दो मिनट में बीत गयी। रात भर सोया नहीं, किन्तु थकावट नहीं थी, किसी अनजान आनन्द से मन प्लावित था। सुबह नौ बजे एलिस को बिस्तर पर रखकर ही मैं उठा और ब्रेकफास्ट बना लाया—चाय-टोस्ट-जैम-आमलेट। ज्यों रोज़ मैं दाआबू को बिस्तर पर सर्व करता था वैसे ही आज मैं अपने बिस्तर पर ट्रे रखकर आँखें मूँदे सोती हुई एलिस को विस्मय से घूरता रहा। वह बहुत ही ख़ूबसूरत थी, उसका चेहरा अत्यन्त आकर्षक, उसके गोरे रंग में हलके गुलाबी रंग की आभा और उसका कमनीय शरीर तो जैसे मक्खन था।

एलिस ने आँखें खोलकर कम्बल हटाया और दिल जीतनेवाली मुस्कुराहट बिखेरकर मुझसे लिपट गयी और मुझे चूमकर बोली, "तुमने जो आनन्द दिया, उसके लिए धन्यवाद।"

ये लोग हर बात के लिए धन्यवाद देते थे।

एलिस के साथ मेरी घनिष्ठता किस हद तक पहुँच गयी यह मैंने तुम्हें बता दिया। शायद तुम कहोगे कि मुझे और भी विस्तार से लिखना चाहिए था। मैं भी यही चाहता था। किन्तु मुश्किल यह कि मैं अगर अपनी भाषा में वह सब लिखूँ तो वह गन्दी गालियाँ हो जायेंगी और अगर अंग्रेज़ी वाक्यों को बिना अनुवाद किये हू-ब-हू बैठा दूँ तो उसे तुम अश्लील साहित्य कहोगे। ये दोनों ही बातें नहीं चलेंगी क्योंकि कोई छापेगा नहीं और किसी ने छाप दिया तो तुम्हीं लोग मुझे कटघरे में ले जाओगे अथवा मुझे समाज-शत्रु होने का तमगा दोगे। जो घटना घटी उसे लिखने में भी जोखिम है। दाआबू ने बार-बार आगाह किया है, "जो देख रहा है, जो कर रहा है, वही लिख, किन्तु ज़्यादा उस्तादी दिखाने की कोशिश मत करना।"

उक्त घटना के बाद से मुझे एलिस का ब्वॉय-फ्रेण्ड होने का गर्व प्राप्त हुआ, यानी मेरी तरक़्क़ी हुई थी। उसके बाद से मैं लन्दन की सड़कों पर खुलेआम एलिस से चिपककर चलने-फिरने लगा था। मैं जानता हूँ कि तुम्हें इस बात को पचाने में दिक़्क़त हो रही होगी। तुम लोग कितनी तक़लीफ़ें सहकर लिख-पढ़कर कितनी प्रेम की कविताएँ लिखने के बाद भी अपनी प्रेमिका को क़रीब नहीं पाते और मैं, यानी कोलकाता का एक भिखारी, एक कमसिन ख़ास विलायती माल पा गया, इसी को नसीब कहते हैं। एलिस से मिलन के बाद मेरे शरीर में कोई परिवर्तन नहीं हुआ था, मैंने आईने में देखा था कि मैं जैसा गधा था वैसा गधा ही रह गया हूँ, परन्तु मेरे मन में विशाल परिवर्तन आ गया था, मेरा मन हलका होकर काफ़ी ऊपर उठ गया था। मुझे बार-बार महसूस होता कि सियालदह में अगर एलिस यूँ ही मेरे साथ-साथ होती तो मेरी भीख की झोली में रुपये रखने की जगह ही नहीं बचती।

दाआबू के लन्दन लौटते ही मैंने उन्हें अपनी नयी कीर्ति की जानकारी दे दी।

सब सुनकर दाआबू थोड़ा गम्भीर हो गये। फिर बोले, "मैंने सोचा था कि यही होगा, इसमें मुझे कुछ नहीं कहना है। सावधान रहना। याद रहे, सोचकर काम करना चाहिए, काम करके सोचना नहीं।"

मैं बोला, "तुमसे बिना पूछे मुझे उसे यहाँ नहीं लाना चाहिए था, लेकिन क्या करूँ, बिना सोचे-समझे ही ऐसा कर बैठा। मुझसे ग़लती तो हुई, उत्तेजना में मैं होश गँवा बैठा था।"

दाआबू बोले, "प्रेम में ऐसा ही होता है। तू क्या, बड़े-बड़े ज्ञानी-महारथी भी इस दरिया में गोता लगाते हैं। अब तू असली बात बोल, तू क्या एलिस को थामे रहना चाहता है?"

"हाँ दाआबू, एलिस भी मुझे छोड़ना नहीं चाहती। लेकिन तुम जैसा कहोगे, अब से मैं वैसा ही करूँगा दाआबू।"

उन्हें सब बताकर मैंने राहत की साँस ली। अन्त में देखा कि दाआबू ने इस घटना को हलके में लिया। एलिस के लिए भी यह सामान्य बात थी। असल में जटिलता मेरे ही मन में थी।

(8)

एलिस पूरी तरह मेरे दिलो-दिमाग़ में छा गयी थी। बाज़ार जाता तो उसकी याद आती, टी.वी. देखता तो हर सुन्दरी के मुखड़े में उसी की छवि उभर उठती और चुपचाप बैठा रहता तो उसके साथ हमबिस्तर होने का दृश्य कौंध उठता। यहाँ तक कि केटली से निकलते वाष्प में भी एक दिन उसकी धुँधली तसवीर मैंने देखी थी। मैं कुछ असामान्य हो गया था, अक़सर अनमना हो जाता। मेरी हालत देखकर एक दिन दाआबू बोले, "ऐ बुद्धू, सुन। एलिस एक चालाक बन्दरिया है और तू है एक नम्बर का गधा। इस बात को मानता है न?"

"जी।" मैंने हामी भरी।

"बन्दरिया के साथ गधे का प्रेम ज़्यादा दिन तक नहीं टिकता, समझा?"

"जी हाँ, समझ गया।"

"अगर तुझे यह इश्क जारी रखना है तो या तो तुझे बन्दर बनना पड़ेगा अथवा एलिस को गधी होना पड़ेगा। लेकिन एलिस एक विशुद्ध विलायती माल है, वह नीचे नहीं उतरेगी, उसका चाल-चलन स्वभाव चाहे जितना भी अटपटा हो उसका अपना एक बैकग्राउण्ड है। तेरी बात और है, तू कोशिश करे तो ऊपर उठ सकता है।"

"मैं समझ रहा हूँ दाआबू, मैं चेष्टा करूँ तो बन्दर बन सकता हूँ, यानी मुझे और भी चालाक बनना पड़ेगा, है न?"

दाआबू ठठाकर हँस पड़े। बोले, "साला तू महाधूर्त है, आख़िर समझ ही गया।"

"क्यों नहीं, तुम्हारा ही चेला जो हूँ। भारत में रामभक्त हनुमानजी की पूजा होती है, बन्दर भी तो देवतुल्य है।"

"हाँ, बन्दर देवतुल्य है, ईसा का भक्त गधा भी देवतुल्य है। अब तुम दोनों देव-देवी मिलकर नया रामायण रचना शुरू करो।" इतना कहकर दाआबू फिर हँसने लगे। बहुत दिनों के बाद मैंने उन्हें इतनी देर तक हँसते देखा।

हँसी थमने के बाद वे बोले, "सुन, एलिस को सिर्फ़ देखते रहने से ही तू उसे थाम नहीं पायेगा। तुझे और भी सीखना पड़ेगा, जानना पड़ेगा, तुझे एलिस जैसा बनना पड़ेगा। उसके साथ बातें करने के लिए तुझे और भी अंग्रेज़ी सीखनी पड़ेगी और इसके लिए एलिस ही तेरी योग्य टीचर बन सकती है।"

दाआबू का यह सुझाव मुझे भा गया।

मेरी भिखारी मानसिकता थोड़े में सन्तुष्ट होने की थी, किन्तु एलिस के मामले में ऐसा नहीं था, वह एक अपवाद जैसी थी। उसे मैं जितना पा रहा था, उससे भी अधिक पाना चाहता था और थामे रहना चाहता था। उसे थामे रहने के लिए मेरे लिये अंग्रेज़ी का ज्ञान बढ़ाना आवश्यक था। यूँ काम चलाऊ अंग्रेज़ी तो मैं सीख गया था। अख़बार पढ़ने, टी.वी. देखने, बाज़ार करने, थोड़ी-बहुत बातचीत करने में मुझे दिक़्क़त नहीं थी, लेकिन अंग्रेज़ी जितना सुनता था उतना समझता नहीं था। यदि मैं एलिस से कहूँ कि मैं सीखना चाहता हूँ, जानना चाहता हूँ, तो वह मुझे अवश्य सिखायेगी। इसमें मुझे दोहरा फ़ायदा था, एक तो कुछ सीख जाता और दूसरे इस बहाने भी उसका संग मिलता। सचमुच दाआबू ने मुझे कितना बढ़िया उपाय सुझाया था, उनके प्रति मेरी श्रद्धा बढ़ती ही जा रही थी। ऐसे भले लोग दुनिया में बिरले ही होंगे।

अब एलिस से मेरा सम्पर्क अध्यापिका और छात्र जैसा हो गया तथा हमारा मिलना-जुलना नियमित हो गया।

एक दिन अचानक दाआबू ने पूछा, "बोल तो, कल कौन-सी तारीख़ है?"

मैंने कैलेण्डर देखकर कहा, "बीस दिसम्बर, बुधवार।"

"बीस दिसम्बर को ही सियालदह में तुझे मैं पहली बार देखा था।"

"देखा था नहीं, पकड़ा था कहो! उफ्! कितनी ज़ोर से तुमने मेरी कलाई थामी थी, यह मैं कभी नहीं भूलूँगा। उस घटना की याद मुझे अब भी शर्मिन्दा करती है।"

"शर्मिन्दा होने की घटना नहीं थी वह, क्योंकि उसी के बाद तुझे नया जीवन मिला।"

बात सही थी, ऐसा कहकर उन्होंने मुझे सहज कर दिया। फिर बोले, "कल रात हम रेस्तराँ में खाना खायेंगे, तू एलिस को दावत दे दे। उसे मैंने देखा तो है पर उससे ठीक से परिचय नहीं हुआ। उससे कुछ बातचीत हो जायेगी।"

मैं ख़ुशी से झूम उठा। दाआबू से एलिस का परिचय कराना असल में ससुर को बहू दिखाने जैसा था। न जाने उन्हें पसन्द आ जाये तो शायद शादी का प्रस्ताव ही

दे बैठें। मेरी क़द-काठी, वज़न, स्वास्थ्य, चेहरा सब ठीक ही था, जो कमी थी वह सिर्फ़ शिक्षा की। मेरे पास शिक्षा या डिग्री नहीं थी तो क्या हुआ, शादी के बाद मैं खाना पकाऊँगा, घर सजाऊँगा, कुत्ता पालकर उसे पार्क में घुमाने ले जाऊँगा और जब बच्चे होंगे तो उनकी परवरिश, कथरी बदलना, गीले या गन्दे कपड़े बदलना, पैरैमब्यूलेटॅर पर बाग़ में टहलाना तथा जब वे स्कूल जाने लगें तो उन्हें स्कूल पहुँचाने और वापस लाने का काम करूँगा। मैं इत्मीनान से कह सकता हूँ कि ये काम मैं एलिस से भी अधिक निपुणता से कर सकूँगा। कुछ काम मुझे बख़ूबी आती है, बाक़ी फ़ील्ड में उतरकर सीख लूँगा या अभ्यास कर लूँगा। देखा जाये तो अशिक्षित होकर भी मुझमें योग्यता की कोई कमी नहीं, एक कुशल नौकर, केयरटेकर, बावर्ची, नर्स होने के साथ ही एक आदर्श बाप और आदर्श पति होने के सभी गुण हैं मुझमें। इस विलायती समाज में मुझ-जैसा काम का आदमी बहुत कम है।

"क्यों रे, चाय बनी?"

दाआबू की आवाज़ ने मुझे चौंकाया। अवश्य ही उन्होंने चाय के लिए कहा होगा जो मैं सुन नहीं पाया था और दिवा-स्वप्न में खो गया था। दाआबू की सेवा में अब तक मुझसे कभी चूक नहीं हुई थी, लेकिन न जाने अब मुझे क्या हो गया था जो खड़े-खड़े भी सपने देखने लगता।

मैंने पूछा, "चाय के साथ बिस्किट लाऊँ या चनाचूर?"

"चनाचूर।"

दाआबू को चाय देकर मैंने एलिस का मोबाइल नम्बर मिलाया। अगली शाम भोजन का निमन्त्रण पाकर वह खिलखिलाकर हँस पड़ी, हँसती हुई बोली, "सच?"

"हाँ, सच! यह दावत मेरे दाआबू की ओर से है। वे, मैं और तुम, बाहरी कोई नहीं रहेगा।"

"कहाँ आना है?"

मैंने रिसीवर का मुँह दबाकर दाआबू से पूछा कि एलिस को कहाँ और कितने बजे बुलाना है। वे बोले, "एल-बारको लैटिनो, टेम्पल पिअर, विक्टोरिया एमबैंकमेण्ट। रात साढ़े सात के आसपास।"

मैंने दाआबू के शब्द फ़ोन पर दुहरा दिये। वह बोली कि उसे वह जगह मालूम है, समय से पहुँच जायेगी। हमने फ़ोन पर ही परस्पर का चुम्बन लेकर गुडनाइट कहा। दाआबू चीखकर बोले, "मेरी ओर से उसे शुभकामना और गुडनाइट कह दे।"

मैंने फ़ोन पर 'हैलो-हैलो' किया लेकिन उसने लाइन काट दिया था। दुबारा कोशिश की तो नम्बर स्विच ऑफ था। मैंने दाआबू से कहा कि उनकी बातें मैं एलिस से कह नहीं पाया क्योंकि उसने फ़ोन ऑफ कर दिया है।

"इसी को कहते हैं बुद्धू, साला! गधा विलायत आकर भी गधा ही रहता है। तुझमें इतनी भी कॉमन सेन्स नहीं है? यह साधारण सौजन्य है, कॉमन कॅर्टसी। चूँकि मैं यहाँ

मौजूद था, मेरे बिना बताये भी तुझे कहना चाहिए था—दाआबू तुम्हें स्नेहाशीष दे रहे हैं...तुम्हें गुडनाइट कह रहे हैं...वे हम दोनों को एक-साथ देखना चाहते हैं। सुन, तू अपनी नोटबुक ले आ, इस तरह की कुछ शिष्टाचार की बातें नोट कर ले। जब एक गधे को आदमी बनाने का बीड़ा उठाया है, तो बीच में कैसे. छोड़ूँ?''

अगली शाम यथासमय टेम्स नदी के किनारे विक्टोरिया एमबैंकमेण्ट पहुँचकर दाआबू ने गाड़ी पार्क किया। इस नाव-घाट का नाम टेम्पल पिअर था। एल-बारको लैटिनो रेस्तराँ असल में पानी में तैरते हुए एक पुराने नौका पर बना था। नाव देखकर लगा जैसे वह पिछली शताब्दी में अन्ध महासागर पार करने के लिए बना था। कुछ आगे बढ़ते ही एलिस हमसे आ मिली, मैंने होंठ और दाआबू ने गाल चूमकर उसका स्वागत किया। एक छोटी-सी पुलिया पार करके हम नाव पर आ गये तो एक मूँछवाले सज्जन ने हँसते हुए दाआबू को वेलकम कहा, उनके हावभाव से लगा कि दाआबू उनके काफ़ी परिचित हैं। दाआबू लन्दन में होते तो वे लन्दनवासी लगते और कोलकाता में होते तो कोलकातावासी। वे बहुत मिलनसार थे और इन दोनों ही शहरों में उनके परिचितों की संख्या काफ़ी थी।

टेम्स नदी के किनारे ठण्डी हवा बह रही थी जिससे छोटी पुलिया के ऊपर का तिरपाल फड़फड़ा रहा था। ठण्डी हवा से बचने के लिए मूँछवाले सज्जन ने हमें शीघ्र अन्दर जाने को कहा। अन्दर पहुँचकर मैं और भी अचम्भित हुआ, वहाँ का परिवेश प्राचीन युग के जहाज़ों-जैसा था, सजावट वैसी ही थी। एक अस्थायी बार के सामने जाकर हम रुक गये। लगभग पाँच मिनट बाद वही सज्जन अन्दर आये और बोले, ''अरे, तुम लोग अब भी खड़े हो, तुम्हारी मेज़ तो रिज़र्व है। ऐ कारमेन, इधर आकर देख कौन आया है?''

उनका आह्वान सुनकर दूर से एक महिला, जो चुस्त जीन्स का पतलून पहने थी, हमारे क़रीब आयी और दाआबू को देखकर मुस्कुराने लगी। दाआबू ने उसके चूतड़ पर एक चाँटा मारकर कहा, ''इनसे मिलो, यह बीडी है और वह इसकी दोस्त एलिस।''

''वेलकम टू एल-बारको लैटिनो।'' वह बोली, फिर हमें नीचे के तल में ले गयी। लकड़ी के फर्श पर लकड़ी की मेज़-कुर्सियाँ, बग़ल में गोल खिड़कियाँ, ऊपर बिजली का बल्ब लगा लालटेन लटका हुआ और बाक़ी परिवेश पुराने जलदस्युओं के नाव जैसा। परिवेश ऐसा था मानों हम लन्दन से लैटिन अमेरिका जाने के लिए इस नाव पर सवार हुए हैं।

दाआबू ने एलिस से पूछा, ''एलिस, क्या तुम पहले भी इस वोट पर आयी हो?''

''नहीं, आज पहली बार, थैंक यू, इट्स फ़ैब्यूलॅस, वाव!''

एलिस जब भी चकित होती या उसे कुछ अच्छा लगता तो 'वाव' कहती।

मैं और एलिस अग़ल-बग़ल बैठे थे, दाआबू सामने। दाआबू ने बताया कि कोलम्बिया के एक सज्जन ने एक पुराना पाल-जहाज़ ख़रीदकर उसे रेस्तराँ में तब्दील किया था। मूँछवाला व्यक्ति इसका मालिक है, उनके माता-पिता दोनों कोलम्बियन हैं। इस बातचीत के बीच कारमेन गरम वाइन लेकर आयी और उसने दाआबू को मेन्यू थमाया। उसकी टाइट जीन्स के ऊपर पूरी बाँह की कुरती बहुत छोटी थी जिससे गुब्बारे की तरह फूले दोनों स्तनों का आधा हिस्सा बाहर झाँक रहा था और नाभी का क्षेत्र तो अनावृत था ही। किसी भी पुरुष की निगाह उधर ही पड़ती और मैं भी लुब्ध दृष्टि से वही देख रहा था जब दाआबू ने अपने पाँव से मेरे घुटने पर धक्का देकर मुझसे बँगला में कहा, "तेरे बग़ल में जो है उसे देख, औरों पर ध्यान मत दे।"

बात सही थी। मैं कुछ झेंपा अवश्य, किन्तु मन-ही-मन दाआबू को धन्यवाद दिया कि ये बातें उन्होंने बँगला में कही थीं, अन्यथा मैं बेइज़्ज़त हो जाता। सचमुच मेरे पास अपना माल रहते मैं दूसरे माल पर क्यों नज़र डाल रहा था? ख़ुद को सहज करने के लिए मैंने एलिस का घुटना हौले से छूकर कहा, "तुम्हें यह जगह अच्छी लगी, है न? दाआबू के साथ निकलने का यही मजा है, वे नित्य नये स्थान पर ले जाते हैं। वे लन्दन का चप्पा-चप्पा पहचानते हैं।

गरम शराब का गिलास उठाकर दाआबू बोले, "मैं तुम दोनों के तन और मन के स्वस्थ रहने की कामना करता हूँ, तुम्हारे सुख की कामना करता हूँ।"

उसके बाद मेन्यू देखकर उन्होंने एलिस से पूछा, "तुम्हें झींगा मछली से एलर्जी तो नहीं है?"

"नहीं।"

"तो फिर मैं ही मेन्यू चूज़ करता हूँ।"

उन्होंने नींबू-मिर्च-धनियापत्ती मिश्रित झींगा-ग्रिल मँगाया जो कि कोलम्बियन डिश था। साथ में करोना बियर।

जब यह डिश सर्व किया गया तो झींगा का आकार देखकर मैं चकित हुआ। इतना बड़ा झींगा मैंने कभी नहीं देखा था। एक झींगा एक प्लेट में नहीं समा रहा था। और जो घ्राण मिल रहा था उसी से उसके लज़ीज़ होने का अन्दाज़ा मिल रहा था।

दाआबू बोले, "यह झींगा कोलम्बिया से नहीं आया, यह अफ़्रीका के सेनेगल का झींगा है। इस तरह के झींगा को गम्बास कहते हैं।"

खाते समय बातचीत का क्रम दाआबू ने ही जारी रखा, वे इस विषय में माहिर थे। उन्होंने पूछा, "एलिस, तुम घूमना पसन्द करती हो? तुम आख़िरी बार कहाँ गयी थी?"

"हाँ, मुझे घूमना बहुत पसन्द है, लेकिन डेनमार्क और पेरिस के अलावा और कहीं नहीं जा पायी। बचपन में माता-पिता के साथ भूमध्यसागर के किनारे कोटडाजुर गयी थी, किन्तु मुझे कुछ याद नहीं, उन तसवीरों को देखती हूँ।"

"कोटडाजुर भूमध्य सागर के किनारे फ्रांस का क्षेत्र है, बहुत सुन्दर जगह है। गर्मियों में तो वहाँ इतनी भीड़ होती है कि सागर तट का बालू भी दिखायी नहीं देता।"

"मैं अगले साल इटली जाने की सोच रही हूँ।"

"बहुत अच्छा, बहुत अच्छा, जितना सम्भव हो घूमो, घूमने से तन और मन हलका होता है। मैं अगले साल कोलम्बिया जाऊँगा, बोगोटा में कुछ दिन रहूँगा।"

मैंने पूछा, "बोगोटा कहाँ है?"

"कोलम्बिया की राजधानी।"

मैं चुप हो गया। मैं अगला सवाल करना चाहता था कि कोलम्बिया कहाँ है, लेकिन पूछने की हिम्मत नहीं हुई।

सामने की ओर सबका ध्यान खींचते हुए सहसा तीन गायकों ने गिटार की धुन पर 'ओले' शब्द के साथ स्पेनिश भाषा में गीत शुरू किया और कुछ ही क्षणों बाद सालसा नृत्य के नर्तक भी वहाँ पहुँच गये। पलक झपकते नाव पर नृत्य-गीत की मज़लिस जम उठी। शोरगुल और आनन्द ध्वनि में कान के पर्दे फटने लगे और उसी के बीच दाआबू एलिस के साथ निरन्तर बातचीत किये जा रहे थे। यह मेरे लिये अच्छा ही था क्योंकि जब मैं एलिस के साथ निकलता तो मैं ख़ुद बातें बहुत कम करता था क्योंकि बातचीत जमाने लायक मुझे प्रसंग ही नहीं मिलता था। हमेशा डरता, न जाने क्या कहना चाहकर क्या बोल जाऊँ और इससे अगर एलिस का साथ छूट जाय तो मेरे दुःख की सीमा नहीं रहेगी। मैंने एलिस का जिम्मा दाआबू पर छोड़कर निश्चिन्त होकर भोजन पर ध्यान दिया। इतना स्वादिष्ट झींगा मैंने पहले कभी नहीं खाया था। मैंने एलिस से कहा, "कोलकाता में भी झींगा मिलता है।" फिर दाआबू से बोला, "मेरा मतलब बैठकख़ाना बाज़ार से है। लेकिन वहाँ का झींगा इतना बड़ा नहीं होता।"

"हाँ मिलता है, लेकिन इतना महँगा है कि साधारण लोग उसे ख़रीद नहीं सकते, और असली माल सब निर्यात हो जाता है।"

हमारे रात्रि-भोज का अन्तिम मेन्यू था बनाना फ्लाम्बो। तवा पर छिलका निकाला हुआ पक्का केला समूचा रखकर उसे मक्खन से भूँजते हैं, फिर खाने की मेज़ के पास लाकर उस पर ऐलकोहॉल डालकर उसे आग में सेंकते हैं, फिर आग के साथ ही उसे सर्व करते हैं। यह बनाना फ्लाम्बो बहुत स्वादिष्ट होता है।

एल-बारको लैटिनो से निकलते हमें रात के साढ़े बारह बज गये। एलिस बहुत ख़ुश थी और लगातार मुस्कुरा रही थी। पुल से आगे फुटपाथ पर पहुँचकर एलिस ने दाआबू को चूमकर कहा, "बहुत धन्यवाद, अरसे बाद इतनी अच्छी शाम बीती...तुम्हें भी धन्यवाद बीडी।"

मैंने गर्व से कहा, "जानती हो, दाआबू मेरे लिये मुझे जन्म देनेवाले से भी बढ़कर हैं, उन्हें तुम अच्छी लगीं देखकर मैं भी बहुत ख़ुश हूँ।"

हम पार्किंग स्थल पर पहुँचे। दाआबू की अपनी गाड़ी नहीं थी, वे हेस् कम्पनी से मासिक दर पर किराये पर गाड़ी लेते थे और अक़सर गाड़ी का मॉडल बदलते थे। इससे ख़र्च में किफ़ायत होती, कोई झमेला भी नहीं था, फ्लाई एण्ड ड्राइव सिस्टम।''

एलिस को कहाँ उतारना है पूछने पर उसने दाआबू को जो पता बताया उससे मैं चौंका क्योंकि वह उस पते पर नहीं बल्कि एक स्क्वॉर्टर में रहती थी। मेरा विस्मय ताड़कर एलिस ने खुलासा किया, ''आज मैं अपने माता-पिता के पास जाऊँगी।''

दाआबू ने अफ़सोस जताया, ''मुझे वाक़ई अफ़सोस है, पहले मालूम होता तो हम इतनी रात नहीं करते।''

''नहीं, नहीं, मुझे कोई परेशानी नहीं, मैंने फ़ोन पर उन्हें बता दिया है। मेरे पास चाभी है, मैं किसी को डिस्टर्ब नहीं करूँगी।''

निर्दिष्ट स्थान पर उतरकर उसने हमें चुम्बन देकर गुडनाइट कहा और मुझसे बोली, ''तुम्हारे गॉडफ़ॉदर बहुत अच्छे हैं, बहुत-ही अच्छे! तुम ख़ुशक़िस्मत हो।''

उसके रुख़सत होने के बाद मैं सामने दाआबू की बग़ल की सीट पर आ बैठा। दाआबू ने गाड़ी स्टार्टकर कहा, ''देखा न, एक युवा लड़की इतनी रात गये लौट रही है, वह किसके संग कहाँ गयी थी इसमें इनके अभिभावकों को कोई सिरदर्द नहीं। हमारे देश में डाँट-डपट, गुस्सा, शासन, चेतावनी वगैरह सब सहना पड़ता। यहाँ लड़की अठारह की होते ही माँ-बाप ऐसे हाथ खींच लेते हैं मानों कन्या का ब्याह हो चुका है।... हाँ, एक बात सुन, अगली बार जब एलिस हमारे संग हो तो तू इतना संकोच नहीं करेगा, सहज बन जा, एलिस को देखा न वह कितनी सहज है।''

मैंने सिर खुजलाकर कहा, ''दाआबू, उससे मेरी तुलना नहीं हो सकती, वह ख़ास विलायती मेम है और मैं कोलकाता का भिखारी...यानी, इण्डियन।''

मेरी बात समाप्त होते-होते दाआबू ने अपनी बायीं हाथ से मेरे जाँघ पर ज़ोर का एक चाँटा मारा, फिर कहा, ''कोलकाता कहाँ, अब तू है लन्दन में, अब तू लन्दन का प्ले-ब्वॉय बन गया है साला! आदमी बन गया।''

गाड़ी चलाते हुए दाआबू के चाँटे का वज़न कितना हो गया था यह शायद वे समझ नहीं पाये थे, कुछ ज़्यादा ही हो गया था, किन्तु उनका चाँटा खाना मुझे कितना अच्छा लगता था यह मैं तुम्हें कैसे समझाऊँ। इस चाँटे में स्नेह-शासन और सुरक्षा का स्पर्श मिलता था मुझे।

(9)

मैं जानता हूँ कि मैं कोई सिद्धहस्त लेखक नहीं हूँ, अतः जो कथा मैं सुना रहा हूँ वह तुम्हें एकरस लगेगी और मेरे बेतरतीब बयानों में शायद तुम्हें कोई दिलचस्प ख़ुराक भी न मिले, फिर भी मैं तुम्हें अपनी बातें बताना चाहता हूँ। एकरसता और दाआबू की

चर्चा से बचने के लिए मैं किसी प्रसंग के विस्तार में नहीं जा रहा हूँ और अपशब्दों को बार-बार लिखकर भी मुझे काटना पड़ रहा है जिसका मुझे बहुत अफ़सोस है। मेरे लेखन में अंग्रेज़ी के कुछ शब्द आ जाते हैं जिन्हें रखना मेरी मजबूरी है। विद्या का अभाव और भाषा ज्ञान की कमी के बावज़ूद मैं लिख रहा हूँ, लेकिन मुझे लगता है कि अभिव्यक्ति की पूरी स्वतन्त्रता नहीं है मेरे पास, तभी बहुत से शब्दों का वर्ज़न करना पड़ रहा है। जो लोग लेखन कला में माहिर हैं और जिनके पास कल्पना शक्ति भी है, उनके लिए इस ख़ास विलायत में लेखन सामग्रियों की भरमार है, बकिंघम पैलेस, टेम्स नदी, वेस्टमिन्स्टर ऐबी, ब्रिटिश म्यूज़ियम, स्कॉटलैण्ड यार्ड, राजा-रानी, सड़कें, पार्क, इन्सान, समाज, शेयर मार्केट, सुपर मार्केट, सामाजिक व्यवस्था, अमीरी चाल-चलन, अंग्रेज़ी पार्टी, गोल्फ़ क्लब, नाइट क्लब, स्ट्रीट गर्ल यानी जहाँ भी जायँ और जिधर भी देखें वहीं कहानी का पर्याप्त ख़ुराक मिलेगा। विभिन्न रेस्तराँओं के विभिन्न मेन्यू की तरह सर्वत्र लेखन सामग्री मौज़ूद है, अपनी पसन्द, रुचि और क्षमता के अनुसार उन्हें ढूँढ़ लो। सियालदह का भिखारी होने के नाते मेरी आँखें तो पहले ही खुल चुकी थीं, लेकिन चारों ओर निगाह फेरने का मुझे कभी मौक़ा नहीं मिला था क्योंकि मेरी सदाजाग्रत दृष्टि इसी में लगी रहती थी कि मेरी हथेली में कितने पैसे पड़े और यही मेरे जीवन का एकमात्र लक्ष्य भी था। बाद में मेरे भाग्य-देवता की तरह दाआबू का आविर्भाव हुआ और उन्होंने ही मुझे दिखाया कि यह जगत् कितना विशाल है। दाआबू ने एक कूप मण्डूक को लाकर समुद्र में छोड़ दिया, उसके बाद से मैं जितना देखता हूँ उतना ही हैरान होता हूँ। हालाँकि दाआबू ने मुझे कई बार होशियार किया है, "साला, तू गधा है, गधा ही रहेगा, लेकिन चौकड़ी भरने में क्या दोष है?" दाआबू ने बार-बार मुझे सचेत किया है कि लन्दन का इतिहास तथा दर्शनीय स्थलों के बारे में लिखकर मैं कोई बहादुरी दिखाने की कोशिश न करूँ, मुझे सिर्फ़ अपनी कथा लिखनी है।

पहले दाआबू का प्रसंग बार-बार आ जाता था, अब एलिस का प्रसंग आने लगा है तथा आगे भी आता रहेगा। उसके साथ कहाँ गया, क्या स्पर्श किया और क्या किया यह अब रोज़मर्रा की सहज बातें थीं, सियालदह स्टेशन पर रेलगाड़ियों की आवाजाही की तरह। हम एक-दूसरे के प्रति आकृष्ट थे, हममें भूख थी, किन्तु उत्तेजना पहले से कम हो गयी थी, यानी उत्तेजना अब वश में थी।

जिस खँडहरनुमा परित्यक्त मकान पर एलिस लोगों ने कब्जा जमा रखा था, वहाँ मेरी आवाजाही अब नियमित हो गयी थी। उस मकान की रसोई में एक बिजली का पुराना चूल्हा था जिसे जब जो चाहे इस्तेमाल कर सकता था। वहीं एक डिब्बा भी रखा था जिसमें लोग अपनी क्षमतानुसार बिजली बिल के भुगतान के लिए पेनी डाल देते थे। प्रोफेशनल घरेलू नौकर होने के नाते मैं साफ़-सफ़ाई पसन्द करता था। इसलिए एलिस की कोठी पर पहुँचने के बाद मैं यथासम्भव वहाँ के कमरों को सजाता-सँवारता। रसोईघर की स्थिति बहुत दयनीय थी। वहाँ का डस्टबिन हमेशा परित्यक्त अण्डे और सड़े मांस

से भरा होता जिससे बहुत बदबू फैलती रहती। रसोई बनानेवाले प्याज, लहसुन, तेल, आमलेट, कैचअप का इस्तेमाल ज़्यादा करते जिससे बदबू कुछ कम हो जाती। इसके अलावा यहाँ के वातावरण में गाँजा और विभिन्न नशीली घासों की महक छायी रहती। ये लोग कपड़े नहीं धोते थे, बनियान-निकर वगैरह पानी में धोकर रस्सी पर टाँग देते थे जो हमेशा टँगे ही रहते। हमारे देश के किसी भी स्टेशन के ग़रीब भिखारियों की हालत इससे अच्छी होगी क्योंकि वे खुली हवा में साँस लेते हैं और उन्हें देखकर हम अभ्यस्त हैं। लेकिन ख़ास विलायत का ऐसा दृश्य मुझे बहुत चौंकाता। ऐसे दृश्यों पर साधारणतः किसी की निगाह नहीं पड़ती। किन्तु दाढ़ी-मूँछे-बड़े बाल-गन्दे-फटे कपड़ों में फुटपाथ पर पाँव फैलाये बैठकर टीन के डिब्बे में बन्द पेय पीते और किसी की परवाह किये बग़ैर युवा-युवतियों का एक-दूसरे के होंठों से होंठ चिपकाये बैठे रहने का दृश्य यहाँ लगभग सर्वत्र दिखायी देता था।

कब्जावाले इस मकान में रहनेवालों का जीवन स्वतन्त्र था, उन पर कोई पाबन्दी नहीं थी। किसी को न लिखने-पढ़ने से मतलब था न ही दफ़्तर जाने की परवाह। जब चाहो भोजन करो, जब चाहो सेक्स करो, जब चाहो गाँजा पियो या ड्रग्स के इन्जेक्शन लगाओ, कोई टोकनेवाला नहीं। एक ओर ये स्वाधीन थे, दूसरी ओर गुलाम भी, बुरी आदतों के गुलाम। मारिजुयाना, हशीश, कानाबिस, कोकेन, ज्वाइण्ट फ्लिप, इण्ट्राभेन, स्मोक आदि की भरमार थी। बीड़ी तो बच्चा था, बीड़ी पीने को कोई नशाखोरी नहीं मानता।

मुझे एक दिन यह देखकर हैरानी हुई कि हेल्थ एण्ड सोशल सर्विसेज़ की गाड़ी यहाँ आती और वे सबके स्वास्थ्य की जाँच करते, उन्हें ड्रग्स लेने के लिए नये सिरिंज दे जाते, परिवार नियोजन की सामग्रियाँ जैसे कैप, टैबलेट, कैप्सूल आदि दे जाते। इस सरकारी व्यवस्था का ख़र्च सरकार उठाती। मैंने एलिस से पूछा, "सरकार क्या इन लोगों को प्रोत्साहित करती है?"

"नहीं", एलिस बोली, "सरकार हमें प्रोत्साहित नहीं करती। परन्तु हम भी नागरिक हैं और नागरिकों की देखभाल करना सरकार की जिम्मेदारी है। नशाखोरों में बहुत-सी संक्रामक बीमारियाँ होती हैं, वे बीमारियाँ संक्रमित न हों यह देखने की जिम्मेदारी सरकार की है। लन्दन में जितने भी अवैध कब्ज़ेवाले मकान हैं उनमें ज़्यादातर ड्रग्स की सुई लगानेवाले एक ही इन्जेक्शन का व्यवहार करते हैं जिससे रोग फैलता है। इसके अलावा एड्स की भी विकट समस्या है।"

"समस्या है तो समाधान भी होगा, सरकार क्या आँखें मूँदे रहती है?"

"सरकार आँखें मूँदे नहीं रहती, तभी वह ये सामान मुहैया करती है जिससे संक्रामक बीमारियाँ और एड्स न फैले। यह मैं तुम्हें पहले ही समझा चुकी हूँ, लेकिन तुम हो कि कुछ समझते ही नहीं।"

उसका कहना ठीक ही था। इस सुन्दर सजधज वाले शहर में जो कैन्सर था उस पर यक़ीन करना और उसे समझना मेरे वश में नहीं था।

एलिस की एक बचपन की सहेली थी—क्लैर। क्लैर सुन्दर और हँसमुख थी, हमेशा साफ़-सुथरे कपड़ों में सजी-सँवरी रहती जबकि एलिस मैले जीन्स और कमीज़ में रूखे-सूखे बालों में। क्लैर से मेरा परिचय हुआ था और वह मुझे पसन्द भी करती थी। बाहरी दिखावे में दोनों सहेलियों में अन्तर के बावज़ूद दोनों में बहुत अन्तरंगता थी, जुड़वा बहनों जैसी। एलिस का क्लैर के फ़्लैट में आवाजाही थी और जब भी क्लैर और उसके घर के सभी लोग बाहर जाते तब उस फ़्लैट की जिम्मेदारी एलिस को लेनी पड़ती थी क्योंकि क्लैर के घर में दो पालतू बिल्लियाँ थीं, पिंजड़े में पक्षी थे और बहुत-से पौधे भी थे। क्लैर और उसके परिवार के सभी लोग एक सप्ताह के लिए बाहर गये और इस बार भी उस घर की जिम्मेदारी एलिस ने ले ली। यूँ भी एलिस को बिल्लियों से बहुत प्रेम था।

एलिस ने यह जिम्मेदारी क्या ली, बिल्ली, पक्षी और पौधोंवाला वह फ़्लैट हमारे लिये नन्दनकानन बन गया। फ़्लैट में दाख़िल होकर कमरे का तापमान थोड़ा बढ़ा लिया और एकदम फ्री हो गया, फ्री यानी उन्मुक्त, तन पर एक सूत भी नहीं, सिर्फ़ मैं नहीं, हम दोनों! उसके बाद क्या हुआ यह बताने की आवश्यकता नहीं और न ही यह सब बताने के लिए मैंने यह प्रसंग छेड़ा है। असल में लन्दन में जितनी भी एलिस हैं, उन सबकी कथा सुनाना ही मेरा उद्देश्य है।

क्लैर के फ़्लैट में रात के एक-दो बजे तक हमारा खेल चलता, उसके बाद एलिस को पुनः भूख लग जाती। उसके लिए विशेष आइसक्रीम रखा ही रहता था और मैं अपने लिये ख़ास ब्लेण्ड का दार्जिलिंग चाय बना लेता, जिसे सुड़कते हुए मुझे लगता कि मैं भी दाआबू की तरह किसी ऊँचाई पर पहुँच गया हूँ। मेरी इस सोच में कोई सच्चाई नहीं थी। असल में शरीर के स्पर्श और उत्तेजना के चलते हमारी नींद ग़ायब हो जाती थी। कम्बल के अन्दर तन-तन से और मन-मन से बातें करने लगता। इस समय एलिस बहुत रिलैक्स्ड होती, इसी समय वह अपने मन की उन बातों को जो पहले कभी नहीं बताया, सुनाने लगती और मैं सुनता, विस्मय से सुनता, मन लगाकर सुनता। किसी भी शब्द को, किसी भी उच्छ्वास को मैं ओझल होने नहीं देता, उन्हें मैं थामे रहता, उन्हें मैं अपने मन में सँजोये रखता। उसके डार्लिंग, हॉनी, माई डियर आदि शब्द अब थैंक यू और सॉरी जैसे फार्मूलाबद्ध शब्द लगने पर भी उसकी और कहानियाँ परीकथा-जैसी लगतीं।

एक दिन जब हम दोनों काफ़ी रिलैक्स्ड मूड में थे, मैंने उससे पूछा, "तुम लोगों का इतना बड़ा मकान है, माता-पिता दोनों काम करते हैं, रुपया-पैसा, स्नेह, विद्या का

अभाव नहीं है, फिर भी तुम हिप्पी बन गयी? घर-बार छोड़कर एक खँडहर में रहने लगी, शृंखला का पथ छोड़कर विशृंखला का पथ अपना लिया, आखिर क्यों? तुम्हारा यह जीवन मेरे लिये एक अनबूझ पहेली है, क्या तुम इस प्रसंग पर रोशनी डाल पाओगी? मैं ख़ुद कभी किसी परिवार के साथ नहीं रहा, मुझे मौक़ा नहीं मिला, इसलिए मैं समझ नहीं पाता कि घर-परिवार रहते भी तुम उनसे विच्छिन्न क्यों हो?''

''अवश्य बताऊँगी। मैं ख़ुद भी चाहती हूँ कि तुम मेरी सारी बातें सुनो।''

उसके बाद एलिस ने अपनी कहानी शुरू की थी—

''जानते हो, आजकल विज्ञान ने बहुत उन्नति कर ली है जिससे हम अपने जन्म-रहस्य के विषय में भी अवगत हो सकते हैं। मैं असल में अनवाण्टेड बेबी थी, माँ ने मुझे गिराने की कोशिश की थी किन्तु गिरा नहीं सकी थी। मैं उनकी तीसरी सन्तान हूँ। मुझसे ऊपर एक बड़ा भाई और एक दीदी है, दीदी मुझसे पाँच साल बड़ी है। दीदी ने ही माँ से कहा था कि उसे एक छोटा भाई या बहन चाहिए खेलने के लिए। शायद इसीलिए माँ ने गर्भ ठहराया था। माँ को जब सात महीने का गर्भ था, उस समय पिताजी को किसी और औरत से प्रेम हो गया था, वे अक़सर काम का बहाना बनाकर बाहर चले जाते। जब किसी मित्र के ज़रिये माँ को इस बात की जानकारी मिली तब उन्हें भयंकर मानसिक सदमा पहुँचा था और उन्होंने तय किया था कि मुझे गिरा देंगी। गर्भवती माँ की शारीरिक कमज़ोरी और मानसिक आघात का प्रबल प्रभाव और दबाव गर्भस्थ शिशु पर भी पड़ा। जब माँ का गर्भ आठ महीने का था, उन्हें अचानक इमरजेन्सी मेटरनिटि में दाख़िल करना पड़ा था, तब मूल समस्या थी गर्भस्थ शिशु और माँ को बचाने की। एक प्रसिद्ध गाइनोकोलॉजिस्ट ने सावधानी से दोनों को बचा तो दिया किन्तु घर लौटने पर भी माता-पिता में मन-मुटाव और वर्तमान स्थिति के लिए एक-दूसरे पर दोषारोप का दौर चलता रहा। उसके बाद मेरा जन्म हुआ। आजकल के डॉक्टर कहते हैं कि शिशु मातृगर्भ में रहने के दौरान भी बाहर की परिस्थितियों तथा आबोहवा के साथ परिचित रहता है। माँ का चिन्ताग्रस्त, माँ की बातें सब शिशु की मेमोरी में सुरक्षित रहता है, माँ का सुख-दुःख अभिमान रोग और हर प्रकार के गुण-दोष के साथ शिशु के शरीर और मन का गहरा सम्बन्ध रहता है। माँ का दुःख यानी शिशु का दुःख, माँ का रोग यानी शिशु का रोग। मातृगर्भ में ही मैं विषाक्त आबोहवा से परिचित हुई थी, भ्रूण दशा से ही मेरा कॉम्प्लिकेटेड लाइफ शुरू हो गया था।''

''तुम्हें मातृगर्भ की सारी बातें याद हैं?''

उँगली के पृष्ठभाग से मेरे गाल सहलाती हुई एलिस खिलखिलाकर हँस पड़ी, बोली, ''नहीं, मुझे कुछ याद नहीं, मेरी माँ ने मुझे सब बताया था। माँ ख़ुद को दोषमुक्त समझे इसके लिए एक साइकियाट्रिस्ट ने माँ को पन्द्रह सीटिंग दिया था। लेकिन दुर्भाग्यवश माँ अब भी गिल्टि माइन्डेड हैं...ठहरो, मैं अभी आयी।'' कहकर एलिस

उठकर बाथरूम गयी और लौटते समय फ्रिज से एक केक निकालकर फिर बिस्तर पर आ गयी।

"क्या इसीलिए तुमने ड्रग लेना शुरू किया?"

"नहीं, यह तो मेरे जन्म से पहले की कहानी थी, अब आगे की सुनो।" वह कहती गयी, "मेरे जन्म के बाद पिताजी की प्रेमिका के चलते माँ भयंकर डिप्रेशन में थीं। बाद में कई डॉक्टरों ने उन्हें नौकरी करने का सुझाव दिया, इससे घर का परिवेश और उनकी मानसिक स्थिति में बदलाव आयेगा। अतः उन्होंने नौकरी ले ली और घर में तीन बच्चों की देखभाल के लिए 'नान्नी' यानी आया रखा गया। उसका नाम था कोरिन। वह उन्नीस वर्षीय थी। बहुत चालाक-चतुर और उसे बच्चों से बहुत लगाव था। हमारे नाना-नानी का घर बग़ल में था और स्कूल भी बहुत क़रीब, इसलिए मेरे भैया और दीदी को केयरटेकर या बेबीसिटर की ख़ास आवश्यकता नहीं थी, आया का इन्तज़ाम ख़ासकर मेरे लिये किया गया था क्योंकि तब मैं केवल दो साल की थी। कोरिन के साथ मैं सहज ही घुलमिल गयी थी। शैशव में मैं ख़ूबसूरत गुड़िया-जैसी थी जिससे मुहल्ले में सभी मुझसे प्यार करते थे। ट्रेनिंग पास करने के बाद कोरिन की यह पहली नौकरी थी, सोमवार सुबह से शनिवार सुबह तक वह हमारे घर पर रहती। उसे मुझसे इतना लगाव हो गया था कि उसने मेरा बिस्तर अपने कमरे में डाल लिया था, अधिकतर वह मुझे अपने वक्ष पर लिटाकर सोती। माँ के साइकियाट्रिस्ट ने भी सुझाया था कि माँ-बाप के बीच बच्चे का बिस्तर न हो तो अच्छा, इससे उन दोनों के सम्पर्क में पड़ी दरार को पाटने में आसानी होगी। विशेषज्ञों का कहना था कि माता-पिता के बीच मधुर सम्बन्ध देखकर शिशु के मन में ईर्ष्या उत्पन्न होती है। जो भी हो, माँ के गर्भ में भ्रूण अवस्था से लेकर जन्म के बाद के दो साल तक माँ की अशान्ति और तनाव के कारण मेरे शिशु मन को भी सुरक्षा का स्पर्श नहीं मिला था, इस कमी को कोरिन ने ही दूर किया था। वह कुल चार साल तक हमारे यहाँ रही, और वही मेरे लिये सब-कुछ थी। भैया-दीदी, नाना-नानी आदि सभी मुझे बहुत चाहते थे, लेकिन मुझे कोरिन ही सर्वाधिक प्रिय थी। वह खिलाये तभी मैं खाती, वह सुलाये तभी मैं सोती। मुझे सुलाने के लिए वह मुझे नयी-नयी कहानियाँ सुनाती, तसवीरवाली सारी किताबें उसे कण्ठस्थ थी। आया कोरिन ही मेरे लिये माँ, दोस्त, सहेली आदि सब-कुछ थी।

"कोरिन हमारे यहाँ तीन साल के कॉण्ट्रैक्ट पर आयी थी, मुझसे लगाव के कारण ही शायद एक साल अधिक रह गयी थी। माता-पिता मुझसे अक़सर कहने लगे थे कि आया कोरिन अब चली जायेगी क्योंकि मैं अब अपना सारा काम ख़ुद कर सकती हूँ और मुझे स्कूल जाना है। उनकी यह बात मैं समझ नहीं पाती थी। कोरिन क्यों घर छोड़कर चली जायेगी? लेकिन हुआ यही। दूसरे काम का कॉण्ट्रैक्ट लेकर एक दिन कोरिन मैनचेस्टर चली गयी। उसके जाते समय जितना मैं रोयी थी, उतना ही वह भी

रोयी थी, उसके दोनों गालों पर से अविरत अश्रुधारा बहते रहे थे। वह बेचारी भी बेबस अभागिन थी मेरी तरह, वह नहीं कह पायी कि वह फिर मुझसे मिलने आयेगी। पिता-माता मुझे समझाते रहे कि वे मुझे अक़सर कोरिन के पास ले जायेंगे। यह वादा उन्होंने नहीं निभाया, लेकिन चार महीने के बाद एक दिन कोरिन मुझसे मिलने आयी। तब मैंने इतना कसकर उसका गला जकड़ लिया था कि उसकी साँस रुकने लगी थी। मैं फिर फूट-फूट कर रोयी थी और कहती रही थी—अब तुम नहीं जाओगी, मैं तुम्हें जाने नहीं दूँगी। कोरिन के विच्छेद ने मुझे झकझोर दिया था। उसे याद कर मैं महीनों रोयी। कभी-कभी सपना देखती कि वह आ गयी है, मैं उछलकर बिस्तर पर बैठ जाती, फिर सपना टूटता और मैं बिलखती। एक अबोध शिशु के हृदय का क्रन्दन सुनने समझने की शक्ति शायद मेरे अभिभावकों में नहीं थी।"

एलिस की आँखें भर आयी थीं, मैंने उसके आँसू पोंछे। कुछ पल ख़ामोशी में बीते। फिर मैंने पूछा, "आया कोरिन से अब तुम्हारी मुलाकात होती है?"

"हाँ, उसी ने मुझसे सम्पर्क रखा है। लेकिन जिस क्षण मुझे उसकी सबसे अधिक ज़रूरत थी उस समय तो वह नहीं मिली और उस आघात का कोई इलाज भी नहीं हुआ, वह घाव अब भी है। समझ ही रहे होगे कि मेरे जीवन में शुरू से ही केवल दुःख था।"

मैं क्या कहता? व्याकुल होकर उसकी कहानी सुनी, फिर सान्त्वना देने के लिए बोला, "मेरा जीवन भी ऐसा ही है एलिस, बचपन में मुझे चावल नहीं नसीब होता था।"

"नहीं, नहीं, तुलना मत करो। मानती हूँ कि तुम्हें चावल नहीं जुटता था या भोजन नहीं जुटता था, लेकिन मेरे साथ ऐसा नहीं है। भोजन का अभाव नहीं था, एक शिशु को खाना खिलानेवाला नहीं था, प्यार करनेवाला नहीं था।"

मैंने उसका तर्क मान लिया।

"जानते हो बिकिरि", वह फिर बोली, "हमारी समाज व्यवस्था ठीक नहीं है। यहाँ होमनर्सिंग, नर्सरी, बेबी-सिटिंग, नान्नी ये सब प्रोफेशनल कैरियर हैं। सोच सकते हो, एक नौज़वान लड़की जीवन में पहली बार नौकरी लेकर एक शिशु का परम स्नेह के साथ लालन करती है, हाड़-मांस का एक जीवन्त शिशु—कोई गुड़िया नहीं, घण्टा-दिन-महीना-साल और साल-दर-साल उनके बीच पनप उठता है एक मानवीय सम्बन्ध, एक आत्मीय सम्बन्ध। इस मानवीय सम्बन्ध को कैसे नकारा जाये? फिर भी एलिस जैसे सैकड़ों बच्चे अभिभावकों और नर्सरी एजेन्सियों की व्यवस्था के कारण मानसिक आघात पाते हैं, परवरिश करनेवाली प्रिय आया से बिछुड़ते हैं, इसके लिए जिम्मेदार कौन है? मैंने जो दुःख झेला है, हो सकता है नान्नी कोरिन उससे भी अधिक झेली है। उसके पास काम का कॉण्ट्रैक्ट और युक्ति थी और मेरे पास सिर्फ़ आँसू।"

लगा कि बचपन में कोरिन से बिछोह का ग़म उस पर फिर हावी होने लगा था। उसे समझाने लायक़ या इस प्रसंग पर चर्चा करने लायक़ विद्या-बुद्धि नहीं थी मेरे पास

इसीलिए जो मुझसे बन पड़ा वही किया। उसके मुड़े हुए पाँवों को धीरे-धीरे लम्बा कर दिया और बत्ती बुझाकर बोला, "तुम्हारी दुःखभरी दास्तान सुनी, अब सो जाओ, नहीं तो ब्रेकफास्ट का समय हो जायेगा।"

क्लैर की माँ हमलोगों के लिए फ्रिज़ में खाने-पीने का काफ़ी सामान रख गयी थी, और जो ज़रूरत होती हम ख़रीद लाते। दिन में हम दाआबू के फ़्लैट में आ जाते। न जाने क्यों मुझे दाआबू के फ़्लैट में एलिस से प्रेम करने में संकोच होता, लगता कोई अपराध कर रहा हूँ। हालाँकि दाआबू ने मुझसे कई बार कहा है कि उनका फ़्लैट मेरा घर है, मैं अपना घर समझूँ और किसी तरह का संकोच न करूँ। किन्तु यह संकोच मेरे मन में घर कर गया था जिससे मैं उबर नहीं पाता था जबकि एलिस के स्क्वॉर्टर में पहुँचकर मुझे कोई संकोच नहीं होता था। वहाँ के सभी युवक-युवतियाँ अपनी धुन में रहते थे, मन हो ड्रग्स लो, मन हो सेक्स करो, किसी काम में न लज्जा, न घृणा और न किसी का डर। पहले एलिस से हफ़्ते में तीन-चार बार मेरी मुलाकात होती थी, सहवास महीने में दो-एक बार। अब हमारा सम्बन्ध पति-पत्नी जैसा हो गया था। शुरू में कोई मुझे एलिस के साथ देखता तो मुझे शर्म लगती, मेरा संकोच भाँपकर ही कोई परिचित दिखायी पड़ने पर एलिस मुझे अपनी बाँहों में भींचकर चूमने लगती, शायद यह जताना चाहती कि बिकिरि उसका है और उसे मुझ पर पूरा अधिकार है।

एलिस मुझे बहुत कुछ सिखाती, यानी उसके साथ रहकर मैं कुछ-न-कुछ सीखता रहता। वह भी मेरे रसोई-विद्या की बहुत तारीफ़ करती और शायद इसमें अतिशयोक्ति नहीं थी क्योंकि मैं शाकाहारी बंगाली व्यंजन, मांस, मछली, अण्डा, चिकन के तरह-तरह के पकवान बनाना बखूबी सीख गया था और अक़सर मांसाहारी व्यंजन बनाने में मैं अपना निजी प्रयोग भी करता था।

उस दिन शाम को एलिस बोली, "मेरे सभी कपड़े गन्दे हो गये हैं, इन्हें धोना है और नये कपड़े भी लाना है, इसलिए मुझे अपने घर जाना है। तुम भी चलो तो अच्छा लगेगा, आज शनिवार है, माँ-भैया-दीदी सबसे मुलाकात हो जायेगी।"

"अच्छी बात है, चलो।" मैंने हामी भर दी।

"माँ के लिए क्या लेना ठीक होगा?" मैंने पूछा।

"कुछ नहीं।"

"नहीं, मैं खाली हाथ थोड़े ही जाऊँगा।" मैंने कहा और मन-ही-मन सोचा कि कोई दामाद अपनी होनेवाली सास से खाली हाथ थोड़े ही मिलता है।

"ठीक है, चलो, फूलों का एक गुच्छा ले लो, इससे माँ बहुत ख़ुश होगी। उन्हें गुलाब पसन्द हैं, सफ़ेद गुलाब मिल जाय तो तुम्हें गोद में उठा लेंगी।"

उसके उत्तर से मैं बहुत ख़ुश हुआ। एलिस के घर मैं पहले भी गया हूँ लेकिन बैठकर बातचीत नहीं की, यस-नो-आलराइट-ओ.के. से आगे मैं नहीं बढ़ पाया था या

तो शर्म से अथवा इनफिरियोरिटि कॉम्प्लेक्स के कारण। लेकिन अब एलिस के साथ रहते-रहते मैं काफ़ी सहज हो गया था, कहा जाये तो उसी ने मुझे सहज बना दिया था।

एलिस का असली घर हैमस्टेड में था। एक अलग बँगला। वहाँ पहुँचते ही एलिस की माँ मिसेज़ थॅमसन ने मुस्कुराते हुए दरवाज़ा खोला और चुम्बन विनिमय के साथ हमें वेलकम जताया। कमरे में घुसकर एलिस बोली, "मुझे कपड़े धोने हैं, माँ, वाशिंग मशीन खाली है?"

"हाँ।" वे बोलीं।

वाशिंग मशीन नीचे बेसमेण्ट में था, एलिस तुरन्त नीचे उतर गयी। मैंने फूलों का गुच्छा मिसेज़ थॅमसन की ओर बढ़ाकर कहा, "यह आपके लिए है।"

गुच्छा थामती हुई वे बोलीं, "वण्डरफुल, वण्डरफुल! थैंक यू। लेकिन ये फूल बहुत क़ीमती हैं, तुमने इतना ख़र्च क्यों किया?"

मैंने कुछ नहीं कहा। मन-ही-मन सोचा कि उनकी बेटी मुझे जो दे रही है, उसकी तुलना में इन फूलों की क़ीमत कुछ भी नहीं।

मुझे बैठक में बिठाकर वे गुलदस्ते में फूल लगाने लगीं। मुझे चुपचाप बैठना अच्छा नहीं लगा, इसलिए उनकी अनुमति लेकर मैं रसोई में पहुँचा चाय बनाने के लिए। ब्रिटिश परिवारों का किचेन मुझे बहुत अच्छा लगता था। किसी के किचेन में पहली बार घुसकर भी किसी से पूछना नहीं पड़ता था कि कौन चीज़ कहाँ रखी है और इनका चूल्हा भी मुझे किसी चमत्कार की तरह लगता, केटली का पानी खौलने लगता है तब भी चूल्हा को स्पर्श करो तो हाथ न जले। मैं ट्रे में चाय की प्यालियाँ रख रहा था जब मिसेज़ थॅमसन आकर बोलीं, "जानते हो बिकिरि, एलिस आजकल अक़सर फ़ोन करती है, थैंक यू, तुमने तो असम्भव को सम्भव बना दिया...।" उनकी बात पूरी होने से पहले ही मशीन चालू करके एलिस आ धमकी। एलिस को आते देखकर उसकी माँ ने प्रसंग बदला, "सुना है कि तुम्हारे गॉडफ़ॉदर बहुत ही भला-मानुष हैं, मेरा अनुरोध है कि एक दिन उन्हें भी यहाँ ले आओ, पहले फ़ोन से बता देना।"

"जी, कोशिश करूँगा, वे तो ज़्यादातर बाहर ही रहते हैं।"

उनके इस प्रस्ताव से मैं ख़ुश हुआ। मन-ही-मन सोचा कि मुझे तुम्हारी बेटी और गॉडफ़ॉदर को तुम मिल जाओ तो मजा आ जाये। लेकिन ऐसा नहीं हो सकता था क्योंकि वे सुहागन थीं।

एलिस ने मुझे अपना कमरा दिखाया, बचपन से लेकर बड़ी होने तक वह इसी कमरे में पली-बढ़ी। कमरे के एक कोने में रखे मख़मल के बने एक फटेहाल भालू को उठाकर उसे जकड़कर चूमती हुई एलिस बोली, "यह है मेरे बचपन का दोस्त 'तिति',

यह नाम मैंने ही दिया था, तुम उससे पूछोगे तो वह तुम्हें मेरा सारा इतिहास बता देगा, उसे सब पता है, है न तिति!''

हम कमरे से निकलने लगे तो एलिस की माँ आकर बोली, ''एलिस का कमरा उसी का है, वह जब चाहे आती है, जब चाहे जाती है, मैं कमरे को सजा-सँवारकर रखती हूँ।''

एलिस ने सोचा था कि उसकी दीदी और भैया से भी मुलाकात हो जायेगी। लेकिन उसकी माँ ने बताया कि आज दोनों ही नहीं आयेंगे। इससे एलिस कुछ निराश हुई। भैया और दीदी से उसकी अच्छी पटती थी। वे एक-दूसरे का हालचाल लेते रहते। यूनिवर्सिटी की परीक्षाएँ पास करने के बाद उसके भैया को अच्छी नौकरी मिल गयी थी, लन्दन में एक फ़्लैट में वह अपनी गर्लफ्रेण्ड के साथ रहता था। दीदी भी नौकरी करती थी और वह अपने प्रेमी के संग रहती थी। सम्प्रति वह गर्भवती थी, उसे चार महीने का गर्भ था, उसने कह दिया था कि बच्चे को जन्म देने से पहले वह शादी कर लेगी। एलिस ने दीदी से कहा था कि उसे बेटा हो या बेटी, एलिस बेबी-सिटर बनेगी। दीदी ने भी हामी भर दी थी क्योंकि उसे बेबी-सिटर की ज़रूरत पड़ेगी ही।

हमारे चाय पीते-पीते मशीन में एलिस के कपड़े धुल भी गये थे, सूख भी गये थे। उन्हें सहेजकर एलिस ने माँ से विदा माँगी, ''माँ, अब चलूँ!''

''हाँ, सावधानी से रहना।'' वे बोलीं।

मैंने भी विदा ली। अगले ही क्षण हम बँगले से बाहर थे। मैंने ग़ौर किया था कि माता-पिता के साथ एलिस के सम्बन्ध में कोई उष्णता नहीं थी, कैसा था ठण्डा सम्बन्ध। शान्तिनिकेतन में लोगों के सम्बन्ध में, रिश्ते में जो आन्तरिकता, जो आत्मीयता, जो आवेग मैं देखता था, यहाँ वैसा कुछ भी नहीं था।

दाआबू की अनुपस्थिति में मेरे पास बहुत ज़्यादा खाली वक़्त रहता, वस्तुतः कमरे की धूल झाड़ने के सिवाय करने लायक़ ख़ास काम ही नहीं था। टेलीविज़न से अंग्रेज़ी सीखता, नये शब्द नोट करता, टी.वी. देखता। टी.वी. पर देर रात के प्रोग्राम देखना मुझे अच्छा लगता। शुरू में मैं वेस्टर्न फ़िल्मों का शौकीन था। दुकान से रोस्टेड मुर्गा ले आता, उसमें चाट मसाला मिलाकर काउबॉय के फ़िल्म देखते-देखते मुर्गा चट कर जाता। दाआबू की अनुपस्थिति में मैं बियर ह्विस्की वगैरह छूता भी नहीं था। लेकिन चाहे जितना टी.वी. देखूँ, दाआबू की अनुपस्थिति में समय काटना दूभर होता। इसीलिए कभी-कभी ईस्ट-एण्ड पहुँच जाता जहाँ पूर्वी बंगाल की बोली बोलनेवालों की संख्या अधिक थी। इन बंगालियों को हम 'बांगाल' कहते हैं। किन्तु यहाँ इन्हें बांगाल कहने से ये भड़क जाते, कहते, 'साला, हम बांगाल नहीं हैं, बांग्लादेशी हैं'। दाआबू ने मुझे पहले ही चेत दिया था कि बांगला भाषा बोलनेवाले सभी बंगाली हैं, ढाका का बंगाली

अच्छा है या कोलकाता का बंगाली, कभी इस बहस में मत पड़ना। उनका सुझाव ठीक ही था। बांग्लादेशियों से उनकी बोली में बात करना मुझे अच्छा लगता था। कभी-कभी इलिंग पहुँच जाता। साउथ हॉल तो भारतीयों से भरा हुआ था। जो लोग लन्दन से परिचित हैं वे अवश्य यह मानेंगे कि लन्दन में काफ़ी भारतीय हैं। लेकिन सबके साथ आप दिल खोलकर बातें नहीं कर सकते। वे बातों-ही-बातों में यह अवश्य जानना चाहेंगे कि तुम कोलकाता से लन्दन कैसे पहुँचे, वहाँ तुम्हारा घर कहाँ है, किस कॉलेज में पढ़ते थे, यहाँ क्या करते हो, कितना कमाते हो आदि। इन प्रश्नों का सटीक उत्तर उन्हें नहीं भाता, फिर वे मुझसे कन्नी काटते। अब कोई पूछता कि मैं क्या करता हूँ तो दाआबू के सिखाये शब्द दुहरा देता—"डायमण्ड कटर"।

"अच्छा, तुम मुम्बई से हो, तो बँगला कहाँ सीखा?"

"हम मुम्बई के बंगाली हैं, कई पीढ़ी से वहीं हैं।"

सफ़ेद झूठ। झूठ बोलना मुझे अच्छा लगता, बहुत आनन्द मिलता, लेकिन झूठ बोलकर मैं एक भी दोस्त नहीं जुटा पाया था। इसीलिए लन्दन में मेरे परिचित तो बहुत थे, लेकिन दोस्त कोई नहीं। जिन लोगों से कुछ अपनत्व था, वे सभी दाआबू के मित्र या परिचित थे।

तुम शायद यह सोच रहे हो कि मैंने यह प्रसंग क्यों छेड़ा। इसकी एकमात्र वजह यह है कि लन्दन में इतने वर्ष बिताने के बाद भी दाआबू की अनुपस्थिति में मैं अकेला हो जाता हूँ, निपट अकेला। लन्दन में भारतीय दूतावास के अधिकारियों के घर पर काम करनेवाले नौकर भारत से ही आते हैं, व्यापारी अमीरों के घर पर भी भारतीय नौकर हैं, लेकिन उनकी हालत चूहों जैसी है, हमेशा सहमे-सहमे रहते हैं, न जाने कब हुजूर रूपी बिलाव की कोप-दृष्टि उन पर पड़ जाये। भारतीय मालिक लोग बहुत गर्व से कहते हैं, "यह मेरे घर का नौकर है, बहुत विश्वस्त है, घर की चाभी इसी के पास रहती है।" लेकिन इसके बावज़ूद इन नौकरों की कोई आज़ादी नहीं है। इन्हें काम करना आता है किन्तु इन्हें हँसने की मनाही है। मुझे याद है, दाआबू एक बार मुझे कोलकाता के पार्क स्ट्रीट में अपने एक धनी मित्र के घर ले गये थे। उस घर के नौकर का नाम था राखाल। मुझे रसोई में राखाल-दा की मदद करने को कहा गया था। विलायती आसबाबों से भरे उस घर की सजावट बहुत अच्छी थी और घर की मालकिन यानी माँ राखाल को अपना बेटा कहती थीं। राखाल-दा ने मुझे बताया था कि यह अपनत्व सिर्फ़ दिखावा है, बाहर से देखनेवालों को अच्छा लगता है, असल में काम कराते-कराते हगा देते हैं। शनिवार-रविवार को पेशाब करने तक की फुर्सत नहीं मिलती। मालिक लोग थके भी होते हैं तो भी रात बारह-साढ़े बारह बजे तक टी.वी. देखते हैं, ह्विस्की पीते हैं। उसके बाद नींद की दवा देने के लिए बुलाते हैं, फिर सोने से पहले उन्हें एक गिलास गरम दूध की आदत है। तड़के सबको बेड-टी चाहिए, इसलिए राखाल-दा को सुबह छह बजे से काफ़ी पहले

उठना पड़ता है। घर में कोई भी बीमार हो तो उसकी सेवा में राखाल-दा को सदा तत्पर रहना पड़ता है, किन्तु ख़ुद उसे सिरदर्द, पेटदर्द आदि हो जाये तो सभी उसे डाँटने लगते हैं। असल बात तो यह है कि भारतीय मालिक का नौकर, वह भारत में हो या विलायत में, वह नौकर ही रहेगा, उसके लिए न वीक-एण्ड है न कोई छुट्‌टी। इसी कारण से विलायत में भारतीय साहबों के घर के घरेलू नौकर भारतीय होने पर भी उनके पास समय का अभाव है, अतः मुझसे उनकी मुलाकातें बहुत कम ही होती हैं। अब तुम समझ गये होगे कि मेरा कोई दोस्त क्यों नहीं। किन्तु मैं क़िस्मत का धनी हूँ जो मुझे दाआबू जैसे महामानव ने थामा था, वे कभी भी किसी को भी नहीं कहते थे कि मैं उनका घरेलू नौकर हूँ या उनके यहाँ काम करता हूँ। वे हमेशा कहते—बीडी मेरा पर्सनल असिस्टेण्ट है। यहाँ मैं आज़ाद था और मेरे पास समय भी बहुत था। यह भी मेरा अहोभाग्य था कि दाआबू के अलावा एलिस मुझसे जुड़ी थी। वह किसी भी साधारण दोस्त से अधिक आत्मीय, मेरे मन की मालकिन और मेरी माशूका थी। कभी-कभी मुझे हैरानी होती कि मुझ आवारा के नसीब में यह अशर्फ़ी कैसे आ गयी। कभी-कभी सोचता कि कोलकाता का एक भिखारी ख़ास विलायत में आकर यहाँ की एक मेम से इश्क कर रहा है, यह क्या यथार्थ है? मुझे अक़सर लगता कि किसी भी क्षण मुझे इस अशर्फ़ी से हाथ धोना पड़ेगा, कोई विलायती छोकरा आकर कहेगा, 'अरे हट, तेरे संग यह नहीं जँचती, यह मेरी है!'

क्लैर के फ़्लैट में रहते एक रात मैंने एक अज़ीब सपना देखा। उस रात भी एलिस और मैं एक-दूसरे को जकड़कर सो रहे थे। अचानक मैंने देखा कि मैं सियालदह स्टेशन में एक खाली ट्रेन के प्रथम श्रेणी के डिब्बे की नरम बर्थ पर आराम से लेटा हूँ, डिब्बे में मेरे सिवा और कोई भी नहीं। आर.पी.एफ. ने डिब्बे के दरवाज़े पर बाहर से ताला जड़ दिया। मैंने सोचा यह मेरे लिये अच्छा ही हुआ। उसके बाद ट्रेन यकायक सरकने लगी। मैं समझ गया कि शण्टिंग के लिए उसे कांकुड़गाछी ले जा रहे हैं जहाँ उसे कई बार लाइन बदलनी पड़ेगी, कई बार धक्के खाने पड़ेंगे। फिर अचानक गाड़ी की रफ़्तार बहुत तेज़ हो गयी। मैं सो नहीं पा रहा था, मच्छर भी काट रहे थे। मैंने खिड़की से बाहर झाँका तो मेरे होश उड़ गये। मेरे डिब्बे के आगे-पीछे कोई इंजिन नहीं था, शायद शण्टिंग करते हुए डिब्बे को किसी लाइन पर धकेल दिया गया था। लगा कि किसी भी क्षण अब दुर्घटना हो जायेगी, रफ़्तार थी ही इतनी तेज़। मैं दरवाज़े की ओर लपका, किन्तु दरवाज़ा बाहर से बन्द था। कोने में खड़े होकर मैंने बहुत ज़ोर से चीखा—बचाओ, बचाओ! लेकिन मेरे कण्ठ से कोई आवाज़ नहीं निकली।

मेरे मुँह से कोई आर्त्त ध्वनि अवश्य निकली थी जिससे एलिस जाग गयी थी। उसी ने मुझे झकझोर कर जगाया। ख़ुद को सँभालने में मुझे कुछ पल लगे। फिर समझा कि मैं कोई दुःस्वप्न देख रहा था। भोर का वक़्त था। रास्ते में डस्टबिन कलेक्शन का काम

चल रहा था। सड़क के किनारे रखे कैरियरों को ट्रकों पर पलटकर उससे कूड़ा डालकर उसे फिर यथास्थान रख रहे थे। उससे जो आवाज़ हो रही थी वही मुझे नींद में या सपने में शण्टिंग की आवाज़ जैसी लगी थी। एलिस की एक बाँह मेरे गले के ऊपर थी जिससे मेरा दम घुट रहा था। जो हो, जागने के बाद मैंने राहत की साँस ली। मैंने एलिस से क्षमा माँगी और उसे धन्यवाद देकर कहा, "थैंक यू डार्लिंग, तुम नहीं जानती कि तुमने मुझे कितनी बड़ी दुर्घटना से बचा लिया, मैं तुम्हारा आभारी हूँ।"

लगातार छह दिनों तक एलिस के साथ दिन-रात रहने के बाद एक चिन्ता मुझे बार-बार सताने लगी—क्या वह आजीवन मेरा संग देगी? क्या मैं उसे थामे रह पाऊँगा? वह सुन्दर, आकर्षक, सेक्सी, शिक्षित थी, क्या वह हमेशा मुझ भिखारी के संग रहेगी?

अचानक मेरे मन में काफ़ी परिवर्तन आ गया था। पहले कभी भी मैं भविष्य की चिन्ता नहीं करता था। कल क्या होगा, क्या करूँगा, यह कभी मेरे सोच का विषय नहीं था। बचपन के भिखारी जीवन में मुझे जो अनुभव हुआ था वही मेरे मन में बस गया था। भिखारी जीवन में अहमियत थी तो आज की, इस समय की, इस क्षण की। आज जीवित रहूँगा तो कल का दिन स्वतः आयेगा। कल के ऊपर हमारा कोई नियन्त्रण नहीं है। एलिस को पूरी तरह पाने के बाद से एक नयी चिन्ता मुझ पर हावी होने लगी थी—मैं एलिस को चाहता था, मैं सारा जीवन उसके साथ रहना चाहता था। शायद जवानी का धर्म था प्रेम और प्रेम का धर्म था चाहत और उत्कण्ठा।

एलिस से परिचय के बाद शुरू के दिनों में हम दोनों पार्क में घण्टों बैठकर बीड़ी पीते थे, बातचीत बहुत कम ही होती थी। उसके बाद जब उससे मेरी गहरी छनने लगी तब भी मैं ज़्यादा बातें नहीं करता था, उसे सुनता और हाँ-हाँ करता। अब साथ रहते हुए उसकी सहजता देखकर मैं भी सहज हो गया था। इसलिए कभी-कभी मैं उससे पूछता, "एलिस, सच बताओ, क्या तुम सचमुच मुझसे प्यार करती हो?"

एलिस कहती, "यह तुम क्या पूछ रहे हो? मैं तुमसे प्यार करती हूँ, तुम्हें पसन्द करती हूँ, दुनिया में तुम ही मेरे सबसे प्रिय हो।"

यह सुनकर मैं गद्‌गद हो जाता।

उस दिन मैंने उससे पूछा, "अच्छा एलिस, तुम एक अच्छे घर की लड़की हो, तुम्हारे माता-पिता ने तुम्हें भगा नहीं दिया है, उनका दरवाज़ा तुम्हारे लिये हमेशा खुला रहता है। तुम पढ़ाई में भी अच्छी थी। इसके बावजूद तुमने गाँजा की लत डाली। तुम मुझे अपने बचपन की, नान्नी कोरिन से विछोह की कहानी भी सुना चुकी हो। फिर भी तुम्हारी बातें मैं अब भी ठीक से समझ नहीं पाया। क्या तुम और सहज ढंग से मुझे समझा पाओगी?"

मधुर मुस्कान के साथ मुझे बाहों में भींचकर एलिस ने चूमा, फिर बोली, "तुम वाक़ई बहुत सीधे हो, इसीलिए मैं तुमसे प्यार करती हूँ। सुनो, मैं तुम्हें और भी सहज

शब्दों में बताती हूँ। मैं मातृगर्भ में ही मातृहीन थी। जो माँ गर्भ की सन्तान को गिराना चाहे, वह कैसी माँ? सन्तान की उत्पत्ति माँ के शरीर से होती है, माँ के रक्त में अगर विष हो तो सन्तान का ख़ून भी विषाक्त होगा। इसी तरह माँ के मन में यदि सन्तान के लिए प्यार न रहे, तो सन्तान के मन में भी माँ के लिए प्यार या सहानुभूति नहीं पनप सकता, यह एक वैज्ञानिक सत्य है। मेरे माता-पिता के दाम्पत्य कलह का प्रभाव मेरे तन-मन पर पड़ा था। नात्री कोरिन से मेरा लगाव माता-पिता के प्रति विद्रोह ही था। नात्री कोरिन से विछोह का ग़म पिंजड़े में बन्द पक्षी की तरह मेरे अन्दर क़ैद थी, उसे फूट पड़ने का अवसर नहीं मिला था। जवानी में प्रवेश करते ही पिछले दिनों के मानसिक आघातों ने ख़ुद को ज़ाहिर करना शुरू किया। तुम समझ रहे हो न?" एलिस ने पूछा।

मैंने सिर खुजलाकर कहा, "शायद! पर रुको, पहले मैं दो कप चाय बना लाऊँ। चाय के साथ तुम्हारी बातें सुनूँगा तो शायद वह मेरे दिमाग़ में धँसेगा, समझना और आसान होगा।"

दरअसल, दाआबू ठीक ही कहते हैं, मेरा दिमाग़ बिलकुल कोरा है।

मैंने झटपट पानी गरमाया, फिर केटली में चाय की पत्ती और अदरक के टुकड़े डालकर एलिस के पास ले आया। चाय के साथ हमारी महत्त्वपूर्ण आलोचना फिर शुरू हुई। नहीं, आलोचना कहना ग़लत होगा, असल में वह उस तथ्य को उजागर कर रही थी कि क्योंकर सब-कुछ रहते हुए भी ये लोग कॉलेज और घर-बार छोड़कर ड्रग्स और सेक्स की ओर झुक जाते हैं? एलिस ने आगे कहना जारी रखा :

"ऐडॉल्ट होते ही मेरा मन विद्रोही हो उठा। इस सजे-सँवरे सुन्दर समाज के अन्दर शृंखला के नाम पर बच्चों को जो मानसिक आघात झेलना पड़ता है, उसी के विरुद्ध मेरे मन में विद्रोह पनप उठा था। तुम अगर ढंग से इस बात का विश्लेषण करना चाहो तो सही उत्तर कदापि नहीं पाओगे, क्योंकि मन में पिछले आघातों की प्रतिक्रिया भी थी। मैं तुम्हें समझाने की कोशिश करती हूँ, सुनो, हम लोग माँ की गोद में नहीं पले हैं। माँ के स्तन का दूध, माँ का देहस्पर्श, हमें नहीं मिला। हम लोग बड़े हुए हैं अकेले, हमारी परवरिश में माँ की कोई भूमिका नहीं, हमारी देखभाल की बेबी-सिटर ने। उन्होंने हमें जितना प्यार दिया, उतना प्यार हमें अपनी माँ से नहीं मिला। बचपन में बहुतों बार स्कूल से कूदती-फाँदती घर लौटी हूँ कि माँ को स्कूल की कहानी सुनाऊँगी, कई बार रिजल्ट अच्छा होने पर दौड़ती हुई घर गयी हूँ कि माँ को ख़ुशख़बरी दूँगी, लेकिन हर बार निराशा ही हाथ लगी क्योंकि मेरी ख़ुशख़बरी सुनने के लिए घर पर कोई नहीं होता था। स्कूल से लौटकर मुझे माँ का गोद नसीब नहीं होता था, कभी आनन्द से या दुःख से मैं उनके गले नहीं लग सकती थी। इसीलिए दुःख और हताशा से मैं बार-बार टूटती रही हूँ।"

"क्यों, माँ का गोद क्यों नहीं नसीब हुआ? उन्होंने मना किया था?"

"नहीं, मना नहीं किया, वे नौकरी करती थीं। माँ जब घर लौटतीं, वे भी थकी होती थीं। मेरे स्कूल की कहानी सुनने की फुरसत नहीं थीं उन्हें। हमेशा कहतीं, चुप हो जा, जल्दी से खा ले, खिलौना सहेजकर रख, जल्दी कर...। हमेशा जल्दी और जल्दी। मेरे क्लास की सहेली निया मेरे पड़ोस में रहती थी। उसके स्कूल से लौटते ही उसकी माँ उसे गोद में उठा लेती। उसकी माँ नौकरी नहीं करती थी। निया की क़िस्मत देखकर मुझे ईर्ष्या होती, घर लौटकर मैं रोती। मेरी दीदी और भइया स्कूल से और भी देर में लौटते, इसलिए उनके साथ मुझ जैसी समस्या नहीं थी। लगातार माँ के प्यार से वंचित रहने का जो दर्द मेरे शिशु-मन में था, वही दर्द मेरे बड़े होने पर डिप्रेशन में तब्दील हो गया।"

"एक मिनट!" मैंने उसे टोका, "पहले मैं इन बातों को हजम कर लूँ। तुमने कहा कि जन्म से पहले से ही तुम्हें माँ का स्नेह नहीं मिला, उनकी मानसिक और शारीरिक दशा बहुत बुरी थी, उसके बाद माँ नौकरी करने लगीं इससे तुम्हें समय नहीं दे पाती थीं, और फिर नान्नी कोरिन से विछोह का तुम्हें सदमा लगा और इन सब कारणों से तुम्हारा डिप्रेशन शुरू हुआ—यहाँ तक तो मैं समझ गया। अब तुम मुझे बताओ कि यह डिप्रेशन क्या होता है?"

मेरा सवाल सुनकर और मेरी उत्सुकता देखकर एलिस बहुत ख़ुश हुई। मैंने पहले भी ग़ौर किया है कि जब मैं उसकी बातें ध्यान से सुनता हूँ तब वह बहुत ख़ुश होती है और उत्साहित होकर अपने मन की सारी बातें बताने लगती है। मुझे कभी-कभी ऐसा महसूस होता कि उसे शायद ज़िन्दगी में पहली बार ऐसा कोई मिला था जिसे वह अपनी मन की बातें बता सके। चाय की चुस्की लेने के साथ ही वह आगे बोलती गयी—"मैं औरों की नहीं कह सकती, मेरे डिप्रेशन की वजह अकेलापन है। मुझे बचपन से ही लगता रहा कि मुझसे किसी को प्यार नहीं, कोई मेरी बातें, सुनने को तैयार नहीं। मैं जन्म से ही दुःखी हूँ, बहुत अकेली हूँ। यह अकेलापन मेरे शरीर के हर कोष में समाया हुआ था। स्कूल-कॉलेज में सर्वत्र औरों को देखती थी, खेलकूद में भी हिस्सा लेती थी, लेकिन घर लौटते ही लगता कि घर सूना है, घर की आबोहवा बोझिल है। मन में हमेशा उदासी छायी रहती, वंचित रहने का दर्द मन में टीसता रहता। मेरे डॉक्टर ने कहा, "एलिस, तू केवल दुःख देखती है, अपने चारों ओर का सुख नहीं देख पाती, तूने अपना दुःख ख़ुद ही तैयार किया है। अपनी चारों ओर ग़ौर से देख, तुझे कोई भी अभाव नहीं है। माता-पिता, भैया-दीदी, सगे-सम्बन्धी, यार-दोस्त, खिलौने, भोजन आदि सब-कुछ परे धकेलकर तूने अपने इर्द-गिर्द दुःख की एक दीवार खड़ी कर ली है जिससे तू मानसिक रोग का शिकार बन गयी है।" जानते हो बिकिरि, मुझे ये बातें अच्छी नहीं लगतीं। मनोविज्ञानी और मनोरोग-चिकित्सक सिर्फ़ थ्योरी ढूँढ़ते हैं। एकदमी सूखी थ्योरी, जिसमें प्यार-दुलार के लिए कोई जगह नहीं। मेरे माता-पिता मुझे अच्छे-अच्छे डॉक्टरों

के पास ले गये क्योंकि वे अपने कसूर पर पर्दा डालना चाहते थे। तभी तो तेरह साल की उम्र में पहुँचते ही मेरे दिमाग़ में घर छोड़ने की बात कौंधी। माँ ने नौकरी की गृहस्थी के दबाव और एकरसता से निजात पाने के लिए। मैंने घर छोड़ा घर की आबोहवा से दूर भागने के लिए। जो हो, डिप्रेशन एक मनःस्थिति है। अब मुझे लगता है कि दुनिया में मैं बिलकुल अकेली हूँ।

"हाँ बिकिरि, जानते हो, डिप्रेशन दुःख का भाव नहीं है। अगर मुझे लगे कि मैं दुःखी हूँ, तो मुझे सुख पहुँचाने के हज़ार उपाय हैं। लेकिन जब मुझमें डिप्रेशन हावी होता है तब मैं ख़ुद को दुनिया के सुख-दुःख से बिलकुल परे हटा लेती हूँ। असल में ख़ुद ही ख़ुद का दुश्मन बन जाती हूँ। जब मैं पहली बार बहुत ज़्यादा डिप्रेशन में थी, तभी मैंने पहली बार ड्रग लिया था और दो दिनों तक कमरे का दरवाज़ा बन्द करके कमरे में पड़ी रही। पापा ने बढ़ई बुलवाकर वह दरवाज़ा तुड़वाया और मुझे लगभग बेहोशी की हालत में कमरे से उठाकर अस्पताल ले गये। मुझे हेरोइन ड्रग मेरी एक सहेली ने दिया था।

"डिप्रेशन आजकल विकसित देशों में बहुत ज़्यादा व्याप्त है। डिप्रेशन के मरीज़ को जिस चीज़ की सर्वाधिक ज़रूरत होती है वह है मन का मीत, एक वास्तविक दोस्त, और दोस्त की तलाश में ही हम सेक्स के जाल में फँस जाते हैं। ब्वॉय फ्रेण्ड या गर्ल-फ्रेण्ड, उम्र के तकाजे में, हम शरीर के लिए ढूँढ़ते हैं, मन के लिए ढूँढ़ते हैं। ज़्यादातर ऐसी दोस्ती में हताशा हाथ लगती है जब स्पष्ट हो जाता है कि इस सम्पर्क में सेक्स ही अहम् है, मन का कोई सरोकार नहीं। तब हम दोस्त बदलते हैं, नया दोस्त तलाशते हैं। लेकिन बिकिरि, जो ड्रग ऐडिक्ट होते हैं, उनके जीवन में सेक्स की अहमियत नहीं रहती, क्योंकि उस स्टेज को वे पार कर चुके होते हैं। बहुत अनुभव बटोरने के बाद उनकी दशा टूटी कश्ती जैसी उद्देश्यविहीन हो जाती है। समाज में वे खोते जा रहे हैं।"

"उनकी वापसी का क्या उपाय है?" मैंने पूछा।

"उपाय? उपाय है अवश्य!" लम्बी उसाँस छोड़कर एलिस क्षीण मुस्कुराई, फिर मेरे हाथ थामकर अपनी गोद में धरी रही। कुछ समय तक हमारे बीच नीरवता पसरा रहा। चुप्पी तोड़ने के लिए मैं बोला, "चाय ठण्डी हो गयी है, मैं ताजी चाय लाता हूँ।"

चाय का पानी चढ़ाकर मैं लौट आया और एलिस की बग़ल में बैठते हुए बोला, "तुम तो जानती हो एलिस कि तुम मेरी टीचर हो, तुमसे मैं बहुत कुछ सीख रहा हूँ। लेकिन बुरा मत मानना, तुम्हें मेरी बुद्धि की दौड़ कितनी है, यह भी पता है। इसीलिए कभी-कभी मैं ऊट-पटाँग सवाल कर बैठता हूँ। सवाल करता हूँ जानने के लिए, क्योंकि इस तरह के सभी प्रसंग मेरे लिये नये हैं।"

आगे मुझे कुछ कहने की ज़रूरत नहीं पड़ी। एलिस ने मुझे आश्वस्त किया, "मुझे मालूम है, तभी तो तुमसे प्यार करती हूँ।"

दुबारा चाय लाकर मैंने प्यालियों में उड़ेला, उसके बाद वही प्रश्न दुहराया, "समाज में खोते जा रहे इन दोस्तों की वापसी का सहज उपाय क्या है?"

"परिवेश—होमली, वार्म, सिनसियर एण्ड फुल ऑफ लव। किन्तु हाय! हम अत्यन्त जड़बुद्धि हैं। विज्ञान जितनी उन्नति की ओर अग्रसर है, मनुष्य उतना ही भौतिकवादी बनता जा रहा है। मकान चाहिए, गाड़ी चाहिए, दैनन्दिन जीवन में रोज़ नये सामान चाहिए, जिसके पास सब-कुछ है वह भी सन्तुष्ट नहीं, पुराने सामान फेंककर उसे नये सामान चाहिए। लोगों की माँग बढ़ती ही जा रही है, माँगने और पाने की ललक मिटती ही नहीं और इसके लिए चाहिए बहुत-बहुत मुद्रा। इस माँग को पूरी करने में जनसाधारण की हालत खस्ता है, ज़्यादातर पति-पत्नी दोनों को ही नौकरी करनी पड़ती है। जब वे घर लौटते हैं, तब दोनों ही थके होते हैं। प्यार करने या पाने के लिए भी समय की कमी है। जिन्होंने इस भौतिक दुनिया को अपना लिया है उनके लिए स्नेह-ममता-प्यार-प्रेम आदि गुणों को थामे रहना मुश्किल हो गया है। जो लोग दैनन्दिन जीवन के बोझ के कारण मानसिक सन्तुलन नहीं बना पाते, बच्चों की परवरिश या उनसे लाड़-प्यार का जिनके पास समय नहीं है, उनके बच्चे मेरी तरह हो जाते हैं। लेकिन सभी नहीं। मेरे भैया या दीदी मुझ जैसे नहीं हैं और क्लैर में तथा मुझमें भी बहुत अन्तर है। प्रतिशत का आँकड़ा भले कम हो, लन्दन में हम जैसों की संख्या कुछ कम भी नहीं। मेरी तरह सभी—सभी एक हल ढूँढ़ रहे हैं, लेकिन हल मिलता कहाँ?"

एक लम्बी उसाँस छोड़कर एलिस चुप हो गयी।

यह कहने की आवश्यकता नहीं कि क्लैर के फ़्लैट में हम दोनों अविवाहितों का दाम्पत्य जीवन एक नये मोड़ पर पहुँच गया था। एलिस को कोई मिल गया था जिसे वह अपने मन की सारी बातें कह सके और मुझे तो और भी बहुत कुछ मिल गया था। कुछ दिनों के बाद क्लैर लौट आयी तो हमारा हनीमून समाप्त हो गया।

प्रेम के मामले में एलिस के सामने मैं बच्चा था। वह ख़ुद ही कहती है कि कम उम्र में मनोरोग चिकित्सकों का चक्कर लगाकर उसका मन विक्षिप्त हो उठा था। एलिस की भाषा में उसका दिमाग़ 'पल्यूटेड माइण्ड' था। अक़सर वह अपनी हर बात का विश्लेषण करती, मैं विस्मय से सुनता। कभी समझ पाता, कभी नहीं भी। किन्तु मुझमें आग्रह की कमी नहीं थी, सीखने की कोशिश भी करता। मैं ख़ुशक़िस्मत था कि मुझे अपने मनोनुकूल शिक्षक मिल गया था।

उस दिन बहुत कोहरा छाया हुआ था। दाआबू बोले, "आज बढ़िया से खिचड़ी बना, मछली भूँज, बैगन भूँज और एलिस को बुला ले। बोल दे, अगर फ्री हो तो चली आये।"

दाआबू का यह सुझाव मेरे लिये रसगुल्ला-जैसा था, मेरा मन बल्लियों उछल पड़ा। एलिस से सम्पर्क साधने में दिक़्क़त नहीं थी, उसके पास मोबाइल फ़ोन था।

उसे फ़ोन करते ही वह ख़ुशी से झूम उठी। उसने बताया कि वह फ्री है और आ जायेगी।

डीप फ्रीज़ में ढाका की हिलसा मछली, जो लन्दन के इण्डियन स्टॉल से ख़रीदी गयी थी, रखी थी। लन्दन में एक सुविधा यह थी कि केवल हिलसा ही नहीं, यहाँ सब-कुछ मिल जाता था, चिट्टगाँव की सूखी मछली से लेकर भारतीय साग-भाजी और मिठाइयाँ तक। दाआबू ने जैसा चाहा था, मैंने वैसा ही खाना पकाया। कई साल के अनुभव ने मुझे अब कुशल रसोइया बना दिया था, खिचड़ी या बिरयानी वगैरह पकाना मेरे लिये कोई समस्या नहीं थी। ऐसा बहुत कम ही होता था कि दिन के वक़्त दाआबू घर पर हों, आज वे घर में मौजूद थे और एलिस भी आ रही थी, इससे मेरी ख़ुशी दुगनी हो गयी थी। मेरी ज़िन्दगी में इन दोनों की बहुत ज़्यादा अहमियत थी। दाआबू ने मुझे नया जीवन दिया था और एलिस ने दिया था नयी चेतना।

एलिस जब पहुँची, मुझे लगा कि लन्दन के घने कोहरे के बीच से यकायक चाँद निकल आया है। दाआबू को भी उससे अपार स्नेह था। उससे मेरी जो घनिष्ठता थी, उसे दाआबू ने स्वीकृति दे दी थी। एलिस भी मुझसे मज़ाक में कहती, 'तुम्हारे दाआबू मेरे भी प्रिय हैं, मेरे फॉदर-इन-लॉ-डैडी जैसे।'

एलिस जब भी आती, दाआबू उसके साथ विभिन्न विषयों पर बातचीत करते, आलोचना करते। क्वीन मॅम से लेकर लेडी-डी तक कुछ भी उनकी बातचीत का विषय होता। लेकिन भोजन की मेज़ पर बैठकर आज बातचीत का रुख कुछ और हो गया। गरम खिचड़ी के साथ भूँजा बैगन और तली हुई हिलसा मछली परोसकर मैं एलिस की मछली से काँटा बीनने लगा क्योंकि इस मछली में काँटे बहुत होते हैं और उसे हिलसा खाने की आदत नहीं। उसे वेलकम जताकर दाआबू ने एक बोतल बोज़ल (शराब) मेज़ पर रख दिया था। गिलास में शराब उड़ेलते हुए उन्होंने एलिस से पूछा, "एलिस, मेरा एक प्रश्न है तुमसे, अगर तुम उत्तर न देना चाहो तो मैं बुरा नहीं मानूँगा। तुम ख़ूबसूरत हो, गुणी भी। हालाँकि तुम ड्रग ऐडिक्टेड हो, लेकिन तुम पढ़ी-लिखी हो और बुद्धिमान् भी। लन्दन में अच्छे लड़कों की कोई कमी नहीं। इसके बावज़ूद तुमने बीडी को कैसे पसन्द किया?"

मुझे कनखियों से घूरकर एलिस मुस्कुरायी, फिर बोली, "दैट्स ट्रू, इट्स अ मिस्ट्री, अ रोमैण्टिक अट्रैक्शन!"

उसका जवाब सुनकर दाआबू ठठाकर हँस पड़े, बोले, "क्या कहती हो? रोमैण्टिक अट्रैक्शन?" फिर मुझसे मुखातिब होकर बोले, "सुना बीडी? साला, तुझे तो उसने बहुत ऊपर उठा दिया है।"

सच कहूँ तो बातचीत का यह प्रसंग मुझे कुछ अजीब लगा था, लेकिन वे दोनों जिस सहजता से बातें कर रहे थे उससे मैं भी सहज हो गया था। परन्तु, एलिस ने जो जवाब दिया था, वह मेरे पल्ले नहीं पड़ा था।

"हाँ, यही सच है।" एलिस बोली, "उसके कुछ हाव-भाव बुद्धूओं जैसे हैं जिसे बचकानी भी कह सकते हैं। बट्, बिकिरि इज़ अ लवली ब्वॉय। उसमें भारतीयता भी झलकती है, रियली आइ लव इण्डिया।"

सचमुच एलिस जब भी कहती कि उसे भारत से प्यार है, उसका स्वर हार्दिक लगता। भारत से उसे अगाध प्रेम था, जैसे हमें विलायत से।

एलिस का उत्तर सुनकर दाआबू कुछ पल मुझे प्रशंसात्मक नेत्रों से देखते रहे, उसके बाद एलिस से बोले, "हाँ एलिस, तुमने ठीक ही कहा है बीडी के बारे में। लेकिन उसमें केवल बुद्धूओं जैसा हाव-भाव नहीं, असल में उसके दिमाग़ में ठोस कुछ नहीं है और चूँकि सॉलिड कुछ नहीं है, इसीलिए वह तुम्हें सहज लगता है। परन्तु एक बात ज़रूर है, वह बहुत ही ईमानदार और नेक है, उसके अन्दर कोई छल-कपट नहीं है, वह कुछ छिपाता नहीं है, बहुत ही सीधा है। मैं भी उसे पसन्द करता हूँ। कह सकती हो, "मैं एक गधे का पालन-पोषण करता हूँ।" कहकर दाआबू फिर एक बार ठठाकर हँस पड़े।

मेरी ओर मुखातिब होकर एलिस ने प्रश्न दागा, "मैंने अपनी बात बता दी, अब तुम अपनी कहो—क्यों और कैसे तुमने मुझे पसन्द किया? यहाँ तो लड़कियों का अभाव नहीं है।"

एलिस मुझे घूर रही थी। मैंने सहज ढंग से कहा, "सब क़िस्मत का खेल है। मेरा सौभाग्य था जो तुम मुझे मिलीं।"

मेरा उत्तर सुनकर दाआबू ने मेरी ओर देखा, कुछ बोले नहीं। एलिस ने अपनी होंठों पर लगी खिचड़ी रूमाल से पोंछा, फिर कुर्सी पीछे खिसकाकर मेरे होंठ चूमे, उसके बाद बोली, "सिर्फ़ तुम्हारा नहीं, मेरा भी सौभाग्य अच्छा था।"

एलिस ही नहीं, लन्दनवासियों की यह आदत है कि हर मौके पर वे परस्पर को चूमते हैं, किसी के भी सामने ऐसा करते हुए वे न तो हिचकते हैं, न शरमाते हैं, हालाँकि मुझे ऐसा करना कुछ ज़्यादती लगती।

मैंने दाआबू से पूछा, "अच्छा दाआबू, एलिस ने जो मिस्ट्री और रोमैण्टिक अट्रैक्शन आदि शब्द कहे, मैं उसे ठीक से समझ नहीं पाया। तुम मुझे समझा दोगे?"

"यह क्या भाषा में पिरोया जा सकता है? लेखक और कवि कितने ही उपन्यास और कविताएँ लिखकर भी इसकी व्याख्या नहीं कर पाये हैं, मैं कैसे तुझे समझाऊँ? कभी मौक़ा मिले तो मैं तुझे रोमियो-जूलियट की कहानी सुनाऊँगा। हमारे देश में भी

प्रेम की अच्छी-अच्छी कहानियाँ हैं। तू इस सवाल का जवाब एलिस से ही पूछ।'' ऐसा कहकर दाआबू ने ख़ुद ही एलिस से जवाब माँगा।

एलिस ने शराब की गिलास से चुस्की लेकर अपना हलक़ साफ़ किया, फिर बोली, ''मैं इसकी व्याख्या कैसे करूँ? मुझे इश्क में पड़ना अच्छा लगता है, इश्क करना अच्छा लगता है। लेकिन इसकी व्याख्या कैसे करूँ?''

दाआबू बोले, ''तुम ठीक कहती हो एलिस, पानी पीना और एच.टू.ओ. की थ्योरी सुनना एक-जैसी बात नहीं है। परन्तु मैं बीडी को सब-कुछ सविस्तार समझाता हूँ। कभी वह समझता है, कभी नहीं समझ पाता है, और कभी-कभी तो मेरे बोलने से पहले ही समझ लेता है।''

कुछ क्षण मौन रहने के बाद दाआबू बोले, ''ठीक है, मैं ही बताता हूँ। रोमैण्टिक अट्रैक्शन है एक लिंग का दूसरे लिंग के प्रति मोहक आकर्षण। सेक्सुअल अट्रैक्शन दो विपरीत लिंगों का बायलॉजिकल अट्रैक्शन (जैविक आकर्षण) है। ईश्वर ने जीव रचा और इस सृष्टि को निरन्तर जिलाये रखने के लिए हर जीव को सृजन की क्षमता और उपाय दिया, पेड़-पौधे, पशु-पक्षी और इन्सान को पुनरुत्पादन का बीज दिया। बीज मिट्टी में पड़ता है तो मिट्टी माँ बन जाती है। पुरुष का बीज नारी में प्रवेश करता है, नारी माँ बनती है, शिशु जन्म लेता है। यौवन के आते ही प्राकृतिक कारणों से यौनता के लक्षण प्रकट होने लगते हैं। पुरुष में शुक्राणु और नारी में अण्डाणु उत्पन्न होते हैं। भावी सन्तान के लिए भावी माता के वक्ष में स्तन उभर आता है और शिशु के जन्म के साथ-साथ स्तनों में दूध आ जाता है। सन्तान प्राप्ति के लिए नारी और पुरुष का मिलन ज़रूरी है और मिलन के लिए ज़रूरी है उनमें एक-दूजे को पाने की अदम्य इच्छा। पुरुष के मन में किसी नारी को पाने की ज्यों चाहत होती है, त्यों चाहत होती है नारी में भी किसी पुरुष को पाने की। लेकिन मानव समाज में यह चाहत कुत्ते-बिल्लियों के प्रेम-जैसा नहीं होना चाहिए। मनुष्य धरती का श्रेष्ठ जीव है, वह समाज और सामाजिक अनुशासन द्वारा नियन्त्रित है। इसी को सभ्यता कहते हैं। नारी-पुरुष का यह आकर्षण देशकाल और पात्र में विभेद नहीं करता। कोई युवक किसी सुन्दर युवती को देखते ही भले ही रीझ जाये, वह तुरन्त न तो आगे बढ़ सकता है और न ही कोई प्रस्ताव दे सकता है क्योंकि तमाम सामाजिक और व्यक्तिगत बाधाएँ आड़े आने लगती हैं। इन सब बाधाओं को अतिक्रमण करने के लिए मन को तैयार कर जब कोई पक्ष दूसरे पक्ष को आकर्षित करता है तब वह आकर्षण ही रोमैण्टिक अट्रैक्शन है। तू कुछ समझ पाया, दिमाग में धँसा कुछ, बीडी?''

''थोड़ा-बहुत समझ गया। लेकिन मेरा एक सवाल है।''

''पूछ।''

"मेरे मास्टर जी, यानी तुम्हारे शान्तिनिकेतन के दोस्त, उन्होंने अपने माता-पिता द्वारा पसन्द की गयी लड़की से शादी की थी। इस शादी में रोमैण्टिक अट्रैक्शन कहाँ है?"

"ठीक। माता-पिता जब बहू या दामाद का चयन कर अपने बेटे या बेटियों की शादी रचाते हैं तब उसमें रोमैण्टिक अट्रैक्शन-जैसी कोई बात नहीं होती। वहाँ वर या वधू की योग्यता का प्रश्न ही अहम् प्रश्न होता है। हमारे देश में यह प्राचीन प्रथा अब भी चालू है, हालाँकि लव-मैरिज भी काफ़ी होने लगी है।"

"ठीक है, मैं तुम्हारी बात समझ गया। वहाँ माता-पिता अपनी पसन्द से बेटे-बेटियों की शादी कराते हैं, इंग्लैण्ड में युवक-युवतियाँ पहले प्यार करते हैं फिर लव-मैरिज करते हैं। लेकिन मेरे और एलिस के सम्बन्ध का अन्तिम परिणाम क्या होगा, हमारी शादी होगी या नहीं यह मुझे नहीं मालूम। वह तो शादी की बात सुनना ही नहीं चाहती...।"

दाआबू फिर रुककर ठठाकर हँस पड़े, फिर हँसते हुए बोले, "अच्छा है कि तूने यह बात बांगला में कही, वह समझ नहीं पायी। उसकी मौजूदगी में ऐसे सवाल कभी मत करना। तेरी हालत क्या है, बताऊँ? इसे कहते हैं चिपके रहना। जब तक बन पड़े, चिपके रह। तुझे इससे ज़्यादा कुछ सोचने-विचारने की ज़रूरत नहीं। ये शातिर लड़कियाँ हैं। नियमित टैबलेट खाती हैं, माँ बनने की सम्भावना नहीं। एक दिन मैंने उससे पूछकर जाना था कि वह तुझसे प्यार करती है, तेरा संग चाहती है, लेकिन शादी में उसका विश्वास नहीं है, शादी को वह प्राचीन क़ायदा मानती है।"

दाआबू की बातें सुनकर मैं एक बहुत बड़ी चिन्ता से मुक्त हो गया, मेरे दिल और दिमाग़ से एक बोझ हट गया। मेरा तन और मन बहुत हलका हो गया। मैं झट से कुर्सी छोड़कर उठा, फिर एलिस से पूछा, "मैं मछली तलने जा रहा हूँ, तुम एक और लोगी? ठण्डा हो जायेगा, इसलिए मैंने एक-साथ नहीं तला था।"

"नहीं, मछली नहीं, मुझे फ्राइड बैगन दे सकते हो।"

"दाआबू, तुम क्या लोगे?"

"मछली का सिर रात में खाऊँगा, इसके सामने हाथ से तोड़ना और मुँह फाड़कर चबाना भद्दा लगेगा। तू अभी मुझे दो टुकड़ा मछली के बीच का हिस्सा तल दे।"

"ठीक है।" कहकर मैं रसोई में जा धँसा। वहाँ से मुझे दाआबू और एलिस की बातचीत सुनायी दे रही थी। उनके आलोचना का विषय था सेक्स पर फ्रायड का सिद्धान्त, जो मेरी समझ से परे था। मछली और बैगन तलते हुए मुझे कॉरटेक्स, ओल्ड ब्रेन, न्यू-ब्रेन, सोशल साइकॉलाजिस्ट, बायलॉजिकॅल रिसर्च, जीन आदि कुछ शब्द सुनाई पड़े और उस समय मैं यह सोचता रहा कि इस ख़ास विलायत में मैं एलिस के साथ क्या करता हूँ, कहाँ रहता हूँ, इन बातों में न किसी की दिलचस्पी थी, न सिरदर्द। अगर ऐसा कुछ मैं अपने देश में करता तो मुहल्लेवाले पीटकर मेरी हुलिया बिगाड़ देते।

जो हो, भोजनोपरान्त दोनों ने मुझे स्वादिष्ट खिचड़ी के लिए धन्यवाद कहा, फिर दाआबू एलिस को गुड्‌बाइ कहकर अपने कमरे में विश्राम करने के लिए चले गये। जाते समय मुझसे बोले, "अगर तू बाहर निकलना चाहे तो जा सकता है। दास और चक्रवर्ती वगैरह सन्ध्या के समय गप्प-सड़ाके के लिए आयेंगे, अतः तू आठ बजे से पहले लौट आना।"

आठ बजे तक के लिए मैं फ्री हो गया था। चक्रवर्ती दा आयेंगे सुनकर मैं ख़ुश हुआ। वे भी दाआबू-जैसे ही माइ डियर थे। अक़सर मेरी जेब में पाँच-दस पाउण्ड ठूँस देते। पहले कहते थे, ले तेरे बीड़ी का पैसा। अब कहते हैं, टोपी का पैसा। वे बहुत रसिक हैं, मुँहफट भी। एक दिन रास्ते में मुझे एलिस के संग देखकर बोले थे, "अरे बाबा, जब तक टिक जाय लूट ले, ताकि बाद में अफ़सोस न हो। तेरा एलिस तो ब्लैक-फॉरेस्ट केक-जैसी है, जितना खायेगा उतनी ही भूख बढ़ती जायेगी।"

चक्रवर्ती दा भी एलिस को पसन्द करते हैं। एक दिन दाआबू के सामने ही उन्होंने चुटकी ली, "अरे बीडी, तूने उस माल को मुझसे पहले ही पटा लिया! तेरी क़िस्मत की तो बल्ले-बल्ले है रे!"

एलिस के प्रसंग में ये सब मामूली बातें हैं, तुम लोगों के जीवन में ऐसी घटनाएँ रोज़ घटती होंगी या ऐसी घटनाओं के बारे में रोज़ सुनते होंगे, किन्तु मेरे लिये ऐसी उक्तियाँ याद रखने योग्य बातें हैं। असल में, एलिस के विषय में कुछ कहने लगता हूँ तो मुझे ख़ुद पर गर्व होने लगता है। शुरू-शुरू में उसके साथ घूमते हुए मुझे शर्म लगती थी, हमेशा डरता था कि कोई परिचित देख न ले। उसके बाद मुझे परिचितों की तलाश रहती, कोई दिखायी देता तो ख़ुद ही 'हैलो' कहकर अपनी ओर उसका ध्यान खींचता। अब सोचता हूँ, एलिस मेरे साथ है, यही स्वाभाविक है। मैंने अपने मन की इन तीनों स्थितियों पर ग़ौर किया है। अब मुझे लगता है, मैं धीरे-धीरे कुछ चालाक बना, फिर चालाक बना और अब और चतुर बनता जा रहा हूँ।

दाआबू विश्राम के लिए अपने कमरे में चले गये थे और मैं रात आठ बजे तक के लिए बाहर जाने की अनुमति पाकर एलिस के साथ दाआबू के फ़्लैट से बाहर आ गया था। हम दोनों टहलते हुए केनसिंगटन की ओर चले आये थे। यह अमीरों का इलाका था। यहाँ के एक सड़क का नाम था 'मिलिओनायर'। एलिस इस इलाके के लोगों को अधखुली आँखों से देखती थी। उसने एक मकान की ओर इशारा कर मुझसे पूछा, "जानते हो वह मकान किसका है?"

"नहीं।" मैंने कहा।

"पियर्सन का।"

"पियर्सन कौन है?" मैंने पूछा।

"तुम पियर्सन को नहीं जानते? तुम अख़बार नहीं पढ़ते क्या? पियर्सन हैं लेडी-डी के पी.आर.ओ. यानी उनकी मीडिया।"

"लेडी-डी यानी राजकुमार की स्त्री?" मैंने पूछा।

"हाँ, राजकुमार की स्त्री। नाम के लिए स्त्री। राजपरिवार में आजकल घुन लगा है। राजकुमार के साथ उसका अनबन है। वे पति-पत्नी हैं ज़रूर, पर दोनों के ही मन के मीत अलग हैं। मौक़ा मिलते ही दोनों अपनी शैया का साथी बदलते हैं। अब लोग यह जान गये हैं। परन्तु लेडी-डी बहुत ही चालाक हैं। राजमहल में उनकी चाहे जितनी बदनामी हो, बाहर ठीक इसके विपरीत वे लोगों की चहेती बन गयी हैं। सुबह कैन्सर पीड़ितों को बचाने के लिए उत्साह देती हैं तो शाम एड्स से पीड़ित बच्चों को बाहों में लेकर सहानुभूति जताती हैं और आँसू बहाती हैं। कभी विकलांगों के फण्ड में दान करती हैं तो कभी अन्धों के संग पार्क में टहलती हैं।"

"वाह! यह तो अच्छी बात है। वे अवश्य मानवों के हमदर्द हैं।"

"हाँ, हमदर्द हैं अवश्य। परन्तु इसमें भी पॉलिटिक्स है।"

"इसमें भी पॉलिटिक्स? सो कैसे?"

"बिकिरि, तुम यह सब नहीं समझोगे। तुम अपने डैडी से पूछना, वे तुम्हें अच्छी तरह समझा देंगे। तुमने शायद सुना है कि वे कोलकाता भी गयी थीं।"

"हाँ, सुना था, लेकिन वे कोलकाता क्यों गयी थीं यह मुझे नहीं मालूम।"

"तुम्हें यह तो मालूम ही होगा कि कोलकाता बहुत ही ग़रीब और प्रदूषित शहर है, जैसा सभी लोग जानते हैं। मदर टेरेसा के नोबल प्राइज़ मिलने के बाद से सभी सोचते हैं कि सम्पूर्ण कोलकाता शहर झुग्गी-झोंपड़ियों का शहर है। डस्टबिनों के चारों ओर नंगे भिखमंगे घूमते रहते हैं। सौभाग्य से ईसा मसीह ने मदर टेरेसा को वहाँ भेजा था नहीं तो...।"

"यह बात सच नहीं है!" मैंने प्रतिवाद किया। "मदर टेरेसा से पहले भी कोलकाता था, बाद में भी रहेगा। कोलकाता के बालिगंज, टालिगंज, पार्कस्ट्रीट, चौरंगी, अलीपुर, खिदिरपुर, साल्टलेक सिटी आदि क्षेत्रों में बहुतायत से धनी लोग बसते हैं।"

"तुम बुरा मत मानना बिकिरि, तुम्हें चोट पहुँचाने के लिए मैंने यह बात नहीं कही। मैं कह रही हूँ मीडिया की बातें। कोलकाता में मदर टेरेसा को सामने रखकर नंगे गन्दे बच्चों को नज़दीक लाकर लेडी-डी के सफ़ेद गाउन में उन बच्चों के गन्दे हाथों के छाप के साथ सैकड़ों फ़ोटो खींच लाये लेडी-डी की मीडिया। उसके बाद सारी दुनिया में प्रचार हो गया कि लेडी-डी दरिद्र बच्चों को कितना चाहती हैं। पियर्सन इन मामलों में बहुत शातिर हैं। कब कहाँ अपना उल्लू सीधा करना चाहिए यह वे भली-भाँति जानती हैं।"

"लेकिन लेडी-डी के क़ीमती सफ़ेद गाउन में भिखारी बच्चों के गन्दे हाथों का छाप लेने के लिए उन्हें कोलकाता जाने की क्या ज़रूरत पड़ी? मैंने तो देखा है कि विलायत के इस ख़ास शहर में भिखारियों की कोई कमी नहीं।"

"'तुम ठीक कह रहे हो। लेकिन लन्दन तो कोलकाता-जैसा नहीं है। कोलकाता बदनाम है और प्रेस बार-बार इसका प्रचार करता रहा है। इसीलिए 'लेडी-डी कोलकाता में' कहा जाय तो उसका मीडिया वैल्यू कुछ और ही होता है।"

"अच्छा, तुम्हारी बातें अगर मैं मान लूँ तो यह कहना पड़ेगा कि कोलकाता के ही कारण मदर टेरेसा को नोबल पुरस्कार मिला। इसका श्रेय कोलकाता को जाता है। वे ख़ुशक़िस्मत थीं कि वहाँ ग़रीब लोग थे। मतलब यह कि ये नोबल प्राइज़ मदर टेरेसा को न देकर ग़रीबों को देना चाहिए था। और लेडी-डी ने ग़रीबों से हमदर्दी जताने के लिए उसी कोलकाता को चुना। उनके लिए भी उचित था कि वे उन ग़रीबों के लिए कोई आदर्श गाँव बनातीं।"

"तुमने ठीक समझा। ग़रीबों का आड़ लेकर लोग अपनी तिजोरी भरते हैं। एन.जी.ओ. की संख्या कुकुरमुत्ता की तरह बढ़ती जा रही है, परन्तु जिनके लिए चन्दा वसूला जाता है उन ग़रीबों को लाई भी नसीब नहीं होती। मगर मदर टेरेसा की बात और है, वे यथार्थ ही ग़रीबों की मददगार हैं।"

केनसिंगटन के पियर्सन का प्रसंग छिड़ने के बाद से यह आलोचना क्रमशः सीरियस होता जा रहा था। मैं हमेशा एक ही कौशल अपनाता, आलोचना बहुत गम्भीर होने से पहले ही मैं रुक जाता, आबोहवा या और कोई प्रसंग छेड़कर बातचीत का मोड़ बदल देता, क्योंकि किसी एक टॉपिक पर ज़्यादा देर तक चर्चा करना मेरे लिये हानिकारक होता, उससे मेरे ज्ञान-भण्डार की रिक्तता का भण्डा फूट जाता। आज भी मैंने ऐसा ही किया।

केनसिंगटन के मकान चाहे कितने ही भव्य क्यों न हों, मुझे यह जगह अच्छी नहीं लगती थी। ऐसा क्यों, यह मैं ख़ुद भी नहीं जानता था।

(10)

एलिस से प्यार होने के बाद से मेरे जीवन में एक परिवर्तन आया था। कभी-कभी लगता यह आनन्द मुझे पागल बना देगा। कभी-कभी लगता यह दीवानगी मुझे पीछे की ओर धकेल रही है। दाआबू कहते, "यह तेरा दोष नहीं, तेरी उम्र का दोष है।" इस बीच एलिस भी काफ़ी बदल गयी थी। वह अक़सर अपनी दीदी के घर या किसी सहेली के घर जाकर रहती, पहले की अपेक्षा अपने घर भी अधिक जाने लगी थी। और हमारे फ़्लैट में उसकी निस्संकोच आवाजाही तो ऐसी थी मानो वह इसी फ़्लैट की कोई सदस्या हो। हमारा प्यार स्थायी हो गया था। सभी को मालूम था कि वह मेरी गर्ल फ्रेण्ड है

और मैं उसका ब्वॉय फ्रेण्ड। दाआबू हमें स्नेह और सुरक्षा देते। हमारे सम्बन्ध को लेकर एलिस के घरवालों ने भी कभी कोई आपत्ति नहीं की। पिछले साल हम दोनों को एल-बारको लैटिनो में ले जाकर दाआबू ने सरप्राइज़ दिया था, उसके बाद से एक साल इतना त्वरित बीता कि मुझे पता भी नहीं चला कि समय कैसे बीतता जा रहा है।

एक रात एलिस ने मुझे टेलीफ़ोन किया, ''और पन्द्रह दिनों के बाद क्रिसमस है, तुम्हें मालूम है न?''

''ऐसा क्या?''

''हाँ। उस समय तुम यहीं रहोगे न?''

''ठहरो, मैं डायरी देख लूँ...'', कहकर मैंने डायरी देखा, फिर बोला, ''हाँ, मैं लन्दन में ही रहूँगा, लेकिन दाआबू इण्डिया जा रहे हैं, मैं बाद में वहाँ पहुँचूँगा।''

''ठीक है। सुनो, मैं अपने घर से टेलीफ़ोन कर रही हूँ, मेरे माता-पिता मेरे सामने बैठे हैं। वे चाहते हैं कि क्रिसमस के दिन तुम हमारे घर पर आओ।''

''अच्छा।'' मैंने धीमे से कहा और कोई संकोच मुझ पर हावी होने लगा। मुझे लगा मैं उस घर की पार्टी में शरीक़ होने की काबिलियत नहीं रखता।

मेरे हामी भरने के अन्दाज़ से शायद एलिस भाँप गयी कि मैं ऊहापोह में हूँ। वह बोली, ''ऐ बिकिरि, चुप क्यों हो? सुनो, तुम्हें आना ही है। मैं सोच रही थी, तुम अगर यहाँ बिरयानी या पुलाव पका दो तो हमारे उत्सव के पकवान में एक नया आइटम जुड़ जायेगा, ख़ासकर इसलिए कि तुम खाना बहुत लज़ीज़ पकाते हो।''

''ठीक है, अगर मेरा बनाया भोजन तुम्हारे घरवालों को रुचे तो मुझे क्या आपत्ति हो सकती है?''

एलिस के इस प्रस्ताव ने मुझे राहत दी थी। किसी दामाद की तरह चुपचाप बैठे रहने के बजाय मुझे काम करने का अवसर मिलेगा, इससे मैं ख़ुश था। मांस-मछली-पुलाव-बिरयानी-चॉप-कॅटलेट आदि बनाने में मैं किसी भी पेशेवराना बावर्ची की तरह सिद्धहस्त हो चुका था और यह काम मुझे अच्छा भी लगता था।

टेलीफ़ोन रखने के बाद मैंने दाआबू को मेरे एलिस के घर निमन्त्रित होने की सूचना दी तो वे सोत्साह बोले, ''वाह! यह तो अच्छी ख़बर है। देखा न, तुझे अपने घर बुलाने में उन्हें एक साल लग गये। असल में इन लोगों का मनोभाव हमलोगों जैसा नहीं है, ये सब-कुछ पहले सतर्कता से तौलते हैं और तौलने की क्षमता भी है उनमें। इसके बावज़ूद इनका निर्णय हमेशा सटीक नहीं होता। हाँ, मैं तो उस समय यहाँ नहीं रहूँगा, इसलिए अभी से तुझे बता देता हूँ, तू कोलकाता में बनवाया गया सूट पहनकर जायेगा, उसके साथ मैचिंग टाई और जूते। चूँकि तुझे वहाँ रसोई से भी जूझना है, नया ऐप्रन अपने साथ ले जाना, अभी यहाँ जो ऐप्रन पहनता है वह बदरंग और गन्दा हो गया है, उसे मत ले जाना। एक दिन पहले शैम्पू से बाल धो लेना। याद रहे, तू भावी दामाद

की हैसियत से वहाँ जा रहा है। हाँ, एक बात और, तू कल मेरे साथ निकलेगा, मैं एक सेट फ्रेन्च मदिरा मोल दूँगा जो तू मेरी ओर से एलिस की माँ को देगा। और तुझे तो मालूम है, मिसेज़ थॅमसन को गुलाब बहुत पसन्द है, तू उनके लिए पहले से गुलाब ख़रीदकर रख लेना, याद रहे कि चौबीस और पचीस दिसम्बर को यहाँ की दुकानें बन्द रहेंगी।''

दाआबू ने जो भी हिदायतें दीं, मैंने सब नोट कर लिया। फिर मन-ही-मन सोचा, मुझे ससुराल जाना है। और ऐसा सोचते ही मेरा दिल जोर से धड़क उठा। माचिस की तीली एक बार घिसते ही जल उठता है, फिर बुझ जाता है। लेकिन मेरा दिल जो धड़क उठा, वह अविरत धड़कता ही रहा। मैं ख़ुश भी था और बेहद घबड़ा भी गया था। ग़नीमत थी कि दाआबू यहाँ मौज़ूद थे और उन्होंने मुझे बहुत-कुछ समझ दिया था, वर्ना न जाने मेरी क्या गत होती। मेरी स्थिति की ज़रा कल्पना करो, एक सियालदह का भिखारी और उसका अंग्रेज़ ससुर! यह स्थिति मुझे भ्रम में डाल रही थी। फिर भी, जब ओखली में सिर दिया है तो मुझे इस स्थिति से जूझना ही होगा।

कुछ दिनों के उपरान्त दाआबू सिडनी चले गये। वे वहाँ से सिंगापुर होकर बंगलूरू जायेंगे। लगभग डेढ़ महीने बाद उनसे मेरी मुलाकात होगी। दाआबू लम्बे समय के लिए बाहर चले जाते तो हमेशा मैं ख़ुद को अकेला और उदास पाता था, लेकिन अब एलिस ने मेरी निस्संगता दूर कर दी थी।

लन्दन में क्रिसमस की तैयारी चल रही थी। प्रत्येक दुकान झाऊ के पेड़ द्वारा सजाये गये थे। सड़कें, चौराहे, घर-द्वार के दरवाज़े-खिड़कियाँ कृत्रिम फूलों और रंगीन मालाओं की लड़ी तथा झालरों से सुसज्जित किये गये थे। यद्यपि यह पर्व भगवान् ईसा मसीह के आविर्भाव का उत्सव था, लेकिन लगता था कि कौन दुकानदार कितना माल खपा पायेगा और कौन ग्राहक कितना सामान ख़रीद पायेगा। इसी की सर्वत्र होड़ लगी हुई है। कोलकाता में दुर्गापूजा के अवसर पर लोगों की ख़रीदारी कपड़े-लत्ते, साड़ी, जूते आदि पोशाकों या पहनावे तक ही आमतौर पर सीमित रहती है, लेकिन यहाँ यह सीमा लाँघकर खिलौने, घर के आसबाब तथा अमीरों की नयी गाड़ियों की ख़रीददारी तक जा पहुँचती है। सड़कों या चौराहों या लोगों के घरों में जीसस क्राइस्ट की कोई पूजा नहीं होती, उनके आविर्भाव के उपलक्ष्य में सामूहिक प्रार्थना-गीत, पुरोहितों के भाषण, मोमबत्ती जलाकर पूजा आदि सभी अनुष्ठान ईसाई पुरोहित वर्ग द्वारा गिरजाघरों में सम्पन्न होता है। प्रधान पुरोहित सबके सामने खड़े होकर बाइबिल पाठ करने के उपरान्त चाँदी के चमकीले बर्तन में मदिरा उड़ेलकर सबको दिखलाते हुए भगवान् के उद्देश्य में समर्पण करते हैं, उसके बाद उसे ख़ुद पीते हैं और साथी पुरोहितों को पिलाते हैं। उसके बाद वे बताशा आकार के छोटे-छोटे पावरोटी के टुकड़े स्वयं भी मुँह में डालते हैं तथा और सभी को प्रसाद के रूप में देते हैं। कहते हैं न कि प्रसाद

निमित्त मात्र होना चाहिए, यह बात गिरजाघरों में प्रत्यक्ष किया जा सकता है। हमारे देश में पूजा के नाम पर ईश्वर के सामने नैवेद्य और फलों का जो विशाल स्तूप लगाया जाता है यहाँ वैसा कुछ भी नहीं। सर्वाधिक आश्चर्य तो तब होता है जब पुरोहित कहते हैं, 'पावरोटी का यह टुकड़ा मैं खा रहा हूँ जीसस क्राइस्ट के शरीर के प्रतीक के रूप में और यह लाल मदिरा पी रहा हूँ जीसस क्राइस्ट के ख़ून के प्रतीक के रूप में।' इस उक्ति को मैं नहीं पचा पाता। मुझे धर्म के विषय में कोई ज्ञान नहीं, इतना जानता हूँ कि भगवान् ईसामसीह बत्तीस साल की आयु तक जीवित रहे, उसके बाद सूली पर चढ़ाकर उनकी निर्मम हत्या की गयी। उनके जीवन की कितनी स्मरणीय अच्छे अध्याय हैं, उन घटनाओं को स्मरण न करके उनके जीवन के अन्तिम दृश्य के मृतदेह को लेकर इतनी खींचतान क्यों, यह मैं नहीं समझ पाता। उनके जीवन के किसी आनन्ददायक क्षण की छवि सामने रखकर पूजा किया जाता तो वह दृश्य कितना सुन्दर लगता। हमारे देश में माँ दुर्गा के पाँव तले भालाबिद्ध असुर का तन भी रक्तरंजित है, किन्तु सुना है कि पूजा माँ दुर्गा की होती है, असुर की नहीं। लेकिन रक्त दोनों ओर है, चाहे सूली पर चढ़े क्राइस्ट हों, या माँ दुर्गा के पाँव तले असुर। ईसाइयों में कैथोलिक सम्प्रदाय ईसामसीह के साथ उनकी माँ वर्जिन मैरी की भी आराधना करते हैं। प्रोटेस्टैंट तथा अन्य सम्प्रदायों ने इस पर्व को काफ़ी संक्षिप्त बना लिया है। रूढ़िवादी सम्प्रदाय की पूजा और भी कॉम्प्लिकेटेड है। मैं इन विषयों की चर्चा नहीं करना चाहता, क्योंकि ऐसा करना मेरे लिये अनाधिकार चर्चा होगी। इसके अलावा, वे जिन धार्मिक शब्दों का प्रयोग करते हैं, उनकी भारतीय भाषा में अनुवाद करने के लिए जिस विद्या की ज़रूरत है, वह मुझमें है नहीं। अतः इस विषय पर मैं यहीं पूर्णविराम लगा रहा हूँ।

शायद यह कहने की आवश्यकता नहीं कि दाआबू के कूच करते ही एलिस हमारे फ़्लैट में आ गयी। हमारा दाम्पत्य-जीवन पुनः शुरू हो गया। यूँ एलिस दो-एक बार हमारे फ़्लैट में पहले भी रह चुकी है लेकिन यह पहला मौक़ा था जब वह सबको बताकर ज़्यादा दिनों के लिए यहाँ रहने आयी थी। हिथ्रो एयरपोर्ट में जब मैं दाआबू को छोड़ने गया था, तब एलिस भी आयी थी। उन्होंने हम दोनों को वक्ष से जकड़कर कहा था, "तुम दोनों ही मेरे प्रिय हो, सावधानी से रहना।" एलिस से वे बोले थे, "इस गधे को चतुर बनाने का उत्तरदायित्व तुम्हारा है।" और मुझसे बोले थे, "दोनों मेरे फ़्लैट में ही रहना, एलिस के उस पुराने स्क्वॉर्टर में रात मत बिताना, रोग-वोग लग जाये तो कौन सँभालेगा?"

कस्टम्स से मुक्त होकर दाआबू फ्लाइट पकड़ने गये तो एलिस वहीं मुझसे लिपटकर बोली, "तुम्हारे डैडी स्नेह और प्यार के एक आदर्श पुरुष हैं। हमारे देश में इतने अच्छे इन्सान और नहीं हैं।"

एयरपोर्ट से हम सीधे शहर में दाख़िल हुए थे। हमें कुछ ख़रीददारी करनी थी, ख़ासकर मसाले। फिर हम विक्टोरिया स्टेशन के निकट स्थित एलिस की पसन्दीदा पिज़्ज़ा रेस्तराँ पहुँचे। बिल का भुगतान वह करेगी। पिज़्ज़ा इन दिनों सभ्य समाज में नेशनल फूड-जैसा हो गया है। स्टेशन के निकट के इस रेस्तराँ में एलिस अपने माता-पिता के संग बचपन से ही आती रही है। अब बहुत कम ही आती है, क्योंकि इस इतालवी रेस्तराँ में अकेले आने का कोई आनन्द नहीं। उसने 'फोर सीज़न' का ऑर्डर दिया। घर पहुँचते हमें रात हो गयी। दाआबू के टूर पर जाने के बाद मेरा मन मायूस हो जाता था, लेकिन आज मैं ख़ुशी-ख़ुशी घर लौटा। मैं अब अपना कमरा सँवारकर रखता था, मेरा खाट भी डबल साइज़ का था। कमरे में दाख़िल होकर हमने एक-दूसरे को जकड़ लिया, फिर नाचने लगे, और यह पहला मौक़ा था जब नाचते हुए मैं गीत भी गाने लगा—जय राधे-राधे, कृष्ण-कृष्ण, गोविन्द-गोविन्द बोलो रे! राधा गोविन्द-गोविन्द, गोविन्द-गोविन्द बोल राधा नाचे रे! जय राधे-राधे...!

यह गीत मैंने शान्तिनिकेतन के मास्टर जी यानी गोरा-दा से सीखा था। एक बार उनके सामने 'मेरा जूता है जापानी' गाते ही उन्होंने झिड़ककर कहा था, 'यह सब रिक्शावालों के गीत हैं, सभ्य लोग ऐसे गीत गाते हैं क्या?'

उसके बाद उन्होंने ही मुझे कई गीत सिखाये थे—हरे कृष्ण, हरे कृष्ण, कृष्ण-कृष्ण हरे हरे; जय राधे-राधे; धन धान्ये पुष्पे भरा; जन-गण-मन अधिनायक जय हे भारत भाग्य विधाता। ये गीत मैं सीख ज़रूर गया था, लेकिन किस मौक़े पर क्या गाना चाहिए यह भूल गया हूँ। मेरा गीत सुनकर एलिस ने नाचना बन्दकर दिया और वह विस्मय से मुझे घूरने लगी।

एक अन्तराल के बाद परस्पर को पाने की उमंग कुछ संयत होने पर मैं एलिस को अपने बेडरूम में यह दिखाने ले गया कि मेरे खाट पर जो कम्बल है उससे काम चलेगा या गेस्टरूम से अतिरिक्त कम्बल ले आऊँ। खाट के सिरहाने के पास टेबिल लैम्प के बग़ल में दफ़्ती का एक सुन्दर पैकेट देखकर मैं हैरान हुआ कि वह वहाँ आया कैसे, मैंने तो नहीं रखा था। आगे बढ़कर देखा, एक चिरकुट पर लिखा था, 'फॉर एलिस।' मुझे समझते देर न लगी कि एलिस के लिए दाआबू कोई गिफ्ट छोड़ गये हैं। मैंने वह पैकेट एलिस को थमा दिया।

उत्सुक होकर उसने पैकेट खोला, उसके बाद हँसने लगी। हँसते हुए वह बोली, "ही इज़ अ वण्डरफुल मैन! एक्सेप्शनलि अडोरेबल!"

मैंने पूछा, "क्या है उसमें?"

"इमरजेन्सी टैबलेट।"

"काहे की इमरजेन्सी?" मैंने बुद्धूओं की तरह पूछा।

"तुम्हें यह भी समझाना पड़ेगा? यह सावधानी के लिए है। मैं अगर टैबलेट ख़रीदना भूल जाऊँ और समय से न ले पाऊँ, इसके लिए डैडी ख़ुद ही ख़रीदकर रख

गये हैं। समझ ही रहे हो न, वे स्वयं भी नहीं चाहते कि हम गृहस्थी के पचड़े में पड़ने के लिए मज़बूर हो जायँ।''

मुझे आश्चर्य नहीं हुआ। मैं दाआबू को पहचानता था। मुझे सुरक्षित रखने के लिए वे हमेशा चौकस रहते थे। ताकि मैं किसी झमेले में न पड़ूँ, इसीलिए वे एलिस के लिए गर्भ-निरोधक गोलियों का पैकेट छोड़ गये थे। इसी को दूरदृष्टि कहते हैं। मेरे इस प्रेम-प्रसंग को लेकर उन्होंने कभी भी नाराज़गी नहीं जतायी। वे हमेशा कहते, 'कुछ करने के बाद नहीं, करने से पहले सोचना चाहिए। अतः सावधान!'

एक दिन चक्रवर्ती-दा जब मुझे लेकर मज़ाक कर रहे थे तब दाआबू ने कहा था, 'अरे, हम विलायत आकर क्वॉलिफिकेशन बढ़ाते हैं, मेम शादी करते हैं, यह सब तो स्वाभाविक है। किन्तु कोलकाता का एक भिखारी विलायत पहुँचकर एक मेम के साथ घूम-फिर रहा है यह जितना अस्वाभाविक है उतना ही अविश्वसनीय, है न?' चक्रवर्ती-दा ने हामी भरी थी। वे अक़सर मुझसे कहते, 'तुझे देखकर जलन होती है साले! क्या क़िस्मत पायी है तूने!'

कुछ दिन बहुत तेज़ी से बीत गये। इस बीच दाआबू ने दो बार सिडनी से टेलीफ़ोन किया था। एलिस ने उन्हें इमरजेन्सी किट के लिए धन्यवाद देकर कहा था कि हम मजे में हैं, वे हमारे लिये चिन्ता न करें। दाआबू ने मुझे याद दिलाया था कि एलिस की माँ के लिए फूल ले जाना मैं न भूलूँ।

दाआबू अच्छी तरह जानते थे कि एलिस में और मुझमें बहुत फ़र्क़ है। शिक्षा, विद्या, त्वचा का रंग, भाषा और जीने का ढंग, कहीं भी हम दोनों में सामंजस्य नहीं। इसके बावज़ूद हम दोनों घुल-मिल गये थे। मैं ख़ुशक़िस्मत था कि एलिस ने ही मुझे पसन्द किया था, प्यार की पहल भी उसी ने की थी। वह कमसिन थी, ख़ूबसूरत थी, हँसमुख थी, पढ़ी-लिखी थी, यानी उसमें बहुत से गुण थे। मुझमें गुण ढूँढ़ना रेगिस्तान में पानी ढूँढ़ने जैसी बात होती। फूल के इर्द-गिर्द ज्यों भँवरे मँडराते हैं, त्यों ही उसके चारों ओर लड़के मँडराते थे। मैंने उसे नहीं तलाशा था। वह ख़ुद ही क़िसी परी की मानिन्द टपक पड़ी थी और मुझसे जुड़ गयी थी। इसमें मेरी कोई बहादुरी नहीं। वह मुझे बहुत अच्छी लगती है और उसने मेरा जीवन सर्वांग सुन्दर बना दिया है।

क्रिसमस मेन्यू के बारे में टेलीफ़ोन पर अपनी माँ से मशविरा करने के बाद एलिस ने मुझे बताया कि मुझे बिरयानी, झींगा मछली का टिक्का, वेजिटेबल चॉप बनाना है और पापड़ भूनना है। क्रिसमस का मेन डिश यानी टर्कि उसकी माँ तैयार करेगी। टर्कि एक बड़ी चिड़िया है जिसे ब्रिटेन में क्रिसमस के पर्व पर खाया जाता है। वे बाद में ओवन पर क्रिसमस केक बनायेंगी। ग्रिल के नीचे पकाये गये सामन मछली और सलाद से शुरुआत की जायेगी। (सामन : एक बड़ी मछली जिसकी त्वचा रुपहली और मांस

गुलाबी होता है।) इसके अलावा वाइन, शैम्पेन और कोल्ड ड्रिंक तो रहेगा ही। पार्टी में कुल चौदह लोग रहेंगे।

डिनर पर चौदह लोग होंगे सुनकर मेरे माथे पर बल पड़े लेकिन मैंने अपनी असमंजसता एलिस पर ज़ाहिर नहीं की। दरअसल दाआबू की रसोई में इतने बड़े बर्तन नहीं थे जिसमें इतने लोगों के लिए बिरयानी वगैरह पका सकूँ। मैंने तो आव देखा था न ताव, वाहवाही लूटने के चक्कर में हामी भर दी थी। मुझे अतुल-दा की याद आयी। अब वे ही मुझे इस संकट से उबार सकते थे। एलिस से छिपाकर मैंने उनसे सम्पर्क साधा। सारी बातें सुनकर उन्होंने मुझे आश्वस्त किया कि वे अपने रेस्तराँ में बिरयानी और झींगा मछली का टिक्का बनवाकर पैक कर देंगे। बैंगनी और पापड़ वगैरह मैं एलिस के घर पर जाकर तल दूँ। इस इन्तज़ाम से मैंने राहत महसूस की।

चौबीस दिसम्बर को सुबह मैंने एलिस को यह कहकर उसके घर भेज दिया कि वह जाकर अपनी माँ की मदद करे, मुझे तो अकेले खाना पकाना अच्छा लगता है। वह चली गयी। दोपहर के ग्यारह बजे अतुल-दा के रेस्तराँ में पहुँचकर मैंने देखा मेरे ऑर्डर का सामान तैयार था। दो बड़े-बड़े एल्यूमिनियम कोटेड बर्क में बिरयानी पैक किया गया था और एक अलग पत्री में झींगा मछली का टिक्का। सर्व करने से पहले पत्री खोलकर ओवन में एक बार गरमा लेना होगा। कुल कितने पैसे देने हैं पूछते ही अतुल-दा हँस पड़े, बोले, "तुझे कुछ नहीं देना है, तेरे दाआबू तो अभी हैं नहीं, तू क्या जनवरी के पहले सप्ताह में मुझे समय दे पायेगा? मुझे उस समय एक आदमी की ज़रूरत है। तू आ सके तो मेरा बहुत उपकार होगा।"

मैंने तत्काल हामी भर दी। उन्होंने जो उपकार किया था, उसके बदले कुछ करना कर्ज़ पटाने जैसा था। अतुल-दा के कर्मचारी सारा सामान मेरे फ़्लैट तक पहुँचा गये, मुझे टैक्सी भी नहीं लेनी पड़ी।

अपराह्न में वेजिटेबल चॉप और बैंगनी तलने के बाद मैंने शैम्पू से बाल धोये, जमकर नहाया, फिर तैयार हुआ। अपना थ्री-पीस सूट पहनकर आईने के सामने खड़ा हुआ तो लगा मेरा शक्ल ही बदल गया है। यह सूट दाआबू ने कोलकाता न्यू-मार्केट के एक नामी टेलर से सिलवा दिया था, लेकिन मैं इसे साल में केवल दो-एक बार ही पहनता था। आईने में अपना चेहरा देखकर मुझे कुछ गर्व हुआ, साथ ही विस्मय भी, न जाने कैसे मुझमें इतना परिवर्तन आ गया। था कोलकाता का भिखारी, आज तो पूरा जेण्टलमेन बन गया था।

सारा सामान लेकर मैंने टैक्सी ली। एलिस के घर के फाटक पर टैक्सी रुकते ही वह दौड़ी आयी। वह हमेशा पतलून पहनती थी, आज पहली बार मैंने उसे गाउन में देखा। बहुत जँच रही थी। टैक्सी का किराया पटाकर मय सामान हम अन्दर दाख़िल हुए। उसके बाद मेरी बारी थी इस परिवार के लिए लाये गये क्रिसमस तोहफ़े देने की।

दाआबू ही मुझे एक सिल्क की बनारसी साड़ी, जिस पर सूक्ष्म कारीगरी थी, एलिस के लिए दे गये थे। वह मैंने उसे दिया। उसकी माँ यानी मिसेज़ थॅमसन को थमाया गुलाब का एक गुच्छा। मिस्टर थॅमसन, यानी एलिस के पिताजी को दिया दाआबू द्वारा ख़रीदी गयी आस्ट्रेलियन वाइन की एक छोटी पेटी जिसमें छह बोतल थीं और पेटी पर लिखा था आस्ट्रेलियन शिराज। इस शराब के साथ स्विट्ज़रलैण्ड का प्रसिद्ध स्मोक्ड हैम 'मियाण्ड् दय ग्रीजों' भी था, यह सूखा मांस शराब के साथ बहुत लज़ीज़ लगता। उपहार देकर मैंने उनसे आन्तरिक धन्यवाद, वाहवाही और चुम्बन बटोरा। उपहार पाकर वे सभी बहुत ख़ुश हुए। वे इतना प्रसन्न होंगे, इसकी मुझे उम्मीद नहीं थी। मिस्टर थॅमसन मुस्कुराकर बोले, "तुमने तो गिफ्ट से घर भर दिया, इतना ख़र्च क्यों किये?"

मैंने कहा, "ख़ुशियाँ बटोरने के लिए। आप लोगों को पसन्द हो तो मेरी ख़रीददारी सार्थक होगी।"

मिस्टर थॅमसन को मैं अपना ससुर मान सकता था, लेकिन कह नहीं सकता था, क्योंकि मेरी शादी नहीं हुई थी। पहले कभी मैंने उनसे ख़ास बातचीत भी नहीं की। लज्जा और संकोच के अलावा मन में यह डर भी था कि कहीं वे मेरी चूतड़ में लात मारकर मुझे भगा न दें। परन्तु आज वे बिलकुल अलग ही इन्सान लग रहे थे, शायद उत्सव के मूड में थे। मिसेज़ थॅमसन के साथ उनके रसोई में जाकर देखा चार प्लेटवाले दो ओवन में से एक मेरे लिये खाली रखा गया था, दूसरे पर उन्होंने टर्कि पकाने की तैयारी कर रखा था। वे बोलीं, "तेल, लहसुन, मसाला आदि डाल दिया गया है, आँच की डिग्री और पकने की टाइमिंग भी सेट कर रखा है, सिर्फ़ ऑन ही करना है। इसके बाद वे मुझे डाइनिंग हॉल में ले गयीं जहाँ की व्यवस्था किसी फाइव स्टार होटल जैसी थी। चौदह कुर्सियाँ लगायी गयी थीं, उनके सामने मेज़ पर चौदह तश्तरी। मिसेज़ थॅमसन ने मेरे कन्धे पर हाथ रखकर कहा, "देखो बिकिरि, सब सेट कर रखा है। यहाँ मैं और एलिस के पापा बैठेंगे। उधर मेरा बेटा और बहू—जॉन और कैथरिन; बेटी और दामाद—नैन्सी और लुक। इधर तुम और एलिस; डैडी-मम् थॅमसन, डैडी-मम पावेल; एलिस की सहेली क्लैर और उसका भाई क्रेग। एलिस ने उन्हें क्रिसमस में बुलाया है, उन्होंने न्यू-इयर्स के पर्व में एलिस को निमन्त्रित किया है।" मैंने देखा कि मेज़ पर पेग-गिलास-प्लेट-नैपकिन भी लगा दिया गया था। बग़ल के कमरे में जाकर देखा, वहाँ आलू का चिप्स, विभिन्न प्रकार के मेवे, मिनि टोस्ट और कोल्ड ड्रिंक की व्यवस्था थी। यह देखकर रसोई में वापस आने पर एलिस ने आकर मुझे सामन मछली दिखाया जिसे वह मुख्य भोजन के प्रारम्भ में क्षुधावर्द्धक के रूप में इस्तेमाल के लिए ख़रीद लायी थी। मैंने अपने सूट के ऊपर ऐप्रन चढ़ा लिया और काम में जुट गया।

कुछ ही देर बाद धीरे-धीरे सभी लोग उपस्थित हुए। उसके बाद हम सबको दूसरी मंज़िल में ले जाया गया। असली सरप्राइज़ यहीं था। देवदार की एक शाखा को जरी

से सजाकर क्रिसमस-ट्री बनाया गया था, उसकी डालों पर सुनहरे और रुपहले रंग की बहुत-सी छोटी-छोटी गुड़िया लटकी हुई थी और उस 'ट्री' के सामने लाल कपड़े, लाल जूते, लाल टोपी और सफ़ेद दाढ़ी में सज्जित खड़े थे 'क्रिसमस फ़ादर'। हम लोगों के वहाँ पहुँचते ही सबने गाना शुरू किया—जिंगल बेल, जिंगल बेल...। समवेत गीत के साथ ही उत्सव शुरू हुआ। क्रिसमस फ़ादर के रूप में एलिस के नाना मिस्टर पावेल खड़े थे और क्रिसमस-ट्री के सामने रंगीन काग़ज़ों में लिपटा सभी के लिए अलग-अलग उपहार रखे हुए थे।

एलिस की दीदी नैन्सी शैम्पेन लायी थी, उसे खोलते ही वातावरण में हर्षध्वनि गूँज उठी। मैं 'एक्सक्यूज़ मी' कहकर रसोई में लौट गया अपना काम निपटाने के लिए। बिरयानी, टिक्का, बैंगनी आदि गर्म किया और पापड़ तलकर सब-कुछ भोजन कक्ष में डाइनिंग मेज़ के पार्श्व की एक मेज़ पर रख दिया क्योंकि बड़ी मेज़ में रखने की जगह नहीं थी। कुछ ही देर में मिसेज़ थॅमसन भी रसोई में आ गयी और टर्कि भूनने में जुट गयीं। वे बार-बार रसोई की खिड़की खोल देतीं ताकि पकवान का गन्ध डाइनिंग हॉल में न फैले और अतिथियों को मेन्यू का पहले से पता न लग जाये।

नैन्सी दीदी बहुत अच्छी थीं। गर्भ के कारण उनका पेट काफ़ी फूला हुआ था, एक महीने बाद वे माँ बनेंगी। एलिस उनसे बोल रखी थी कि दीदी के बच्चे की देखभाल वह करेगी। घर के सभी लोग उस शुभ दिन की प्रतीक्षा में थे। नैन्सी का पति लुक हँसमुख और मिलनसार था। भाभी कैथरिन इकहरी और सुन्दर थीं, चलते-फिरते समय बहुत सचेत रहती। भैया जॉन को म्यूज़िक से लगाव था उसने क्रिसमस के उपलक्ष्य में ख़रीदे गये नये सी.डी. का श्रीगणेश यहीं लाकर किया। हैंक क्रोस के उस म्यूज़िक के साथ ही सबने बॉल-डान्स शुरू किया। मुझे भी नाच में शरीक़ होने के लिए मजबूर किया गया। मेरी ख़ुशक़िस्मती थी कि एलिस ने मुझे यह नाच सिखाया था, नहीं तो मैं बगलें झाँकता। मुझे अद्‌भुत लगा कि यहाँ सभी लोग नाच पसन्द करते हैं और नाचते भी हैं। नाना-नानी, दादा-दादी, यहाँ तक कि गर्भ के एडवान्स स्टेज़ के बावज़ूद नैन्सी भी नाच में शामिल थीं। सभी नाच रहे थे और कभी-कभी पार्टनर भी बदल रहे थे। सभी मिलकर कैरल, यानी ईसाइयों का धार्मिक भजन जो क्रिसमस के अवसर पर गाया जाता है, गा रहे थे। पन्द्रह वर्षीय क्रेग, जो हममें सबसे छोटा था, बहुत ख़ुश था। वह मेवे चबा रहा था और कोल्ड ड्रिंक की चुस्की ले रहा था।

नाना-नानी और दादा-दादी अधिक रात नहीं करना चाहते थे, इससे उनकी तबीयत बिगड़ सकती है। इसलिए सबको रात नौ बजे भोजन की मेज़ पर बुला लिया गया। सब बैठ गये तो मेज़बान मिस्टर थॅमसन ने सबसे डिनर शुरू करने का आग्रह किया। दाआबू का भेजा स्विट्ज़रलैण्ड के सूखे गोश्त और ऑस्ट्रेलियन शिराज से डिनर की शुरुआत हुई, फिर सामन-सलाद और झींगा-टिक्का सर्व किया गया। सब लोग चाव से खा रहे

थे और व्यंजन की तारीफ़ भी कर रहे थे। उसके बाद तश्तरियाँ बदली गयीं, यह काम मैंने अपने जिम्मे लिया था। अतुल-दा के होटल में कभी-कभी काम करते वक़्त यह सब नियम-क़ायदा मैंने अच्छी तरह सीख लिया था। मिसेज़ थॅमसन एक बड़े ट्रे में टर्कि ले आयीं, लेकिन उसे मेज़ पर रखने से पहले एक मोमबत्ती के अलावा सारी रोशनियाँ बुझा दी गयीं। एलिस ने टर्कि पर ह्विस्की उड़ेल दिया, फिर उसमें आग लगा दी। उससे तुरन्त तेज लपटें उठीं, अँधेरे में वह एक रोमहर्षक और आनन्ददायक दृश्य था। क्रमशः जब आग बुझ गयी तब बत्तियाँ जला दी गयीं। नैन्सी ने उठकर टर्कि की बोटियाँ काटीं और सबको सर्व किया। टर्कि पर ह्विस्की डालकर आग लगाने पर सबने तालियाँ बजाकर इस आइटम का स्वागत किया था। टर्कि के साथ ही सब्जी-बिरयानी-बैंगनी-पापड़ भी सर्व कर दिया गया। जॉन, जिसे म्यूज़िक प्रिय था, उठकर बीथोविन की एक सिम्फनी का सी.डी. लगा आया जिसकी धुन बैकग्राउण्ड में तिरती रही। खाते-खाते लोग अपनी पसन्दीदा विषय पर आलोचना करने लगे थे। दादा जी ख़ुश थे कि उनका मधुमेह नियन्त्रण में था। नानी जी ने नये आर्थोपेडिक को दिखाया है, जनवरी में उनका हिप-बोन बदला जायेगा, डॉक्टर ने कहा है कि इसमें डरने का कोई कारण नहीं है। हड्डी टूटने से पहले उसे बदल देना ठीक होगा, अब ऐसे अस्त्रोपचार बहुत सहज हो गये हैं, उसमें ख़तरे का कोई अन्देशा नहीं होता।

नैन्सी और कैथरिन के बीच बहुत दिनों के बाद मुलाकात हुई थी, इसीलिए उनमें गर्भस्थ शिशु के बारे में गाइनोकॉलॉजिस्ट की राय, स्कैनिंग रिपोर्ट आदि पर चर्चा हो रही थी। जॉन और लुक में क्रिसमस के अवसर पर निकले पॉप-जॉज आदि के नये सी.डी. और कलाकारों के विषय में बातचीत चल रही थी। माता-पिता और बूढ़े-बूढ़ी एक विषय के बाद दूसरे विषय में जम्प कर जाते। एलिस और क्लैर इस जमघट में सबसे निराले दिख रहे थे, दोनों सहेलियाँ कभी हँसती तो कभी खिलखिलातीं, उन्होंने परिवेश को हलका बना रखा था। मैं कभी रसोई में आवाज़ाही करता, कभी औरों के खाली गिलास में शराब उड़ेल देता, इस तरह ख़ुद को व्यस्त रखने की कोशिश में लगा रहा। साथ ही क्रेग ने भी शायद अपने अकेलेपन से उबरने के लिए मुझसे दोस्ती कर ली। वह क्रिकेट प्रेमी था। इंग्लैण्ड के विरुद्ध इण्डिया ने कैसा खेला, किसने कितना रन बनाया, किसकी बॉलिंग अच्छी है आदि कई प्रश्न दाग़कर जब मुझसे उसे सटीक उत्तर नहीं मिला तो उसने ख़ुद ही जवाब दिया, "मुझे मालूम है, इण्डिया हार गयी है इसलिए तुम्हारा मन ख़राब है, लेकिन तुम्हें मन ख़राब नहीं करना चाहिए क्योंकि इसमें तुम क्या करते? इंग्लैण्ड की टीम बहुत मज़बूत टीम है।" मैंने हामी भरते हुए कहा, "हाँ, तभी वह जीत गयी।"

मेज़ गोल नहीं थी, लोग मेज़ के चारों ओर बैठे थे, इसलिए सभी एक-दूसरे से बातचीत कर सकते थे। क्रेग शराब या शैम्पेन नहीं पीता, उसे उसका प्रिय मिल्क-शेक

बनाकर दिया गया, उसके लिए कोल्ड-ड्रिंक भी रखा था। लोगों के खाने का ढंग बता रहा था कि सब-कुछ उन्हें स्वादिष्ट लगा था, वे दुबारा-तिबारा लेकर खा रहे थे। मेन डिश समाप्त होने पर सब-कुछ किचेन में वापस ले जाया गया, उसके बाद नये प्लेट लगाये गये डिज़र्ट यानी मधुर व्यंजन के लिए। जॉन ने उठकर स्पेनिश से मेल खाता फ्लोमेंगो टाइप का एक द्रुतलयवाला सी.डी. लगा दिया जो कैथरिन को प्रिय था, उसके बाद वे दोनों परस्पर को जकड़कर नाचने लगे। बहुत सुन्दर नाच, व्यावसायिक नाच-जैसा। पाँच मिनट बाद कैथरिन हाँफती हुई बैठ गयी, "इतना खाने के बाद कोई नाच सकता है?" सबने तालियाँ बजाकर उसे बधाई दी।

अन्त में बहुत सुन्दर ढंग से सजाया हुआ क्रिसमस-केक 'ब्लैक फॉरेस्ट' लाया गया, उसके चारों ओर मोमबत्तियाँ जल रही थीं। खिलौने-बर्फ़-क्रिसमस फ़ादर और असंख्य चॉकलेट के मिनि पैकेट भी उसमें लगे थे। नाना-नानी और दादा-दादी के बीच में केक रखा गया, उसके बाद पुनः क्रिसमस गीत शुरू हुआ। शैम्पेन का एक और बोतल खोलने के बाद मिसेज़ थॅमसन ने केक काटकर सबके प्लेट में रख दिया। सभी ने केक खाकर वाहवाही दी, केक ऐसा था जो मुँह में डालते ही पिघल जाता है। अत्यन्त स्वादिष्ट।

रात के ग्यारह बजे के आस-पास नाना-नानी और दादा-दादी उठ पड़े, वे अपनी-अपनी गाड़ियाँ लाये थे और वापस जाना चाहते थे। वे बहुत ख़ुश थे और इस सुन्दर अनुष्ठान के लिए धन्यवाद देकर तथा बेटा-बेटी, नाती-नतनियों को आशीष देकर रुख़सत हो गये। मुझे कुछ अजीब लगा कि मिस्टर या मिसेज़ थॅमसन ने एक बार भी रात में रुक जाने के लिए नहीं कहा, हालाँकि घर में शयनकक्षों की कमी नहीं थी। यह अनुष्ठान दाआबू के फ़्लैट में होता तो वे अवश्य ही सभी को रोक लेते। ख़ैर, इसमें मुझे कुछ नहीं कहना था, यही विलायती दस्तूर है।

उन बुज़ुर्ग दम्पतीयों के विदा होने के बाद सबने मिलकर हाथोंहाथ डाइनिंग रूम की सफाई कर डाली, उसके बाद हम सब ऊपर के बड़े कमरे में आ गये जहाँ क्रिसमस-ट्री लगाया गया था।

रात के ठीक बारह बजे दूर में चर्च की घण्टी बज उठी और चर्च-बेल की आवाज़ ने भगवान् ईसामसीह के शुभ आविर्भाव तिथि की घोषणा कर दी। हम सब पेड़ को बीच में रखकर गोलाई में खड़े हो गये। उसके बाद समवेत कण्ठ में सबने गाया :

ऑल द बेल्स आर रिंगिंग-रिंगिंग।
एवरी ह्वेयर सो लाउड एण्ड क्लिय(र)।।
ऑल द पिपल् सिंगिंग-सिंगिंग।
क्रिसमस टाइम एट लास्ट इज़ हिय(र)।।

उसके बाद क्रिसमस-ट्री के नीचे रखे उपहार-सामग्री के पैकेट, जिन पर सबका नाम लिखा था, सबने अपना-अपना नाम देखकर उठा लिया। मुझे एक पिक्चर ऐलबम मिला। सबने एक-दूसरे को चुम्बन विनिमय के साथ क्रिसमस की बधाइयाँ दीं, उसके बाद हम पुनः नीचे आ गये। नीचे आकर पुनः धीमी गति का नृत्य शुरू हुआ। नैन्सी, एलिस, क्लैर और क्रेग ने अपने स्कूलों में सीखे फ्रेंच भाषा का यह गीत एक-साथ मिलकर गाया—मँ बो सापाँ रोया डे फरे...।

उसके बाद एक और गीत, जिसका भाव था—

तुम चिर नूतन, चिर नवीन, तुम क्रिसमस फ़ादर।
तुम हँसते हो, बर्फ़ ढालते हो, लाते हो सबका उपहार।।
छोटे-बड़े, सुखी-दुःखी, सभी पेड़ के चहुँ ओर मँडराते।
तुमने भूला नहीं किसी को, तभी सब हैं हँसते-गाते।।

रात के दो बजते-बजते सभी क्लान्त हो पड़े थे। क्रेग को नींद ने दबोच लिया था, वह सोफ़े पर ही लुढ़क गया। नैन्सी अस्वस्थ न हो पड़े, इसलिए नैन्सी और लुक विदा ले गये। जॉन और कैथरिन ने मुझसे कहा, "तुम्हारे बारे में कई बार सुना था, अब परिचय हो गया। तुम हमें अच्छे लगे। एलिस के साथ कभी हमारे घर आओ।" उसके बाद कोई गोपनीय बात कहने के अन्दाज़ में जॉन ने मेरे कानों में फुसफुसाकर कहा, "कैथरिन ट्रान्सेडेण्टल मेडिटेशन प्रैक्टिस करती है, वह स्प्रिच्युअल लाइन में काफ़ी आगे है।" वे दोनों भी विदा हो गये, तब मिस्टर थॅमसन ने क्लैर और क्रेग को घर पहुँचाने के लिए गैरेज से गाड़ी निकाली। जब वे भी चले गये तो एलिस, उसकी माँ और मैं, हम तीनों रसोई में आये। तश्तरी, डिश, प्लेट, पेग-गिलास, रसोई के बर्तन आदि का वहाँ स्तूप लगा था। मिसेज़ थॅमसन को इनसे अकेले जूझने में दो दिन लग जायेंगे। मैंने कहा, "अभी रात के ढाई बजे हैं। मैं अगर अभी लेट भी जाऊँ तो मुझे नींद नहीं आयेगी। मुझे अनुमति दें, मैं बर्तन धो डालूँ, कल आप लोग उन्हें सहेजकर रख दीजियेगा।"

मिसेज़ थॅमसन राजी हो गयीं। मिस्टर थॅमसन को लौटने में आधा घण्टा लग ही जायेगा, बिकिरि काम करे और माँ-बेटी बैठकर गाना सुनें, यह बात उन्हें ठीक न लगी, अतः वे दोनों भी मेरे संग जुट गयीं। मैं धोता, एलिस पोंछती और उसकी माँ यथास्थान सहेजकर रखतीं। काम करते-करते एलिस बोली, बचपन में नानी के संग हम लोग चर्च में जाते थे। वहाँ प्रार्थना और गीत बहुत अच्छा होता है। लेकिन उसमें एकरसता होती है और बच्चों को नींद आ जाती है। इसलिए हमने क्रमशः क्रिसमस में चर्च जाना बन्द कर दिया। मेरे डैडी और मॅम् कभी भी चर्च के भक्त नहीं थे, आज भी नहीं हैं, है न मॅम्!"

"चर्च न जाने पर भी मैं प्रार्थना हमेशा करती हूँ। चर्च जानेवाले ही असली ईसाई होते हैं इस बात को अब कितने लोग मानते हैं?"

मैंने उनका समर्थन करते हुए कहा, "ठीक, मैं भी मन्दिर नहीं जाता, लेकिन ईश्वर को हमेशा स्मरण करता हूँ।"

मेरी बात समाप्त होते-होते एलिस बोल पड़ी, "जानते हो, कैथरिन भी भारत-भक्त है, वह रेग्युलर ध्यान करती है। तुमने महेश योगी का नाम सुना है? बीटल्स के बहुत नामी गुरु हैं।"

मैंने कहा, "नाम सुना है, पर परिचय नहीं है। सम्भव है कि दाआबू से परिचय हो।"

एलिस की माँ, शराब-शैम्पेन-भरपेट भोजन और पार्टी की व्यवस्था में दिन भर की परिश्रम के बाद, बेहद थक गयी थीं। एलिस ने उन्हें ज़ोर करके सोने के लिए भेज दिया। उसके बाद ही एलिस के पिता लौट आये। वे बोले, "बाहर बहुत ज़्यादा ठण्डक है। ग़नीमत है कि कोहरा नहीं है, इसलिए ड्राइव करने में परेशानी नहीं हुई।" कहकर उन्होंने अपने लिये एक गिलास शैम्पेन उड़ेला, फिर रसोई में झाँककर चौंके, बोले, "कमाल के हो तुम दोनों! इतनी जल्दी सारे बर्तन धो डाला! तुम्हारी माँ सुबह देखेगी तो चकित हो जायेगी। और बिकिरि बेटा, तुम हमारे घर के ही सदस्य हो, खाने का सामान बनाकर लाये, उपहार लाये, मेज़ सजाया और अब बर्तन भी धो डाले—तुम्हारी यह मेहनत ही हमारे लिये सबसे बड़ा उपहार है। इस घर को अपना घर समझकर जब चाहो आते रहना, एलिस के घर छोड़ने के बाद से यह घर बिलकुल सूना हो गया है।" मुझे उनकी बातें आन्तरिक लगीं। हम दोनों ने सारा सामान पहले की तरह करीने से रख दिया। उसके बाद एलिस के कमरे में जाकर हम दोनों लेट गये।

लेटने के बाद मैंने कहा, "मुझे लगता है कि तुम्हारे डैडी-मम्मी, भैया, दीदी वगैरह कोई भी मेरे खिलाफ़ नहीं हैं। मुझे तसल्ली हुई कि मुझे देखकर किसी ने भी मुँह नहीं फेरा।"

"सबने तुम्हें पसन्द किया है। अब तुम हमारे परिवार के ही एक सदस्य हो।"

"लेकिन हमने तो शादी नहीं की।" मैंने कहा।

"उससे क्या? शादी तो एक काग़ज़ी कार्यवाही है। देखते नहीं, अब डिवोर्स की संख्या दिनोंदिन बढ़ती ही जा रही है। बिना शादी किये एक-साथ रहना, गृहस्थी चलाना, बच्चे पैदा करना अब फैशन बन गया है। समाज ने मान लिया है, क़ानून ने मान लिया है, और यह बहुत प्रैक्टिकल भी है। कोई बन्धन नहीं, जब तक मेल रहे साथ रहो, न निभे तो जुदा हो जाओ।"

उसकी बातें सुनते-सुनते मैं सो गया।

सपना देखा, हमारे बहुत से बच्चे हैं, वे हमें माता-पिता कहकर नहीं पुकारते, एलिस और बिकिरि कहकर पुकारते हैं। हमारा कोई कर्त्तव्य नहीं है। बच्चे मिलते हैं तो गुडमार्निंग कहते हैं, और कुछ नहीं। एक विचित्र स्वाधीन जीवन है यह। केवल रास्ते के लोग बच्चों से खफ़ा होते हैं तो कहते हैं—ये सब बिकिरि के बच्चे हैं।

सुबह उठने में सभी को देर हो गयी। हमने एक साथ बैठकर ब्रेकफास्ट किया, फिर पिछली रात की आनन्दमय पार्टी के लिए मिस्टर और मिसेज़ थॅमसन को धन्यवाद देकर मैं एलिस के साथ उनसे विदा लेकर दाआबू के फ़्लैट में लौट आया। उस रात दाआबू ने टेलीफ़ोन किया तो उन्हें मैंने बताया कि उनका तोहफ़ा सभी ने बहुत पसन्द किया। वैसे भी, उपहार देने के मामले में दाआबू बहुत ही उदार हैं। वे जब भी कुछ ख़रीदते हैं, बाज़ार की सबसे उम्दा चीज़ें ख़रीदते हैं।

तुमने मेरी अब तक की कहानी सुनी। कैसी लगी? शायद तुम्हें नीरस लगी हो। परन्तु मैं क्या करूँ? मैं अगर एलिस के साथ मेरे सहवास का ही चित्रण करूँ तो वह भी तुम्हें एकरस लगेगा, अश्लील लगेगा। परन्तु हम दोनों के सम्बन्ध को क्या अश्लील कहना उचित होगा? हम दोनों में पारस्परिक आकर्षण, प्रेम, पूरी तरह व्यक्तिगत मसला है। तुम शायद यह सवाल करो कि फिर मैंने यह सब क्यों लिखा? इसका उत्तर अत्यन्त सहज है, जो घटनाएँ घटीं, मैंने उनका ही ज़िक्र किया। कोलकाता का एक भिखारी कैसे विलायत पहुँचा, यहाँ आकर उसने क्या किया और क्या पाया, यही बताने के लिए ही तो मैं लिख रहा हूँ। तुम जैसे शिक्षित सज्जनों के जीवन का धर्म है जीने के लिए भोजन और नौकरी मिल जाये तो शादी करना। शादी हो तो प्रेम-आलिंगन-चुम्बन-दो देह का मिलन आदि होना तो स्वाभाविक और मानी बात है। लेकिन भैया, मेरी बात अलग है। मैं तो तुम जैसा नहीं हूँ। सियालदह में भीख माँगता था, उसके बाद अधिक रोज़गार का ज़रिया मिल गया। होश सँभालते ही मैंने ख़ुद को सड़कों पर पाया था, वह सब तो तुम्हें बता ही चुका हूँ। जो दूसरा धन्धा मैं अपनाने की ओर बढ़ रहा था, यानी पॉकिटमारी और उठाईगिरी, उसमें जब नौसिखिया था तभी पकड़ा गया था। यह भी तुम्हें मालूम है। दादाबाबू यानी दाआबू ने मेरा जीवन-चक्र ही बदल दिया। लन्दन पहुँचकर भी सोचा था, दाआबू के घर पर दिन भर काम करता हूँ, ठीक है, लिखना-पढ़ना सीख रहा हूँ, वह भी ठीक है, अवसर समय में पार्टटाइम भीख माँगू तो उसमें नुकसान ही क्या? यहाँ काफ़ी लोग आय बढ़ाने के लिए पार्टटाइम काम करते हैं। मुझे अतिरिक्त उपार्जन की ज़रूरत नहीं थी, केवल मैं अपना मूल प्रोफ़ेशन, यानी भीख माँगना, थामे रहना चाहता था। लेकिन मुझे इसकी अनुमति नहीं मिली। दाआबू से पूछते ही उन्होंने मेरे चूतड़ पर इतने ज़ोर से थप्पड़ मारा कि दुबारा पूछने की हिम्मत नहीं हुई। लेकिन हाँ, दाआबू ने एक दिन मूड में आकर कहा था, "तुझे कौन-सा फ़िक्र है, और कुछ न हो तो तेरा पुराना प्रोफ़ेशन तो है ही, अगर सच कहा जाये तो हम सभी भिखारी हैं, यहाँ तक कि हमारे प्रधानमन्त्री भी यहाँ आते हैं भीख माँगने! भीख शब्द भिखारियों के लिए है, बड़े लोग उसे डोनेशन कहते हैं। अरे भई, यह डोनेशन भी तो भीख ही है।"

जो हो, अब मैं अपनी बात पर लौटता हूँ। बाबू लोग, बुरा मत मानना, मौक़ा मिलते ही मैं सियालदह की स्मृति खँगालने लगता हूँ। मेरे मास्टर जी ठीक ही कहते थे, आदत बुरी बलाय।

मध्य दिसम्बर से मध्य जनवरी तक यहाँ सभी त्योहार और छुट्टी के मूड में होते हैं और इसी दौरान एक-दूसरे को निमन्त्रण देते हैं। इसी बहाने जॉन की पत्नी कैथरिन ने हमें चाय पर बुलाया। वह मुझसे कुछ वार्त्ता करना चाहती थीं। हम लोग राजी हो गये। लन्दन में दोतल्ला बस की यात्रा करना मुझे अच्छा लगता है, मौक़ा मिलते ही मैं ऊपर उठकर बिलकुल सामने की सीट पर जा बैठता हूँ। वहाँ से चारों ओर का पूरा दृश्य दिखायी देता है। एलिस की बात और है, वह ड्राइव करती है, इन सड़कों पर वह गाड़ी चला चुकी है, हालाँकि उसकी अपनी गाड़ी नहीं है।

कैथरिन के फ़्लैट में मैं पहली बार जा रहा था, इसलिए फूल ले गया था। फूल पाकर वह ख़ुश हुई, उसने फूलों को गुलदस्ते में लगा दिया। सोफ़े पर बैठकर मैं सोचता रहा कि मैं शादीशुदा होता तो वह मेरे साले की पत्नी होती, लेकिन अफ़सोस! मेरी शादी नहीं हुई थी, अतः यह रिश्ता पक्का नहीं। वह भी एलिस की तरह छरहरी और सुन्दर थी। मैंने लन्दन में ग़ौर किया था कि यहाँ के लोग लड़की देखते हैं तो उनकी नज़र लड़की के पाँव पर पड़ती है, फिर जाँघ तक उठ जाती है। इसके विपरीत मेरी निगाह सीधे उनके वक्ष पर जा टिकती है। दाआबू कहते हैं कि मेरा दोष नहीं, मेरे धातु का दोष है, अथवा मेरे परिवेश का दोष है, अथवा यह कोई दोष ही नहीं है, एक प्रवृत्ति है। हम अनजान लड़कियों को उनका मुखड़ा और वक्ष देखकर जाँचते हैं, ये पाँव और नितम्ब देखकर। अलग-अलग देश के अलग-अलग नियम हैं। मेरी एलिस मेरे बग़ल में बैठी थी, पर मुझे लगा कि एक और एलिस को देखने में हर्ज़ नहीं है क्योंकि वह भी मुझे बहुत आकर्षक लगी थी।

कैथरिन ने टी-पॉट में गरम पानी और चाय की पत्ती डाला, कप-प्लेट मेज़ पर सजाया और केक काटकर इत्मीनान से बैठती हुई बोली, "उफ्फ! सुबह से टेलीफ़ोन और टेलीफ़ोन! एलिस, तुम्हें धन्यवाद कि बिकिरि को तुम ले आयीं और बिकिरि, उस रात उनके घर में तुमसे बातचीत करने का मुझे मौक़ा ही नहीं मिला, इसीलिए तुम्हारे आने की मुझे ख़ुशी है। यहाँ आने में कोई परेशानी तो नहीं हुई?"

"नहीं, परेशानी क्या? हम डबल डेकर बस से आये।" मैंने उत्तर दिया।

"इतना घूमकर! ऐसा क्यों? मेट्रो स्टेशन तो बहुत क़रीब है।"

"नहीं, मुझे घूमना अच्छा लगता है। भूतल की यात्रा में कोई आनन्द नहीं, कोई दृश्य नहीं।"

"हाँ, सो तो ठीक है।" कहकर वह मुस्कुरायी। एलिस उनकी ख़रीदी नयी सी.डी. देखने लगी।

"तुम ध्यान करते हो?" बिना कोई भूमिका बाँधे कैथरिन ने सीधे प्रश्न किया। एलिस ने मुझे पहले ही कह दिया था कि मुझसे ऐसे सवाल पूछे जायेंगे।

"नहीं।" मैं बोला।

"शायद तुम लोगों को इसकी ज़रूरत नहीं पड़ती। तुम लोगों को देखकर मुझे डाह होती है। हमेशा शान्त, कोई उद्वेग नहीं, कोई चिन्ता नहीं, कोई तनाव नहीं।" कैथरिन बोली।

उत्तर एलिस ने दिया, "ठीक कहती हो, ख़ासकर बिकिरि ऐसा ही है। उसके जीवन में कोई समस्या नहीं, वह हमेशा ख़ुश रहता है। अफ़सोस नहीं, दुःख नहीं, उसे स्ट्रेस आयेगा कहाँ से?" कहती हुई एलिस सी.डी. छोड़कर मेरे पास आ गयी, मुझे चूमा, फिर बोली, "तभी तो तुम मुझे इतने अच्छे लगते हो।"

मैंने एलिस की ओर देखकर कहा, "जन्मा हूँ नंगा होकर, मरूँगा नंगा होकर, इस जीवन में जो कुछ मिलता है वह सभी तो अतिरिक्त प्राप्ति है, सब लाभ-ही-लाभ है, ख़ासकर मेरे लिये।"

"बहुत ख़ूब, बहुत ख़ूब! वाह, कितनी अच्छी बातें हैं। अविश्वसनीय, लेकिन सच। कुछ मत सोचना प्लीज़, मैं तुम्हारी बातें नोट कर लेती हूँ।" कैथरिन बोली। इस बात से मैं फूलकर कुप्पा हो गया।

एलिस ने प्यालियों में चाय उड़ेली। कैथरिन बोली, "सॉरी! जॉन दफ़्तर के कॉकटेल पार्टी में गया है, वह शायद नहीं आ पायेगा।"

एलिस बोली, "हमें मालूम है। जॉन ने मुझे फ़ोन किया था।"

"अच्छा, क्या सभी इण्डियन ध्यान करते हैं?" कैथरिन ने मुझसे पूछा।

"जिन्हें ज़रूरत होती है, वे अवश्य ध्यान करते हैं।" मैंने विज्ञ की भाँति कहा।

"फिर भी, ध्यान करनेवालों का पर्सेण्टज क्या होगा?"

"पर्सेण्टज?" मैंने सिर खुजलाया, फिर कहा, "कहना मुश्किल है।"

मुझे और कुछ कहना न पड़ा। कैथरिन ख़ुद ही बोलने लगी, "हाँ तुमने ठीक ही कहा, इसका उत्तर पाना मुश्किल है, क्योंकि जो लोग ध्यान करते हैं वे औरों को बताते नहीं, यह व्यक्तिगत मामला होता है। और मैंने देखा है तथा सुना है कि यह तुम लोगों के जीने की पद्धति है जिससे तुम लोगों में स्ट्रेस कम होता है।"

"ठीक, ठीक कहती हो।" कहकर मैंने चाय सुड़का। चाय की यह चुस्की बिलकुल निःशब्द थी। गरम चाय में सशब्द चुस्की लेना यहाँ अभद्रता मानते हैं। इसीलिए बाहर निकलकर मुझे सतर्क रहना पड़ता है। कैथरिन से वार्त्तालाप के दौरान मुझे लगा कि वह बहुत ही खुले दिल की इन्सान थी। मैं उसके हर सवाल का यथासम्भव संक्षिप्त उत्तर देता रहा। इसकी वजह तुम समझ ही रहे होगे, मैं ज़्यादा बोलूँ तो उसे मेरी विद्या का पता लग जायेगा। लेकिन एलिस से मैंने कुछ भी नहीं छिपाया था, मेरे

नाड़ी-नक्षत्र की उसे पहचान थी। उसके लिए मेरे सामने मौज़ूद रहना ही अहम् बात थी, मेरा उत्तर नहीं। यकायक कैथरिन पूछ बैठी, "तुम्हें मालूम है कि मैं कैसे ट्रान्सेण्डेण्टल मेडिटेशन की ओर झुकी?"

मैं बोला, "नहीं?"

"इसकी मूल वजह थी डिप्रेशन। यह डिप्रेशन स्थायी नहीं था, लेकिन जब डिप्रेशन होता तब लगता कि मेरे चारों ओर एक ऊँची दीवार बनाकर मुझे बिलकुल अकेला कर दिया गया है।"

"हाँ, मन की वैसी अवस्था होती है मैंने सुना है। एलिस ने मुझे इस स्थिति के बारे में बताया है, है न एलिस?"

"नहीं, नहीं। सिस्टम्स एक होने पर भी इसका मूल कारण अलग है। एलिस का डिप्रेशन है जेनेटिक। उसे डिप्रेशन माँ से मिला, वह जन्म से ही मरीज़ है। लेकिन मुझे डिप्रेशन हुआ ज़िन्दगी की व्यर्थता के कारण। मेरे प्रथम ब्वॉय-फ्रेण्ड ने जब मुझे बिट्रे किया, तभी इसकी शुरुआत हुई। हालाँकि अब मैं पूरी तरह रोगमुक्त हो गयी हूँ। जॉन ने मेरी बहुत मदद की। लेकिन गाहे-बगाहे मेरी उस ओर जाने की प्रवृत्ति रह गयी है। महर्षि महेश योगी के ट्रान्सेण्डेण्टल मेडिटेशन की दीक्षा लेने के उपरान्त मैं स्टेबल हो गयी हूँ।"

"अच्छी बात है, अब उसे थामे रहने की ज़रूरत है।" मैंने हामी भरी।

"अवश्य। मैं रोज़ाना सुबह पन्द्रह मिनट और शाम को पन्द्रह मिनट ध्यान करती हूँ। इसका सबसे पॉज़िटिव साइड क्या है तुम्हें मालूम है?"

"नहीं।"

"ध्यान द्वारा ख़ुद को रोगमुक्त किया जा सकता है, कोई एण्टी-डिप्रेशन दवाई लेने की ज़रूरत नहीं होती। ड्रग लेने से एक मर्ज़ दूर होता है तो दूसरा मर्ज़ सर उठाता है। सेकेण्डरी रिएक्शन से निजात पाना मुश्किल होता है।"

मैंने देखा, यह प्रसंग बहुत गम्भीर बनता जा रहा है। प्रसंग बदलने के लिए मैंने पूछा, "अच्छा, इस महेश योगी के केन्द्र के अलावा भी क्या कोई भारतीय संस्था है जो तुम्हें इस विषय में मदद करते हैं?" मेरा सवाल सुनकर वह कुछ पल ख़ामोश रही, फिर बोली, "है न! इस्कॉन, यानी वह संस्था जो सड़कों पर ढोल-ताशा बजाकर हरे-कृष्ण नाम का प्रचार करते हैं। जॉर्ज हैरिसन ने अपना हार्डफोर्डशायर का मकान पानी के मोल इस्कॉन को बेच दिया। जॉर्ज हैरिसन महर्षि महेश योगी के हृषिकेष के आश्रम में भी गये थे। बीटल लीडर जॉर्ज हैरिसन की बात ही और है। वे इण्डिया के नम्बर वन फैनाटिक हैं। सितारवादक रविशंकर के साथ रहकर उन्होंने काफ़ी दिनों तक सितार-वादन सीखा। देखो, इतना नामी टैलेण्टेड व्यक्ति अगर ध्यान में बैठे तो यह मानना ही पड़ेगा कि उसमें कुछ ज़रूर है। इसके अलावा भगवान् रजनीश केन्द्र है, वे

तन्त्र विद्या सिखाते हैं, यानी नंगा होकर ध्यान में बैठना पड़ता है, उनका मूल वक्तव्य है कि सेक्स के माध्यम से ही सेक्स-फ्री बनना पड़ेगा...।''

''नहीं, नहीं, मैं यह बिलकुल पसन्द नहीं करती,'' एलिस ने कैथरिन को टोका, ''स्प्रिचुअलिटि के नाम पर यह सब व्यवसाय का फन्दा है!''

''हो सकता है, मुझे नहीं मालूम।'' कैथरिन बोली। मैं हैरान था कि बिना किसी तर्क के वे दोनों ने ही एक-दूसरे की युक्ति मान ली। किन्तु कैथरिन थमी नहीं, वह मुझे समझाने लगी—''जो भी हो, असलियत यह है बिकिरि, हम सभी तनाव को दूर हटाने का प्रयत्न कर रहे हैं, दैनन्दिन जीवन में हम पर बहुत ही मानसिक दबाव बढ़ रहा है और यह दबाव दिन-ब-दिन मन में घनीभूत होकर विभिन्न प्रकार के शारीरिक और मानसिक रोगों को उत्पन्न करता है। चारों ओर यह जो सजा-सँवरा शहर देखते हो, सूट-हैट पहने समाज को देखते हो, उनमें सार कुछ नहीं, सबमें घुन लगा है। जानते हो बिकिरि, हमें एक परिवर्तन की ज़रूरत है। मानसिक शान्ति और आत्मिक उन्नति के लिए आवश्यक है एक विशाल शान्ति-आन्दोलन की। हमारे देश के नेताओं का उधर ध्यान नहीं है। क्या केवल गगनचुम्बी इमारतों का निर्माण ही देश की उन्नति है?'' इतना कहकर कैथरिन मुझे घूरने लगी।

मैंने कहा, ''तुम बिलकुल ठीक कह रही हो। ये आलीशान भवन तो सब लोहे और सीमेण्ट से बनते हैं, किन्तु उनमें बसनेवाले इन्सान ही असली हैं, अगर इन इन्सानों के मन में शान्ति न रहे तो जीने की सार्थकता क्या? जीवन का मूल्य ही क्या?''

मेरा उत्तर सुनकर कैथरिन चिहुँक उठी, ''तुमने ठीक समझा बिकिरि! जानते हो, महर्षि ने क्या कहा है? वे बोले हैं, धन हमें चाहिए, लेकिन उस धन से हमें ख़रीदना होगा आनन्द। यह देखो, पॉट की चाय तो ठण्डी हो गयी! मैं अभी गरमाकर लाती हूँ।'' कहकर वह उठ गयी।

एलिस ने मुझसे पूछा, ''तुम बोर तो नहीं हो रहे?''

''नहीं, ये उबाऊ बातें नहीं हैं, शिक्षा का विषय है, बहुत कुछ मैं जान पाया। ब्रितानवी ठाठ-बाट के परे तनाव का भी एक पक्ष है, उसे भी जानना चाहिए।'' मैंने कहा।

कैथरिन चाय ले आयी। बोली, ''बिकिरि, मैंने एलिस से तुम्हारे बारे में बहुत सुना है। सुना है कि तुम हमेशा ख़ुश रहते हो। मैं यह जानना चाहती हूँ कि तुम इस आनन्ददायक स्थिति को हमेशा कैसे थामे रहते हो। अगर तुम्हें एतराज़ न हो तो अपने इस राज़ के बारे में बता दो।''

मैं बोला, ''एतराज़ की कोई बात नहीं। यूँ मेरे जीवन में कोई राज़ नहीं है। दाआबू मुझे आध्यात्मिक सहारा देते हैं, एलिस मुझे मानसिक सहारा देती है। और मुझे अपने

चारों ओर से भौतिक बल मिल जाता है। आनन्द से जीने के लिए इससे अधिक क्या चाहिए?"

कैथरिन अब अपना उच्छ्वास नहीं रोक पायी, ख़ुशी से वह लगभग उछल पड़ी, बोली, "बिकिरि, यू आर वण्डरफुल! ठहरो, मैं इन बातों को नोट कर लूँ।"

मैं मन-ही-मन हँसा। सोचा, कैथरिन को अगर मालूम होता कि मैं बिकिरि नहीं, भिखारी हूँ, कभी कोलकाता में भीख माँगता था, तब वह मेरी किसी बात को तवज्जो नहीं देती। चूँकि मेरा यह रूप भारतीय था, इसीलिए सम्मान बटोर रहा था। भारतीय होने की महिमा कुछ अवश्य है। आगे एलिस और कैथरिन आपस में बतियाने लगे थे, उनकी बातचीत का अधिकांश हिस्सा मैं समझ नहीं पाया।

हम उठने ही वाले थे कि जॉन आ धमका। उसने ख़ेद प्रकट किया, "यह समय बहुत व्यस्तता में बीत रहा है। लेकिन कैथरिन तुमसे बातचीत करना चाहती थी, इसीलिए तुम लोगों का आना कैन्सिल नहीं किया।"

"इसमें अफ़सोस की कोई बात नहीं। परिचय हो गया, तुम लोगों का फ़्लैट देख लिया, फिर मुलाकात होगी।" मैंने कहा।

"जानते हो जॉन, बिकिरि से जानने लायक़ बहुत कुछ है।" कैथरिन बोली।

उसकी इस उक्ति पर मैं फिर मन-ही-मन मुस्कुराया।

हमें लौटने के लिए बस पकड़ने की ज़रूरत नहीं पड़ी। जॉन हमें अपनी कार से छोड़ गया, कैथरिन भी साथ में आयी।

अतुल-दा से मैं वादा कर चुका था। अगले दिन से ही मैं उनके रेस्तराँ के काम में जुट गया। क्रिसमस की छुट्टियों में यहाँ सभी लोग नये मेन्यू के लिए रेस्तराँ ढूँढ़ते हैं। आम लोग चाइनीज़ तथा इण्डियन रेस्तराँ अधिक पसन्द करते हैं। क्रिसमस में मैंने जो सूट पहना था, उसी को पहनकर मैं अतुल-दा के पास पहुँचा। तरह-तरह के पकवान बनाना मैंने उन्हीं से सीखा था। पहले केवल बर्तन माँजता था। यहाँ बर्तन माँजना हमारे देश की तरह नहीं होता। गले से लेकर पाँव तक ढका ऐप्रन पहन लेने से कपड़े गन्दे नहीं होते। प्लास्टिक का ऐप्रन वाटरप्रूफ़ का भी काम करता है जिससे कपड़े गीले भी नहीं होते। यहाँ बड़े-बड़े भगौने-कढ़ाइयाँ नहीं होतीं, सब बिजली की अँगीठी में फिट किया रहता है, हैण्डल घुमाकर उन्हें तिरछा करके सहज ही धोया जा सकता है। कोई परिश्रम नहीं होता। छोटे-मोटे सारे काम, जैसे झाड़ू-पोछा, बर्तन मलना, कपड़े धोना आदि बिजली के उपकरणों द्वारा किया जाता है। इसकी एक वजह यह भी है कि यहाँ भारत की तरह घरेलू काम के लिए नौकर नहीं मिलते। जो हो, अतुल-दा के यहाँ मैं बहुत फ्री रहता था और वहाँ काम करना अच्छा भी लगता था।

मुझे देखकर अतुल-दा ने मेरी सूट की ओर इशारा करते हुए चुटकी ली, "क्यों रे, ससुराल से सीधे आ रहा है क्या?" उसके बाद उन्होंने मुझे मेरा काम समझाया, "बड़े दिन की छुट्टियाँ चल रही हैं, इसलिए अभी तो ग्राहक आते हैं, वे हाथ मे पर्याप्त समय लेकर आते हैं। हमारे टैमॅरिण्ड इण्डियन रेस्तराँ में अतिरिक्त भीड़ होने की सम्भावना नहीं, क्योंकि सारे मेज़ पहले से ही बुक हो गये हैं। जो ग्राहक पहले पहुँच जायें, उन्हें तू टैमॅरिण्ड बार में ले जाकर बैठायेगा, उन्हें हैप्पी न्यू इयर कहेगा और ड्रिंक ऑफर करेगा। बार में शैली रहेगी, तू उसकी मदद करेगा। जब बार में काम न रहे, तब तू टेबिल-ब्वॉय की हैसियत से जो लोग मौजूद हैं, उनकी सहायता करेगा और ध्यान रखेगा कि किसी भी मेज़ पर कोई खाली प्लेट या कटोरी पड़ी न रहे। बर्तन धोने का काम दोपहर एक बजे के बाद और रात में दस बजे के बाद होगा, यानी तुझे घर लौटने में रात के दो बज जायेंगे।"

"ठीक है। मुझे जितना काम दोगे, मुझे उतनी ही ख़ुशी होगी।"

काम शुरू हुआ, यानी लोगों ने पहुँचना शुरू किया। सभी पर्व के आनन्द में तनावहीन, ख़ुश थे। हैप्पी न्यू इयर कहकर मैं उनसे हाथ मिला रहा था, ड्रिंक ऑफर कर रहा था और कभी-कभी बाथरूम के आईने में पासपोर्ट साइज़ की अपनी प्रतिच्छवि देखकर गर्व महसूस कर रहा था, ख़ुश हो रहा था। हम ड्रिंक में साधारण ऐपॅरिटिफ यानी क्षुधावर्द्धक मदिरा—जैसे काम्पाटी, सिनजानो आदि सर्व कर रहे थे, साथ ही विभिन्न प्रकार के फलों का रस और टैमॅरिण्ड बार का न्यू-इयर स्पेशल—अनन्नास का ऐलकोहॉलिक फ्लेवर। क्रिसमस और न्यू-इयर के उपलक्ष्य में मेज़ पर जाने से पहले या मेन्यू पसन्द करने से पहले ग्राहकों को मालिक की ओर से उपहार भी दिया जा रहा था।

यह इण्डियन रेस्तराँ था, अतः यहाँ मेन्यू मुख्यतः इण्डियन ही था, ख़ासकर उत्तर भारतीय। शुरुआत के लिए समोसा, पकौड़ा, पापड़, सलाद आदि। मुख्य भोजन में आलू-गोभी, आलू-मटर, पालक-पनीर, दाल, सूखी सब्जी, सामन मछली, ट्यूना यानी समुद्री मछली, हिलसा मछली, रोहू मछली, चिकेन-करी, लैम्ब करी आदि। अतुल-दा गाय और सुअर का मांस नहीं रखते थे। वे ख़ुद वेज और फिश कटलेट बनाते थे। इस रेस्तराँ में वेज़ और नान-वेज़ दोनों की व्यवस्था थी। ग्राहकों की आवश्यकता को ध्यान में रखकर बिना मिर्च, कम मसाला, तेज मसाला, जो जैसा माँगता बना दिया जाता। दक्षिण भारतीय इडली, डोसा और बरा की भी व्यवस्था थी। अन्त में मीठे के लिए इण्डियन तथा इंग्लिश दोनों व्यवस्था थी। सन्देश, रसगुल्ला, गुलाम ज़ामुन, जलेबी, दही, रबड़ी, कुलफ़ी और भाँति-भाँति के न्यू-इयर केक। बच्चे साधारणतः इंग्लिश डेज़र्ट पसन्द करते। एक बात और टैमॅरिण्ड रेस्तराँ में अधिकतर ग्राहक अंग्रेज़ ग्राहक आते थे।

मेरा काम ग्रीटिंग से शुरू होता और बर्तनों की सफाई से समाप्त होता। अकेले मैं ही नहीं, यहाँ काम करनेवाले सभी लोग हर तरह के काम में हाथ बँटाते थे।

शायद तुम्हें लगे कि मैं कुछ ज़्यादा ही विस्तार से लिख रहा हूँ। लेकिन मैं विस्तार से न लिखता तो तुम्हें अतुल-दा के रेस्तराँ के विषय में बताता कैसे? दूसरे, मैं यह भी तो बताना चाहता था कि लन्दन में बिना सूट-बूट उतारे कैसे रसोई और चौका-बर्तन का काम किया जाता है।

मेरी एक दिक़्क़त यह भी है कि ब्रिटेन में चारों ओर देखता हुआ जब मैं घूमता-फिरता हूँ तब मुझे लगता है कि यहाँ की हर चीज़ के विषय में लिखा जा सकता है क्योंकि सारा इंग्लैण्ड ही एक अजब दुनिया है। सटीक विषय का चयन मेरी पहली समस्या है और दूसरी समस्या है भाषा का अभाव, विद्या की कमी और अनुभव की कमी।

दो-एक बार मैंने यहाँ के गिरजाघरों और उपासनाओं के बारे में लिखने का मन बनाया, जैसा कि मैं रविवार के दिन देखा करता था, परन्तु दाआबू से पूछने पर उन्होंने कहा कि बाहर से देखकर तुझे कितनी जानकारी मिल गयी और भारत में चर्चों की कमी नहीं। उनका कहना ठीक था। वे चाहते हैं कि मैं वही लिखूँ जिसका मुझे ज्ञान हो या निजी अनुभव। तुम्हें तो मालूम है कि यहाँ आते ही न तो मुझे एलिस से प्यार न होता और न ही मैं अतुल-दा को जानता। यहाँ कई वर्ष रहने के बाद, यहाँ की भाषा समझने के बाद, यहाँ के लोगों के साथ मेल-जोल होने के बाद एक दिन अचानक दाआबू ने हुक्म दे डाला कि मुझे लिखना पड़ेगा। मालिक का आदेश मानना नौकर का फ़र्ज़ है। सॉरी! यह शब्द मैं ग़लत बोल गया। दाआबू ने कभी भी न मुझे नौकर माना, न ही मालिकों जैसा बर्ताव किया। फिर भी हक़ीक़त में मैं उनका नौकर ही हूँ न!

लेखन की शुरुआत में मुझे बहुत परेशानी होती थी। किसी तरह पाँच पन्ना लिखता तो काट-छाँट करने के बाद एक ही पन्ना बचता। एक-एक पन्ना लिखने में काफ़ी समय लगता था, क्योंकि मुझे बार-बार शब्दकोश की मदद लेनी पड़ती थी। केवल हिज्जे सुधारने के लिए नहीं, शब्दार्थ ढूँढ़ने में। कभी ऐसे अंग्रेज़ी शब्द लेखन में आ जाते जिनका मैं बांगला नहीं जानता था, और कभी ऐसे बांगला शब्द ज़ेहन में आते जिनका मैं अंग्रेज़ी नहीं जानता था। इससे भी अधिक झमेला तब होता जब अनजान अंग्रेज़ी शब्द का शब्दार्थ ढूँढ़ने पर शब्दकोश में जो बांगला शब्द मिलता, वह भी मेरे लिये अनजान शब्द होता। इसके बावज़ूद मैं लगा रहा, क्योंकि दाआबू मेरा हौसला आफ़जाई करते और मुझे धीरज बनाये रखने की सलाह देते। मुझे लगता है कि मैंने पहले की तुलना में कुछ तो उन्नति अवश्य की है। इसके लिए तुम्हें धन्यवाद, थैंक यू, क्योंकि मेरी

कहानी तुम्हें ही पढ़नी है। लेकिन रुको, मुझे और भी बहुत कुछ कहना है, लन्दन मेरा अन्तिम पड़ाव नहीं है।

•

(11)

क्रिसमस से लेकर अतुल-दा के रेस्तराँ में काम करने तक का यह समय बहुत तेज़ी से बीत गया। पहली बार मुझे अहसास हुआ कि बिस्तर रहते भी लोगों को सोने का समय क्यों नहीं मिलता। आख़िर के दिनों में मुझे महसूस होता रहा कि मैं एलिस से दूर होता जा रहा हूँ। लेकिन वह मुझ जैसी गँवार नहीं थी, उसने मुझे समझाया, "नौकरी-धन्धे का जीवन ऐसा ही होता है। बहुत व्यस्तता रहती है। जो जितना काम करेगा, वह उतना ही अधिक उपार्जन करेगा, जिसकी आय जितनी अधिक होगी, उसके जीवन का स्तर उतना ही उन्नत होगा। इसी तरह लोग धनी होते हैं, समाज सम्पन्न होता है, देश उन्नत होता।" उसकी उक्ति ने मेरा नज़रिया बदल दिया, धरती को मैंने नये रूप में देखा, यह भी समझा कि समाज के विकास में हर व्यक्ति की भूमिका होती है। इसीलिए मैंने पूछा, "समझ गया कि मैं काम करूँ तो मेरी उन्नति होगी, समाज की उन्नति होगी, देश की उन्नति होगी। अगर ऐसा ही है, तुमने क्यों स्क्वॉर्टर में रहना और आलसी जीवन जीना मंजूर कर लिया, क्या तुम देश की उन्नति नहीं चाहतीं? बुरा मत मानना एलिस, मैं सिर्फ़ जानना चाहता हूँ।"

एलिस बोली, "मैं जानती थी कि तुम यह सवाल करोगे। हम लोग समाज या देश की तरक्क़ी के ख़िलाफ़ नही हैं। हम लोग काम के तनाव तथा सभ्यता और अनुशासन के मुखौटा के ख़िलाफ़ हैं। पारिवारिक स्नेह-ममता-प्यार लगातार ग़ायब होता जा रहा है, उसी के ख़िलाफ़ हमारा यह मौन प्रतिवाद है।"

मैंने बात आगे नहीं बढ़ायी।

मुझे और दो दिनों के बाद स्वदेश जाना था, इससे हम दोनों का मन मायूस था। लेकिन मुझे ख़ुशी थी कि उसने स्क्वॉर्टर का कमरा छोड़ दिया था, अब बालों का यत्न करती, साफ़-सुथरे पोशाक पहनती। उसने तय किया था कि मेरे जाने के बाद सात दिन तक वह इसी घर में रहेगी, उसके बाद उसकी दीदी के प्रसव के समय दीदी के घर चली जायेगी और वहाँ तीन-चार महीने तक बेबी-सिटर यानी बाल-रखवाली करेगी। इसके बाद वह फिर से पढ़ाई करेगी।

उसके इस निर्णय से मैं ख़ुश था, आश्वस्त भी, क्योंकि वह बिना डाँड़ के नाव की तरह इधर-उधर भटकती रही थी।

बारह जनवरी की भयंकर ठण्ड थी, बाहर घना कोहरा छाया था। ब्रेकफास्ट के लिए मैं एलिस का इन्तज़ार कर रहा था, वह बाथरूम गयी थी। तभी टेलीफ़ोन की घण्टी झनझना उठी। मैंने रिसीवर उठाकर कहा, "हैलो, गुड मॉर्निंग!"

"हैलो, गुड मॉर्निंग बिकिरि, सुना है कि तुम कल इण्डिया जा रहे हो?"

"जी हाँ।"

"तुम्हारी यात्रा मंगलमय हो। तुम अपने डैडी को हमारी ओर से हैप्पी न्यू-इयर कहना। उस दिन तुमने हमारी बहुत मदद की, इसके लिए धन्यवाद।"

"नहीं, मैंने ख़ास कुछ नहीं किया। मुझे अवसर देने के लिए धन्यवाद।" मैंने कहा, फिर रिसीवर का मुँह दबाकर आवाज़ दिया, "एलिस, तुम्हारे डैडी को फ़ोन।"

तब तक मिस्टर थॅमसन ने मिसेज़ थॅमसन को फ़ोन दे दिया था। वे बोलीं, "हैलो बिकिरि, मैं तुम्हारी सकुशल यात्रा की कामना करती हूँ। हाँ, एक बात और, हम तुम्हारे प्रति आभारी हैं, तुम्हें धन्यवाद।"

"घर का ही तो काम था, इसमें आभार कैसा?" मैंने कहा और टेलीफ़ोन एलिस को थमा दिया जो तब तक आ गयी थी। माँ और बेटी में बातें होने लगीं।

माँ से कुछ देर तक बातें करने के बाद एलिस ने टेलीफ़ोन रखा, फिर मुझसे लिपटकर मुझे चूमा, और उसके बाद मेरे कन्धे पर अपना माथा टिकाकर फफककर रो पड़ी। उसे इस तरह रोते देखकर मैं घबरा गया, किसी तरह उसे अपने से अलग करके मैंने उसे उठाकर खाट पर लिटा दिया और उससे लिपटकर मैं उसका चेहरा घूरता रहा। मुझे लगा कि उसकी माँ ने ज़रूर कोई बुरी ख़बर दी है। मैंने कई बार बिस्तर के चादर से उसके आँसू पोंछे, क्या हुआ है बिना जाने मैं ढाढ़स के शब्द भी नहीं बोल पा रहा था। आँसुओं से भीगे गाल उसे और भी सुन्दर बना रहे थे। अन्त में मैंने उसे हौले से चूमकर कहा, "मुझे नहीं मालूम कि क्या हुआ है, तुम क्यों रो रही हो, मुझसे तुम्हारे आँसू नहीं देखे जाते, तुम जानती हो कि मैं तुमसे कितना प्यार करता हूँ। अगर मैं कुछ कर सकता हूँ तो बताओ।"

उसने ख़ुद को सँभाला, फिर बोली, "बिकिरि, तुमने बहुत किया है, तुमने मेरी बहुत मदद की है, तुम्हें नहीं मालूम कि मैं और मेरे माता-पिता तुम्हारा कितना एहसान मानते हैं।"

"उठो, चाय तैयार है, नाश्ता करते हुए बातें करेंगे।" कहकर मैं उठा और डाइनिंग टेबल पर आ गया। वह भी आयी। सच कहूँ तो मैं दुविधा में पड़ गया था। मैंने उनका कौन-सा उपकार किया था? क्रिसमस के दिन उनके घर के काम में थोड़ी बहुत मदद कर दी थी, उसके साथ इस रोने का क्या सम्बन्ध है? किस बात के लिए एलिस और उसके माता-पिता कृतज्ञता ज़ाहिर करते हैं। मैं ख़ामोश रहा और टोस्ट में मक्खन लगाने लगा।

कुछ देर तक चुप रहने के बाद अपना सिर मुझ पर टेककर एलिस बोली, "बुरा मत मानना, मैं इमोशनल हो गयी थी। तुम कल चले जाओगे, इसलिए आँसू नहीं रोक पायी। जानते हो, मेरी माँ ने क्या कहा?"

"क्या?"

"वे बोलीं कि मैं तुम्हें समझा दूँ कि तुमने मेरे जीवन में सुखद परिवर्तन ला दिया है, तुमने मेरा रास्ता बदल दिया है।"

मैं हँस पड़ा। हँसते हुए कहा, "तुम वाक़ई नादान हो, बहुत भोली हो। मैंने तुम्हारे लिये कुछ भी नहीं किया, इसके विपरीत तुमने मुझ जैसे भिखारी से प्यार करके सारे भिखारियों की इज़्ज़त बढ़ा दी है। यह तुम्हारी महानता है, मेरी नहीं।"

मैंने इस प्रसंग को और नहीं खींचा, क्योंकि बात गम्भीर होने लगती है तो मेरी अल्पबुद्धि ज़्यादा देर नहीं टिकती। बस, एक बात स्पष्ट हो गया था, एलिस मुझसे वाक़ई प्यार करती थी, अवश्य ही मुझसे भी ज़्यादा।

दाआबू का फ़ोन आया, मुझे इस फ़ोन का बेसब्री से इन्तज़ार था। उन्होंने मुझे आख़िरी हिदायतें दीं—दमदम एयरपोर्ट में पासपोर्ट पर ठप्पा लगाने के बाद मुझे अपने सूटकेस के लिए रोलिंग-बेल्ट पर पहुँचना होगा। उसके बाद ग्रीन चैनल से निकलना है, बाहर दाआबू मेरी प्रतीक्षा करेंगे। यह पहला मौक़ा था जब मुझे अकेले लन्दन से कोलकाता जाना था, इसीलिए दाआबू कुछ चिन्तित थे। दाआबू ने एलिस को भी स्नेह और दुआएँ दीं।

लन्दन से प्रस्थान के दिन हम दोनों बहुत दुःखी थे, मन बोझिल था। लेकिन एयरपोर्ट पहुँचने पर जॉन और कैथरिन ने मुझे सरप्राइज़ दिया। 'चेक-इन' के निकट उनके उपस्थित रहने की मुझे क़तई उम्मीद नहीं थी। वे मुझे 'बँ-वॅयाज़' कहने आये थे। वे मुझे 'सी-ऑफ़' करने आये थे, इसके लिए मैंने उन्हें धन्यवाद दिया। फिर कस्टम्स के सामने बिलखती एलिस को कैथरिन के हवाले कर मैंने कहा, "इसे कभी-कभी बुला लिया करना, मैं भी फ़ोन करता रहूँगा।"

ज़िन्दगी में पहली बार मैंने किसी को मेरे लिये रोते देखा था। एलिस से बिछुड़ते हुए मन में इतनी उथल-पुथल मचेगी इसका मुझे पहले से अहसास नहीं था।

प्लेन में बैठने के बाद थोड़ा वक़्त लगा मन को संयत करने में। होस्टेस द्वारा सॉफ्ट ड्रिंक सर्व करने के बाद मुझे कोलकाता का ख़याल आया जहाँ मैं जा रहा था। खिड़की के बग़ल की सीट थी, बादलों का खेल देखते हुए मेरा समय बीत रहा था, कभी-कभी लगता कि मैं सपना देख रहा हूँ, स्वर्ग के क़रीब से उड़ चला हूँ। बीच-बीच में जब एयर होस्टेस ड्रिंक या खाने की चीज़ों के बारे में पूछतीं, "सर, आपको क्या दूँ? सर, आप वेज़ लेंगे या नॉन-वेज़?" तब इन शिक्षित सुन्दरी युवतियों से 'सर' सम्बोधन सुनकर मुझे लगता कि यह वास्तव नहीं है, मैं स्वप्न-राज्य में ही हूँ।

आख़िर एक समय बहु-प्रतीक्षित घोषणा मेरे कानों में गूँजी, "और कुछ ही देर में हम नेताजी सुभाषचन्द्र बोस इण्टरनेशनल एयरपोर्ट में अवतरण करेंगे, आप लोग सीट

बेल्ट बाँध लें, सीट सीधी कर लें...।'' मैंने खिड़की के बाहर नीचे का दृश्य देखा। नारियल तथा दूसरे पेड़ों की झुरमुट के बीच मकान दिखने लगे थे और बादलों की तरह बेतरतीब ढँग से धुआँ फैल रहा था। मन-ही-मन सोचा, यही मेरा देश है, मैं यहीं पैदा हुआ, मैं बंगाली हूँ।

कस्टम्स ने मुझे नहीं रोका। सामान के लिए भी मुझे रुकना नहीं पड़ा क्योंकि मेरे पास केवल केबिन-बैग था। ग्रीन चैनल होकर बाहर निकला तो भीड़ देखकर मैं भौचक्क हो गया। यहाँ इतनी भीड़ होगी, इसकी मुझे उम्मीद नहीं थी, हालाँकि यह भीड़ मेरे लिये नहीं थी। सहसा मेरी पीठ पर धौल पड़ने पर मैंने पलटकर देखा, दाआबू मुस्कुरा रहे थे। मेरी जान में जान आयी, मैंने झुककर उन्हें प्रणाम किया तो उन्होंने मुझे बाँहों में भर लिया। उसके बाद टैक्सी में बैठकर उन्होंने पूछा, ''कैसा लग रहा है अपना देश?''

''बहुत अच्छा।'' मैंने कहा, ''बहुत परिवर्तन हुआ है, बिलकुल नया लगता है। जानते हो दाआबू, एलिस मुझे एयरपोर्ट छोड़ने आयी थी। उसका मन बहुत ख़राब था, मेरा भी।''

''सो तो होगा ही, यही स्वाभाविक है। जब लौटेगा, तब सब ठीक हो जायेगा।'' उन्होंने संक्षिप्त उत्तर दिया।

हम लोग भवानीपुर में दाआबू के मित्र के घर पर ठहरे। वे मित्र विदेश में रहते थे, शायद अपने यार-दोस्तों को कमरा किराये पर देते थे। लेकिन मैं वहाँ रुका नहीं, शाम को एक ट्रेन पकड़कर मैं बोलपुर-शान्तिनिकेतन के लिए रवाना हो गया।

दाआबू ने पहले से ही सब तय कर रखा था। उनके शान्तिनिकेतन के आवास का मरम्मत होना था, दो कमरे और एक गैरेज बनना था, अतः वहाँ मेरी ज़रूरत थी।

हावड़ा स्टेशन में पहुँचकर मुझे लगा कि अब कोलकाता की आबादी पहले से दुगनी हो गयी थी। लेकिन यात्री, ट्रेन, माइक की आवाज़, कुली आदि सब-कुछ मुझे मेरे अतीत की याद दिला गये। कभी स्टेशन ही मेरे लिये सब-कुछ था, वही मेरा देश था। मन में एक अजीब सिहरन जगा, यह जनस्रोत ही मेरे ख़ून के स्रोत से जुड़ा था। बोलपुर मुझे अकेले जाना पड़ा क्योंकि दाआबू दो दिनों के उपरान्त वहाँ जायेंगे। दाआबू को उनकी अनुपस्थिति के दौरान बटोरे गये मेरे अनुभवों के बारे में मैं सब-कुछ बताने के लिए बेचैन था, लेकिन मुझे मौक़ा ही नहीं मिला।'' बाद में सुनूँगा'' कहकर दाआबू ने मुझे हताश किया। जो हो, लगभग सोते-सोते मैं रात में बोलपुर स्टेशन पहुँचा। लन्दन में आख़िर के तीन-चार दिन मैं ठीक से सो नहीं पाया था। लगता था सोने से मैं उसे खो दूँगा, इसलिए उसे जकड़े रहकर ही मैंने रातें बितायीं, उतना ही मेरा विश्राम था। बाद में प्लेन की यात्रा का जेट-लैग तो था ही। बोलपुर उतरकर सीधे महामाया रेस्तराँ जाकर मछली-भात खाकर रात दस बजे के आसपास घर पहुँचकर बिस्तर पर पसर

गया। माली ने मेरे लिये खाना बनाकर रखा था, मैं बाहर से खाकर आया था सुनकर उसे अफ़सोस हुआ।

शान्तिनिकेतन। मैं यहाँ कई साल बाद आया था। मास्टर जी से मिलने गया तो उन्होंने अपने शिष्य की तरह ही मेरा स्वागत किया। इस बार शान्तिनिकेतन पहुँचने के बाद से मैंने कोट और टाई पहनना जारी रखा था। इसकी दो वजह थी। एक तो यह कि मैं विलायत से आया था। दूसरे, मैं यह जताना चाहता था कि दाआबू मेरा कितना ख़याल रखते हैं और उन्होंने मेरी कितनी अच्छी परवरिश की थी। यानी मैं स्पष्ट कर देना चाहता था कि मैं दाआबू का नौकर नहीं, बल्कि उनका पर्सनल असिस्टेण्ट हूँ। मेरे टाई बाँधने की वजह सुनकर मास्टर जी हँस पड़े, फिर बोले, "लोग क्या कहते हैं इस पर ध्यान नहीं देना चाहिए। परन्तु पोशाक की बात सही है, लोग पोशाक देखकर ही औरों को तौलते हैं।"

हमारी बातचीत सुनकर अन्दर से एक बुज़ुर्ग व्यक्ति बैठक में आये और हाथ जोड़कर मुझसे बोले, "नमस्कार, मैंने आपको नहीं पहचाना।"

मैं बहुत शर्मिन्दा हुआ और उठकर उनके पाँव छुए। मास्टर जी बोले, "पापा, तुमने इसे नहीं पहचाना? याद है, सियालदह से बीड़ी नाम का एक लड़का यहाँ आया था, जो अब लन्दन में रहता है, यह वही है।"

"अरे, तेरे दोस्त ने जिसे...हाँ-हाँ..." कहते हुए वे अन्दर चले गये, फिर अपनी पत्नी यानी मास्टर जी की माँ को संग लेकर बैठक में लौट आये। मैंने माँ जी के पाँव छुए तो मेरे सिर पर हाथ रखकर वे बोलीं, "रहने दो बाबा, देखो ईश्वर की क्या महिमा है, और तुम्हारा भी क्या भाग्य है, नहीं तो विश्वास ही नहीं होता कि तुम कहाँ-से-कहाँ पहुँच गये। उनकी लीला समझना कठिन है। लोग कितनी तक़लीफ़ उठाकर लिखते-पढ़ते हैं, फिर हज़ार कोशिशों के बावज़ूद विदेश नहीं जा पाते, और तुम... यह कृपा है बाबा, ईश्वर की अनुकम्पा है। तुम्हारा भाग्य बहुत ही अच्छा है बाबा, समय निकालकर एक बार दक्षिणेश्वर की मन्दिर में माँ काली को अवश्य पूजा चढ़ा आना। अभी तो रहोगे न कुछ दिन, तो बाबा घर में खाना-वाना बनाने की ज़रूरत नहीं, भोजन रोज़ यहीं करोगे। अच्छा बाबा बैठो, बातचीत करो, मैं पूजा के कमरे में जा रही हूँ।"

मास्टर जी की माँ देवी तुल्य थीं। मुझसे उन्हें बहुत हमदर्दी थी। मैं उन्हें बहुत श्रद्धा करता था। विलायत में ढूँढ़ने से भी उन जैसा कोई नहीं मिलेगा। वहाँ किसी के घर पहुँचने पर अधिक-से-अधिक एक प्याली चाय, काफ़ी या ड्रिंक ऑफर करेंगे। रोज़ यहीं पर भोजन करना, ऐसी बात किसी भी अंग्रेज़ के दिमाग़ में कभी नहीं आयेगी, ऐसी आन्तरिकता उनकी संस्कृति में नहीं है।

दाआबू के घर की मरम्मत के काम की व्यवस्था माली ने ही कर रखी थी, राजमिस्त्री भी दाआबू के घर का आदमी था। मुझे सिर्फ़ उपस्थित रहना पड़ता था, काम मिस्त्री और लेबर करते थे। दो दिनों के उपरान्त दाआबू शान्तिनिकेतन पहुँच गये तो घर में जैसे जान आ गयी। दाआबू और मास्टर जी एक साथ बैठते तो आनन्द की मानों बाढ़ आ जाती। यहाँ दाआबू के इतने परिचित थे कि लगता पूरा शान्तिनिकेतन ही उनके घर पर उमड़ पड़ा है। इस बार मैं शान्तिनिकेतन को टाई पहनकर यानी एक विदेशी की आँखों से देख रहा था, इसीलिए शायद बहुत-सी चीज़ें समझ नहीं पा रहा था क्योंकि हर चीज़ को मैं लन्दन के साथ तुलना करके देखता।

एक दिन मुझे विनय भवन के दूसरी ओर रहनेवाले बढ़ई के घर जाना था। रिक्शे पर बैठकर उधर जाते हुए मुझे सड़क पर एक विशाल गड्ढा दिखायी दिया जो बारिश के कारण नहीं बना था, बल्कि गोबर से कण्डा या उपलें बनाने के लिए या दीगर काम के लिए लोगों द्वारा कच्ची सड़क खोदकर वहाँ से मिट्टी ले जाने के कारण बना था। रोज़ाना वहाँ से खोदकर मिट्टी निकालते रहने से उतना विशाल गड्ढा बना था। यहाँ की सड़कों के साथ अपरिचित मुझ जैसे लोगों के लिए यहाँ रात में चलना-फिरना ख़तरनाक होता। मैंने रिक्शवाले से पूछा, "इस तरह यहाँ सड़क खोद देते हैं, इसके लिए सरकार कुछ नहीं कहती? मेरा मतलब है शान्तिनिकेतन की सरकार?"

"शान्तिनिकेतन में सरकार नहीं है दादा, यहाँ के वी.सी. ही सब-कुछ हैं।"

"तो वी.सी. के लोग यह सब नहीं देखते?"

"नहीं दादा। जो लोग गड्ढे खोदते हैं, वे भी वी.सी. के ही लोग हैं।" वी.सी. से उसका आशय वाइस-चांसलर से था।

"मतलब?" मैंने पूछा।

"मतलब, सड़क के पास के ये सभी क्वार्टर पहरेदारों के क्वार्टर हैं, यहाँ जो लोग पहरेदारी करते हैं उन्हें क्वार्टर वी.सी. ही मुहैया करते हैं। ये दरबान पहरेदारी तो नाममात्र का करते हैं, सभी ने काफ़ी संख्या में गाय-भैंस पाल रखा है, दूध का धन्धा ही उनका मुख्य काम है। यही नहीं, दरबान लोग अपने भाई-साला और दूसरे सगे-सम्बन्धियों को भी यहीं ले आये हैं जो क्वार्टर के पीछे की ज़मीन पर झोंपड़ी या कच्चा मकान बनाकर बस गये हैं, वे भी गाय-भैंस और बकरियाँ पालते हैं। हम लोग यहाँ के स्थानीय निवासी हैं, हम लोग सब देखते हैं पर कुछ कह नहीं पाते क्योंकि हम सन्थाल हैं, बंगाली नहीं। हम गाँव में रहते हैं, कभी हमारे गँव आइयेगा दादा। मेरा नाम शनि है।"

नम्र स्वभाव का शनि सच कह रहा था। लेकिन उसने जो जानकारी दी, उससे मैं हैरान था। अगली सुबह प्रातः भ्रमण के लिए निकलकर मुझे और भी विस्मित होना पड़ा। मैंने देखा, लड़के-लड़कियों के कई झुण्ड, जिनमें अधिकांश ग़रीब घर के बच्चे थे, हाथों में लग्घा लेकर निकले थे और बौर लगे आम की पतली टहनियों में अँकुसी

फँसाकर पत्तों समेत डण्ठल नीचे गिरा रहे थे और झुण्ड के दूसरे बच्चे उन्हें बीनकर बस्ते में भर रहे थे। मैंने एक को टोका, "क्यों रे, इन पत्तों का क्या करेगा?"

उसने कहा, "बाबू, यह बकरियों के लिए है। आम की पत्ती खिलाने से बकरी बढ़िया दूध देती है।"

"इस लिए तू लोग इन सुन्दर पेड़ों को नष्ट कर रहा है।"

"नहीं बाबू, हम नष्ट नहीं करते। यहाँ आम के बहुत पेड़ हैं।"

कुछ ही देर बाद मुझे दो पहरेदार दिखायी पड़े। मैंने उनमें से एक को रोककर पूछा, "क्यों भाई, ये बच्चे पत्तियाँ तोड़-तोड़कर इस तरह पेड़ों को बरबाद कर रहे हैं, आप लोग इन्हें टोकते नहीं?"

"नहीं सा'ब, मेरी ड्यूटी पूरी हो चुकी है, मैं घर लौट रहा हूँ।"

मैंने उसे ग़ौर से देखा। पहनावे में भारी ओवरकोट, मंकी कैप। हाथ में लम्बा टॉर्च और लाठी। कन्धे से लटकता बिस्तर और कम्बल। उसका साथी रुका नहीं, आगे बढ़ गया था।

"आपकी नाइट-ड्यूटी थी?"

"हाँ सा'ब।"

"तो ड्यूटी करने गये थे, बिस्तर-कम्बल साथ ले जाना पड़ा?"

वह मन्द मुस्कुराया, फिर झिझक के साथ बोला, "क्या करें सा'ब, वी.सी. हमें बिस्तर-कम्बल नहीं देते। इस ठण्ड में नाइट-ड्यूटी में बहुत तक़लीफ़ होती है।"

मैं अवाक् रह गया। कोई पेड़ों को बरबाद करे तो उसे टोकना पहरेदार का काम नहीं। लेकिन रात में पहरेदारी करते समय इन्हें बिस्तर और कम्बल की ज़रूरत पड़ती है।

शान्तिनिकेतन एक अजीब जगह है। यहाँ लोग शिक्षित हैं, लेकिन बेहद आलसी। एलिस ने जो मुझसे कहा था, 'जो जितना काम करेगा, वह उतना ही अधिक उपार्जन करेगा, जिसकी आय जितनी अधिक होगी, उसके जीवन का स्तर उतना ही उन्नत होगा। इसी तरह लोग धनी होते हैं, समाज सम्पन्न होता है, देश उन्नत होता है...' ये बातें यहाँ निरर्थक हैं। जहाँ नाइट-ड्यूटी करने लिए कम्बल और बिस्तर चाहिए, वहाँ देश की उन्नति कैसे सम्भव है? जहाँ बकरी पालने के लिए आम का बाग़ नष्ट कर दिया जाता है, वहाँ देश की समृद्धि कैसे होगी? जहाँ जमीन रहते हुए भी लोग बाग़वानी नहीं करते, वहाँ उन्हें सौन्दर्य का कितना ज्ञान होगा? रवीन्द्रनाथ टैगोर ने जो बाग़ सजाया था, वह सबके आँखों के सामने विनष्ट हो रहा है, लेकिन इस ओर कोई ध्यान नहीं देता। वी.सी. से लेकर पहरेदार तक किसी को इन बातों से सरोकार नहीं। मास्टर जी ने ठीक ही कहा था, "वी.सी. आनन्दित होकर कविताएँ लिखते हैं और चौकीदार आनन्द से खैनी खाते हैं। जीवन में आनन्द ही सब-कुछ है, बाक़ी सब फ़िज़ूल की बातें।"

मैंने मास्टर जी से पूछा था, "बांगला भाषा में कविता लिखकर रवीन्द्रनाथ को नोबल पुरस्कार मिला, राष्ट्र-गीत के लिए बांगला के गीत चुने गये, शान्तिनिकेतन हमारी राष्ट्रीय सम्पत्ति है, विश्वभारती में सारी दुनिया से छात्र अध्ययन के लिए आते हैं यानी यह भारत का एक नामी-गिरामी शिक्षा केन्द्र है; यदि ऐसा ही है तो सुबह यहाँ के बच्चों को सूट-टाई पहनाकर अंग्रेज़ी स्कूलों में क्यों भेजते हैं? जो लोग शान्तिनिकेतन में रहते हैं, शान्तिनिकेतन में नौकरी करते हैं, विश्वभारती की तारीफ़ करते नहीं थकते, वे ही लोग अपने बच्चों को बाहर के अंग्रेज़ी स्कूलों में किस मज़बूरी से भेजते हैं? इसमें ज़रूर कहीं कोई ग़लतफ़हमी है या कहीं कुछ गड़बड़ है!"

मास्टर जी बोले थे, "लन्दन से यहाँ आकर तुझे दादागिरी करने की ज़रूरत नहीं, टाई पहन लेने से ही सब चालाक नहीं हो जाते।"

मैंने यही प्रश्न दाआबू से भी किया था। वे बोले थे, "अ लिटिल लर्निंग इज़ अ डैन्जरस थिंग। तू क्या यहाँ राजनीति करने आया है? यह सब तू नहीं समझेगा। बग़ीचा सजाने का मालिक तू नहीं है।"

मैं समझ गया था कि मेरे सवाल ग़लत थे, अथवा इन्हें समझने की क्षमता मुझमें नहीं थी।

शान्तिनिकेतन में शिक्षित लोग बसते थे और पास ही बोलपुर एक साधारण शहर था। मुझे बोलपुर का हाट-बाज़ार बहुत अच्छा लगता। गाँव से लड़कियाँ आतीं साग-भाजी बेचने के लिए। वे हँसमुख और फुर्तीली तो होती हीं, उनमें कुछ बेहद ख़ूबसूरत भी होतीं। कोई सुन्दर लड़की दिखती तो मुझे एलिस की याद आती, वह भी सुन्दर थी, लेकिन उसका सौन्दर्य जैसे किसी बँधे नियम में ढला था। यहाँ की ग्रामीण बालाओं का सौन्दर्य प्राकृतिक सौन्दर्य था, वह मुझे बहुत आकर्षक लगता।

बचपन में भीख माँगता था और भीख के पैसों को बार-बार गिनता था, और किसी ओर मेरा ध्यान नहीं जाता था, कोई ख़ूबसूरत है या नहीं, इस ओर तो क़तई नहीं। अब बड़ा हो गया था, लन्दन में रहता था, मेम से इश्क़ करता था, और मेरी समझ में मेरा स्टैण्डर्ड ऊँचा हो गया था। परन्तु मुझ पर दाआबू का नियन्त्रण था, वे अक़सर कहते, "साले, गदहा चाहे जितनी तेज़ दौड़े, वह घोड़े की बराबरी कभी नहीं कर सकता।"

शान्तिनिकेतन के घर का काम दाआबू ने मुझे ऐसे समझाया मानों वह उनका नहीं, मेरे या मेरे बाप का मकान है। मैं समझ गया कि मुझे महीने भर यहीं रहना पड़ेगा। सोचा, चलो अच्छा है, अपने शिक्षा गुरु मास्टर जी से मैं कुछ और सीख लूँगा। यह सोचकर मैंने दाआबू से कहा, "दाआबू तुम मास्टर जी से कह दो न कि पिछली बार की तरह वे मुझे पढ़ायें। इस बार उनकी फ़ी मैं ख़ुद दूँगा, अतुल-दा के रेस्तराँ में काम करके मुझे काफ़ी पाउण्ड मिल गये हैं।"

दाआबू ने विस्मय से मुझे घूरा, फिर विद्रूप के लहज़े में सस्वर बोले, "इस बार उनकी फ़ी मैं ख़ुद दूँगा! वाह, क्या कहने! बहुत उत्तम प्रस्ताव है! जा-जा, मास्टर जी से जाकर बोल!"

"जाऊँगा, तुम राजी हो न? कहूँगा कि तुमने भेजा है।"

दाआबू ने एकाएक चीख़कर मुझे फटकार लगायी, "बैठ साले! बहुत पैसेवाला बन गया है तू? ऐसी बात कहने की तुझे हिम्मत कैसे हुई? मास्टर जी को तू पैसे से ख़रीदेगा?" फिर थोड़ा नरम होकर बोले, "वे तुझे चाहते हैं, उन्हें जो देना है देंगे, तू उनसे कभी रुपये-पैसे की बात नहीं करेगा। मेरे अनुरोध पर ही वे तुझे पढ़ाते थे। वे बहुत ऊँचे ख़ानदान के हैं, उनका मन बहुत ऊँचा है। शान्तिनिकेतन में इतना अच्छा इन्सान दूसरा नहीं मिलेगा—वे बहुत गुणी हैं और उनका मन बहुत उदार है।" इतना कहकर कुछ पल वे चुप रहे, फिर शान्त स्वर में बोले, "आज रात जब वे आयें तो मैं पूछ लूँगा, तुझे कुछ कहने की ज़रूरत नहीं।"

दाआबू के नरम स्वर ने मुझे आश्वस्त किया। मैंने क्षमा याचना करते हुए कहा, "मुझसे ग़लती हो गयी। तुम्हें तो मालूम है कि लन्दन में मुझे जिसे जो कुछ कहना होता है, सीधे-सीधे कहता हूँ, और मैंने सोचा था कि अब मैं बड़ा हो गया हूँ और मैंने एक्स्ट्रा पैसे उपार्जन किये हैं तो..."

दाआबू ने टोका, "यह लन्दन नहीं, शान्तिनिकेतन है। विलायती चाल यहाँ नहीं चलती।"

मैं चुप हो गया। उनसे मैं कभी बहस नहीं करता। लेकिन मेरे मन में कोई सवाल आता है तो ज़रूर पूछता हूँ। वे उत्तर भी देते हैं, और समझा भी देते हैं।

शान्तिनिकेतन में दाआबू के लिए मुझे केवल ब्रेक-फास्ट बनाना पड़ता था, इसके अलावा चाय, लाई, समोसे भी। दाआबू यहाँ होते तो शंकर हलवाई की दुकान से दही और सन्देश, रसगुल्ला, रबड़ी आदि मिठाइयाँ रोज़ाना मँगायी जाती। घर में कोई भी आता, भीख माँगनेवाले बाउल गायक से लेकर मिस्त्री और रिक्शावाला तक सबको चाय और मिठाइयाँ दी जातीं। दोपहर को दाआबू अधिकतर अपने दोस्तों के घर पर निमन्त्रित रहते, रात में चॉप-कटलेट-मांस-रोटी होटल से मँगायी जाती। उनके घर पर औरतों की आवाजाही बहुत कम थी। रात में केवल उनके चार-पाँच अन्तरंग यार-दोस्त ही आते और तब रम, स्कॉच और ह्विस्की के साथ मजलिस बैठती। उसी वक्त मुझे ज़्यादा काम रहता, क्योंकि मैं ही सर्व करता। सेल्फ-सर्विस में लोगों की पीने की मात्रा बढ़ जाती है, यह दाआबू ने मुझे सिखा दिया था।

उस रात अड्डा शुरू होने के बाद दाआबू ने मुझे बुलाकर पूछा, "बीडी, तुझे मैंने स्काइशॉप से जो दो बोतल लाने के लिए कहा था, लाया है या नहीं?"

"हाँ, लाया हूँ।"

"उसे निकाल।"

मैंने बोतल खोला तो सब लोग उसका ब्राण्ड देखने की कोशिश करने लगे। दाआबू बोले, "अरे, ब्राण्ड देखकर क्या करोगे, बेस्ट ऑफ आयरलैण्ड है, टेस्ट करो तो समझ जाओगे।" वे लोग पीने लगे तो उनके हाव-भाव से मुझे लगा कि जो लोग कभी भी हज़ारों मील की दूरी पर स्थित लन्दन नहीं गये, वे ही ह्विस्की के असली पारखी हैं। मुझे कुछ अचरज हुआ। कोलकाता क्लब में मैंने ऐसा देखा था, किन्तु शान्तिनिकेतन में मुझे इसकी उम्मीद नहीं थी।

यहाँ मैं ख़ामोश रहता था, क्योंकि यहाँ मैं दाआबू का कर्मचारी था। लन्दन की बात और थी, वहाँ दाआबू अकेले रहते थे, मुझसे दोस्त की तरह पेश आते, और ज़्यादा पीकर 'आउट' हो जायँ तो भी परेशानी की बात नहीं थी। यहाँ दाआबू चौकन्ना रहते और सबको सावधान करते कि कोई लिमिट से ज़्यादा न पिये, यूँ उनके दोस्त भी सतर्क रहते ताकि उन्हें घर वापस लौटने में परेशानी न हो। एक समय दाआबू अचानक मास्टर जी की ओर झुककर उनसे अनुरोध के स्वर में बोले, 'एइ, सुन, बीडी यहाँ महीने भर रहेगा। तुझे तो उसके बारे में सब मालूम है। वह चाहता है कि तुझसे और कुछ सीखे। उसकी बहुत जिज्ञासा है, तू हेल्प कर पायेगा? समय होगा तेरे पास?"

"अरे, बीडी जैसे लड़के को पढ़ाने में मज़ा आता है, वह समझदार है।"

मास्टर जी राजी हैं देखकर मैं ख़ुशी से झूम उठा। मैंने तत्काल झुककर उन्हें प्रणाम किया।

अवनीन्दा ने चुटकी ली, "अति भक्ति चोर का लक्षण होता है।"

अगले दिन से ही मैंने मास्टर जी के घर आवाजाही शुरू कर दी। दाआबू की छत्रछाया में मैं पला बढ़ा, लेकिन भारतीय अदब-क़ायदा मैं नहीं जानता था, सीख नहीं पाया था क्योंकि दाआबू अकेले रहते थे और शान्तिनिकेतन हो या कोलकाता या लन्दन, वे अड्डा, क्लब या पार्टियों में उलझे रहते थे। ब्राइटन की आण्टी से कुछ सीखा था, लेकिन वे भी अकेली रहती थीं और दाआबू जब आण्टी के घर पर रहते तब मैं लन्दन में रहता था। मास्टर जी भी दाआबू की तरह अकेले थे, यानी उन्होंने कभी शादी की थी या नहीं यह मुझे नहीं मालूम। इस विषय पर मैंने कभी कुछ पूछा नहीं क्योंकि मैं दाआबू की हिदायतों को अक्षरशः मानता था और उन्होंने मुझे सतर्क कर दिया कि किसी से, ख़ासकर महिलाओं से, उनकी उम्र नहीं पूछना चाहिए, किसी के पास डिग्री है या नहीं जानने की ज़रूरत नहीं, कोई शादीशुदा है या नहीं यह भी पूछने की आवश्यकता नहीं, किसी की तनख़्वाह मत पूछो और कभी भी किसी से भी उधार मत लो, इत्यादि। टेन कमाण्डमेण्ट्स की तरह यह फार्मूला मेरे काम आता। दाआबू ने कहा था, "याद

रख,, तू कुछ पूछेगा, तो वह भी तुझसे पूछेगा, तेरे चारों ओर सभी चालाक हैं, अधिक बोलेगा तो तू अपना व्यक्तित्व खो देगा। अपना व्यक्तित्व थामे रहने के लिए तू जितना चुप रहेगा, उतना ही तेरा मूल्य बढ़ेगा।'' दाआबू की वाणी असल में मेरे लिये वेदवाक्य जैसा था।

मास्टर जी के घर का दरवाज़ा मेरे लिये हमेशा खुला रहता। उनके यहाँ माता-पिता-नौकर-नौकरानी के अलावा सगे-सम्बन्धी भी अक़सर आकर रहते। मासिमा, यानी मास्टर जी की माँ, उनके घर पर आनेवाले हर किसी को मेरे बारे में कहते कि बीडी बहुत अच्छा लड़का है, बहुत सीधा है और काम-काज में माहिर। वे मेरी ओर देखकर कहतीं—''कौन कहेगा यह कभी सियालदह का भिखारी था। सब ईश्वर की कृपा है। उनकी कृपा के बिना यहाँ का कोई भिखारी बालक विलायत नहीं जा सकता।'' लगता कि मुझे इंग्लैण्ड ले जाने का कोई श्रेय दाआबू का नहीं था, सब मेरी क़िस्मत और ईश्वर की अनुकम्पा से हुआ। उनकी ये बातें मुझे पहेली-जैसी लगतीं, लेकिन सुनने में अच्छा लगता। भारत में पारिवारिक शिक्षा का जो महत्त्व है, वह शिक्षा मुझे इसी घर से मिली।

इस बार मुझे सिखाने के लिए मास्टर जी ने एक नयी तरकीब सुझाया। वे बोले, ''बीडी, तेरे मन में जब भी कोई प्रश्न उभरे, तू उसे कॉपी में नोट कर लिया कर। फिर मैं तुझे उन प्रश्नों के उत्तर दूँगा जिसे या तो याद कर लेना अथवा लिख लेना।''

यह तरकीब मुझे अच्छी लगी। मुझे लगता था कि मास्टर जी और दाआबू एक ही गुरु के चेला थे। दाआबू मुझसे कहते, ''तुझे डिग्री हासिल करने के लिए नहीं, जानने के लिए पढ़ाई करनी है।''

कुछ दिनों के बाद दाआबू ने घोषणा की कि अब वे कोलकाता जायेंगे, वहाँ दो दिन ठहरकर लन्दन लौट जायेंगे। लन्दन में दो सप्ताह रहेंगे, उसके बाद न्यूयार्क जायेंगे।

शान्तिनिकेतन से प्रस्थान के एक दिन पूर्व रात में दाआबू ने अपने दोस्तों के साथ फिर अड्डा जमाया। मैं लन्दन से दाआबू का फेवॅरिट स्कॉच वेलहावेन ब्रु की दो बोतलें उनके लिए लाया था उन्हें सरप्राइज़ देने के लिए। अब जब वे जाने ही वाले थे तो यही मौक़ा था कि मैं यह तोहफ़ा उन्हें दे दूँ। मैंने बोतल निकालकर सामने रख दिया तो दाआबू चौंके, उन्होंने आँखें फाड़कर बोतलों को देखा और फिर मेरी पीठ पर धौल जमाते हुए बोले, ''अरे साला! यह क्या किया है तूने?''

उनके धौल ने सुझा दिया कि मैंने अच्छा काम किया था और वे ख़ुश थे।

कुल आठ लोग थे। यह स्कॉच काफ़ी स्ट्राँग होता है, इसलिए इतना पर्याप्त था। सभी ख़ुश थे। दाआबू ने पेग उठाकर कहा, ''थ्री चियर्स फॉर बीडी!''

बाकी सबने कहा, ''हिप-हिप हुर्रे, हिप-हिप हुर्रे!''

उनके अगले वाक्य ने मुझे एकबारगी चौंका दिया।

"ग्रीटिंग टू एलिस, फॉर द हेल्थ ऑफ एलिस!"

सबने आश्चर्य से दाआबू की ओर देखा और मेरा चेहरा शर्म से लाल हो उठा। मैंने दीवार की ओर मुँह फेर लिया। न जाने क्यों दाआबू ने बीच बाज़ार में मेरी हाण्डी फोड़ दी।

"एलिस है बीडी का गर्लफ्रेण्ड। लन्दन की छोकरी, ऐंग्लो-इण्डियन नहीं, विशुद्ध अंग्रेज़। बहुत ही ख़ूबसूरत एण्ड वेरि वेरि स्वीट।"

मैं लज्जित भी हुआ, परन्तु भीतर-ही-भीतर मुझे गर्व भी महसूस हुआ। जो हो, सबको ख़बर लग गयी कि मैं लन्दन में एक मेम से इश्क़ करता हूँ।

दाआबू के चले जाने के बाद मास्टर जी और भी सहज हो गये थे। लेकिन फिर कभी उन्होंने मेरे साथ बैठकर ड्रिंक नहीं की। उनके घर पर मद्यपान पूरी तरह निषिद्ध था।

मकान के मरम्मत का काम पूरी रफ़्तार से चल रहा था। मेरी पढ़ाई भी। लन्दन में कैथरिन ने मुझे भारतीय ध्यान-उपासना के विषय में कई प्रश्न किये थे जिनका मैं उत्तर नहीं दे पाया था। मैं रवीन्द्रनाथ, रामकृष्ण, विवेकानन्द आदि के विषय में भी कुछ नहीं जानता था। गले में फँसे मछली के काँटे की तरह ये विषय मुझे बिंधते रहते थे। मास्टर जी ने एक कुशल सर्जन की तरह उन काँटों को निकाल बाहर किया। यही नहीं, उन्होंने मेरी झोली में और भी बहुत-कुछ डाल दिया। नेताजी सुभाषचन्द्र बोस, शंकराचार्य और महात्मा गाँधी के अहिंसा आन्दोलन के बारे में भी समझाया। भारतीय साधारण ज्ञान, योग और दर्शन के विषय में भी संक्षेप में बताया। वे सब-कुछ कहानी की तरह रोचक बनाकर बताते, सुनना अच्छा लगता। लेकिन दर्शन का मैं 'द' भी नहीं समझ पाया तो मास्टर जी बोले कि इसके लिए और गहन अध्ययन की ज़रूरत है। फिर भी वे जितना दे रहे थे, उसी से मैं लाभान्वित था। वे मुझे उत्साह देते, कहते, "तुझमें जानने का आग्रह है, तभी जान पा रहा है। जब तक हो सके, इस प्रबल इच्छाशक्ति को थामे रहना।"

वे न भी कहते तो भी मुझे मालूम था कि मुझमें प्रबल इच्छा-शक्ति है, बचपन से ही, और अब तो दबाव में आकर और बढ़ गयी है। जब मैं सियालदह में काम करता था, हँसो नहीं, यानी जब रोज़गार के लिए भीख माँगता था, तब मेरी इच्छा-शक्ति बहुत ही प्रबल थी क्योंकि बिना इच्छा-शक्ति के कोई भीख माँग ही नहीं सकता, भीख माँगना कोई आसान काम नहीं है। अब मुझमें सब-कुछ जानने का जो आग्रह था, उसकी वजह थी एलिस। उसके साथ हाथ मिलाकर चलने के लिए और उसके रिश्तेदारों के साथ सम्पर्क रखने के लिए मुझे उनसे बातचीत करनी ही पड़ेगी और बातचीत करने के लिए कुछ तो विद्या चाहिए। दाआबू कहते हैं कि बातचीत करना भी एक कला है।

शान्तिनिकेतन में मास्टर जी जैसा माई डियर व्यक्ति दूसरा नहीं था। उन्होंने कई बार रवीन्द्रनाथ के चिन्तन के विषय में मुझे समझाने की कोशिश की, जब मैं नहीं समझ पाया तो उन्होंने अफ़सोस जताया और कहा, "इस सुन्दर मकान को देख रहा है न, तीन मंजिल का है, अच्छी डिज़ाइन है, और बहुत मज़बूत है।"

"जी हाँ। फूलों का बाग़ भी बहुत सुन्दर है।" मैं बोला।

"ठीक। पहले मैं इमारत की बात कर रहा था। इसे बनवाने के लिए पहले मज़बूत नींव रखनी पड़ी थी। और वह जो दूर में एक मकान दिख रहा है, वह भी तीन मंजिला है, अभी बने दो साल भी नहीं गुज़रे, लेकिन उस मकान में दरारें पड़ने लगी हैं। जानता है क्यों?" मास्टर जी ने पूछा।

"बारिश के कारण।" मैंने कहा।

"यह मकान क्या बारिश से अछूता रहा? यह इमारत बारह साल पुरानी है।"

"तब उस मकान में सीमेण्ट कम दिया है या बालू में मिट्टी मिला था, या मिस्त्री ने ठीक से देखभाल नहीं की।" मैंने कहा।

"नहीं, यह बात नहीं। मकान बनाने के लिए असली चीज़ है नींव। नींव मज़बूत तो मकान टिकेगा, नींव कमज़ोर हो तो ढह जायेगा, ठीक उस मकान की तरह, समझा?"

"समझ गया, आपका इशारा मुझ पर है। हाँ, मुझमें शिक्षा नहीं है, विद्या की नींव नहीं है। लेकिन मैं तो बड़ी इमारत नहीं बनना चाहता, एक छोटी-सी झोंपड़ी बनना चाहता हूँ।"

मास्टर जी ने बड़ी-बड़ी आँखों से मुझे घूरा, फिर प्रसन्न मुद्रा में कहा, "शान्तिनिकेतन आकर तेरी बुद्धि पैनी हो गयी है।"

शान्तिनिकेतन में और जिनसे मेरी इस बार घनिष्ठता हुई थी, वे थीं मास्टर जी की माँ, जिन्हें मैं मासिमा यानी मौसी जी कहकर पुकारता था। मध्याह्न भोजन के उपरान्त वे कुछ देर विश्राम करती थीं, फिर अपराह्न चार बजे के आसपास चाय पीती थीं। मैं चार बजे से कुछ पहले ही चाय बनाकर उनके कमरे में पहुँचा देता था। इससे उनके घरेलू काम-काज और रसोई का काम करनेवाला नौकर गोविन्द भी ख़ुश होता था। गोविन्द ओड़िया था, बहुत दिनों से इस घर में काम करता था, बहुत विश्वस्त और चालाक था। लेकिन मासिमा कहतीं कि मैं उससे भी अधिक चालाक हूँ। वे मुझे बीड़ी या बीडी नहीं कहतीं, मुझे छोटा गोविन्द कहकर पुकारतीं।

मासिमा के संग बैठकर मैं चाय पीता और तब हम दोनों में बहुत बातचीत होती। मैं उन्हें लन्दन की बातें बताता जिसे सुनना वे बहुत पसन्द करतीं। अक़सर मुझसे सुनी हुई बातें वे औरों को भी सुनातीं। ज्यों लन्दन के फूलों की ही चर्चा लें। लन्दन के सभी

पार्क फूलों से भरे होते हैं। अजस्र सुन्दर-सुन्दर फूल बाग़ों में, पार्कों में, यहाँ तक कि सड़कों के किनारे खिले रहते हैं, फूल के पौधों की रक्षा के लिए कोई बाड़ा नहीं लगाया जाता, परन्तु कोई फूल तोड़कर नहीं ले जाता, हमारे देश की तरह कोई वहाँ पूजा देने के लिए फूल नहीं चुराते। यहाँ तक कि घर में गुलदस्ता सजाने के लिए भी कोई पार्क से फूल तोड़कर नहीं ले जाता। इतने वर्षों से मैं लन्दन में हूँ, लेकिन वहाँ कभी भी किसी पर्व या अनुष्ठान के बहाने फूलों की चोरी की घटना नहीं घटी। बिना बाड़ा के फूलों के बाग़ों की कथा सुनकर मासिमा बोलीं थीं, ''यह तो वाक़ई सभ्यता का लक्षण है। देख रहे हो न बाबा, हम तो फूल चोरों के चलते अपनी बग़िया बचा ही नहीं पाते!' मैंने उन्हें सुझाव दिया था कि वे बग़िया में एक फलक लगा दें जिस पर लिखा हो, ''सावधान, चोरी की फूलों से पूजा देने पर वह पूजा भगवान् स्वीकार नहीं करते।'' मैंने सोचा था कि मैंने अच्छा परामर्श दिया था, परन्तु मास्टर जी ने हँसकर मेरी बात उड़ा दी, बोले, ''तेरी विलायती बुद्धि यहाँ नहीं चलेगी।''

मासिमा मुझसे चाहे जितना स्नेह करें, एलिस से मेरा प्रेम वे स्वीकार नहीं कर पायी थीं। जब मासिमा से मैं लन्दन के ड्रग-ऐडिक्टेड लड़कों-लड़कियों की चर्चा कर रहा था तब मास्टर जी बोल पड़े थे, ''जानती हो माँ, बीडी लन्दन में जिस लड़की से प्यार करता है, वह भी नशाखोर थी, लेकिन उसकी क़िस्मत अच्छी है कि वह लड़की बहुत सुन्दर है और अच्छे शिक्षित परिवार की है।''

मास्टर जी की इस घोषणा के बाद मैंने मासिमा को बहुत बार समझाया—''इंग्लैण्ड में युवक-युवतियाँ प्रेम करने के बाद शादी करते हैं और शादी से पहले वे एक साथ रहते हैं ताकि वे परस्पर को अच्छी तरह परख लें और पहचान लें। यदि उनमें तालमेल न बैठे या मत-विरोध हो तो वे अलग हो जाते हैं, फिर शादी का प्रश्न नहीं उठता। उसके बाद वे फिर अपने लिये नया पार्टनर ढूँढ़ते हैं। हमारे इस देश में ज्यों रिश्ता तय होते ही शादी की तिथि भी तय कर ली जाती है, वहाँ ऐसा कुछ नहीं होता। जब कोई युवक-युवती एक-दूसरे के साथ इंगेज़्ड होने और भविष्य में विवाह करने की घोषणा कर देते हैं, तब भी शादी की तिथि तय नहीं होती और बहुधा ऐसे इंगेजमेण्ट भी टूट जाते हैं। आजकल तो ज़्यादातर लोग बिना शादी किये एक साथ रहते हैं, उनके बच्चे भी होते हैं। इसमें दोनों की स्वतन्त्रता बनी रहती है, समाज और सरकार ने इस व्यवस्था को मान्यता दे दी है। अनब्याहे माता-पिता के सन्तान पिता की पदवी अपना सकते हैं, या माता की पदवी, वे जैसा चाहें। और अगर गर्भावस्था के दौरान किसी युवती का ब्वॉयफ्रेण्ड उसे छोड़ दे तो शिशु के बर्थ सर्टिफिकेट में यह लिखने का प्रावधान है कि बच्चे का पिता अज्ञात है। लन्दन में ऐसी घटनाएँ निरन्तर घटती हैं। एक अच्छी बात यह है कि वहाँ ऐसी कुँआरी माताओं को सरकार भत्ता देती है। किन्तु मेरा मामला इससे भिन्न है। हमने अभी तक शादी के बारे में आलोचना नहीं की है। मैं पूरी तरह दाआबू

पर निर्भर हूँ, एलिस ने ड्रग छोड़ दिया है, आगे की पढ़ाई के बारे में सोच रही है, वह मुझसे बहुत अधिक चतुर है।''

मासिमा को मैंने इतना समझाया, लेकिन बिना शादी किये एक साथ रहने की बात वे पचा नहीं पायीं, उनका संस्कार आड़े आ रहा था। मुझे लगा कि मैं अचानक उनकी नज़र में बहुत नीचे गिर गया हूँ। हालाँकि वे कुछ नहीं बोलीं, लेकिन मैं समझ रहा था कि एलिस से मेरा जो सम्बन्ध है उसमें कोई बड़प्पन नहीं था, और न गर्व करने जैसी कोई बात।

शान्तिनिकेतन में आये मुझे लगभग तीन महीने हो गये थे। मकान मरम्मत का काम समाप्त हुआ, कारीगर और मजदूरों को भुगतान कर दिया गया। अब मुझे दाआबू के निर्देश का इन्तज़ार था।

एलिस को मैं नियमित सप्ताह में एक बार टेलीफ़ोन करता। वह हमेशा कहती, "तुम्हारे लिये मन व्याकुल रहता है।''

मैं कहता, ''मेरा भी। मैं तुम्हारी आवाज़ सुन रहा हूँ, लेकिन तुम्हें छू नहीं पा रहा हूँ।'' ऐसी ही बातें होतीं।

समय काटने के लिए मैंने एक नया रास्ता चुना। रेलगाड़ी में गीत सुनानेवाले कुछ भिखारी गायक मुझे मिल गये। वे रेल के डिब्बों में चढ़कर भीख लेते, लेकिन उन्हें कोई भिखारी नहीं कहता। ये रेलगाड़ी में सफर करते यात्रियों को गीत सुनाते, गीत ही इनका पेशा था, लेकिन इन्हें गायक नहीं, बाउल कहा जाता था। भीख का यह एक नायाब तरीक़ा था। सियालदह में ऐसे भिखारी नहीं थे। इनमें से एक के साथ मेरी अन्तरंगता हो गयी। मैंने उसे बीस रुपये दिये थे, उसके बाद उससे परिचय हुआ। उसका नाम था दास बाउल। वह बहुत तड़के बोलपुर से ट्रेन पकड़कर गीत सुनाता हुआ वर्धमान तक जाता, फिर वहाँ से लोकल ट्रेन पकड़कर बोलपुर लौट आता। गेरुआ लुंगी पहन चादर ओढ़कर मैं भी उसी ट्रेन में चढ़ता और विस्मय से उसके गीत सुनता। गीत के बोल और भाव श्रोताओं को मुग्ध कर देते। मुझे बहुत आश्चर्य होता कि दास बाउल किसी से भीख नहीं माँगता, इकतारा बजाकर गाते हुए वह यात्रियों के सामने से गुजरता, लोग ख़ुद ही उसे रुपये थमाते। उसने जब सुना कि केवल उसके गीत सुनने के लिए मैं रोज़ाना टिकट काटकर बोलपुर से वर्धमान तक आवाजाही करता हूँ तो वह हैरान हुआ और उसने ख़ुशी से मुझे जकड़ लिया, फिर बोला, ''चलो, तुम्हें अपने अड्डे में ले जाऊँगा, वहाँ तुम्हें अच्छा लगेगा।''

मेरा दुर्भाग्य, अगले ही दिन दाआबू का फ़ोन आया कि मुझे कोलकाता पहुँचकर ब्रिटिश एयरवेज़ के दफ़्तर से अपना टिकट कन्फर्म करना है। अतः अब मुझे लौटना था।

मास्टर जी को मैं कुछ उपहार देना चाहता था। इसके लिए मैं बोलपुर के सबसे बड़े कपड़े की दुकान पर पहुँचकर वहाँ के मालिक मिस्टर अग्रवाल से, जो मास्टर जी के परिचित थे, कहा कि मैं मास्टर जी को एक कीमती शाल उपहार देना चाहता हूँ, मुझे उनकी मदद चाहिए।

मि. अग्रवाल बोले, "अरे बीडी बाबू, तुम फ़िक्र मत करो, मैं सबसे बढ़िया चीज़ छाँटकर दूँगा, तुम्हारे मास्टर जी तो मेरे भी दोस्त हैं।"

"एक बढ़िया शाल की कीमत क्या होगी?" मैंने पूछा।

"कीमत की चिन्ता मत करो, तुम बताओ कि तुम्हारा बजट क्या है?"

"आप ही कहें, मुझे कोई आइडिया नहीं...।" मैंने कहा, फिर बहुत से शाल देखने के बाद मैंने एक कश्मीरी शाल पसन्द किया जिसकी कीमत केवल आठ सौ रुपये थी। मासिमा के लिए उनकी पूजा के समय पहनने लायक़ एक रेशमी साड़ी भी ख़रीदा। शान्तिनिकेतन से प्रस्थान के एक दिन पहले मैं उन दोनों को प्रणाम करने गया। उपहार पाकर दोनों बहुत ख़ुश हुए, लेकिन बार-बार कहते रहे, "इसकी क्या ज़रूरत थी।"

विदा के क्षण मासिमा ने फुसफुसाकर कहा, "देखो बाबा, जितनी जल्दी हो सके शादी कर लेना, मैंने जो कुछ सुना—उन मेम लोगों का कोई भरोसा नहीं! यह रख लो, बाबा,..."

"यह क्या है?" मैंने उत्सुक होकर पूछा।

"दक्षिणेश्वर काली मन्दिर में पूजा चढ़ाया हुआ सिन्दूर है बाबा, शादी के दिन तुम्हारे उस एलिस की माँग में लगा देना, माँ का आशीर्वाद।" हालाँकि मासिमा दबी जुबान ये बातें कह गयीं, लेकिन मास्टर जी ने सुन ही लिया। वे हँस पड़े। हँसते हुए बोले, "माँ, लन्दन क्या भारत में है? वे लोग सिन्दूर वगैरह नहीं लगाते।"

मासिमा कुछ रोष में बोलीं, "मुझे समझाने की ज़रूरत नहीं। लन्दन नहीं गयी, तो क्या मैंने मेम नहीं देखा?"

शान्तिनिकेतन छोड़ते हुए लगा जैसे मैं अपना ही घर छोड़कर जा रहा हूँ। यहाँ मैंने बहुत कुछ पाया था। मैं समझ गया था कि भारत के लोग केवल देकर ही ख़ुश होते हैं। मास्टर जी ने कहा था, "आनन्द ही दर्शन है।" अब मैं समझ गया था कि दर्शन क्या है। मास्टर जी ने सहज ढंग से समझाया था, "वह जो ट्यूबवेल का पानी देख रहा है, इस देखने की क्रिया दर्शन है और जब तू इस पानी को पीकर प्यास बुझायेगा तो वह होगी अनुभूति। तू एलिस के विषय में सोचता है, उसका मुखड़ा तेरे मानस में कौंध उठता है, इसका मतलब है कि तू उसे कल्पना में दर्शन कर रहा है। लौटकर जब तू उसे स्पर्श करेगा, चूमेगा, बाहों में लेगा, तब वह होगी अनुभूति।"

जो हो, इस बार शान्तिनिकेतन में मैंने मास्टर जी से बहुत कुछ सीखा था और ममतामयी मासिमा के स्नेह ने मुझे अपार आनन्द दिया था।

कोलकाता में भवानीपुर के घर में जाकर ठहरा। टिकट कन्फर्म करने के बाद भाईसा'ब से मिलने की उत्कट इच्छा हुई, लेकिन मुझे इस इच्छा का दमन करना पड़ा क्योंकि दाआबू की सख़्त मनाही थी। इसलिए हुगली नदी पर बने विद्यासागर सेतु नाम से परिचित नया पुल देखने गया, उसके बाद दक्षिणेश्वर काली मन्दिर दर्शन कर आया।

नया पुल देखकर मुझे महसूस हुआ कि जिस शहर या राज्य में कल्पनातीत ख़र्च से विद्यासागर सेतु-जैसा अत्याधुनिक पुल का निर्माण हो सकता है वहाँ भिखारियों की मौज़ूदगी अप्रत्याशित है। लन्दन के लोग इस पुल को देखेंगे, तो वे समझ जायेंगे कि कोलकाता कोई पिछड़ा हुआ शहर नहीं है, तो फिर इस पुल का प्रचार विदेशों में नहीं होने का क्या कारण है? विलायत में अब भी कोलकाता की तसवीर यानी पुराना हावड़ा ब्रिज और नंगे भिखारियों का झुण्ड। आधुनिक कोलकाता का प्रचार क्यों नहीं होता? कोलकाता का मेट्रो लन्दन के मेट्रो से उन्नीस नहीं है।

दक्षिणेश्वर मन्दिर जाते समय देखा, वहाँ सड़क के दोनों किनारे असंख्य भिखारी बैठे हैं। मेरे मन में यह सवाल उठा कि जिस माँ के मन्दिर में रोज़ाना हजारों तीर्थयात्री और भक्त अपने दुःख निवारण के लिए पहुँचते हैं और सुना है कि उनकी मन्शा पूरी भी होती है, उस मन्दिर में माँ का दरवाज़ा ये भिखारी क्यों नहीं खटखटाते। मुझ जैसे ट्रेन के भिखारी को यह बात सालती है, क्योंकि एक जगह बैठे-बैठे दान की प्रत्याशा करना हमारे स्वभाव में नहीं है। जो विकलांग हैं, उनकी बात और है। विलायत में भिखारियों को सरकारी भत्ता दिया जाता है। इन्हें क्यों नहीं दिया जाता? कोई पार्टी इनकी मदद क्यों नहीं करती? यह देखकर मेरे मन में एक आइडिया आया, क्या विश्व हिन्दू परिषद की तरह विश्व भिखारी परिषद संगठित करना सम्भव है? ये भिखारी हैं, बिलकुल निम्न स्तर के लोग हैं, लेकिन हैं तो भारतीय ही, भारत के ही नागरिक हैं। यदि वोटर लिस्ट में इनका नाम लिखाया जाये तो केवल इन्हीं के वोट से मन्त्री पद भी मिल सकता है। यह एक ऐसा अछूता फील्ड है जिस पर न जानें क्यों नेता लोग ध्यान नहीं देते।

फ्लाइट पकड़ने के लिए मैं लगभग तीन घण्टा पहले ही एयरपोर्ट पहुँच गया था। लन्दन का वर्क परमिट रहने के कारण चेक-इन कस्टम्स में मुझे कोई दिक़्क़त नहीं हुई, वहाँ के अधिकारी ने मन्द मुस्कान के साथ मेरे पासपोर्ट पर डिपार्चर स्टैम्प लगा दिया। अब फ्लाइट के लिए इन्तज़ार करना था, घोषणा होने पर निर्धारित गेट से अन्दर जाना था। दूर टेलीफ़ोन पर नज़र पड़ी। अभी जेब में कुछ रुपये रह गये थे, प्लेन में चढ़ने के बाद ये भारतीय मुद्रा नहीं चलेगी। मैंने आगे बढ़कर मास्टर जी को फ़ोन किया। वे

घर पर ही थे। मैंने कहा, "मेरा फ्लाइट निर्धारित समय पर ही छूटेगा। गुड्बाइ कहने के लिए फ़ोन किया, आप लोगों की बहुत याद आ रही थी। वहाँ पहुँचकर फिर फ़ोन करूँगा। एक बार मासिमा से बात हो पायेगी?"

"हाँ, माँ सुन रही हैं। तू बोल।"

"मासिमा, मैं बीडी बोल रहा हूँ, आपकी हिदायत के अनुसार मैं दक्षिणेश्वर गया था, माँ के मन्दिर में पूजा चढ़ाया।"

"ठाकुर! ठाकुर!! (ठाकुर = ईश्वर)" कितना अच्छा लड़का है! इसीलिए तुम सब-कुछ पा रहे हो बाबा। कहाँ-से-कहाँ पहुँच गये। यह सब माँ का आशीर्वाद है, समझे?"

"लेकिन मासिमा, यहाँ इतने भिखारी हैं, उन्हें देखकर मुझे अपना भिखारी जीवन याद आ गया। ये भिखारी बहुत दुःखी हैं। हम लोग, यानी ट्रेन के भिखारी, इनसे काफ़ी बेहतर स्थिति में थे। दुःख की बात यह है कि इन्हें कोई गाइड नहीं करता, न भगवान् न कोई पार्टी।"

"एइ, चुप कर," उधर से मास्टर जी बोले, "उन्हें लेकर तुझे क्यों सिरदर्द होने लगा? उनके भाग्य में जो बदा है, वही होगा। तू लन्दन जा रहा है, जा!"

मास्टर जी ने मुझे टोक दिया, लेकिन मैं चुप नहीं हुआ, आगे कहा, "सुनिये मास्टर जी, मैं यहाँ होता तो इन्हें लेकर विश्व भिखारी परिषद् गठन करता और उनके वोट से नेता बनता। क्या यह सम्भव नहीं?"

"सब-कुछ सम्भव है, परन्तु उसके लिए तुझे यहाँ रहना पड़ेगा। यह सब कहना आसान है, करना बहुत ही कठिन। तेरी विलायती चिन्ता यहाँ नहीं चल सकती रे बाबा! तू यह सब ऊल-जलूल चिन्ता त्यागकर निश्चिन्त होकर लन्दन जा बाद में बातें होंगी।"

"अच्छा, छोड़ता हूँ, प्रणाम!"

यथासमय मैं सात-सौ-सात बोइंग प्लेन में अपनी सीट पर बैठ गया था। लॉज़िन्ज, ठण्डा मिनरल वाटर, कोल्ड ड्रिंक और ऑरेन्ज जूस लिये एयर होस्टेस ने यात्रियों का स्वागत किया। बेल्ट बाँधने का संकेत मिलने के कुछ ही देर बाद हवाईजहाज़ ने उड़ान भरी। मैंने खिड़की से बाहर नीचे की ओर देखा, नीचे अवश्य ही कहीं सियालदह और दक्षिणेश्वर है। वहाँ के भिखारीगण यह जान भी नहीं पाये कि उन्हीं जैसा एक भिखारी दूर लन्दन की ओर उड़ चला है। यह भाग्य है या माँ का आशीर्वाद? यदि माँ का आशीर्वाद है तो यह कृपा मुझ पर ही क्यों, उन हज़ार-हज़ार असहाय भिखारियों ने उनका क्या बिगाड़ा है? माँ आशीर्वाद देने में पक्षपात क्यों करती हैं?

यह सब सोचते हुए सिर भारी हो गया था जब ट्राली लेकर एयर होस्टेस फिर आयी, पूछा, "कौन-सी ड्रिंक लेंगे सर?"

"एक बियर, क्रोनेनबुर्ग होगा?"

"हाँ, अवश्य सर।"

एयर होस्टेस का मुस्कुराता चेहरा एलिस-जैसा लगा, ड्रिंक के साथ एलिस का चेहरा याद आने से ज़्यादा विश्रान्ति भला और किस चीज़ से मिलती।

इस बार हवाईजहाज़ की बन्द खिड़कियाँ-दरवाज़े देखकर मेरा पहले-जैसा दम नहीं घुट रहा था, बल्कि लगा कि शिक्षित और अमीर इसी तरह यात्रा करते हैं, ग़रीब और भिखारी ट्रेन के दरवाज़े-खिड़कियाँ खोलकर चलते हैं, शायद बाहर की मुक्त हवा में उनके विदाउट टिकट होने का भय काफ़ूर हो जाता है। इससे अहसास हुआ, मैं भी काफ़ी ऊपर उठता जा रहा हूँ। लेकिन यह भी सच है कि प्लेन, प्लेन है, ट्रेन नहीं।

(12)

हिथ्रो एयरपोर्ट पहुँचते ही मैंने उँगलियाँ माथे पर टिकाकर ईश्वर के उद्देश्य से प्रणाम निवेदन किया। मासिमा ने कहा था, "हमेशा ईश्वर का नाम लेना।"

हिथ्रो में कस्टम और बैगेज़ के लिए थोड़ा वक़्त लगा, उसके बाद बाहर निकलते ही ठण्डी हवा का झोंका चेहरे से टकराया। ख़ुद को सँभालकर थोड़ा ही आगे बढ़ा था कि सहसा एक लहर की मानिन्द मुझसे लिपट गयी एलिस और मेरे होठों को चूमकर मुझे आनन्द से सराबोर कर दिया। वह मुझे रिसीव करने एयरपोर्ट आयेगी, इसकी मुझे उम्मीद नहीं थी और कुछ क़दम आगे बढ़ा तो दाआबू ने मुझे आलिंगन किया। एलिस को वे ही ले आये थे। मैंने राहत की साँस ली कि लम्बी जुदाई के बाद भी एलिस मेरी ही थी। उसे कहने के लिए मेरे पास बहुत कुछ था, मैं बहुत कुछ सीखकर जो आया था। दाआबू के कार में उसे सामने की सीट पर बैठाकर मैं पीछे की सीट पर बैठ गया। दाआबू ने कार स्टार्ट की।

एलिस बोली, "तुम्हें मैं मिस करती थी बिकिरि, मन उदास रहता था, ख़ुशक़िस्मती से बच्ची ने जन्म लिया जिससे...!"

"बच्ची? किसकी बच्ची?" मैं चौंका। घबराया भी।

मेरी उत्कण्ठा भाँपकर दाआबू ठठाकर हँस पड़े। वे इतनी ज़ोर से हँसे कि पूरी गाड़ी हिल उठी। ग़नीमत थी कि मैं उनके बग़ल की सीट पर नहीं था, वर्ना एक धौल मुझे अवश्य झेलना पड़ता।

दाआबू को उस तरह हँसते देखकर मैं सकपका गया। उच्छ्वासित हँसी का फ़ौव्वारा थामकर वे बोले, "साला, किसकी बच्ची तुझे नहीं मालूम? मज़ाक कर रहा है?"

"नहीं, यक़ीन मानो।"

"तुम भूल गये बिकिरि, मेरी दीदी गर्भवती थी।" एलिस के इस वाक्य ने मुझे राहत दी। उसास छोड़कर मैंने कहा, "ओह!"

कार के शीशे में मेरा चेहरा देखकर दाआबू ने भर्त्सना के स्वर में कहा, "साला, करते समय ख्याल नहीं रहता?"

उनकी यह उक्ति सुनकर मैंने अपना चेहरा हथेलियों से ढँप लिया, फिर दाँतों से नाख़ून काटने लगा। दाआबू ने झिड़का, "दाँतों से नाख़ून मत काट, सहज हो जा!"

मैंने अपनी झेंप मिटाने के लिए पीछे से हाथ बढ़ाकर एलिस का गाल सहलाते हुए कहा, "शान्तिनिकेतन में तुम हमेशा मेरे साथ ही थीं। वहाँ सब कोई तुम्हारे बारे में जान गये हैं।"

"जानती हूँ, तुम्हारे डैडी ने मुझे सब बताया।"

दाआबू ड्राइव अच्छा करते थे। ड्राइव करते हुए हँसने-बोलने में उन्हें कोई दिक़्क़त नहीं होती जबकि उनकी दृष्टि स्पीड, ट्रैफिक लाइट, ओवरटेक आदि पर लगी रहती। अपने फ़्लैट-बिल्डिंग के नीचे की पार्किंग में पहुँचकर उन्होंने गाड़ी रोकी। मय सामान फ़्लैट में पहुँचकर मैंने रसोई में जाकर चाय का पानी चढ़ाया और फ्रिज़ खोलकर देखने लगा कि मुझे बाज़ार जाना पड़ेगा या नहीं। मेरे पीछे-पीछे दाआबू भी वहाँ पहुँच गये थे। वे बोले, "सिर्फ़ चाय बना, भोजन हम बाहर इटैलियन रेस्तराँ में करेंगे। मैंने एलिस को आज रुकने के लिए कहा है।"

मैंने उनके चरण स्पर्श किये, बोला, "तुम सचमुच अन्तर्यामी हो।"

उन्होंने मुझे कन्धा पकड़कर दूसरी ओर मोड़ दिया, पीछे एक हलकी लात मारकर बोले, "साला, इस बार नये-नये बोल सीखकर आया है।"

इतालवी रेस्तराँ हमारे फ़्लैट के क़रीब ही था। वहाँ भोजन का आइडिया मुझे अच्छा लगा क्योंकि जब मैं जेट-लैग की थकान महसूस कर रहा था। रेस्तराँ में बैठकर एलिस बोली कि वह आजकल अपनी दीदी के साथ रहती है और जैसा कि पहले से तय था, वह बच्ची की गॉड-मदर बन गयी है। बच्ची, जिसका नाम मायरा रखा गया है, बहुत सुन्दर है। उसकी देखभाल की सारी जिम्मेदारी एलिस पर है और इस व्यवस्था से दोनों बहनें ख़ुश हैं। यह सब बताने के बाद एलिस ने पूछा, "अब तुम बताओ, आश्रम में लाइफ़ कैसा बीता?"

दाआबू उसे शान्तिनिकेतन के बारे में बता चुके थे, अतः मैं क्या कहूँ सोचता हुआ मैंने सिर खुजलाया, फिर बोला, "शान्तिनिकेतन लन्दन से बिलकुल भिन्न है, एक अलग ही दुनिया।"

"ऑफ़ कोर्स, बिलकुल अलग।" दाआबू बोल पड़े और कहते गये, "मैं वहाँ का कुछ वर्णन देता हूँ, सुनो। वहाँ सड़कों पर गाड़ियों के हॉर्न नहीं सुनायी देते क्योंकि न बसें चलती हैं और न टैक्सियाँ। आवाजाही करनेवाले पैदल चलते हैं, कुछ साइकिलों पर, कभी-कभी इक्का-दुक्का रिक्शा दिखायी देते हैं। राह में कोई परिचित मिलता है तो लोग रुकते हैं, एक-दूसरे का अभिवादन करते हैं, एक-दूसरे का हालचाल पूछते हैं। चारों ओर आम के बग़ीचे हैं और वनफूलों का जंगल। चिड़ियाँ उड़ती हैं, चहचहाती

हैं, वनफूलों की महक़ हवा में तैरती रहती है। पेड़ों पर कभी-कभी हनुमान और बन्दर उधम-चौकड़ी मचाते दिखायी देते हैं। रात में सड़कों पर क्षीण रोशनी के लट्टू जलते हैं जिससे अँधेरे और रोशनी की आँख-मिचौनी चलती हुई लगती है। ऊपर आसमान में या तो चाँद विचरता है अथवा तारों की झिलमिलाहट होती है। नीचे झींगुर निस्तब्धता को भंग करते हैं अविरत चीख़कर और चारों ओर विचरते जुगनुओं की चमक से एक अद्भुत समाँ बँधता है। इसके साथ ही दूर से सियारों की पुकार सुनाई देती है और उससे तालमेल बिठाते कुत्तों का भौंकना। इसके अलावा वहाँ हमेशा मौज़ूद रहती है निस्तब्धता, हर पल, सर्वत्र। इसलिए प्रकृति के संग मन भी रम जाता है। गुरुदेव का बनाया शान्तिनिकेतन-आश्रम शान्ति की नीड़ है जहाँ ईश्वर को हृदयंगम करने लायक़ वह परिवेश उपलब्ध है जिसे भारतीय भाषा में आश्रमिक परिवेश कहते हैं। प्रकृति की गोद में बिना किसी चहारदीवारी के वहाँ उन्होंने स्थापित किया था शिक्षा-केन्द्र, विश्वभारती नाम से प्रसिद्ध वह शिक्षा-केन्द्र केवल भारत का नहीं, सारी दुनिया के लोगों के लिए एक सांस्कृतिक धरोहर है।''

दाआबू बोल क्या रहे थे, मानों कविता सुना रहे थे। मैं अवाक् होकर उन्हें सुनता रहा। एलिस भी। उनके थमते ही एलिस उच्छ्वासित होकर बोली, ''मैं इण्डिया ज़रूर जाऊँगी। और कैथरिन तो वहाँ जाने के लिए लगभग तैयार ही बैठी है।''

मैंने दाआबू से बांगला में कहा, ''तुमने शान्तिनिकेतन के विषय में जो कहा, मुझे लिख देना, मैं कण्ठस्थ कर लूँगा। तुमने बहुत उम्दा बातें कहीं। मैंने तो सोचा था कि शान्तिनिकेतन के बारे में कहने लायक़ कुछ भी नहीं है, चारों ओर धूल-ही-धूल और वह शहर है आलसियों का।''

दाआबू ने भी बांगला में ही मुझे उत्तर दिया, लेकिन कुछ तीखे तेवर में, ''कहने लायक़ कुछ भी नहीं है का क्या मतलब? बांगला भाषा का अर्थ ही है कविता। वहाँ देखा नहीं छोटे-छोटे बच्चे भी याद की हुई कविताएँ सुनाते हैं। बाहर जब भी हिन्दुस्तान की बात करेगा, हमेशा याद रखना कि सारे जहाँ से अच्छा हिन्दोस्ताँ हमारा। सुन, यह सब तकनीक मैं तुझे बाद में सिखा दूँगा। अब तू उससे बातें कर। उससे पूछ बेबी का वज़न कितना है, प्रसव नार्मल हुआ या सिज़ेरियन, बेबी की माँ कैसी है... यह सब सामाजिक आचरण है, ऐसी बातें पूछनी चाहिए।''

उनके सुझाव के अनुसार मैं एलिस से उसके पारिवारिक मसले पर बातें करने लगा और दाआबू ने स्पेशल इटैलियन मेन्यू 'स्पॉघेटि बोलोनेज़' का ऑर्डर दिया।

शान्तिनिकेतन से लौटने के बाद से मैं लन्दन को नयी दृष्टि से देखने लगा।

लन्दन को यूँ मैं अपना देश मान सकता हूँ क्योंकि मैं जब यहाँ आया तब काफ़ी छोटा था, फिर यहीं पला-बढ़ा। भारतीय होने के बावज़ूद भारतीय समाज से या किसी

भारतीय परिवार से मेरा कोई सम्पर्क नहीं था, जिनसे परिचय था वे सब सियालदह स्टेशन के साथी थे। भारत पहुँचने पर मुझे अहसास होता है कि वहाँ लन्दन को एक शिक्षित और उन्नत शहर माना जाता है, लन्दन में रहना ही अपने-आप में एक बड़ी बात है। यूँ मैं यहाँ मौज में ही था। इस बड़ी इमारत में, यहाँ की सड़कों पर, यान-वाहन और जन-समुद्र के बीच मैं एक क्षुद्र कीट की तरह विचरण करता था अथवा नामहीन, गोत्रहीन, पताहीन किसी स्वतन्त्र साक्षी की तरह। किन्तु जब भी मैं आईने में ख़ुद को निहारता, आत्मनिरीक्षण करता, कोलकाता का वह बचपन ही मुझे मेरा असली परिचय लगता। दिन-रात अंग्रेज़ी शब्दावली सुनते-सुनते जब मैं ऊब जाता और ख़ुद से बातें करने लगता तब मुझे बचपन में सीखी गाली-गलौजवाली भाषा ही प्रिय लगती। दाआबू के साथ मैं बांगला में बातें करता, पाउण्ड को रुपया और पेनी को पैसा कहता। यहाँ के लोगों को कहता साहब और मेमसाहब। दरअसल मेरी अशिक्षा और अल्पज्ञान के ऊपर दाआबू ने जो थोड़ी शिक्षा और थोड़ा ज्ञान का प्रलेप चढ़ा दिया था उससे मेरा कल्चर खिचड़ी कल्चर बन गया था। लेकिन इससे मुझे परेशानी नहीं थी, क्योंकि ख़ुद को बचाने का उपाय भी दाआबू ने ही बता दिया था। इसलिए भारत में मुझसे भारतीय प्रसंग पर बातें करता तो मैं कह देता कि मैं लन्दन में रहता हूँ, यहाँ की ख़ास जानकारी नहीं। इसी तरह लन्दन में कोई मुझसे ब्रितानवी शिक्षा और सोच पर बातें करना चाहता तो कह देता कि मुझे नहीं मालूम, मैं भारतीय हूँ। दाआबू ने समझा दिया था, ''ज़्यादा बतियाने से अच्छा है चुप रहना और चुपचाप औरों की सुनते रहना, फ़ालतू बक-बक करके अपनी मूर्खता मत ज़ाहिर करना।''

कोलकाता के भवानीपुर में मैं जिस मकान में ठहरा था, उसके मालिक भौमिकदादा सपरिवार कैलिफोर्निया में रहते थे, उनके माता-पिता काफ़ी वृद्ध थे। भवानीपुर के मकान की देखभाल राखाल-दा करते थे, उन्होंने शादी की थी, एक बच्चा था। प्रौढ़ राखाल-दा बहुत प्यारे इन्सान थे। वे नीचे की एक छोटी-सी अँधेरी कोठरी में मजे से रहते थे। उन्होंने मुझे एक पते की बात बतायी, ''दाआबू और उन जैसे शिक्षित लोगों में कोई दोष नहीं रहता, केवल गुण-ही-गुण होते हैं। नौकरों को उनमें जो दोष दिखे, वह असल में नौकरों का ही दोष है, अशिक्षा के कारण।'' मुझे राखाल-दा की यह बात बहुत अच्छी लगी थी। वे पहले उस घर के नौकर थे, अब मैनेजर हैं।''

ख़ैर, मैं लन्दन की बातें कर रहा था। यहाँ के जो स्पॉट मुझे अच्छे लगते हैं, उनके बारे में मैं पहले भी बता चुका हूँ। उनमें से एक है ट्रॉफलगार स्क्वॉयर। इसी चौक की एक गली में हमारा बीड़ी का अड्डा था, यानी वह बार जहाँ बैठकर हम बीड़ी फूँकते। मेरे लिये वह क्लब जैसा था, हालाँकि मेरी ज़िन्दगी में एलिस के पदार्पण के बाद से वहाँ आवाजाही मैंने कम कर दी थी। मेरा दूसरा आकर्षण था यहाँ का टॉवर-ब्रिज। वहाँ हमेशा पर्यटकों की भीड़ रहती। मैं भी अक़सर जाता था। जहाज़ पार करवाने के लिए

जब वह भारी-भरकम विशाल पुल बीच से खण्डित होकर ऊपर उठ जाता तब मैं विस्मय से उसे देखता। वहीं अक़सर बंगाली तथा दूसरे भारतीय पर्यटक मिल जाते। कोई नव-दम्पती देखने पर मैं ख़ुद ही आगे बढ़कर उनसे कैमरा लेता और उनकी तसवीर उतार देता। इससे वे ख़ुश भी होते। इस क्षेत्र में मेरे बहुत मित्र थे, सज्जन और विनयी। दक्षिणेश्वर काली मन्दिर के बाहर भिखारी ज्यों लोगों को तंग करते हैं उसकी ये लोग कल्पना भी नहीं कर सकते। लन्दन में भिखारी कई तरह के थे, उनमें अधिकांश शराब या गाँजा के लिए भीख माँगते। कुछ विकलांग तथा बेकार भिखारी भी थे, पर उनकी संख्या कम थी। जो स्थायी भिखारी थे, पुलिस उन्हें पहचानती थी यानी सरकारी खाते में उनका नाम दर्ज रहता था। एक ही स्थान में लगातार दो-तीन दिन भीख माँगने पर पुलिस की गाड़ी उन्हें उठाकर ले जाती। उसके बाद उन्हें ले जाकर ग़रीबों की शिविर में रखते, सरकारी ख़र्च से उनके स्वास्थ्य की जाँच होती, उन्हें खाना-पीना-दवाई-पोशाक मुफ़्त में दिया जाता। जो तन्दुरुस्त होते, उनके लिए काम का बन्दोबस्त किया जाता। लेकिन जो पेशेवर भिखारी थे, वे काम करना नहीं चाहते थे, भीख ही उनकी आजीविका थी।

मिलटन नाम का मेरा एक दोस्त था। वही मुझे यहाँ का सारा हाल बताता। कुछ ऐसे ठिकाने थे जहाँ मुफ़्त में सुबह का नाश्ता मिलता था, कुछ ठिकानों पर लंच का पैकेट और कुछ ठिकानों पर कपड़े-लत्ते। लन्दन में मुझ-जैसे शौकिया भिखारियों की भी कमी नहीं थी, कभी-कभी जब उन्हें पैसे की ज़रूरत होती तब वे भीख माँगने आ जाते। ड्रग्स के लिए भीख माँगनेवाले अधिकतर लन्दन के मूल निवासी थे। अब यहाँ के छोटे ड्रग-डीलर्स में अधिकांश अश्वेत हैं परन्तु जो लोग इस धन्धे के असली मालिक हैं वे सभी विशुद्ध अंग्रेज़। वे सब करोड़पति हैं, आलीशान हवेलियों में या हाउसबोटों में रहते हैं।

लन्दन ब्रिज से टॉवर ब्रिज की ओर जाते समय टेम्सपाथ पर सिटी-हॉल पड़ता है, उसी के बग़ल में यहाँ के पेशेवर भिखारियों का मुख्यालय है। यहाँ सब एक-दूसरे से परिचित हैं। मिलटन और रॉबर्ट उनके स्थायी नेता हैं। इन दोनों को पहचानने में दिक़्क़त नहीं, लम्बी दाढ़ी-मूँछें, सुन्दर चेहरा, दोनों भुजाओं में कलाई तक नीले रंग के ड्रैगन की तस्वीर का टैटू या गोदना गोदा हुआ, तन्दुरुस्ती में पहलवान लेकिन व्यवहार में नम्र, नेता होने का गर्व नहीं। लन्दन सिटी हॉल के सामने मिलटन का अड्डा था। वह मुझे सैण्डविच खिलाता, कॉफी पिलाता और मुझसे कोलकाता के क़िस्से सुनता। कोलकाता के क़िस्से सुनना उसे अच्छा लगता था। यहीं पर मैं कभी-कभी भीख माँगने के लिए बैठ जाता। रोज़गार के लिए नहीं, शौकिया, यानी पार्ट टाइम शौक़। दाआबू और एलिस को यह मालूम था, पर दोनों ने ही एतराज़ नहीं किया क्योंकि वे जानते थे कि यह मेरा पेशा नहीं, नशा है। इस रास्ते जो भारतीय आवाजाही करते थे वे भी मुझे पहचान गये थे, आते-जाते वे मुझसे कहते, "हाय विकि!"

इस बार लन्दन वापस लौटने के बाद से घर पर मेरे पास ख़ास काम नहीं रहता था। दाआबू होते तो मैं घर से बहुत कम ही निकल पाता। खाना पकाना, चौका-बर्तन, कपड़े धोना, लोहा करना, बाज़ार से सामान-सब्जी लाना, कमरे की चीज़ों को साफ़ करना और सहेजकर रखना आदि कामों में व्यस्त रहने से पता भी नहीं चलता था कि समय कितनी तेज़ी से बीत जाता है। लेकिन अब दाआबू अक़सर ब्राइटन में आण्टी बनर्जी के यहाँ चले जाते। एलिस भी मायरा को लेकर व्यस्त थी, उसके दीदी का घर बहुत दूर था। इस व्यस्तता के बावज़ूद वह टेलीफ़ोन पर सम्पर्क रखती और सप्ताह में दो बार मुझसे मिलने आ जाती। उस ग्रिल के सिवा मेरे पास बहुत खाली वक़्त होता। खाली वक़्त में टेम्स के किनारे टहलना मुझे अच्छा लगता। नदी पर से गुज़रते टूरिस्ट बोट, मालवाही जहाज़ और ख़ूबसूरत शौकिया बोट देखना मुझे बहुत भाता और मज़े से समय बीत जाता।

एक दिन दाआबू बोले, "तू एलिस से बोल कि वह शनिवार को सुबह दस बजे तक आ जाये। हम साथ-साथ क्रयडॅन जायेंगे। गाड़ी लेकर निकलेंगे।"

मैं दाआबू को बचपन से देखता आया था, मैं उनके कहने के अन्दाज़ से उनका मनोभाव ताड़ लेता था। उनकी बातों का लहजा ही बताता था कि वे नरम, गरम, हँसी, मज़ाक, गुस्सा आदि किस मूड में हैं। एलिस हर शनिवार शाम को आती थी, उसे सुबह बुलाने का मतलब था कि दाआबू ज़रूर कोई सरप्राइज़ देंगे। मैंने टेलीफ़ोन पर एलिस से यही बात कही तो उसने पूछा, "कैसी सरप्राइज़?"

"मुझे नहीं मालूम। हमें क्रयडॅन ले जायेंगे। पता नहीं वहाँ क्या है।"

शनिवार को सुबह नौ बजे से पहले ही एलिस आ गयी। हम एक साथ ब्रेकफास्ट करने बैठे। एलिस जब पावरोटी में मक्खन या मुरब्बा लगाती या पॉट से चाय उड़ेलती तब जैसे उन चीज़ों का स्वाद बढ़ जाता। मुझे लगता कि घर में किसी औरत का होना निहायत ज़रूरी है, नहीं तो कोई-न-कोई त्रुटि रह जाती है। भोजन की थाली और कढ़ाही में उनका हाथ पड़ने से ज़ायका बदल जाता है।

एलिस दाआबू से बोली, "ख़ुशक़िस्मती से आज आकाश एकदम निर्मल है। अच्छा डैडी, तुम हमें आज क्या सरप्राइज़ दोगे?"

"सरप्राइज़?" दाआबू बोले, "अगर पहले से बता दूँ तो सरप्राइज़ क्या रहा?"

"हाँ, सो भी सही है।"

"बेबी" कैसी है? उसे सँभालने में दिक़्क़त तो नहीं हो रही?"

"नहीं, बिलकुल नहीं, उसने मुझे बखूबी पहचान लिया है। वह ठीक है। मायरा मेरे लिये एक अमूल्य उपहार है। जानते हो, वह दुष्ट भी होने लगी है, माँ का स्तनपान

करती है और मेरी ओर देखकर हँसती है। दीदी को तो अभी से जलन होने लगी है। जानते हो दीदी क्या कहती है?"

"क्या?" दाआबू ने पूछा।

"कहती है, मायरा बोलने लगेगी तो उसे माँ नहीं कहेगी, मुझे ही माँ कहकर पुकारेगी।"

"ठीक तो है, इसमें कौन-सा हर्ज?" दाआबू बोले, "हमारे यहाँ संयुक्त परिवारों में अब भी चाची, मौसी या बुआ को माँ कहकर पुकारने की प्रथा है।"

"इससे ग़लतफ़हमी नहीं होती? असली माँ इसे मान लेती है?"

"ग़लतफ़हमी कभी नहीं होती, परिवारों में इतनी समझ रहती है, यह स्नेह और प्यार का मामला है। इसमें कोई जटिलता आने का सवाल ही नहीं उठता।" दाआबू बोले।

इस उत्तर से एलिस बहुत हैरान हुई। वह बोली, "मान लो मायरा मुझे माँ पुकारने लगे, तो बड़ी होकर यानी भविष्य में वह तो यही समझेगी न कि मैंने उसके पिता यानी लुक के साथ सहवास किया था, यह बात ख़तरनाक है या नहीं?"

एलिस का जवाब सुनकर दाआबू ज़ोर से हँस पड़े। फिर हँसते हुए बोले, "तुम लोग वाक़ई साधारण चीज़ों को भी सहजता से नहीं ले पाते। हमारे देश में ट्राम, बस, ट्रेन, बाज़ार कहीं भी हमें कोई बुज़ुर्ग मिले तो हम उस अपरिचित व्यक्ति को नाना-नानी-अंकल-आण्टी-दादा-दादी-भाभी वगैरह कहकर पुकारते हैं। यह हमारे यहाँ सामाजिक रीति है, परम्परा है। दोस्त की माँ को माँ कहना, बड़ी चाची को बड़ी माँ कहना, इसे हम सौहार्द मानते हैं। दोस्त के बच्चों को हम अपना बच्चा मानते हैं। इसका मतलब यह नहीं कि दोस्त की बीवी मेरी बीवी है। लेकिन यहाँ की जो हालत है उसमें लोग दोस्त की बीवी को अपनी बीवी मानने को राजी हैं लेकिन दोस्त के बच्चों को कोई अपनाने के लिए तैयार नहीं। असल में यह मानसिकता का प्रश्न है, इन दो देशों की सामाजिक मान्यता और दृष्टिकोण एक जैसा नहीं है।"

दाआबू जब एलिस से बातचीत करते तब मैं मन लगाकर सुनता, सुनना अच्छा लगता, लेकिन इन आलोचनाओं में कभी हिस्सा नहीं लेता। उनकी बातचीत के चलते ब्रेकफास्ट से निपटने की गति मन्द हो गयी थी। एकाएक दाआबू ने हमें जल्दी करने को कहा। एलिस का साथ होने के कारण हम दोनों को मिलकर कप-डिश वगैरह धोकर मेज साफ़ करने में मुश्किल से पाँच मिनट लगे। उसके बाद हम तैयार होकर नीचे उतर आये।

क्रयडॅन लन्दन से दक्षिण में है। आधे घण्टे में हम ईस्ट क्रयडॅन पहुँच गये। लन्दन रोड छोड़कर हम ओकफ़ील्ड रोड पर आ गये जो रेज़िडेन्शॅल एरिया था। सड़क के दोनों ओर छोटे-छोटे आवासीय मकान, सभी मकान लगभग एक जैसे। मकानों के सामने बग़ीचा, पीछे पार्किंग। सड़क काफ़ी चौड़ी थी, इसलिए सड़क के दोनों ओर गाड़ी

पार्क करने में दिक़्क़त नहीं थी। ओकफ़ील्ड रोड के अन्तिम छोर पर पहुँचकर दाआबू ने गाड़ी रोकी। कार से उतरते ही एक साहब और मेम साहब मुस्कुराते हुए हमारी ओर आये, हम सबको गुडमार्निंग कहते हुए हमसे हाथ मिलाया। इसके बाद वे हमें एक मकान के अन्दर ले गये। इन दोनों को मैंने पहले कभी नहीं देखा था। मकान में दाख़िल होकर मुझे बहुत हैरानी हुई कि कमरों में कोई आसबाब नहीं था, दरवाज़े-खिड़कियों पर पर्दा नहीं था, नयी पुताई-रंगाई की महक़ अब भी हवा में ताजी थी। उस सज्जन और उनकी पत्नी से होती बातचीत से मुझे लगा कि दाआबू उस मकान में शिफ्ट करने का मन बना चुके हैं। मकान तीन मंजिला था, हर मंजिल पर तीन-चार कमरे, दो रसोई, दो बाथरूम और ऊपर के कमरों से दूर का दृश्य दिखायी देता था, आसपास कोई ऊँचा मकान नहीं था जो दृष्टिरोध करे।

उनकी बातचीत से अन्दाज़ा निकालकर एलिस मुझसे बोली, "तुम लोग यहाँ चले आओगे?"

मैंने कहा, "मुझे कोई भी जानकारी नहीं है, दाआबू ने मुझे कुछ भी नहीं बताया है। शायद यही आज का सरप्राइज़ है।"

मेरे लिये पूरी घटना ही सरप्राइज़ थी। फिर भी, दाआबू जो भी करते, बहुत सोच-समझकर भले के लिए ही करते, उनकी बुद्धि बहुत ही पैनी थी। यूँ यह मकान मुझ और एलिस को भी बहुत पसन्द आया था। ख़ास लन्दन का अपार्टमेण्ट भी उतना बुरा नहीं था, किन्तु वहाँ मेहमान आ जाते तो कुछ परेशानी अवश्य होती थी। हमने पूरा मकान देख लिया तो दाआबू ने हम दोनों को बुलाकर पूछा, "तुम लोग समझ गये होगे, कैसा लगा यह मकान?"

मैं चुप रहा। क्या कहता? यह पूरा माज़रा मेरे लिये अस्पष्ट था। लेकिन एलिस चहक उठी, बोली, "सुपर्ब! रियली अ सरप्राइज़! डैडी, यू आर वण्डरफुल!"

मकान देख लेने के बाद हम सब नुक्कड़ के एक बार में जाकर बैठे। बार का नाम था 'गूज़ एण्ड कैरॅट'। पुराना ब्रिटिश बार। वहाँ पहुँचकर दाआबू ने शैम्पेन का ऑर्डर दिया। उस मकान के पुराने मालिक, यानी वह अंग्रेज़ दम्पती, हमारे साथ ही थे। दाआबू ने मुस्कुराकर कहा, "अब सब स्पष्ट हो गया है न? इस दम्पती के साथ मैं अपने लन्दन का फ़्लैट अदला-बदली कर रहा हूँ। ये लोग चेलसी की ओर जाना चाहते हैं और क्रयडॅन में बसना मेरी बहुत दिनों की ख्वाहिश थी। इसकी वजह यह है कि मेरे सभी घनिष्ठ मित्र सरे में बस गये हैं। और मेरे भी रिटायर होने का समय नज़दीक आ गया है। मैंने तुम लोगों को पहले नहीं बताया क्योंकि उससे कोई लाभ तो होता नहीं, उलटे तुम लोग संत्रस्त हो जाते।"

हमें यह बताने के बाद दाआबू ने उस दम्पती का नाम बताया, मिस्टर एण्ड मिसेज़ फ्रीमैन। मिस्टर फ्रीमैन ने मेरी ओर देखकर कहा, "तुम्हारे बारे में बहुत सुना है, तुम्हीं बीडी हो न?"

"जी हाँ, और यह मेरा गर्लफ्रेण्ड है, एलिस, बहुत बुद्धिमती लड़की है।" मैंने कहा।

"हाँ, एलिस के विषय में भी सुना है। तुम दोनों को मैं मुबारकबाद देता हूँ।" वे बोले।

इस बीच शैम्पेन आ गया। शैम्पेन की दो चुस्की लेने के बाद यह बात मेरी समझ में आयी कि जब मैं शान्तिनिकेतन में था तब दाआबू अपना फ़्लैट बेचकर इस मकान को ख़रीदने की जुगत में व्यस्त थे। कोई भी बात मेरे दिमाग़ में घुसने में थोड़ा वक़्त लगता था। अब सारी व्यवस्था हो चुकी थी। रियल एस्टेट के माध्यम से मकानों की ख़रीद-फ़रोख़्त हुई थी, फ़्लैट के सामान सहेजकर लाने की ज़िम्मेदारी एक एजेन्सी को दी गयी थी—द मैनेजमेण्ट सिस्टम। दाआबू ने हम दोनों से कहा, "तुम लोग फ़िक्र मत करना, एजेन्सी के लोग ही सब-कुछ पैक करके यहाँ ले आयेंगे, फिर हम जैसा चाहेंगे उस तरह सामानों को लगा भी देंगे।"

मकान शिफ्ट करना, फ़्लैट से उतना सामान यहाँ ले आना, आसान बात नहीं होगी सोचकर मैं चिन्तामग्न था, किन्तु एलिस और दाआबू दोनों प्रसन्न थे। मिस्टर स्टिवेन्सन नामक एक व्यक्ति ने बाद में आकर हमारा संग दिया, वे मकानों की ख़रीद-विक्रय के धन्धे से जुड़े थे। फ्रीमैन दम्पती तीन पेग शैम्पेन पीकर विदा ले गये। नये मकान का चाभी का गुच्छा मिस्टर स्टिवेन्सन ने दाआबू को थमाया। उसके बाद हम लोग बार से बाहर निकले। यह बार इस घर से बहुत क़रीब था, देखकर लगा कि रात में यहाँ काफ़ी चहल-पहल रहती होगी।

बार से निकलकर स्टिवेन्सन रुख़सत हुए और दाआबू हमें पैदल लन्दन स्ट्रीट ले गये। उन्होंने बताया कि यहाँ ईस्ट क्रयडॅन और वेस्ट क्रयडॅन नामक दो रेलवे स्टेशन हैं, ट्राम और बस सर्विस बहुत अच्छी है और इस शहर के यानवाहन, भीड़-भाड़, दुकान, मकान आदि सब-कुछ लन्दन जैसा ही है, यहाँ कभी नहीं महसूस होगा कि हम लन्दन के उपनगर में हैं। लन्दन स्ट्रीट पर बहुत से इण्डियन दुकानें हैं। यहाँ गुजराती, पंजाबी और मद्रासी चीज़ों का अभाव नहीं है। बहुत-सी पाकिस्तानी और अफ़्रीकी दुकानें भी हैं यहाँ।

दाआबू हमें एक आभिजात्य चीनी रेस्तराँ में ले गये। इस रेस्तराँ का नाम था 'चीन की दीवार'। मेन डिश के तहत दाआबू ने अपने लिये फ्राग्स लेग्स का ऑर्डर दिया, मैंने और एलिस ने रोस्टेड डक का। इण्ट्री के रूप में सबने स्प्रिंग बोलस् ड्रिंक एल सिनतानि-बियर मँगाया। नया मकान ख़रीदने की ख़ुशी में हमने धीरे-धीरे खाते-पीते गप्पें मारते रेस्तराँ में काफ़ी समय बिता दिया था, जब वहाँ से उठे तब तीन बज चुके थे। दाआबू ने जहाँ गाड़ी पार्क किया था वहाँ लौटकर हम गाड़ी में सवार हुए और वहाँ से लन्दन वापस मुड़कर एलिस को उसकी दीदी के घर पर छोड़कर साँझ के क़रीब

अपने फ़्लैट में लौट आये। रास्ते में हमने कुछ शॉपिंग भी कर ली थी। घर पहुँचकर मैंने चाय का पानी चढ़ाया, फिर दाआबू से पूछा, "रात के लिए क्या बनाऊँ?"

"कुछ नहीं।" वे बोले।

"ठीक है।" मैंने कहा।

मेरे 'ठीक है' कहते ही दाआबू ने डाँटा, कहा, "साला, तू एकदम गधा है।"

मैं ठिठककर खड़ा हो गया। दाआबू ने आगे कहा, "मैंने कहा 'कुछ नहीं' और तूने तुरन्त मान लिया। तुझसे कुछ नहीं होगा। हमेशा हर बात यूँ मान लेना ग़लत है, तुझे पूछना चाहिए था कि रात में खाना क्यों नहीं बनेगा, क्या खायेंगे? तू मेरी हर बात मान लेता है, लेकिन इसी तरह अगर एलिस की हर बात पर तू 'अच्छा', 'ठीक है' कहने लगा तो ज़िन्दगी भर तुझे वह मेमना बनाकर रखेगी, समझा? धँसा कुछ दिमाग़ में?"

"जी, समझ गया। अच्छा दाआबू, रात में खाना क्यों न पकाऊँ, क्या दोपहर को हमने ज़्यादा खा लिया है?" उनकी सलाह के अनुसार अब मैंने उनसे पूछा।

दाआबू बोले, "नहीं रे भाई, ज़्यादा नहीं खाया। रात में मुझे फिर निकलना है, अतुल के इण्डियन रेस्तराँ में जाऊँगा।"

"अच्छा, यह बात है। अच्छा ही है, देश से लौटने के बाद से मैं अतुल-दा के वहाँ जा ही नहीं पाया।"

दाआबू ने मुझे फिर से डाँटा। बोले, "मैं जाऊँगा। मैंने एक बार भी कहा कि तुझे भी ले जाऊँगा?"

"सॉरी!" कहकर मैं वहाँ से खिसक गया।

चाय के साथ दाआबू पापड़ पसन्द करते थे, मैंने वही उन्हें सर्व किया। वे ख़ुश हुए। चाय पीने के बाद सोफा में लेटकर वे बी.बी.सी. चैनल का प्रोग्राम देखने लगे। आज वे बहुत रिलैक्स्ड लग रहे थे। तभी किसी ने डोर-बेल बजाया और दाआबू उठकर लगभग दौड़ते हुए दरवाज़ा खोलने के लिए लपके। मुझे बहुत विस्मय हुआ, क्योंकि दरवाज़े की घण्टी बजने पर दरवाज़ा मैं ही खोलता था, अथवा दाआबू ही मुझसे कहते, "देख तो, कौन आया।" दाआबू ने दरवाज़ा खोला तो मुझे और भी हैरानी हुई जब हँसमुख बनर्जी आण्टी अन्दर दाख़िल हुईं। आण्टी सोफा पर बैठ गयीं तो मैंने उनसे पूछा, "आप चाय लेंगी या कॉफ़ी?"

"मुझे यहाँ पापड़ की ख़ुशबू मिल रही है। चाय ही दे।"

अब मैं समझ गया कि आण्टी को लेकर ही दाआबू अतुल-दा के रेस्तराँ में जायेंगे।

"नया मकान देखा?" आण्टी ने पूछा।

"हाँ। पता नहीं इतनी बड़ी बात दाआबू ने मुझसे क्यों छिपाये रखा! ख़ैर, मैं ख़ुश हूँ। सामने फूलों का बाग़ बन जायेगा। काफ़ी जगह है। जानती हो आण्टी, शान्तिनिकेतन का घर भी बिलकुल नया बन गया है, तुम जाओगी तो तुम्हें पसन्द आयेगा।"

बातों-ही-बातों में मुझे पता चला कि अगले दिन दाआबू आण्टी के साथ नये मकान के लिए उस घर के कमरों के आकार के हिसाब से पलँग, मेज, कुर्सी आदि फर्नीचर ख़रीदने जायेंगे। इस घर के काफ़ी फर्नीचर फेंक दिये जायेंगे। विलायत में मकान या फ़्लैट बदलते समय इतने अधिक सामान फेंक दिये जाते हैं जिसकी कल्पना भी नहीं की जा सकती।

चाय पीकर दोनों बाहर निकल गये। आजकल आण्टी यहाँ आतीं तो वे दाआबू के साथ एक ही बिस्तर पर सोतीं। पहले उनका सम्बन्ध ऐसा नहीं था। अब उन दोनों का रिश्ता शारीरिक रिश्ता हो गया था। ब्राइटन पहुँचकर दाआबू भी वहाँ आण्टी के हमबिस्तर होते। मुझे यह अच्छा लगता। आण्टी की उम्र का मुझे पता नहीं, लेकिन देह का सौन्दर्य कुछ भी कम नहीं हुआ था। फिर दोनों ही फ्री थे, यानी अकेले, और दोनों को ही साथी की ज़रूरत थी। इस विषय पर मैं और अधिक कुछ नहीं कहूँगा।

तीन दिनों के बाद ही हम क्रयडॅन के मकान में आ गये। मूविंग ट्रान्सपोर्ट एजेन्सी ने पुराने फ़्लैट का सामान नये मकान में केवल पहुँचाया नहीं, पैकिंग खोलकर उन्हें ढंग से सजा भी दिया। सामान पैक करके लाने का जिम्मा उन्हीं का था। हमें कुछ भी नहीं करना पड़ा। जिन नये फर्नीचर का ऑर्डर दिया गया था, वह भी सीधे इस मकान में आ गया। पुराने आसबाब एजेन्सी ने ही ले लिया। दाआबू बोले, "पुराने सामान वे या तो बहुत सस्ते में बेचेंगे अथवा किसी संस्था को दे देंगे ग़रीबों में बाँटने के लिए।"

मकान बदलने के बाद दाआबू विश्राम लेने के लिए एक सप्ताह के लिए ब्राइटन चले गये और इस मकान के सारे सामान ठीक से सहेजकर रखने की ज़िम्मेदारी मुझे दे गये, मानों यह मकान मेरा ही था।

एलिस अब केवल सप्ताहान्त में मेरे पास आती। मैंने उससे कहा था, "मेरी बीवी वीक-एण्ड में घर आती है, सप्ताह में मुझे डेढ़ दिन उसका संग मिलता है, मैं इसी से ख़ुश हूँ।"

एलिस प्रतिवाद करती, उसे 'वाइफ़' कहलाना मंजूर नहीं था। मैं कहता, "तुम बीवी न सही, बीवी जैसी ही हो न?"

वह कहती, "नहीं, बिलकुल नहीं, तुम क़तई मेरे पति नहीं हो। तुम मेरे सर्वाधिक प्रिय दोस्त हो।"

सच ही था, बिना शादी किये हम पति-पत्नी नहीं हो सकते। फिर भी, वह तो मेरे लिये पत्नी जैसी ही थी। इस प्रसंग पर उससे बहस करना भी ठीक नहीं था, हमारा

जो रिश्ता था वह क़ायम रहे तो मुझे नुक़सान ही क्या? वह मुझे बार-बार समझाती कि शादी कर लेने से ही कोई सुखी नहीं हो जाता। जितनी शादियाँ हो रही हैं उतने ही तलाक़ भी हो रहे हैं।

यह बात मेरे दिमाग़ में नहीं धँसती। साहब और मेमसाहब लोग परस्पर को जानकर, पहचानकर, प्यारकर, तौलकर, महीनों एक साथ रहकर, एक-दूसरे का स्वभाव-चरित्र-विचारधारा भलीभाँति परखने के बाद जब शादी करते हैं तो उसके बाद उनमें वैमनस्य कैसे पैदा होता है, सम्बन्धों में दरार कैसे पड़ती है, वह भी इतनी कि तलाक़ की नौबत आ जाती है। एलिस का कहना था कि कुछ साल एक-साथ रहने के बाद एकरसता आ जाती है, मन परिवर्तित हो जाता है, और तब अलग होना ही ठीक होता है। यह सब विद्वानों का अभिमत था, जिसे मैं नहीं पचा पाता था।

अब मैं अपनी कहूँ। क्रयडॅन ब्राइटन से क़रीब था, और यहाँ आने के बाद से दाआबू अक़सर ब्राइटन चले जाते। हो सकता है आण्टी के साथ उनका यह रिश्ता पहले भी रहा हो जिसे मैं अपनी मन्दबुद्धि के कारण भाँप नहीं पाया था। क्रयडॅन में सजा-सँवरा मकान, गैरेज, बग़ीचा आदि सब-कुछ था, लेकिन एक तो दाआबू ज़्यादातर यहाँ नहीं रहते और दूसरे एलिस केवल सप्ताहान्त में आती, इससे घर सूना-सूना लगता और यह सूनापन मुझे मायूस करने लगा था। अपना कामकाज निपटाकर मैं टी.वी. देखता, फिर भी समय काटे न कटता। तुम शायद सोचो कि डायरी लिखने में भी तो बहुत समय बीतता होगा, तो परेशानी किस बात की? मैं तुम्हें बता दूँ, डायरी लिखना शुरू करने के बाद, चूँकि मेरी भाषा बहुत कमज़ोर थी और मैं लेखन में निपुण नहीं था, मैंने तब लिखना बन्द कर दिया था, कभी-कभी कुछ बातें नोट ज़रूर कर लिया करता था। तुम मेरी जो दास्तान पढ़ रहे हो, इसे मैंने और बाद में लिखा। मैंने पहले जो कुछ लिखा था, उसे फिर से ठीक से सँवारकर लिपिबद्ध किया। इसी मकान में मुझे पुनर्लेखन के लिए प्रोत्साहित किया था।

क्रयडॅन लन्दन से दक्षिण में था, ख़ास लन्दन में नहीं। यहाँ मेरा कोई यार-दोस्त या अड्डा नहीं था। दाआबू ब्राइटन की आण्टी के साथ उलझे थे, एलिस नैन्सी की बेटी के साथ। मैं अनचाहे गूंगा बन गया था और मेरा अकेलापन मुझे कचोटने लगा था। आदमी अपनी हर चाहत हमेशा पूरी नहीं कर पाता, बहुत-सी स्थितियों से उसे समझौता करना पड़ता है। मैं भी कर रहा था, लेकिन मुझे कोई तो चाहिए था जिससे दो बातें कर सकूँ। अतः धीरे-धीरे मैं पुनः टेम्सपाथ का नियमित पथिक बन गया। मिलटन और रॉबर्ट की तरह मैं भी क्रमशः लन्दन-ब्रिज पर नियमित दिखायी देने लगा। यही नहीं, मैं क्रमशः वहाँ के जमघट, जिनमें मुख्यतः भिखारी थे, का एक छोटा-मोटा लीडर बन गया और इससे मेरी इज़्ज़त भी बढ़ गयी। हो भी क्यों न, मैं मूलतः कोलकाता

का भिखारी था और मुझमें अनुभव की कोई कमी नहीं थी। दाआबू मुझे जितना भी बुद्धू समझें, मैं दिमाग़ से पैदल नहीं था।

अब मैं तुम्हें पूरी बात बताऊँ। लन्दन में बहुत तरह के भिखारी हैं। परन्तु भारत की तरह यहाँ लँगड़ा, लूला, काना, अन्धा, अपंग भिखारी विशेष नहीं मिलेंगे क्योंकि उन्हें सरकारी भत्ता मिलता है, जनता को तंग करने का उन्हें अधिकार नहीं है। यहाँ के अधिकांश भिखारी स्वच्छन्द चल-फिर सकते हैं। पूरब के देशों से आनेवाले जिनके साथ भाषा की समस्या रहती है और वर्क-परमिट न होने के कारण जिन्हें काम नहीं मिल सकता, वे भीख माँग सकते हैं। ऐसे नये लोगों को कब कहाँ भीख माँगने से पैसे मिलेंगे इसका निर्देश मिलटन और रॉबर्ट देते और इसके लिए वे भिखारियों से कमीशन लेते। शुरुआत में उन्हें जगह बता दी जाती, धीरे-धीरे वे परिपक्व हो उठते। यहाँ के ग़रीब, गाँजा पीनेवाले, शराबी आदि की बात और है, जेब में पैसा न हो तो वे फुटपाथ पर बैठकर सामने टोपी रख देते या कोई डिब्बा ताकि राहगीर का उधर ध्यान जाये।

मेरे कोलकाता के भिखारी जीवन की कथा सुनना मिलटन और रॉबर्ट को अच्छा लगता। अब नियमित इस अड्डे में पहुँचते रहने के कारण इन दोनों से मेरी घनिष्ठता बढ़ गयी थी। यूँ एलिस मुझे रोज़ाना फ़ोन करती, लेकिन उससे मन नहीं भरता था। वह मुझे उसकी दीदी के घर बुलाती, किन्तु वहाँ जाकर भी फ्री नहीं हो पाता था, इसलिए यह अड्डा मुझे ज़्यादा अच्छा लगता। असली अड्डा रात को आठ बजे के बाद शुरू होता जो कभी-कभी रात के तीन बजे ख़त्म होता। देर रात तक इस अड्डे में मौज़ूद रहकर मुझे इन दो लीडरों के बारे में एक ख़ास जानकारी मिली। आधी रात के बाद लड़के-लड़कियाँ इनके पास आकर इन्हें कुछ हिसाब देते और इनसे पुड़िया ले जाते। ये लड़कियाँ और लड़के अच्छे घर के थे और इनकी चाल-चलन, पोशाक और मोटर-बाइक देखकर लगता कि इनकी जेब में पैसे भी होते। हर युवक की बाइक की पिछली सीट पर कोई युवती बैठी होती। इनकी अकड़ से लगता कि ये ही लन्दन के मालिक हैं। अक़सर पुलिस भी इनसे कतराती। इस मेल-मिलाप में मेरे सामने एक नयी दुनिया उजागर हो गयी थी।

एक दिन मिलटन ने मुझसे सीधा सवाल किया, "तू अगर इस लाइन में आना चाहे तो मैं तेरी मदद कर सकता हूँ। क्या तू आना चाहेगा?"

"मुझे करना क्या होगा?" मैंने जानना चाहा।

"पहले तुझे प्रशिक्षण लेना पड़ेगा। हम लोग ही तुझे प्रशिक्षण देंगे।"

"मुझे क्या फ़ायदा होगा?"

"वह निर्भर करेगा तेरी मार्केटिंग के ऊपर। जितना बेच पायेगा, उतना ही लाभ मिलेगा। घण्टा, दिन या सप्ताह की ब'त नहीं है, तेरे पास माल रहेगा और तू सप्लाई करेगा। एक साधारण आदमी एक महीने में जितना कमाता है, अगर तुझमें बुद्धि और

हौसला हो तो कुछ घण्टों या कुछ ही दिनों में तू उतना कमा लेगा। यह धन्धा अल्पसमय में अमीर बनने का शॉर्ट-कट है।''

''ठीक है, मैं राज़ी हूँ।'' मैने हामी भर दी।

मेरे हामी भरने के दो कारण थे। एक तो इसमें काफ़ी आमदनी होगी, दूसरे इस काम में एडवेन्चर था। दो-तीन महीनों में ही लन्दन के मस्तानों में मेरी भी गिनती होगी और क़ीमती मोटरसाइकिल के पीछे एलिस को बिठाकर मैं सारे लन्दन का चक्कर लगा पाऊँगा।

उस दिन तड़के घर लौटकर मैंने आनन्द से सराबोर होकर अपना पुराना पसन्दीदा गीत गाया—मेरा जूता है जापानी, ये पतलून है इंग्लिस्तानी, सर पे लाल टोपी रूसी, फिर भी दिल है हिन्दुस्तानी। मेरा प्रिय श्री 420 का गीत। मैंने मन-ही-मन तय किया कि दाआबू को एलिस को अभी कुछ नहीं बताऊँगा, बाद में उन्हें सरप्राइज़ दूँगा।

अगले दिन सुबह ह्वाइट चैपल के निकट के एक पब यानी मदिरालय में मैं मिलटन से मिला। कुछ ही देर बाद एक युवती आकर हमारी मेज़ में शामिल हुई और बियर पीते-पीते वह मुझे घूरती रही, फिर वह मिलटन से बोली, ''ठीक है।''

पब से निकलने के बाद उस युवती ने हमें अपनी कार में बैठाया और ख़ुद ड्राइव करती हुई हमें लीडन स्ट्रीट के एक मकान में ले गयी। लिफ्ट के ज़रिये तीसरी मंज़िल के एक अपार्टमेण्ट में पहुँचकर वहाँ की भव्य सजावट देखकर मैं चौंका। उस युवती का नाम लीना था और वह अपार्टमेण्ट उसी का था। मुझे लीना के पास छोड़कर मिलटन चला गया।

शायद मुझे सहज बनाने के लिए लीना बोली, ''तुम एक और बियर लोगे, या कोई और ड्रिंक?''

''नहीं, अभी नहीं। पहले काम की बात हो जाये।''

''अवश्य, इसी के लिए तुम्हें यहाँ बुलाया गया है।'' लीना बोली, उसके बाद वह मेरे सामने की सोफा पर बैठ गयी। उसने आगे कहा, ''मैं एडुकेटर हूँ। तुम्हें जानकारी देना मेरा काम है, इससे अधिक कुछ नहीं। मैंने तुम्हारे बारे में सुना है, तुम हमेशा शान्त रहते हो। तुम लन्दन में कब से हो?''

''बहुत सालों से मैं स्थायी रूप से यहाँ रह रहा हूँ, अभी हाल ही में हम लन्दन छोड़कर क्रयडॅन में जा बसे हैं। मेरे पास डिस्ट्रिक्ट काउन्सलर द्वारा जारी आवासी प्रमाण-पत्र है, मेरे जेब में ही है।'' कहकर मैंने जेब में हाथ डाला, लेकिन लीना ने मेरी कलाई पकड़ ली, उसका हाथ गरम था।

वह बोली, ''अरे नहीं, मुझे प्रमाण-पत्र नहीं देखना है। क्यूरिअस थी, सो पूछ लिया। ठीक है, हम काम की बातें शुरू करते हैं। सुना है इस लाइन में तुम्हें कोई अनुभव नहीं है, एकदम कच्चे हो, इसलिए तुम्हारे लिये कुछ जानकारी ज़रूरी है। तुम्हें

हमेशा यह याद रखना होगा कि यह कोई नौकरी नहीं, व्यवसाय है। नौकरी में आय की सीमा निर्धारित रहती है, बिज़नेस में आय की कोई निश्चित सीमा नहीं होती, तुम्हारी बुद्धि और बाज़ार के हिसाब से तुम्हारी आमदनी होगी। इस लाइन में एक सुविधा यह है कि यहाँ तुम्हें कोई मूलधन नहीं लगाना है, तुम्हें सदैव चौकन्ना रहना होगा और तुम जितना जोख़िम उठा पाओगे उतना ही फ़ायदे में रहोगे। तुम्हें पुड़िया दिये जायेंगे जिन्हें तुम बेचोगे। पहले तीन पुड़िया या डोज़ तुम मुफ़्त में बाँटोगे, फिर नशा का चस्का लगते ही ख़रीददार ख़ुद ही तुम्हारे पास आयेंगे। क्या तुम ख़ुद ड्रग ऐडिक्टेड थे, यानी तुम्हें ड्रग लेने की लत थी कभी?''

उसका प्रश्न सुनकर मैं चौकन्ना हुआ। बोला, ''नहीं, मुझे लत नहीं है, लेकिन मेरे कुछ मित्र हैं जो ड्रग के आदी हैं।''

लीना बहुत सुन्दरी नहीं थी, पर हँसमुख थी और चुस्त पोशाक के कारण बहुत सेक्सी लगती थी। मेरा उत्तर सुनकर वह सोफे पर थोड़ा हिली-डुली, फिर बोली, ''मैं भी तुम जैसी हूँ, चखती हूँ, पर नशा नहीं करती। इस लाइन में काम करने के लिए ड्रग के बारे में थोड़ा ज्ञान रखना आवश्यक है। कुछ नाम के साथ परिचित होना पड़ेगा, ज्यों—कैनबिस् (चरस), कोकेन, मैरिजुवाना, हशीश, क्रैक आदि। स्मरण रहे, इन ड्रगों का सेवन ग़ैरक़ानूनी है लेकिन साधारण लोगों में इसकी ख़पत बहुत है, माँग बहुत है। देखो न, चुरुट, सिगरेट, शराब आदि भी तो स्वास्थ्य के लिए हानिकारक है, लेकिन इनका सेवन ग़ैरक़ानूनी नहीं है, इन पर पाबन्दी नहीं है। दुकानों में बिकते हैं। बार, पब, किओस्क में सजाकर रखे जाते हैं, ग्राहकों को सर्व किये जाते हैं। लोग वहाँ जाते हैं, ख़रीदते हैं, पीते हैं। चुरुट-सिगरेट पीकर कैन्सर के मरीज़ हो जाते हैं, शराब के नशे में मतवाला बनते हैं, पारिवारिक अशान्ति होती है, दुर्घटनायें होती हैं, अस्पताल पहुँचते हैं, मर जाते हैं। इसके बावज़ूद ग़रीब, मध्यवित्त से लेकर अमीर और रॉयल फेमिली के लोग तक सभी धूम्रपान करते हैं, ड्रिंक करते हैं। नशा आनन्द देता है, इसमें कोई दोष नहीं।''

लीना का भाषण लम्बा होता जा रहा था। एक साथ इतना लम्बा भाषण मैं नहीं पचा पाता, इसीलिए उसे रोकने के लिए मैंने कहा, ''एक बियर दोगी?''

''अवश्य। उठकर ख़ुद ले लो।'' वह बोली।

मैं उठा। कमरे के एक कोने में मिनी बार था, जहाँ हर तरह के ड्रिंक रखे थे। बियर का एक कैन लेकर मैं फिर से बैठ गया। लीना अपने लिये एक कोल्ड ड्रिंक उठा लायी।

वह कहने लगी, ''तुम तो इण्डियन हो। मैं दिल्ली, जयपुर, बनारस और काठमाण्डू हो आयी हूँ। इण्डिया तो सचमुच एक सपनों का देश है, वहाँ लोग लोगों को समझते हैं। परन्तु यहाँ हर कोई एकाकी है, किसी को किसी की फ़िक्र नहीं। लोग निस्संग हैं, इसीलिए नशा करके अपना अकेलापन दूर करते हैं।''

"मुझे मालूम है, मालूम है, मैंने अपनी गर्ल-फ्रेण्ड से भी सुना है।" मैंने लीना को टोका।

"अच्छा, तब तो ठीक है। ख़ैर, जो कह रही थी, नशा हर देश में है, प्राचीन सभ्यतावाले देशों के सामाजिक और धार्मिक जीवन के साथ भी नशा जुड़ा है, तुम्हारे देश के साधु लोग गाँजा पीते हैं। मेक्सिको में पेइओति चबाते हैं या शर्बत की तरह पीते हैं जैसे तुम्हारे देश में भाँग पीते हैं। यमन और इथीयोपिया में 'खाट' चबाते हैं, वियतनाम-थाईलैण्ड-अफ़गानिस्तान-पाकिस्तान आदि देशों में अफ़ीम चलता है। दक्षिण अमेरिका में 'कोको' पत्ती चबाते हैं ज्यों भारत में तम्बाकू या खैनी चबाते हैं या पान के साथ ज़र्दा। अतः तुम समझ रहे होगे कि हम लोगों ने नशाखोरी नहीं फैलायी, यह दुनिया में सर्वत्र पहले से थी। हमारा धन्धा है नशा करनेवालों तक पुड़िया पहुँचा देना। सामान मँगाना, उन्हें छोटी-छोटी पुड़िया में तब्दील करना, यह सब व्यवसायियों का काम है। छोटे-छोटे अपार्टमेण्टों में इस काम के लैबोरेटरियों का जाल समूचे लन्दन शहर में फैला हुआ है, हालाँकि सरकार की नज़र से छिपाकर। मैं फिर कहती हूँ, यह धन्धा भी एक व्यवसाय है, दुकानदारों की तरह तुम्हें थोक के भाव मिलेगा, या तुम बेचकर कमीशन लोगे। सोच लो...।"

थोड़ा रुककर वह फिर बोली, "मुझे और कुछ नहीं कहना है, मेरा काम ख़त्म हुआ। हमारी इस बातचीत के बारे में तुम बाहर किसी से चर्चा नहीं करोगे, किसी भी कारण से नहीं। और अगर तुम मुझे पाना चाहो तो फ़ोन कर देना, मुझे एतराज़ नहीं होगा, लेकिन मैं पहले से यह बता दूँ कि मेरा रेट हाई है, यूँ मैं तुम्हारे लिये कुछ कम कर दूँगी।"

"तुमने जो बताया कि तुम्हारा प्रोफ़ेशन एडुकेटर का है।"

"अवश्य। वह मेरा मुखौटा है। सेक्स एडुकेटर होने का मेरे पास लाइसेन्स है।"

"मुबारक! तुम वाक़ई टैलेण्टेड हो, सेक्सी भी।"

अपनी तारीफ़ सुनकर वह खिलखिलाकर हँस पड़ी। उसकी हँसी मुझे आकर्षक लगी। फिर हँसी थामकर, कन्धे उचकाकर बोली, "टैलेण्ट का मुझे नहीं मालूम, पर बाज़ार में मेरा डिमाण्ड ज़रूर है!"

लीना को बातचीत के लिए धन्यवाद देकर मैं उसके फ़्लैट से निकलकर बाहर सड़क पर आ गया। उसकी गाड़ी, फ़्लैट और ठाठ-बाट देखकर मुझे लगा कि उसकी आमदनी बहुत है।

जैसा पहले से तय था, मैं सीधे मिलटन के पास गया, फिर उसके और रॉबर्ट के साथ एक चीनी रेस्तराँ में मध्याह्न भोजन के लिए गया। मिलटन इस नार्कोटिक व्यवसाय से पूरी तरह जुड़ा था, कहा जाये तो वह एरिया मैनेजर था और मुझे उसी के अधीन काम करना था। लीना प्रोफ़ेशनल वेश्या थी, साथ ही नार्को व्यवसाय से

जुड़नेवाले नये लोगों की चयन अधिकारी भी, इसीलिए उसने ख़ुद मुझसे पूछताछ की, मुझसे बातचीत की। मिलटन और रॉबर्ट का कहना था कि मैं बहुत क्वॉलिफ़ाइड हूँ और भाग्यशाली भी कि लीना ने ख़ुद मेरा चयन किया, मुझे अवश्य कोई बड़ी ज़िम्मेदारी दी जायेगी।

घर लौटकर मैं बिस्तर पर चित लेट गया। मन में दिन भर घुमड़ती चिन्ताओं ने मुझे थका दिया था। ऊपर छत की ओर देखता हुआ मैं अपने भविष्य के बारे में सोचने लगा। सोचते-सोचते मुझे एलिस की याद आयी। पार्क में जब वह मुझसे शुरू-शुरू में मिलती थी, तब मैं मन-ही-मन सोचता था कि वह बेहद ख़ूबसूरत है, एक क़ीमती पत्थर जो अवहेलित है, बातचीत में इतनी मिठास परन्तु समाज से बहिष्कृत, सब-कुछ रहते हुए भी वह ग़रीब है, अकेली है। मैं सोचता, ऐसा क्यों हुआ। उसके लिए मुझे दुःख होता। लेकिन यह भी सच है कि उसकी वह हालत थी, उसकी वैसी मानसिकता थी, तभी तो उसे मैं पा सका। छत की दीवार पर मानों उसका चेहरा झलक उठा, मुझे उसकी आवाज़ भी सुनाई दी—'ए बिकिरि, तुम यह क्या करने जा रहे हो?' मैं चौंककर बिस्तर से उठ पड़ा। चिन्ता का प्रवाह टूटा। फिर मैंने एलिस को टेलीफ़ोन किया। फ़ोन पर उसने अपनी शिकायत दर्ज़ किया, "सुबह से तुम्हें टेलीफ़ोन करते-करते मैं थक गयी हूँ, तुम कहाँ थे?"

"आज मिलटन ने मुझे लंच का न्योता दिया था।"

"ओह! ख़ैर सुनो, कल नैन्सी बच्ची को लेकर माँ के पास जा रही है। मेरी छुट्टी है।"

"कल क्यों, तुम आज ही आ जाओ। मैं बिलकुल अकेला हूँ, यह अकेलापन मुझे बहुत कचोट रहा है।"

"ठीक है, आ जाऊँगी।"

मैं ख़ुशी से झूम उठा। लीना से मिलने के बाद से ही मेरा मन एलिस के लिए बेचैन हो उठा था। वह आ रही है जानकर मैंने खिचड़ी और पापड़ का मन बनाया, और रसोई से निपटकर ईस्ट क्रयडॅन स्टेशन पहुँच गया। मैंने सोचा कि बस की यात्रा में समय बहुत अधिक लगता है, इसलिए शायद वह ट्रेन से ही आये। मेरा अन्दाज़ सही निकला। मुझे स्टेशन में पाकर वह मुझसे लिपटकर मुझे चूमने लगी। हमारे देश में ख़ुद की बीवी को स्पर्श करने के लिए या चूमने के लिए रात में बिस्तर पर इन्तज़ार करना पड़ता है। जिस देश की जैसी सामाजिक रीति है।

पता नहीं एलिस ने मेरे चेहरे या हाव-भाव से क्या पढ़ा, उसने पूछा, "क्या बात है बिकिरि, तुम बहुत उत्तेजित लग रहे हो? कोई नयी ख़बर है क्या?"

"नहीं, लगता है कि तुम अर्से के बाद मिली हो। क्रयडॅन के इस मकान में तुम्हारे और मेरे लिये एक कमरा नये आसबाब से सजाया गया, आण्टी ने ख़ुद खाट-बिस्तर

आदि ख़रीदा, लेकिन कमरा सजाकर मैं केवल इन्तज़ार ही कर रहा हूँ। घर इतना सूना हो गया है, न दाआबू रहते हैं, न तुम ही आती हो। मुझे लगता है, एक सजा हुआ बाग़ है जिसमें कोई फूल नहीं। मेरा आकाश इतना सूना है जहाँ न तो बादल मँडराते हैं, न ही पक्षी उड़ते हैं!" मैंने कहा और एक लम्बी उसास भरी।

"ऐ, क्या हुआ तुम्हें? तुम इतना बदल गये हो! तुमने कोई नयी पढ़ाई शुरू की है या आजकल कविताएँ लिख रहे हो?"

स्टेशन से हमारे घर की ओर ट्राम और बस, दोनों, उपलब्ध होने पर भी एलिस को और मुझे पैदल चलना पसन्द था। कोई पन्द्रह मिनट बाद हम ओक स्ट्रीट पर पहुँच गये। कमरे में दाख़िल होकर एलिस बोली, "लगता है तुमने पापड़ भूना है, मुझे गन्ध मिल गयी।"

मैंने कहा, "हाँ। अब सिर्फ़ बैगन भूनना है। खिचड़ी तुम पसन्द करोगी, मिर्च नहीं डाला है।"

खाते-खाते एलिस ने पुनः पूछा, "तुम अब भी बहुत उत्तेजित लग रहे हो बिकिरि, आख़िर खुलकर कुछ बोलोगे भी कि माज़रा क्या है?"

"माज़रा यह है कि..." कहते-कहते मैं रुक गया, ज़ुबाँ पर आती बात को रोककर खुद को सँभाला, फिर बोला, "तुम समझ ही गयी होगी कि तुम्हारे लिये ही मैंने घर सजाया, तुम तो इसी घर की सदस्या हो, दाआबू भी तुम्हें 'बहू' मानते हैं, लेकिन तुम घर पर नहीं हो। हर वक़्त मुझे लगता है कि तुम हो, लेकिन मैं तुम्हें छू भी नहीं सकता। मैं तुम्हारे बारे में सोचता रहता हूँ। इसी ग़म में मैंने दोपहर को दो बोतल बियर पी, शायद उसी का असर तुम्हें मेरी बातचीत और आचरण में दिखायी दे रहा है!"

"ओह, माइ डियर! मैं तुम्हें दुःख पहुँचाना नहीं चाहती, परन्तु तुम्हें तो मालूम है कि मैं साइकोस्मैटिक रोग से आक्रान्त थी, इसलिए मेरा सपना था कि दीदी की बच्ची को मैं वैसा दुःख झेलने नहीं दूँगी, ख़ुद उसकी देखभाल करूँगी। तुम जानते हो कि यह काम मैंने स्वयं के सन्तोष के लिए चुना। यही नहीं, अपने पुराने मानसिक रोग से निज़ात पाने का भी यह एक रास्ता है।"

मैंने बातचीत का प्रसंग बदल दिया, उसके बाद हम दोनों सहजता से बातें करने लगे। मैंने अपने नये अनुभव पर पूरा पर्दा डाले रखा। असल में इसी अनुभव और बहुत पैसे कमाने की सम्भावना ने मुझे उत्तेजित कर रखा था, मैंने बहुत मुश्किल से ख़ुद को संयत किया। दाआबू की याद आयी, वे कहते हैं—'जिस गधे के पाँव बँधे हों, वह ज़ोर से उछलने की कोशिश करेगा तो धराशायी होगा।'

बर्तन धोकर सहेजने के उपरान्त मैंने दाआबू का नम्बर मिलाया। फ़ोन आण्टी ने उठाया।

मैंने कहा, "कैसी हो आण्टी? मैं ठीक हूँ। घर एकदम सूना लगता था, इसलिए आज एलिस को बुला लिया। वह आ गयी है... दाआबू को फ़ोन दे पाओगी...।"

दाआबू को हैलो कहकर मैंने फ़ोन एलिस को थमा दिया। एलिस से दाआबू बहुत हँसी-मज़ाक और नोंकझोंक करते, वह खिलखिलाकर हँसती और इससे मुझे भरपूर आनन्द मिलता। कुछ देर बातचीत करने के बाद एलिस ने फ़ोन मुझे वापस थमाया।

"हाँ दाआबू, मुझे तुमसे कुछ बातें करनी हैं।" मैं बोला।

"पाउण्ड की ज़रूरत हो तो कार्ड इस्तेमाल कर, कैश की कोई ज़रूरत..."

"नहीं दाआबू, रुपये की बात नहीं है, और बातें हैं... बहुत ज़रूरी। मैं ब्राइटन आ जाऊँ?"

"बहुत ज़रूरी मतलब? ठहर गया है क्या रे?"

"नहीं दाआबू, तुम तो मज़ाक करने लगे। मुझे एक ने एक अच्छी नौकरी का आश्वासन दिया है, इसी बारे में तुम्हारी राय लेना चाहता हूँ।"

"ओह, यह बोल, यह तो बहुत ज़रूरी कुछ नहीं। मैं मंगलवार को आऊँगा, तभी बातें होंगी!"

असली बात मैं बोल नहीं पाया। दाआबू की आवाज़ सुना, यही मेरे लिये भरोसे की बात थी। वे बहुत मज़ाक करते हैं, लेकिन मैं एलिस की तरह दिल खोलकर हँस नहीं पाता था। कहीं कोई बाधा अवश्य थी।

आज एलिस से बातचीत के दौरान मैंने ख़ुद ग़ौर किया कि मेरी बातचीत का ढंग कुछ बदल गया है, मैं पहले से होशियार और बुद्धिमान् हो गया हूँ। मैं अपनी इस उन्नति से ख़ुश था। लगा कि अब मैं आदमी बन रहा था। एलिस ने भी कई बार कहा कि वह मुझमें कुछ परिवर्तन देख रही है।

सप्ताहान्त मेरे संग बिताकर एलिस चली गयी। अब वह मायरा के लिए अधीर हो उठती। शायद उसने जीवन का एक लक्ष्य ढूँढ़ लिया था। मैं मन-ही-मन सोचता, दीदी की बेटी का आकर्षण इतना प्रबल है, उसका अपना बच्चा होगा तब क्या होगा?

मैं भी ख़ुश था, क्योंकि मेरे नये काम की चिन्ता ने मुझमें प्राण फूँक दिये थे। शाम को मैं अड्डे में पहुँचा तो मुझे देखते ही रॉबर्ट ने पूछा, "हाइ बिकि, तेरे पास हैण्डफ़ोन है?"

मैंने कहा, "नहीं, मुझे ज़रूरत नहीं पड़ती।"

"अब ज़रूरत पड़ेगी। यह ले, तेरे लिये लाया हूँ। आ, तुझे सब समझा दूँ। बहुत आसान है।"

हैण्डफ़ोन या मोबाइल फ़ोन का इस्तेमाल मैंने पहली बार सीखा। रॉबर्ट ने मुझे समझा दिया कि अब मोबाइल नम्बर ही मेरा सम्पर्क सूत्र बना रहेगा, सभी के नम्बर इसमें कोड किये गये हैं, ज्यों एक नम्बर मिलटन, दो नम्बर रॉबर्ट, तीन नम्बर हेल्प, चार नम्बर दुकान, पाँच नम्बर वकील आदि। उसने सतर्क किया कि यह सेट केवल काम के लिए है, किसी पारिवारिक सदस्य या यार-दोस्तों के लिए नहीं। मुझे एक सप्ताह

रॉबर्ट तथा मिलटन के साथ घूमना है, वे मुझे बतायेंगे कि मुझे कहाँ से माल लेना है और कहाँ पहुँचाना है। शुरू में मध्य लन्दन मेरा क्षेत्र होगा, बाद में अन्यत्र भी जाना पड़ेगा। कुछ अनुभव बटोर लेने के बाद मुझे मोटरबाइक दिया जायेगा, ड्राइविंग भी वे लोग ही सिखायेंगे। मुझे यह सब-कुछ बहुत ही थ्रिलिंग लगा, बहुत ही मनोरंजक। हालाँकि इस काम में जोख़िम भी था, जितना जोख़िम लोगे, उतना ही ज़्यादा कमाओगे। इस लाइन में काम करनेवाले बहुत स्मार्ट और चौकस होते थे। सब समझाने के बाद रॉबर्ट ने मेरी हथेली में सौ पाउण्ड ठूँसकर कहा, "यह रख, तेरा हाथ खर्च।"

मुझे घोर आश्चर्य हुआ, प्रसन्नता भी हुई। टेम्स नदी के किनारे कुछ देर हवाखोरी करने के बाद मन हलका हुआ। फिर घर लौटकर बची हुई खिचड़ी गरमा लिया। तभी फ़ोन की घण्टी बज उठी।

"हैलो," दाआबू का स्वर था, यह स्वर कुछ भारी लगा, इससे मेरा दिल धड़क उठा, क्या हो गया उन्हें? मैंने कहा, "तुम्हारी आवाज़ बहुत भारी लग रही है दाआबू, तुम्हारी तबीयत ठीक है तो?"

"हाँ, मैं ठीक हूँ। यह बोल कि तेरा मामला क्या है?"

"मेरा मामला?" मेरा कण्ठ सूख आया, दिल तेज़ी से धड़क उठा। थोड़ा रुककर मैं बोला, "वही तो बताना चाह रहा था। लेकिन तुमने कैसे जाना?"

"एलिस तेरे लिये बहुत चिन्तित है। उसी ने मुझे आज फ़ोन किया था।"

"ओह, तो यह बात है!" मेरे जान में जान आयी। मैंने कहा, "एक लड़के ने मुझे एक अच्छे काम के लिए कहा था। इन दिनों मेरे पास काफ़ी समय है, इसीलिए सोच रहा था..."

"ठीक है, कल आ रहा हूँ, तभी बातें होंगी।" कहकर दाआबू ने फ़ोन छोड़ दिया।

मैंने मन-ही-मन सोचा, मैंने चाहे जितनी चालाकी की हो, एलिस की आँखों में धूल नही झोंक पाया। मैंने ख़ुद को सान्त्वना दिया, मैंने कोई अन्याय नहीं किया है, किसी को संकट में नहीं डाला है, फिर भी न जाने क्यों मेरे मन में एक अपराध-बोध सिर उठाने लगा था।

अगले दिन दाआबू क्रयडॅन लौट आये। मैंने ख़ुशी से उन्हें जकड़ लिया। जब छोटा था, उनके पाँवों को जकड़ लेता था, बड़े होने के बाद से उनके वक्ष से लिपट जाता था, यह उन्होंने ही सिखाया था। दाआबू का स्पर्श पाकर मेरी उत्तेजना शान्त हो गयी। मैंने उन्हें चाय दी तो उन्होंने मुझे अपने बग़ल में बैठाया, फिर स्नेह से मेरे कन्धे पर हाथ रखकर बोले, "ज़िन्दगी की राह में समस्याएँ आती हैं, झमेले आते हैं और मिट जाते हैं, फिर से आते हैं। कुछ समस्याओं के हल निकल आते हैं, और कुछ समस्याओं के साथ ही हमें जीना पड़ता है। जो हो, तेरी क्या समस्या है, मुझे खुलकर बता।"

"मेरी कोई समस्या नहीं है," मैंने कहा, "तुम्हारे रहते मुझे समस्या क्या होगी? मुझ जैसे सुखी इन्सान और कितने होंगे? असल में दाआबू, क्रयडॅन में आने के बाद से मुझे समय बहुत मिलने लगा है। तुम रहते हो तो पता भी नहीं चलता कि समय इतनी तेज़ी से कैसे बीत जाता है। एलिस के आने पर भी। अब तुम भी नहीं रहते, एलिस भी सप्ताहान्त के सिवा नहीं आती। मेरे जीवन में अब एकरसता आ गयी है। इसीलिए सोचा कि वक़्त काटने के लिए कुछ करना चाहिए।"

"ठीक है, अच्छी बात है। मैंने तुझे कभी भी भीख माँगने से नहीं रोका। मैं जानता हूँ कि तुझे भीख माँगना अच्छा लगता है, उसमें तेरा समय कटता है, लन्दन के भिखारियों में तेरे बहुत से दोस्त हैं, कुछ अतिरिक्त पैसे भी मिल जाते हैं। तू ऐसा करे तो मुझे कोई आपत्ति नहीं है।"

दाआबू की बातों से मुझे तसल्ली हुई। मुझे मालूम था कि वे मना नहीं करेंगे। इसलिए मैं उत्साहित होकर बोला, "सिर्फ़ भीख ही नहीं, और भी नया आइडिया है। मैंने पता लगाकर देखा है कि उसमें आमदनी बहुत हैं और उस काम के लिए किसी डिग्री-डिप्लोमा की आवश्यकता नहीं।"

"ठीक है, पूरी बात बोल।" कहकर दाआबू ने सिगरेट सुलगा ली। वे ध्यान से मेरी बातें सुन रहे थे।

मैंने कहा, "मैंने तुम्हें लन्दन-ब्रिज़ के मिलटन और रॉबर्ट के बारे में बताया था, तुम्हें याद है?"

"अवश्य! मेरे दिमाग़ में क्या गोबर भरा है? आगे बोल।"

"मिलटन ने मुझे एक बढ़िया अवसर दिया है।"

"वह लन्दन का एक मस्तान है। आगे बोल।"

"इस काम में मेहनत ज़्यादा नहीं है, लन्दन में ही रहूँगा, सामान बेचना होगा, बढ़िया कमीशन मिलेगा, बहुत कुछ व्यापार जैसा...।"

मुझे रोककर दाआबू ने सवाल दागा, "डीलर?"

"हाँ दाआबू, तुम समझ गये, तुम वाक़ई अन्तर्यामी हो। मैं शुरू में ऊहापोह में था, बाद में देखा कि मुझे कोई मूलधन नहीं लगाना है, जोख़िम भी ख़ास नहीं, पुलिस पकड़े तो तुरन्त वकील आ जाते हैं बचाने के लिए, वे लोग ही सुरक्षा देते हैं। रॉबर्ट और मिलटन नये-नये मॉडल की मोटरबाइक पर सुन्दर-सुन्दर लड़कियों को पीछे की सीट पर बैठाकर घूमते रहते हैं, उनके पास पैसे की कोई कमी नहीं। मिलटन ने ही मुझे काम दिलाने की सारी व्यवस्था कर फाइनल काण्ट्रैक्ट कर दिया। लीना ने मेरा इण्टरव्यू लिया।"

"लीना कौन?"

"एक सुन्दरी, सेक्सी गर्ल। असल में वह कॉल-गर्ल है। उसका हालचाल और अपार्टमेण्ट देखकर लगा कि उसकी अच्छी-खासी आमदनी है, उसके ग्राहक शायद

लीडन हॉल स्ट्रीट पर स्थित उसके फ़्लैट में ही आते हैं। इस व्यवसाय में वह चयनकर्ता भी है। लेकिन दाआबू, मैं तुम्हारा चरण छूकर और माँ काली की सौगन्ध लेकर कहता हूँ, मैं लीना के पीछे नहीं भाग रहा, मेरी एलिस बहुत अच्छी है। और हाँ, तुम्हें मैं अपना मोबाइल दिखा दूँ!''

मोबाइल लाकर मैंने दिखाया और बताने लगा कि सारे नम्बर कोडेड हैं, एक दबाने से मिलटन, दो नम्बर रॉबर्ट और तीन नम्बर... कहते-कहते दाआबू की ओर देखा तो सहसा ठिठक गया। वे बहुत गम्भीर थे। लगा कि वे मुझसे एकमत नहीं थे।

मेरा उत्साह सहसा बुझ गया। मैंने बुझे स्वर में पूछा, ''लगता है मेरा यह काम लेना तुम्हें मंजूर नहीं?''

दाआबू ने मेरे प्रश्न का उत्तर नहीं दिया। बोले, ''पोर्ता की बोतल उठा ला।''

पुर्तगाल का प्रसिद्ध क्षुधावर्द्धक 'पोर्ता' काफ़ी दिनों पहले ख़रीदी गयी थी, लेकिन अब तक उसका ढक्कन नहीं खोला गया था। मैं जल्दी से ट्रे सजाकर लाया, हल्दीराम का चनाचूर और गुज्जु भइया का मिक्स्ड भुँजिया साथ में रख दिया। ट्रे मेज पर रखते ही दाआबू बोले, ''एक और गिलास ला।''

इस आदेश ने मुझे और चौंकाया। वे मेरे जितने भी माइ डियर हों, जब अकेले होते तब अकेले ही पीते, किन्तु बाहर का कोई आ जाये तब मुझे अलग नहीं करते, सबके साथ बैठकर मुझे भी पीना पड़ता ताकि लोग मुझे घर का सदस्य समझें, नौकर नहीं।

मैं एक और गिलास ले आया। क्षुधावर्द्धक साधारणतया अल्पमात्रा में पीते हैं। मैंने अपना गिलास उठाकर दाआबू के अच्छे सेहत की कामना करते हुए चुस्की ली। घूँट कुछ कड़ुआ लगा, किन्तु स्वादिष्ट था। दाआबू ने दो चुस्की लेकर शायद अपना मन स्थिर कर लिया, उसके बाद मेरे कन्धे पर पितृस्नेह का स्पर्श देकर मृदु स्वर में बोले, ''तुझे उस पहली मुलाकात की याद है जब मैंने सियालदह स्टेशन पर तुझे पकड़ा था?''

''वाह, याद नहीं रहेगा? मैं सब-कुछ भूल सकता हूँ, लेकिन वह घटना नहीं। तुमने जिस फुर्ती से मेरी कलाई पकड़ ली थी वह मुझे हमेशा याद रहेगा, उसी दिन मेरा नवजन्म हुआ था। कहाँ था, और कहाँ आ गया हूँ।''

''ठीक है। और अब तू जो करने जा रहा है, वह जेब काटने से भी ख़तरनाक काम है। कोई कुछ भी आश्वासन दे, जब विपत्ति आयेगी तब कोई साला तुझे बचाने नहीं आयेगा, सब रफूचक्कर हो जायेंगे। असल में तू एक बड़े फन्दे में पाँव डालने जा रहा है। मैंने तुझसे अनेकों बार कहा है, लालच बुरी बलाय! मुझे और कुछ नहीं कहना है। अगर तुझे अब भी मुझ पर भरोसा हो तो मैं कहूँगा, यह सब छोड़ दे। तू एक भयंकर

जाल में फँस गया है। इसमें घुसकर फिर निकल नहीं पायेगा, निकलना चाहेगा तो टेम्स नदी में तेरी लाश मिलेगी। वह गिरोह एक माफिया गिरोह है।''

दाआबू चुप हो गये। मेरा सिर चकराने लगा। मुझे लगा कि किसी ने धक्का मारकर मुझे लन्दन ब्रिज़ के नीचे गिरा दिया, मैं नीचे गिर रहा हूँ। दाआबू मेरी मनःस्थिति भाँप गये। वे बोले, ''सुन, मैं जो कहूँ उसे सुन।''

''ठीक है, कहो।''

''आज जाकर मिलटन को तेरा मोबाइल फ़ोन वापस कर दे, उससे कहना कि तेरे डैडी तुझे कोलकाता भेज रहे हैं, पारिवारिक मामला है, तू दो-तीन महीने से पहले नहीं लौट पायेगा। लौटने के बाद फिर उनसे सम्पर्क करेगा। तू ये बातें बहुत ही अफ़सोस के स्वर में कहेगा। उन लोगों को यह भनक नहीं मिलनी चाहिए कि किसी डर से तू यह लाइन छोड़कर भाग रहा है।''

''जी, ठीक है।''

दाआबू की बातें सुनकर मैं बेहद डर गया था। क्या करना चाह रहा था और क्या कर बैठा। यह मेरी ख़ुशक़िस्मती थी कि मैंने समय से दाआबू को सारी बातें बता दी थीं और उन्होंने मुझे उस मुसीबत से छुटकारा पाने का उपाय सुझा दिया, वर्ना न जाने मेरे साथ क्या होता। मैं बहुत ही नर्वस हो पड़ा था, मुझसे बैठते नहीं बन रहा था। मैं उठकर टॉयलेट चला गया।

दाआबू का सुझाव और आदेश पाने के बाद मेरी जो मानसिक हालत हुई थी वह मैं कहकर या लिखकर किसी को नहीं समझा पाऊँगा। मेरा माथा ठनक गया था। उसी शाम मैं मिलटन और रॉबर्ट से मिला, मोबाइल फ़ोन और सौ पाउण्ड लौटाते हुए मैंने बहुत ही दुःखी स्वर में कहा कि मुझे देश वापस जाना पड़ रहा है, वहाँ मेरी शादी का मामला उलझ गया है। उन दोनों ने मुझे हमदर्दी जतायी, फिर रॉबर्ट ने कहा कि मैं लौटकर उनसे अवश्य मिलूँ, मुझे वह काम मिल जायेगा।

उस रात दाआबू ने मुझे सतर्क किया, ''तू बहुत सावधान रहना। अब ग़लती से भी लन्दन ब्रिज के आसपास नहीं फटकेगा तू, अपने भिखारी दोस्तों से भी नहीं मिलेगा। तू लीना के घर तक हो आया है, उन लोगों के कई राज़ जान गया है, इसलिए वे लोग तुझे इतनी आसानी से छोड़ नहीं देंगे। वे ऐसा भी सोच सकते हैं कि तू कोई भेदिया है, उन लोगों के क्या कनेक्शन हैं आदि भेद जानने के लिए ही तू उनके दल में शामिल हुआ था, अतः वे तुझे नहीं छोड़ेंगे। तू एक ज़बरदस्त फन्दे में फँस गया है। जो हो, सावधान रह और ज़्यादा फ़िक्र मत कर, कोई उपाय तो करना ही पड़ेगा!''

दाआबू ने मुझे आश्वस्त किया, लेकिन मैं बहुत भयभीत था, मेरे मन से डर गया नहीं। मैं सोचने लगा, अगर वे लोग मुझे मार डालें तो दाआबू की सेवा कौन करेगा,

एलिस का क्या होगा? क्या वह इस सदमे में फिर से ड्रग लेने लगेगी? मुझे ख़ुद से भी अधिक इन दोनों की चिन्ता होने लगी। मैंने अमीर बनने का रास्ता चुना, वही मेरे गले की फाँसी बन गयी। मेरे लिये दाआबू जितने चिन्तित थे, बेचैन थे, उसका मुझे बहुत-बहुत अफ़सोस होने लगा।

घर की आबोहवा भारी होती जा रही थी। एक रात मुझे खाना बनाना नहीं पड़ा, दाआबू मुझे लेकर उनके प्रिय चीनी रेस्तराँ में गये और वहाँ रोस्टेड डॅक और बोतलें लाल मदिरा खा-पीकर बाहर निकले। वहाँ से घर न लौटकर दाआबू कुछ देर अड्डा देने के लिए गूज़ एण्ड कैरॅट पब में दाख़िल हुए, वहाँ उनके कई परिचित मिल जाते। मैं भी साथ में रहा। रात के दो बजे के आसपास हम घर लौटे। दाआबू मुझे सहज नहीं लग रहे थे, मैं समझ रहा था कि वे तनावग्रस्त हैं और यह तनाव मेरी बेवकूफ़ी की वजह से है।

अगली सुबह ब्रेकफास्ट के समय दाआबू अचानक खड़े होकर दोनों हाथ ऊपर फैलाकर नाचने और गाने लगे—'जय राधे-राधे, कृष्ण-कृष्ण, गोविन्द-गोविन्द बोलो रे!' मैं पहले चौंका, फिर अगले ही क्षण मेरी सारी चिन्ताएँ दूर हो गयीं। मैं उन्हें अच्छी तरह पहचानता था, उनका नाचना-गाना बता रहा था कि वे तनावमुक्त हो गये हैं, अवश्य ही मेरे लिये उन्होंने कोई रास्ता निकाल लिया है। मैं आग्रह के साथ उन्हें घूरता रहा।

वे बहुत ख़ुश थे। कहने लगे, "साला, मिल गया! तुझे बचाने का एक अच्छा रास्ता मिल गया! तू उन लोगों को बोलकर आया है कि इण्डिया जा रहा है, लेकिन कभी भी कहीं भी अगर उनकी निगाह तुझ पर पड़ गयी तब तो वे समझ जायेंगे कि तूने उनसे झूठ कहा था और तब तेरी शामत आयेगी। अब तू मेरा आइडिया सुन ले। तू तो एक पेशे में माहिर है, तेरे पास कोलकाता का अनुभव है, लन्दन का अनुभव है, अब तू यहाँ से पेरिस चला जा, फिर वहाँ से यूरोप के किसी और देश में चले जाना। अब नया क़ानून बना है, ब्रिटेन के स्थायी निवासियों को यूरोप के विभिन्न देशों के लिए अलग वीज़ा लेने की ज़रूरत नहीं पड़ती, एक ही वीज़ा सभी देशों में मान्य है। तेरे लिये यही ठीक रहेगा, पेरिस पहुँचकर तू वहाँ अपना पुराना पेशा अपनायेगा, यानी भीख माँगेगा। तू इण्टरनेशनल बेगर बन जायेगा। तू तो एडवेन्चर चाहता था न, यही तेरे लिये उत्तम पथ है और यह पथ तेरे लिये उपयुक्त भी है।"

उनकी बात मैं कुछ समझा, कुछ नहीं भी। परन्तु मुझे कुछ पूछने का मौक़ा नहीं मिला। उन्होंने मुझसे कहा, "जा, लैम्ब करी बना।" वे ख़ुद उठकर टेलीफ़ोन पर एलिस से बातें करने लगे।

मैंने उन्हें कहते सुना, "गुड मार्निंग एलिस, कैसी हो? बेबी कैसी है? हाँ, तुमने ठीक ही अनुमान किया था, बीडी की कुछ समस्या थी, असल में समस्या भी नहीं... वह नौकरी करना चाह रहा था लेकिन ग़लत जगह तलाश लिया था। जो हो, मैंने उससे

बातचीत कर ली है, मेरे दिमाग़ में एक अच्छा आइडिया आया है... टेलीफ़ोन पर सब नहीं बता पाऊँगा... तुम आ सको तो अच्छा हो... साथ बैठकर आलोचना करेंगे... हाँ, मैं सुन रहा हूँ... हाँ ठीक है... मुझे बेबी का रोना सुनाई दे रहा है तुम उसे सँभालो... बॉय!''

फ़ोन रखकर दाआबू बोले, ''तुझसे बात नहीं करा सका, बेबी ज़ोर-ज़ोर से रो रही थी। तू बाद में उसे फ़ोन कर लेना। वह आज नहीं आ पायेगी, कल सुबह बेबी को लेकर आयेगी।''

''बेबी को लेकर आयेगी? आश्चर्य है!'' मैंने कहा।

''इसमें आश्चर्य होने का क्या है? वह गाड़ी लेकर आयेगी, बेबी का आउटिंग भी हो जायेगा।'' दाआबू बोले।

मायरा को मैं और दाआबू बेबी ही कहते।

अगले दिन सुबह एलिस आ गयी। वह बेबी के लिए फोल्डिंग बच्चा-गाड़ी साथ में ले आयी थी, इससे बच्ची को घुमाने-फिराने में दिक़्क़त नहीं थी। भारत की तरह यहाँ कोई गोद में बच्चा लेकर नहीं घूमता। एलिस घर में दाख़िल होते ही बच्ची ने रोना शुरू किया। मैं उसे गोद में लेकर बाहर निकल पड़ा। मुझे तुरन्त मालूम हो गया कि इस तरह बच्चे को लेकर निकलने का मजा कुछ और ही है। बेबी बिलकुल चुप हो गयी और हँसने लगी। लगा, मैंने उसके सारे दुःख दूर कर दिये हैं। लगभग एक घण्टा बेबी को लेकर बाहर टहलने के बाद जब मैं लौटा तब तक बेबी सो गयी थी। मैं इससे पहले भी बेबी को लेकर घूम चुका हूँ। लेकिन एलिस उसे गोद में लेकर कभी भी दूर नहीं जाती, उसे हमेशा भय बना रहता है कि अगर कहीं हाथ से फिसलकर बेबी गिर पड़े तो क्या होगा। कमरे में पहुँचकर मैंने बेबी को सोफा पर लिटा दिया, उसके बाद एलिस ने मुझे एक लम्बा चुम्बन देकर लगभग रुआँसी स्वर में कहा, ''तुम वाक़ई बहुत सरल और बुद्धू हो। तुम मुझे अपनी इस समस्या के बारे में बता सकते थे। मैं स्पष्ट समझ गयी थी कि तुम्हारे साथ कोई घटना अवश्य घटी है, मैंने तुम्हें इस क़दर नर्वस होते कभी नहीं देखा था, एकाएक तुम कुछ ज़्यादा ही स्मार्ट बनने की कोशिश कर रहे थे जो मुझे अटपटा लगा था, मैंने तुमसे जो सवाल किये उनका उत्तर भी तुम टाल गये।''

मैं बोला, ''मैं तुम्हें सरप्राइज़ देना चाहता था। सोचा था, जल्दी ही मुझे मोटर-साइकिल मिल जायेगी, फिर तुम्हें पीछे बैठाकर मैं सारे लन्दन शहर में मस्ती करूँगा। यकीन मानों, मैंने जो रास्ता चुना वह इतनी ख़तरनाक होगी इसका मुझे कोई गुमान नहीं था। मैंने तुम्हें और दाआबू को जो तक़लीफ़ दी, उसके लिए मैं बहुत शर्मिन्दा हूँ, हो सके तो मुझे माफ़ कर देना।''

''ठीक है, ठीक है,'' कहकर उसने मुँह फेरकर अपने आँसू पोंछे।

मुझे उससे और कुछ कहना न पड़ा। मैं जब बेबी को लेकर बाहर निकला था, दाआबू ने ही उसे सब-कुछ समझा दिया था। एलिस ने मुझे उलाहना देने के स्वर में

कहा, "तुम्हें मालूम है कि मैं ख़ुद ड्रग ऐडिक्टेड थी। इस ड्रग व्यवसाय से जुड़े लोग काले धन्धे से बेशुमार दौलत कमाते हैं और मुझ जैसे युवा पीढ़ी के लड़के-लड़कियाँ शारीरिक और मानसिक अशान्ति का शिकार बन जाते हैं। हम एक अशान्ति से निजात पाने के लिए दूसरी अशान्ति को अपना बैठते हैं। डिप्रेशन के बाद हम औरों पर डिपेण्डेण्ट हो जाते हैं। मैं तुम्हें सब-कुछ बता चुकी हूँ, तुम्हें सब मालूम है, इसके बावज़ूद तुमने कैसे इसी धन्धे को अपनाने का मन बनाया? तुम इतने सरल हो?"

मैं बोला, "नहीं, मैं सरल नहीं हूँ, मैं वाक़ई मूर्ख हूँ, मैं दाआबू का गधा हूँ।"

बग़ल के कमरे से दाआबू ने चीख़कर कहा, "नहीं, तू मेरा गधा नहीं, तू ईसामसीह का गधा है, तेरे मन में कोई पेंच नहीं है, तभी तू पेंच में पड़ गया था।"

आगे की बातचीत में एलिस के सामने ही दाआबू ने मुझे अपना प्लान समझाया, "अब जो हालत बन गयी है, तुझे कम-से-कम महीने भर के लिए लन्दन से बाहर रहना होगा, यानी उस गिरोह की नज़रों से काफ़ी दूर। पेरिस चला जा, वहाँ भिखारियों की कमी नहीं, तू भी भीख माँग, इसमें तुझे आपत्ति नहीं। मैं तुझे दैनिक ख़र्च के लिए रोज़ाना दस पाउण्ड दूँगा। अभी ग्रीष्मकाल है, घूमने-फिरने में दिक़्क़त नहीं और तेरे पास वीज़ा कार्ड है ज़रूरत पड़ने पर उस कार्ड का इस्तेमाल करना।"

मैंने पूछा, "लेकिन पेरिस के लोग तो अंग्रेज़ी में बातें नहीं करेंगे, उनसे मैं बातचीत कैसे करूँगा?"

उत्तर एलिस ने दिया, "इस विषय पर तुम्हारे डैडी से मेरी बातचीत हो चुकी है। तुम कल से रोज़ाना मेरे यहाँ आओगे, मैं फ्रेन्च भाषा थोड़ी-बहुत जानती हूँ, तुम्हें हर रोज़ कुछ शब्द दूँगी जिन्हें तुम कण्ठस्थ कर लोगे। मैं जानती हूँ कि तुममें सीखने का आग्रह है और तुम आलसी नहीं हो। दस-बारह दिनों में तुम काम चलाऊ फ्रेन्च भाषा सीख जाओगे।"

"तुमने तो कभी नहीं कहा कि तुम्हें फ्रेन्च भाषा आती है।"

"तुमने भी कभी नहीं पूछा।" उसका सहज उत्तर था।

मेरी गैरहाजिरी में दाआबू और एलिस ने मुझे बाहर भेजने के मसले पर मशविरा कर सब-कुछ तय कर लिया था। अंग्रेज़ों की यह ख़ासियत थी कि काम की ज़रूरी बातों को वे बिना समय गँवाये निपटा लेते हैं। सिद्धान्त लेते समय वे एक-दूसरे का मत व युक्ति तौलकर उसे मान लेते हैं, फ़ालतू बहस में समय नहीं गँवाते। यह गुण दाआबू में भी था। वे अक़सर कहते, "बातें कम बोल, अपना काम कर।"

मेरे लिये यह तसल्ली की बात थी कि मेरे अभिभावक और मेरी गर्ल-फ्रेण्ड, दोनों ने मिलकर यह रास्ता तय किया था। यानी एक गधे की रक्षा में दोनों ने पहल की थी। पता नहीं आगे क्या होगा। लेकिन मुझे लगा, अभी तो मैं एक बहुत बड़ी मुसीबत में फँसने से बच गया।

अगले दिन मुझे अकेले पाकर एलिस बरस पड़ी, "छिः! इतने वर्षों से लन्दन में रहने के बाद भी तुम ऐसी नादानी कर सके! तुम कुछ समझते ही नहीं! मैंने तुम्हें कई बार कहा है कि पेट्रो-डॉलर की तरह अब नार्कों-डॉलर का बोलबाला है। नार्कोटिक ड्रग्स का कालाबाज़ार सर्वत्र छा गया है। चारों ओर माफिया ग्रुप कुकुरमुत्ता की तरह पनप उठे हैं। उस गिरोह में शामिल होकर तुम अमीर तो बन जाओगे, पर आदमी कभी नहीं बन पाओगे। वह असत्य का पथ है, उस पथ में शान्ति नहीं है। ख़ैर, जो होना था, हो चुका। तुमने मेरी बात नहीं मानी, किन्तु प्लीज़ डैडी की बातें मान लो। ख़ुद को बचाओ प्लीज़... अन्ततः मेरे लिये...!"

वह रुआँसी हो गयी, उसकी आँखें सजल हो उठीं। उसके स्वर में भर्त्सना, अभिमान और मुझे सचेत करने का आग्रह था। उसे मुझसे एक अप्रत्याशित आघात पहुँचा था। यथार्थ ही मैंने बेवक़ूफ़ी की हद कर दी थी।

मेरे लिये फ्रान्सीसी भाषा सीखना इस बेवक़ूफ़ी की सबसे बड़ी सज़ा थी। लेकिन यह सज़ा मुझे वरदान जैसी लगी, क्योंकि मैं एलिस के घर, यानी उसकी दीदी के घर नियमित जाने लगा। एलिस बेबी का ध्यान रखती और मैं उसके घर का काम और रसोई का काम कर देता। उसकी दीदी नैन्सी और जीजा लुक बहुत अच्छे थे, वे हमेशा प्रसन्न दीखते। मैं कमर कसकर फ्रान्सीसी शब्द, उनके उच्चारण और अर्थ रटने लगा।

लन्दन पहुँचकर जब मैंने अंग्रेज़ी सीखना शुरू किया था, तब मुझे बहुत अड़चन नहीं आयी थी। इसका कारण यह था कि बचपन में, अपने भिखारी जीवन में ही, मैं बहुत से अंग्रेज़ी शब्दों के साथ परिचित था जिनका इस्तेमाल बोलचाल की बांगला भाषा में बहुलता से होता था, जैसे-स्टेशन, ट्रेन, पैसेन्जर, पॉकिट, फर्स्टक्लास, सेकेण्ड क्लास, टिकट चेकर, गिलास, गुड, मार्केट, बस, ट्राम आदि। लेकिन अल्पावधि में काम चलाऊ फ्रेन्च सीखना मेरे लिये टेढ़ी खीर साबित होने लगी। इस भाषा से मेरा कभी नाता नहीं था, शब्दों का उच्चारण आसान नहीं था। इसके अलावा, अपनी कोशिशों और मेहनत से चाहे मैंने जितना भी बांगला और अंग्रेज़ी लिखना-पढ़ना, इन भाषाओं में बातें करना सीख लिया हो, मैं नहीं भूल पाता था कि मैं वस्तुतः अशिक्षित हूँ और यह हीनमन्यता अक़सर मुझे पीछे धकेलती, मेरा आत्मविश्वास डगमगा जाता। इसके बावज़ूद, दाआबू का उत्साह और एलिस के प्रयत्नों का ही नतीजा था कि मैंने बारह दिनों में, अपनी कमियों को लाँघकर, फ्रेन्च के बहुत से शब्द रटन्तू तोता की तरह रट डाला, अति आवश्यक तीस वाक्य भी कण्ठस्थ कर लिये, हालाँकि मेरा उच्चारण ठीक नहीं हो पा रहा था।

मैं क्रयडॅन से सीधे नैन्सी के घर जाता था, और सीधे घर लौटता था। ये बारह दिन दाआबू मेरे लिये बहुत बेचैन रहे कि रॉबर्ट गैंग का कोई भी सदस्य मुझे कहीं देख न ले, ऐसा होने पर उन्हें मुझ पर उनके ख़िलाफ़ जासूसी करने के इरादे से उनके दल

में शामिल होने का शक़ पक्का हो जायेगा और वे मुझे क़त्ल कर देंगे या भारी पत्थर बाँधकर नदी में फेंक देंगे ताकि पुलिस के बाप को भी हत्या का सुराग न मिले।

आख़िर में मेरे लन्दन से पेरिस के लिए कूच करने का दिन तय कर लिया गया। लन्दन के बाहर यूरोप के किसी और शहर में पहली बार जा रहा था, इसकी मुझे ख़ुशी भी थी और उत्साह भी। यात्रा से दो दिन पहले दाआबू ने मुझे अपने लन्दन ब्रिज़ के अड्डे पर दोस्तों से मिलने के लिए भेज दिया। वे बहुत दूर की सोचते थे। मैं रॉबर्ट, मिलटन तथा और दोस्तों से मिला, उन्हें कोल्ड ड्रिंक, कॉफी और बियर, जिसने जैसा चाहा, ऑफर किया। भिखारी दोस्तों को बीड़ी पिलायी। सबको बताया कि मैं परसों ट्रेन से पेरिस जा रहा हूँ, वहाँ से मुम्बई जाऊँगा। शाम तीन बजकर पचपन मिनट पर यूरोस्टार छूटेगी, कोई मुझे गुडबाइ कहने के लिए स्टेशन पर आ सके तो मुझे ख़ुशी होगी। ये सारी बातें ऑथेण्टिक थीं। सभी दोस्तों ने जाना कि मैंने सच कहा था, मैं सच कह रहा हूँ। यानी मैं उनसे विदा लेने गया था, सियालदह का यह भिखारी अब शायद ही कभी ख़ास लन्दन में दिखायी पड़े। यह विदाई मेरे लिये कितना कष्टप्रद था, यह दाआबू नहीं समझ पायेंगे। एलिस तो क़तई नहीं।

लन्दन ब्रिज़ के अड्डे से रुख़सत होने का ग़म, पेरिस जाने की ख़ुशी, दाआबू से बिछुड़ना, एलिस के आँसू, बेबी की किलकारी आदि सब-कुछ मिलकर मेरे मन में सुख-दुःख की खिचड़ी पक गयी। दुःख असल में एक अनुभूति है। दाआबू न जाने कब से विदेश में हैं, देश लौटते हैं तो हवाखोरी के लिए। इसके बावज़ूद वे अक़सर कहते हैं, 'उफ्फ! हमारे कॉफी-हाउस का वह अड्डा, उसमें प्राण था, सिर्फ़ दो-प्याली कॉफी के साथ ज्ञान का जो ब्रेन-स्टॉर्म होता था, वैसा और कहीं नहीं मिला।' मैंने उनसे कह दिया था, उनके पास ब्रेन है इसलिए वे ब्रेन-स्टॉर्म की बात करते हैं, हम भिखारी श्रेणी के लोगों के पास न दिमाग़ है और न ही दिमाग़ी-झंझा! टेम्स नदी के तट की दीवार पर पाँव लटकाकर बैठे-बैठे अथवा सड़क के किनारे अपने सामने टोपी रखकर हम केवल देखते हैं और देखते ही रहते हैं। लोगों की चाल देखकर ही हम भाँप जाते हैं कि कौन सुखी है, कौन दुःखी है, कौन अमीर है, कौन ग़रीब है, कौन उत्साह में है, कौन थका-मांदा है। हम लोग यह सब देखते हैं और चुपचाप बैठे रहते हैं। हममें दिमाग़ी-झंझा नहीं है, हमारे मन में अन्तर्मुखी हवा बहती है। हम भिखारी, ग़रीब, समाजच्युत, मूर्ख, हमारे पास भाषा नहीं है, हमारे मन में जो सोता फूटता है वह मन के अन्दर ही ओझल भी हो जाता है। उस सोते का क्या रंग है, क्या गति है इसका हिसाब रखने लायक़ विद्या हममें नहीं है।

लन्दन छोड़ा उस वक़्त मेरे मन के अन्दर आँसुओं का एक अम्बार उठा और मन की दीवारों से टकराकर वहीं थम गया। सिर पर मेरे हितैषी दाआबू का आशीष और

दिल में एलिस का प्यार संजोये मैं पेरिस की ओर बढ़ने लगा। विदा के क्षण मेरी जो मानसिक दशा थी, उसका मैं वर्णन नहीं कर पाऊँगा।

(13)

पेरिस स्टेशन से बाहर निकलते ही मुझे महसूस हुआ कि मैं सचमुच विदेश के किसी शहर में पहुँच गया हूँ क्योंकि अब लन्दन मुझे विदेश नहीं लगता था। यहाँ की भाषा बिलकुल अलग थी, दो देशों में यही सबसे बड़ा फ़र्क़ था। एलिस से मैंने जो फ्रान्सीसी भाषा सीखी, वह यहाँ बेकार साबित हुई। मैंने एलिस की तरह उच्चारण करते हुए कुछ लोगों से कुछ पूछना चाहा, परन्तु कोई मेरी बात नहीं समझ पाता था। चारों ओर के दुकानों और सड़क के फलकों को मैं पढ़ लेता था, हालाँकि यहाँ की भाषा में उनका उच्चारण अलग था। फिर भी मुझ जैसे अभागे पर्यटकों को यहाँ बहुत अधिक असुविधा नहीं थी, क्योंकि टी-कॉफी-सैण्डविच सर्वत्र मिल जाता है। एक सुविधा और थी, विश्वविख्यात मैकडोनाल्ड, हैमबॅर्गर और पिज़्ज़ा-हॅट दुनिया के सभी बड़े शहरों में अपना अस्तित्व बना चुके हैं, पेरिस में भी है। यहाँ रहने की कोई दिक़्क़त नहीं, किसी भी रेलवे स्टेशन पर या पुल के नीचे आराम से रात बिता सकते हैं। यदि नींद न आये तो दिन में किसी भी पार्क में जाकर सो सकते हैं। मैं अपनी पीठ पर एक बैग लादे था, मेरा सारा सामान उसी में था। पब्लिक के लिए उपलब्ध सण्डास बहुत ही गन्दे थे और साफ़-सुथरे सुलभ शौचालय में पैसे देने पड़ते थे, पेशाब के लिए कम, शौचालय के लिए ज़्यादा। मतलब यह कि पेरिस में रहने खाने की दिक़्क़त नहीं थी। इस विशाल शहर के पुल और अट्टालिकाओं को देखते-देखते ही समय बीत जाता। शुरू के चार दिन मैंने शहर के चारों ओर और अभ्यन्तर का चक्कर लगाया। मधुशाला और नाइट-क्लब के लिए तो पेरिस स्वर्ग था।

पाँचवें दिन मैं अपने काम पर लग गया। सुबह की मीठी धूप मेरी पीठ पर थी, पीठ का झोला मेरे सामने, और सामने ही मैंने अपना गमछा फैला रखा था। व्यस्त लोग तेज़ कदमों से आगे बढ़ जाते। शहर की इस व्यस्तता का मैं आदी था। कभी-कभी पर्यटक दिखायी देते। कोई धीरे-धीरे चलता या मेरी ओर देखता तो मैं मुस्कुराकर कहता, "डोनेशन प्लीज़!" अथवा एलिस से सीखे फ्रेन्च भाषा में "डोनेसँ सिल् वू प्लेट"।

सारा दिन बैठकर मैंने धूप सेंका। फ्रान्सीसी लड़कियों के पाँव से घुटने तक देखा, हजारों प्रकार के पदशब्द सुनते-सुनते दिन ढल गया। तुम लोग, यानी जो लोग भिखारी नहीं हो, दिन भर सड़क के किनारे बैठकर पाँव देखने और पाँवों की गति देखने में अभ्यस्त नहीं हो, उनके लिए सारा दिन इस तरह बैठना बहुत नीरस और ऊब की बात होगी। हम लोग किसी के पाँव की गति और पदचाप की आवाज़ से ताड़ जाते हैं कि उस व्यक्ति का चरित्र कैसा है। तुम लोग चालाक हो, तुम लोग औरों का चेहरा देखकर

उनका चरित्र समझ जाते हो। हम लोग छोटी जाति के हैं, हम चेहरे की ओर नहीं देखते।

एक दिन मैं विश्वविख्यात इफेल टॉवर के निकट भीख माँगने के लिए बैठा था। लोहे के उस ऊँचे टॉवर को देखने के लिए बहुत लोग आते। अब फ्रान्स में पुरानी मुद्रा फ्राँ का चलन नहीं था, यहाँ का रुपया था यूरो और पैसा था सेण्टिम। वहाँ आधा घण्टा बैठने पर भी गमछे पर कोई सिक्का नहीं पड़ा, लेकिन एक मुसीबत आ गयी। पुलिस के दो सिपाहियों ने मुझे वहाँ से उठा दिया और एक ओर ले जाकर कहा, "अपना पासपोर्ट दिखाओ।" उन्होंने यह बात फ्रेन्च लहज़े में अंग्रेज़ी में कही। वह उच्चारण कुछ अज़ीब-सा था।

मैंने हँसकर कहा, "अच्छा है कि आप अंग्रेज़ी बोलते हैं मैं बात कर पाऊँगा।" फिर मैंने जेब टटोलकर कहा, "मेरा पासपोर्ट नहीं है।"

"और कोई डॉक्यूमेण्ट है या वह भी नहीं?"

"मेरे पास आई-कार्ड है, रेज़ीडेन्शियल डॉक्यूमेण्ट है।"

"दिखाओ।"

मैंने अपने कागज़ात दिखाये, उन्होंने अच्छी तरह कागज़ात देखने के बाद कहा, "अच्छा, ठीक है। यहाँ पर भीख माँगने की मनाही है। घूम-फिर सकते हो, उसमें पाबन्दी नहीं, लेकिन यहाँ पर भीख नहीं माँगोगे।"

उन्होंने मुझे सतर्क किया। पुलिस होकर भी वे दोनों सज्जन थे। इसीलिए मुझे कहने की हिम्मत हुई, "मैं न तो किसी की जेब काट रहा हूँ और न किसी को तंग कर रहा हूँ, सामने गमछा फैलाकर चुपचाप बैठा हूँ, यह भी आपत्तिजनक है?"

"सुनो, फ़ालतू बकवास मत करो। कह दिया न, यहाँ पर भीख माँगने की मनाही है।" अब पुलिस का स्वर कुछ तीखा था।

मैंने सिर खुजलाकर कहा, "मेरी दिक़्क़त यह है कि मैं यहाँ एकदम नया हूँ, यह मेरे ट्रेन का टिकट देखें, आप उस पर पड़े तारीख़ से समझ जायेंगे कि मैं कुछ ही दिन पहले पेरिस आया हूँ। आप अगर मुझे यह जानकारी दे दें कि पेरिस में किन क्षेत्रों में भीख माँगना जायज है और किन क्षेत्रों में निषिद्ध, तो आपकी बड़ी कृपा होगी। यह देखें, मेरे पास पेरिस का नक्शा भी है।"

मेरी बात सुनकर नाटे क़द का सिपाही मुस्कुराकर मेरी ओर पीठ करके खड़ा हो गया, शायद उसे हँसी आ रही थी जिसे वह ज़ब्त कर रहा था। लेकिन लम्बे क़द का सिपाही पहले जैसा गम्भीर बना रहा। दोनों ने आपस में कुछ बातचीत की, फिर मुझसे कहा, "जहाँ चाहो, वहाँ जाओ, लेकिन यहाँ नहीं।"

"ठीक है, मैं समझ गया कि इस पर्यटन स्थल पर मैं भीख नहीं माँग सकता, यद्यपि मैं प्रोफेशनल भिखारी हूँ। यूँ मैं यहाँ भीख नहीं माँग रहा था, डोनेशन माँग रहा था।"

"डोनेशन?" वे दोनों चौंके, "काहे का डोनेशन?"

"अपने लिये नहीं, इस शरीर को जीवित रखने के लिए।"

मुझे आश्चर्य से घूरते हुए 'ओ.के., ओ.के.' कहकर दोनों सिपाही आगे बढ़ गये। मैंने अपने इर्द-गिर्द निगाह घुमायी, फिर एक बेन्च की ओर बढ़ा जिसके एक कोने में दाढ़ी-मूँछवाला एक विक्षिप्त-सा व्यक्ति पहले से बैठा था। मैं वहाँ बैठने के लिए पहुँचा तो मुझे देखकर वह मुस्कुराया, फिर बोला, "तू फ्रेन्च समझता है?"

"बहुत कम।" मैंने भी मुस्कुराकर उत्तर दिया।

"पैरि में नया है?"

"हाँ।"

इसके बाद उससे मेरी बातचीत होती रही। कभी इशारे से, कभी हँसी और भंगिमाओं से, कभी फ्रेन्च और अंग्रेज़ी शब्दों की खिचड़ी भाषा में। पहली दृष्टि में पागल लगने पर भी वह पागल नहीं था। गन्दे-फटे कपड़ों में विक्षिप्त चेहरे के उस व्यक्ति को समझने में मुझे कुछ ही मिनट लगे। लन्दन में भी ऐसे आवारा फिरनेवालों की कमी नहीं। उसका चेहरा चाहे जैसा हो, बातचीत में भद्र था। यूँ मैं सभी को सज्जन ही कहता हूँ क्योंकि मैंने आज तक वास्तविक अभद्र इन्सान एक भी नहीं देखा। उससे परिचय क्या हुआ, हमारी बातचीत अन्तरंग हो उठी।

मैंने कहा, "मेरा नाम बीडी है, और तेरा?'

"मेरा नाम ज़ँपियर है। सब मुझे ज़ँ कहते हैं, तू भी मुझे ज़ँ कहकर पुकारेगा।"

यहाँ यह बता दूँ कि फ्रान्सीसी भाषा में 'तू' और 'आप' होता है, 'तुम' नहीं होता। अंग्रेज़ी में केवल 'यू' यानी 'तुम' होता है, 'तू' और 'आप' नहीं होता।

ज़ँ ने ज्यों जाना कि मैं असल में भिखारी हूँ, त्यों ही उसने मुझमें दिलचस्पी दिखायी। लगा कि अरसे के बाद उसे बातचीत के लिए कोई हमयार मिला था।

उसकी उम्र मैं नहीं भाँप पाया, पर बुज़ुर्ग नहीं था, उसके सिर पर या दाढ़ी-मूँछों में कोई सफ़ेद बाल नहीं था।

"तू रात में कहाँ रहता है?" मैंने पूछा।

वह बोला, "देख, मैं असली पैरिजिँ हूँ, इसी शहर में जन्मा हूँ, पैरि मेरा प्राण है, और इस पैरि में ही मरूँगा।"

मैं समझ गया कि पेरिस को स्थानीय भाषा में पैरि कहते हैं। पैरि में ज़ँ जैसे आवारागर्दों की कमी नहीं थी। इन्हें स्थानीय भाषा में क्लोशर कहते थे। शहर की सड़कों, पार्कों, नदी तट पर ये हमेशा दिखायी पड़ते। ऊपर से देखने पर ये अर्द्ध-विक्षिप्त भिखारी लगते, किन्तु ये न तो पागल थे और न ही भिखारी। ये लोग स्वेच्छा से समाज से नाता तोड़े एक अलग क़िस्म के इन्सान थे। केवल पुरुष क्लोशर दिखायी पड़ते, नारी क्लोशर नहीं।

ज़ँ ने ही फिर कहा, "मैं तेरे रहने की अच्छी व्यवस्था कर दूँगा, तू चल मेरे साथ।" ऐसा कहकर उसने अपना हजारों सामान सहेजा, शराब की बोतल पतलून के बेल्ट में फँसाया, फिर उठ पड़ा। मैं उसके पीछे हो लिया।

पेरिस शहर के बीच से जो नदी बहती थी उसका नाम सेन नदी था। सेन नदी का तटबन्ध भी पक्का और सुन्दर था, लगभग टेम्स नदी के तटबन्ध जैसा ही। हम दोनों नदी की बायीं ओर से आगे बढ़ते रहे। ज़ँ ने राह चलते अब तक कोई बात नहीं की थी। एक जगह नदी की घाट में उसने अच्छी तरह अपने हाथ-पैर-मुँह धोये, उसके बाद मेरी ओर देखकर कहा, "नदी तट की इस सड़क का नाम 'केडर्से' है। तुझे नदी के उस पार की सड़क का नाम मालूम है?"

"नहीं।" मैंने कहा।

ज़ँ हँस पड़ा। हँसते हुए बोला, "नदी तट के इस ओर पैरि है और उस पार अमेरिका—तुझे अमेरिका जाने के लिए फ्लाइट की ज़रूरत नहीं पड़ेगी, सामने की उस पुल से उस पार पैदल जायेगा तो न्यूयॉर्क पहुँच जायेगा।"

मैं उसकी बात समझ नहीं पाया था। उस पार क्या ख़ासियत है देखने के लिए मैं नदी के उस पार दृष्टि साधे रहा। ज़ँ अब ठठाकर हँस पड़ा, बोला, "घबराना मत, मैं मज़ाक कर रहा था। उस पार की सड़क का नाम है न्यूयॉर्क ऐवेन्यू। वहाँ से और कुछ दूरी पर है जॉन एफ केनेडी ऐवेन्यू।"

"अच्छा, यह बात है!" उसका यह परिहास मुझे अच्छा लगा।

लगभग एक घण्टा चलने के बाद नदी पर एक परित्यक्त श्लथ-गामी मालवाही नौका के निकट पहुँचकर वह रुक गया, फिर गर्व के साथ छाती फुलाकर बोला, "यह देख, यही मेरा फाइवस्टार होटल है। जाड़े में कुछ परेशानी होती है लेकिन गर्मियों में राजसिक सुख मिलता है यहाँ। शहर में रहने के लिए इससे अच्छी जगह तुझे नहीं मिलेगी।"

हम जेटी के पुल से होकर उस नाव में पहुँचे। नाव बहुत ही पुरानी थी, किसी तरह अब भी पानी के ऊपर टिकी हुई थी। डेक से नीचे उतरने के लिए सावधान रहना पड़ता था, खस्ताहाल काठ की पुरानी सीढ़ी पाँव के दबाव से कभी भी टूट सकती थी। नीचे बहुत बड़ा और लम्बा हॉल था जो शायद कभी कोयला, बालू, सीमेण्ट या लोहा ढोने के काम आता था। यह परित्यक्त नाव इतनी पुरानी थी कि उसे अगर रस्सी बाँधकर खींचकर वहाँ से हटाने की कोशिश की जाये तो नाव का पूरा ढाँचा ही टूटकर बिखर जायेगा। इसके बावज़ूद यह आश्चर्य की बात थी कि बर्फ़बारी या बारिश के समय हॉल में कभी पानी नहीं घुसता। ज़ँ जैसे और भी चार लोग वहाँ रहते थे, वे रात में आकर ठहरते और सुबह बाहर निकल जाते। सबने अपना-अपना बिस्तर तहाकर रखा था। ज़ँ की तरह वे चारों भी क्लोशर थे।

ज़ँ मुझसे बोला, "तेरे पास तो स्लीपिंग बैग है, जहाँ ख़ुशी वहाँ अपनी जगह बना ले। मैंने तुझे कहा था न, यह जगह बहुत अच्छी है। समाज के हर सिस्टम से अलग। हम लोग, यानी जो लोग यहाँ रहते हैं, इस नाव के मालिक हैं। हमें कोई किराया नहीं देना पड़ता और हम किसी के प्रति जवाबदेह भी नहीं हैं। कैसा लग रहा है तुझे?"

सवाल पूछकर ज़ँ मुझे घूरने लगा था। मैंने हिचकिचाकर उत्तर दिया, "हाँ, अच्छी व्यवस्था है, ख़ासकर यह देखते हुए कि किराया नहीं लगता। तुम्हें धन्यवाद।"

"हाँ, तुझे भी किराया नहीं देना पड़ेगा। लेकिन बीच-बीच में तू अगर दो-एक बोतल ला पाये तो हम साथ बैठकर पी सकेंगे।"

"मंज़ूर है।" मैंने हामी भर दी।

"तुझे और भी जानकारी दे दूँ। यहाँ पेशाब करने की दिक़्क़त नहीं है। लेकिन सण्डास कॉमन है। मल सीधे पानी में गिरता है और धारा के साथ दूर निकल जाता है, फिर वह मछलियों का ख़ुराक़ बनता है।"

हॉल का चक्कर लगाते हुए मैंने देखा कुछ पटरा जोड़कर एक अलग कमरा बनाया गया है, अन्दर बढ़िया गद्दा बिछा है, हॉल के और बिस्तर की तुलना में वह साफ़-सुथरा भी है। मुझे उत्सुक देखकर ज़ँ बोला, "इस बिस्तर पर सोने से हमें नींद नहीं आती। यह कमरा बीवी के लिए है।"

मैं चौंका। पूछा, "तेरी बीवी भी है?"

"मेरी नहीं, हम सबकी, हम कभी-कभी किराये पर ले आते हैं। आजकल पूर्वी देशों की छोकरियों के आगमन के कारण कम पैसे में बीवी मिल जाती है, आधे घण्टे के लिए केवल दस यूरो। पैरि का वेश्यालय बूलोनबाग़ में है, उनका दर बहुत ज़्यादा है। यह धन्धा माफ़ियाओं के ज़रिये चलता है। सभी जाकर वहाँ दुकान नहीं सजा पातीं, इसलिए क़िस्मत अच्छी रही तो हमें कभी-कभी बढ़िया माल भी मिल जाता है। लेकिन असल बात तो यह है कि अँधेरे में सभी 'पुत्याँ' एक जैसी होती हैं।"

पेरिस पहुँचने के बाद से मैंने दो फ्रेन्च शब्द कई मर्तबा कई स्थान पर सुने थे, ट्रॉम-बस में लगभग सभी लोग इन शब्दों का इस्तेमाल करते हैं। उनमें से एक शब्द है 'मैर्द', जिसे अंग्रेज़ी में 'शिट' कहते हैं, यानी गन्दा। दूसरा शब्द है 'पुत्याँ', यानी पतिता, फुटपाथ की छोकरी अथवा वेश्या।

नाव दिखलाने और उसके बारे में सब-कुछ समझाने के बाद ज़ँ बोला, "तू मुझे अच्छा लगा था, इसलिए यहाँ ले आया था। अब तेरी मर्जी। मैं दबाव नहीं दूँगा। एक बात और बता दूँ, यहाँ जो लोग रहते हैं उनमें कोई भी गे या होमो नहीं है, तू निश्चिन्त रह सकता है।"

ज़ँ की बातचीत और उसके हावभाव मुझे अच्छे लगे थे, फिर इस अनजान शहर में मुझे किसी गाइड की भी ज़रूरत थी, इसलिए मैंने इस आश्रय को थामना ही उचित

समझा। ज़ँ ने मुझे सावधान किया, नाव में कोई फ़ाटक नहीं है। दिन में अगर यहाँ कोई सामान छोड़कर बाहर निकलो तो रात में वह सामान तुम्हें मिलेगा या नहीं इसकी गारण्टी नहीं है। मुझे परेशानी नहीं थी क्योंकि मैं सब-कुछ अपनी पीठ पर लेकर घूमता था। पेरिस में मुझे सिर छिपाने और रात में सोने की जगह मिल गयी थी, वह भी नदी पर लगी एक नाव में, यह बहुत रोमांचक अनुभव था। मैंने ज़ँ को धन्यवाद कहा और सन्ध्या के बाद लौट आऊँगा कहकर, वहाँ से निकल पड़ा। मेरे लिये अब दाआबू और एलिस को फ़ोन करना ज़रूरी था। मैंने दोनों से वादा किया था कि रहने की कोई व्यवस्था होते ही मैं टेलीफ़ोन करूँगा।

मैंने एक केबिन से दाआबू के कार्ड का इस्तेमाल करते हुए फ़ोन किया, परन्तु वे क्रयडॅन में नहीं मिले। फिर मैंने ब्राइटन में फ़ोन मिलाया तो आण्टी ने हैलो कहा।

"कैसी हो आण्टी?" मैंने पूछा। मेरा स्वर पहचानकर वह लगभग चीख़ पड़ीं, "अरे बीडी... इट इज़ यू... माइ गॉड! व्हेयर हैड यू बीन...।"

आण्टी का कण्ठ स्वर सुनकर लगा कि वे बहुत उत्तेजित हो पड़ी हैं और मेरा फ़ोन पाकर बहुत ख़ुश हुई हैं। लेकिन ख़ुद को थोड़ा सँभाल लेने के बाद उन्होंने मुझे उलाहना दी, "तुम्हें वहाँ पहुँचने के बाद ही फ़ोन करना चाहिए था। तुम्हारे दाआबू तुम्हारे लिये बहुत ही चिन्तित हैं।"

"लेकिन मैंने तो उनसे वादा किया था कि यहाँ रहने का कोई इन्तज़ाम हो जाने के बाद मैं उन्हें फ़ोन करूँगा।"

"ठीक है, वे शॉपिंग के लिए निकले हैं। तुम या तो दो घण्टे के बाद रिंग करो या अपना काण्ट्रैक्ट नम्बर दो ताकि हम यहाँ से फ़ोन कर सकें, इससे तुम्हें ख़र्च नहीं करना पड़ेगा।"

"ठीक है," कहकर मैंने फ़ोन काट दिया, फिर ख़याल आया कि मैंने तो नम्बर दिया ही नहीं। दुबारा फ़ोन मिलाकर मैंने कहा, "सॉरी आण्टी, मैं यहाँ का नम्बर नहीं दे पा रहा हूँ, मैं दो घण्टे बाद फिर फोन करूँगा। मैंने पहले फ़ोन नहीं किया था इसका मुझे ख़ेद है, मुझे माफ़ कर देना आण्टी।"

"ठीक है, ठीक है। तुम्हारे दाआबू तुम्हारे लिये बहुत चिन्तित हैं, तुम्हें मालूम ही होगा कि वे तुम्हें अपने बेटे जैसा समझते हैं, या उससे भी ज़्यादा। जब भी फ़ोन की घण्टी बजती है, वे उछल पड़ते हैं यह सोचकर कि तुम्हारा ही फ़ोन होगा। ख़ैर, अब जाकर तसल्ली हुई।"

"ठीक है, तो मैं छोड़ रहा हूँ। जानती हो आण्टी, मैं तुमसे बातें कर रहा हूँ और यहाँ की काँच की दीवार पर तुम्हारी तस्वीर देख रहा हूँ।"

मैंने फ़ोन काटा, फिर कार्ड डालकर एलिस का नम्बर मिलाया।

"हैलो।" एलिस का कण्ठ स्वर था।

"मैं पेरिस से बोल रहा हूँ। कैसी हो?"

"ओह, बिकिरि... तुम!" उसका कण्ठ स्वर सुझा रहा था कि वह उत्तेजना में फट पड़ी है।

"हाँ। मैंने तो वादा किया था कि यहाँ मेरे ठहरने का कोई इन्तज़ाम होते ही फ़ोन करूँगा।"

"हाँ। कहाँ ठहरे हो?"

"सेन नदी पर एक पुराने हाउस-बोट में। बेबी कैसी है?"

"हाँ, मायरा ठीक है। हाउस-बोट कैसे मिला? बहुत सुन्दर होगा, सपनों जैसा!"

"एक फ्रान्सीसी सज्जन ने सारी व्यवस्था कर दी। जानती हो वहाँ रहने का ख़र्च कितना है?"

"नहीं। ज़रूर बहुत महँगा होगा, वेनिस की तरह! है या नहीं? पेरिस में ऐसी व्यवस्था है, मैंने नहीं सुना था। तुम वाक़ई भाग्यवान् हो।"

"याद है तुम्हें, मैंने कहा था, कोई व्यवस्था हो ही जायेगी। ख़ैर, तुम चिन्तित मत हो, हाउस-बोट में कोई ख़र्च नहीं लगेगा।"

"हाँ, याद है। तुमने डैडी को भी फ़ोन नहीं किया। वे बहुत चिन्तित हैं। मुझे बार-बार फ़ोन करके पूछते रहते हैं कि मुझे तुम्हारा कोई समाचार मिला या नहीं। वे तुम्हें बहुत चाहते हैं।"

"मुझे मालूम है। और तुम तो मेरी प्रियतमा हो, तुम्हें मालूम ही है कि मैं यहाँ आने के लिए मज़बूर हुआ था, अपने पाप का प्रायश्चित करने के लिए यहाँ आया हूँ।" मैंने कैफ़ियत देने के स्वर में कहा। हमारी बातचीत लम्बी चली। कार्ड में समय समाप्त होने का शब्द गूँजा, हमने परस्पर को फ़ोन पर चुम्बन जताकर अलविदा कहा। मन बहुत हलका हो गया।

बाद में फिर दाआबू को फ़ोन किया। आण्टी और एलिस की बातों से लगा था कि वे मुझे बहुत डाँटेंगे। लेकिन ऐसा कुछ नहीं हुआ। उनके शान्त लहज़े ने मुझे चौंकाया। वे बोले, "तू ठीक है, तो यही बड़ी ख़बर है। सावधान रहना और रोज़ाना नहीं तो दो-एक दिन बाद अपना हालचाल देते रहना। मुझे और एलिस को एक ही दिन फ़ोन करके ख़र्च बढ़ाने की ज़रूरत नहीं। एक दिन उसे फ़ोन करना, अगले दिन मुझे। सुन, एलिस तेरे लिये बहुत चिन्तित थी।"

"जानते हो दाआबू, मुझे एक बोट में रहने की जगह मिल गयी है, अच्छी व्यवस्था है।" मैं और कुछ कह नहीं पाया, दाआबू ने मुझे रोक दिया। वे बोले, "मुझे मालूम है, एलिस मुझे बता चुकी है।"

मुझे आश्चर्य हुआ। मुझसे बातें करने के बाद ही अवश्य एलिस ने दाआबू को सारी सूचनाएँ दे दी थीं। दाआबू से और कोई बातचीत नहीं हुई। मेरे फ़ोन का ख़र्च बचाने के लिए उन्होंने मुझे और बातें करने से रोक दिया।

यह अज़ीब बात थी। दाआबू और एलिस से बातें करने के बाद मेरा मानसिक ज़ोर जैसे दुगना बढ़ गया। फ़ोन पर मैंने उनकी आवाज़ क्या सुनी, उसका प्रभाव जादू-मन्त्र-सा साबित हुआ।

फ़ोन पर बातें करने के बाद पैरि शहर का थोड़ा चक्कर काटकर मैं साँझ के समय नाव पर लौट आया। नौका घाट से नीचे उतरते ही ज़ँ ने हँसकर मेरा स्वागत किया। उसने कहा, "देख, मैं तेरे लिये क्या लाया हूँ?" कहने के उपरान्त उसने मुझे पटरी पर रखे दो शराब की बोतलें और दो पावरोटी के सैण्डविच दिखाये।

मैंने उसे धन्यवाद जताकर कहा कि अब मेरी बारी है, कल मैं ख़रीद लाऊँगा।

"ख़रीद लायेगा?" वह चौंका, "जो चीज़ मुफ्त में मिल जाती है उसे ख़रीदकर पैसे क्यों बर्बाद करेगा? जो चीज़ मुफ़्त में नहीं मिलती, ख़र्च वहाँ करना, बशर्ते कि इसके लिए हाथ में कुछ पैसे आ जायँ।"

ज़ँ से बात करना अच्छा लगता। वह गाहे-बगाहे गालियाँ भी बकता। उसकी मुस्कुराहट और गाली-गलौज एक जैसी थी। मेरे लिये एक सहूलियत यह भी थी कि जब तक मैं उसकी पूर बात न समझ लेता, वह अपना वक्तव्य दुहराता रहता और बहुत धीरे-धीरे कहकर मुझे समझाने का प्रयत्न करता। मेरे जानने की ताक़ीद और उसके समझाने का आग्रह, इन दोनों के संयोग से क्रमशः मैं फ्रान्सीसी भाषा कुछ-कुछ समझने लगा।

पेरिस एक अद्‌भुत शहर था। नदी के ऊपर सुन्दर नक्काशीवाले बड़े-बड़े पत्थरों से निर्मित बहुत-से पुल थे। सड़क के किनारे बेशुमार अट्टालिकाएँ और राजभवन दिखायी देते। लन्दन के बकिंघम पैलेस और ट्रॉफलगार स्क्वॉयर की तरह चौक और राजभवनों की यहाँ कमी नहीं थी। मुझे यह शहर लन्दन से भी विशाल लगा था। यह मेरी सोच है, तुम जैसे पढ़े-लिखे लोगों को वास्तविक स्थिति का सही पता होगा, अतः इस विषय पर मैं और कुछ नहीं कहूँगा। मैंने तुम्हें केवल मेरी समझ की जानकारी दी।

ज़ँ के संग कई रात नाव में बिताने के बाद एक दिन अचानक नाव के और दो दोस्त आकर उपस्थित हुए। ज़ँ ने उनका परिचय देकर कहा कि वे पति-पत्नी हैं। मैंने पूछा, "दोनों पुरुष हैं, वे पति-पत्नी कैसे हुए?"

ज़ँ बोला, "दोनों पुरुष हैं तो क्या, वे पति-पत्नी की तरह रहते हैं, वे समलैंगिक हैं। यूरोप के लगभग सभी देशों में समलैंगिकता अब विधिसंगत है। चर्च या टाउनहॉल में जाकर वे शादी कर सकते हैं और यह शादी पंजीकृत करा सकते हैं।"

समलैंगिक ब्रिटेन में भी थे, लेकिन कभी उन्हें इतने क़रीब से देखने का मौक़ा नहीं मिला था। उनका स्वभाव भी कुछ अलग ढंग का था। भारत के हिंजड़ों के साथ उनकी तुलना कर सकता हूँ। फ़र्क़ यह कि हिंजड़े शारीरिक रूप से अनुपयुक्त होते हैं और इनके अंग तो ठीक हैं लेकिन दिमाग़ ठीक नहीं। जो हो, पड़ोसी के रूप में दोनों अच्छे थे, लेकिन उनका समलैंगिक प्यार मेरे मन को कचोटता, मुझे यह अस्वाभाविक लगता। जिन्हें यह सब देखने का अभ्यास नहीं है उन्हें यह अजीब सम्बन्ध अवश्य खटकेगा, बाद में अभ्यास हो जाने पर यह सब भी स्वाभाविक लगेगा।

पहले दिन जब ज़ँ ने कहा था कि शराब और सैण्डविच ख़रीदकर लाने की ज़रूरत नहीं, यह सब मुफ़्त में मिलता है, तब मैंने इसे उसका मज़ाक समझा था। बाद में जाना कि यह मज़ाक नहीं, पेरिस के विभिन्न क्षेत्र में विभिन्न प्रकार की सेवा समितियाँ हैं जो ज़रूरतमन्दों को तरह-तरह की चीज़ें मुहैया करती हैं। किस समिति से कब क्या मिलेगा, यह जानकारी हो तो मुझ जैसे भिखारी और ज़ँ जैसे क्लोशर के लिए ज़िन्दगी काटने में कोई दिक़्क़त नहीं। ज़ँ ने समितियों की एक सूची बना रखी थी और उसे तो सब कण्ठस्थ भी हो गया था। यहाँ की व्यवस्था लन्दन से भी अच्छी थी। मैं चकित था कि इतनी अच्छी व्यवस्था रहने के बावज़ूद पेरिस में भिखारियों की संख्या बहुत कम क्यों थी?

'रेस्तोराँ द्यू-कर' में हर दिन दोपहर को मुफ़्त में सैण्डविच और जाड़े में गरम सूप बँटता था। 'शारिते-क्रेतियाँ' में हर महीने की प्रथम सोमवार को अपराह्न में पतलून-कमीज़ और जूते, सेकण्ड-हैण्ड लेकिन अच्छी हालत में, बाँटा जाता। शहर के लगभग सभी बड़े रेस्तराँ रात के बारह बजे के बाद पिछले दरवाज़े से ग्राहकों द्वारा परित्यक्त शराब की बोतलें जिनमें आधे बोतल के आसपास मदिरा होती, मुफ़्त में बाँटते थे। ये बोतल जूठे नहीं होते क्योंकि मदिरा हमेशा गिलास में उड़ेलकर पी जाती और एक बार बोतल खुलने के बाद उसमें जितनी भी मदिरा रह जाती उसकी बिक्री नहीं होती। किन रेस्तराँ में किस तरह की मदिरा मिलती है, ज़ँ को इसकी पूरी जानकारी थी।

पेरिस में मैंने ग़ौर किया कि यहाँ भारतीयों की संख्या बहुत ही कम है, हालाँकि अश्वेत लोग काफ़ी हैं, ख़ासकर उत्तर और मध्य अफ्रीका के लोग। कोटे डी आइवोर, सैनेगाल व कान्गो के अफ्रीकन अच्छी फ्रेन्च बोल लेते। पैरि शहर के किसी-किसी इलाके में अरब देश के वासियों तथा उत्तर-अफ्रीका के लोगों की घनी आबादी थी।

तीन सप्ताह बीतने के बाद एक दिन लियों क्षेत्र में ज़ँ ने अपने एक पुराने दोस्त गार्दो से मेरा परिचय कराया। वह भी ज़ँ जैसा क्लोशर था। मुझे देखकर वह समझ गया कि मैं न तो फ्रान्सीसी हूँ और न ही क्लोशर।

गार्दो मुझसे बोला, "व्हू फू," यानी—तू पागल है या तेरा दिमाग़ खराब है।

मैं क्या उत्तर देता। चुप रहा।

फिर वह मुझे उपदेश देने लगा, "तेरी उम्र कम है, तेरे हाथ-पाँव ठीक हैं, तुझे कोई बीमारी नहीं है, फिर तू ज़ँ के पीछे क्यों घूमता है? कोई काम ढूँढ़ ले। भीख माँगकर कितना कमायेगा? अरे, यहाँ तुझ जैसे स्वस्थ व्यक्ति को कोई एक सेण्टिम भी नहीं देगा।"

उपदेश देने के बाद उसने पूछा, "तू नशीली दवा का आदी है?"

"नहीं।" मैंने कहा।

"तू चोरी करता है?"

"नहीं।"

"तुझे कोई रोग है?"

"नहीं।"

"तू फ्रान्स में चोरी से घुसा है?"

"नहीं। मैं लन्दन का निवासी हूँ। मैं लन्दन का भिखारी हूँ।"

"क्या? तू लन्दन का है!" कहकर गार्दो ठठाकर हँस पड़ा।

उसे उस तरह हँसता देखकर मैं थोड़ा सकपकाया, फिर पूछा, "तू हँस क्यों रहा है, इसमें हँसने की क्या बात है?"

"हँसूगा नहीं? तू लन्दनवासी है, यानी लन्दनियाँ! वहाँ सिर्फ़ फू (पागल) बसते हैं।" कहकर उसने बोतल से दो घूँट पिया, फिर बोतल ज़ँ को थमा दिया। उसमें जो अवशेष था उसे ज़ँ एक बार में गटक गया।

"लेज़ँ सौं फू (यानी सभी अंग्रेज़ पागल हैं)। वे यूरोपियन हैं, लेकिन उनका क़ायदा-क़ानून यूरोपियन जैसा नहीं। तू यूरोप के किसी भी शहर में जाकर देख, सर्वत्र लोग सड़क की दायीं ओर से गाड़ी ड्राइव करते हैं, अंग्रेज़ बायीं ओर से चलते हैं। जर्मनी, फ्रान्स, स्पेन, इटली आदि सभी देशों में यूरो चलता है, लेकिन वहाँ अब भी पाउण्ड और पेन्स चला रहे हैं। वह जात ही अलग है। तू वहाँ रहता है, सब जानता होगा। अरे, मैं वहाँ बहुत बार जा चुका हूँ, उनमें और हममें बहुत अन्तर है। यह देख...।" कहकर उसने अपने चिथड़े कोट की जेब से एक छोटा बोतल निकालकर मुझसे बोला, "यह देख, सन् 1998 का सेन्तमिलिओ, यह शराब तुझे ग्रेट ब्रिटेन में मिलेगी? दुनिया में कहीं नहीं मिलेगा, यह असली फ्रान्सीसी माल है। जितनी पीयेगा, उतनी ही पीने की इच्छा बढ़ती जायेगी। इसे पीते रहने के लिए ही आदमी जी सकता है।"

कोट की दूसरी जेब से उसने लोहे का पेंच निकाला, उसे कार्क में डालकर कई बार घुमाने के बाद 'टप्' की आवाज़ के साथ कार्क बाहर खींच निकाला, उसके बाद बोतल मेरी ओर बढ़ाकर बोला, "ले, चखकर देख!"

बोतल थामकर मैंने थोड़ी शराब मुँह में ली, उसे हलक़ के नीचे उतारा, फिर कहा, "वाक़ई लाज़वाब है।" मैंने गार्दो को धन्यवाद दिया। उसके बाद बोतल ज़ँ को थमाया।

उस दिन लगभग सारा दिन हम तीनों पार्क में बैठे रहे। मैंने बेंच के सामने अपनी टोपी रख दी थी, लेकिन उस पर किसी ने कुछ नहीं डाला।

क्लोशर पेरिस के कुछ अजीब तरह के इन्सान थे। वे शराब के शौक़ीन सनकी टाइप के आवारागर्द थे। इनसे अन्तरंग होने पर इनके मनोभाव का पता चल जाता। सनकी होने पर भी वे मूर्ख नहीं थे।

गार्दो ने मुझे कई बार डाँटा, गालियाँ भी दीं। वह एक ही उपदेश दुहराता, "तू समलैंगिक नहीं है, चोर नहीं है, ड्रग लीडर नहीं है, तो फिर ज़ँ के वहाँ पड़े-पड़े अपनी ज़िन्दगी क्यों बर्बाद कर रहा है? भाग, भाग जा वहाँ से, उस नाव पर रहेगा तो कुछ नहीं सीख पायेगा। भीख माँगकर तू गुज़ारा नहीं कर पायेगा। अगर करने लायक़ कुछ न सूझे तो जहाँ पर आसपास पुलिसवाले हों, वहाँ जाकर पर्यटकों से सामान छीन, तुझे तुरन्त पुलिस पकड़ेगी, न्यायिक फ़ैसला होगा, तीन-चार दिनों के लिए जेल जाना पड़ेगा। तुझे शायद नहीं मालूम, फ्रान्स के जेल स्वर्ग जैसे हैं। खाना-पीना, खेल-कूद, टेलीविज़न और अगर अधिक दिनों की सज़ा हुई तो पुस्तकालय की भी व्यवस्था है। अरे बाप, फ्रान्स का जेल भी एक संस्था है। जेल में मारने-पीटने का नियम नहीं है। वहाँ अधिक दिन रहना पड़े तो विभिन्न प्रकार की ट्रेनिंग और शिक्षा की व्यवस्था भी है।"

"जेल अगर इतना ही अच्छा है तो तू इस पार्क में समय न गँवाकर जेल क्यों नहीं जाता?" मैंने पूछा।

"मत पूछ, मैं कई बार हो आया हूँ। अब भी जाना चाहता हूँ—लेकिन मेरी क़िस्मत खोटी है। यहाँ के क़ानून 'फू' ने यानी पागलों ने बनाया है और वह क़ानून 'पूताँ द्य मैर्द' यानी रण्डी की विष्ठा है। मुझे सब पहचानते हैं, क़ानून तोड़ने पर पकड़कर ले जाते हैं, लेकिन थाना तक ही, उसके आगे नहीं भेजते। हम क्लोशर लोग भले ही भिखारी जात के हों, हम लोगों का चरित्र अच्छा है किन्तु भाग्य बुरा।"

चरित्र अच्छा है किन्तु भाग्य बुरा, यह बात मुझे बहुत अच्छी लगी। मेरा अनुभव भी बताता है कि यह एक सच्ची बात है। मैंने यत्र-तत्र-सर्वत्र बहुतों को देखा है जिनका चरित्र बुरा है लेकिन भाग्य बहुत अच्छा। यह बात मुझे अक़सर खटकती। ऐसे ही लोग अधिक मिलेंगे जो चरित्रहीन हैं परन्तु क़िस्मत के धनी।

मैंने पहले भी कहा था कि क्लोशर मूर्ख नहीं होते। ज़ँ को भारत के बारे में बहुत जानकारी थी। महात्मा गाँधी के अहिंसा आन्दोलन से लेकर कश्मीर समस्या तक वह बहुत कुछ जानता था। इन क्लोशरों को लाटरी के टिकट ख़रीदने और रेस खेलने का भी नशा था। कभी-कभी भीख माँगकर जो पैसा जुटाते वह इसी में लगाते। कभी-कभी लग भी जाता। इनका क्षेत्र बँटा रहता था, साधारणतः ये अपने-अपने क्षेत्र में ही घूमते-

फिरते। लोग इन्हें पहचानते थे। भोजन, शराब और दीगर आवश्यक-अनावश्यक सामान इन्हें मुफ़्त में मिल जाता जिसका अम्बार लगाकर ये पड़े रहते। ये मुहल्ले का हर समाचार रखते। इन्हें एक बोतल शराब या कुछ पैसे देकर आप इनसे मुहल्ले की कोई भी सूचना प्राप्त कर सकते हैं।

•

ज़ँ के साथ घूमते रहने के कारण मैंने पेरिस शहर के बारे में बहुत कुछ जान लिया था। परित्यक्त नाव के अलावा रात गुज़ारने की एक अच्छी जगह थी यहाँ के मेट्रो स्टेशन, हालाँकि केवल गर्मियों में ही। जाड़े में मेट्रो के ट्यूब से इतनी तेज़ ठण्डी हवा आती कि ख़ून जम जाता। तब सरकार की ओर से भी चेतावनी दी जाती और यह घोषणा की जाती कि शहर में कहाँ-कहाँ मुफ़्त में रहने की व्यवस्था की गयी है। मेट्रो के स्टेशन यहाँ ड्रग कारोबारी माफ़िया ग्रुप के कब्जे में था, पुलिस के कब्जे में नहीं। यूँ एक बार मैंने जो ग़लती की थी, दुबारा उस चक्कर में मैं पड़नेवाला नहीं था।

महीने भर में मैं जान गया था कि पेरिस के किन क्षेत्रों में अच्छी भीख मिल सकती है, किन क्षेत्रों में नहीं। कुछ भिखमंगों से दोस्ती भी हो गयी थी। पेरिस में भीख माँगना सहज था, मैं न तो मुँह से माँगता था और न गमछा बिछाकर बैठता था, 'डोनेशन प्लीज़' लिखा एक फलक गोद में लेकर बैठ जाता, रोज़ाना दस-पन्द्रह यूरो आराम से मिल जाते, क़िस्मत अच्छी हुई तो बीस-पचीस यूरो भी। आमदनी कितनी होगी यह स्थान पर निर्भर करता। टूरिस्ट ब्रिज पर अधिक पैसे मिलते।

मैंने सुना था कि यूरोप-अमेरिका के लोग ग़रीब देशों में आर्थिक मदद देकर जाते हैं। दाआबू ने भी कहा था कि तमाम भारतीय प्रतिष्ठानों के प्रतिनिधि डोनेशन माँगने के लिए यहाँ आते रहते हैं। इसलिए मैंने फलक बदल कर लिखा, 'ग़रीब ढूँढ़ने के लिए आपको दूर कहीं जाने की ज़रूरत नहीं, मैं कोलकाता का असली भिखारी हूँ। दान करने के इस अवसर से मत चूकिये।' इस फलक को देख कुछ विद्यार्थियों ने मुझे अच्छे पैसे दिये थे। मैंने उनसे पूछा था , "ऐसा लिखने के लिए मुझे पुलिस तंग तो नहीं करेगी?"

"पुलिस? नहीं। तू फ्रान्स में है। वह सामने कोर्ट है, उसकी दीवार पर लिखा है, 'लिबर्टी, फ़्रेटरनिटि, इगॅलिटि'। फ्रान्स स्वाधीन देश है। स्वाधीनता, भ्रातृत्व और समता का अधिकार सबको है।"

यहाँ एक अच्छी बात यह भी थी कि भिखारियों से कोई नफ़रत नहीं करता था, अनायास बग़ल में बैठकर लोग बातचीत करते। ये ऊँची नाकवाले नहीं थे। हालाँकि एक महीने में किसी जाति को परखा नहीं जा सकता, लेकिन मुझ भिखमंगे को जैसा लगा, मैंने सो कहा। फ्रान्सीसी भाषा में बातचीत का स्वर अब मुझे बहुत कुछ बांगला जैसा लगता, इस भाषा में अंग्रेज़ी का रूखापन नहीं था। मुझे पेरिस अच्छा लगने लगा था।

मुझे भीख माँगने की एक नयी जगह मिल गयी। यहाँ के पवित्र 'साक्रे-कर' गिरजाघर के बाहर, हर रविवार को प्रार्थना के बाद, चार भिखारियों को भीख माँगने की अनुमति दी जाती थी। आवेदन करने पर मुझे महीने में दो बार वहाँ भीख माँगने की अनुमति मिली, यह निर्देश दिया गया कि किस-किस रविवार को मैं वहाँ भीख माँग सकता हूँ। मैंने एक नया फलक बनाया जिसमें अंग्रेज़ी में लिखा, 'मुझे दीजिये, ईश्वर आपको देगा।' मेरे एक मित्र ने इस वाक्य का फ्रेन्च अनुवाद कर दिया था जिसे छोटे हरफ़ों में अंग्रेज़ी के बड़े हरफ़ों के नीचे लिखा। बचपन में कोलकाता में बुज़ुर्गों से मैं यही कहकर भीख माँगता था। चर्च के लोग भी कहते कि प्रार्थना के बाद ग़रीबों की मदद करने से पुण्य होता है।

एक रविवार को मैं चर्च के बाहर बायीं हाथ में फलक और दायीं हाथ में टोपी लिये खड़ा था जब प्रार्थना के बाद लोग चर्च से बाहर आये। उनमें से एक महिला ने मेरी टोपी में एक यूरो डालकर मेरे फलक की ओर इशारा कर मुस्कराते हुए कहा, "ऐसा न भी लिखते तो भी देनेवाले अवश्य देते।"

"मैं ईश्वर के नाम से माँगता हूँ।" मैं बोला।

"तो तुम ईश्वर से सीधे क्यों नहीं माँगते?"

"असल में मैं ईसाई नहीं हूँ, इसलिए प्रभु से सीधे नहीं माँग सकता।"

"क्यों नहीं, प्रभु के पास सब बराबर हैं। तुम कहाँ के हो?"

"भारत का।"

"समझ गयी। तुम हिन्दू हो या मुसलमान?"

"मैं कोलकाता का भिखारी हूँ। मेरा न कोई धर्म है, न जाति।"

वे चली गयीं। पता नहीं, टूटी-फूटी फ्रेन्च भाषा में मैंने जो कहा, उसे वे समझ पायीं या नहीं। जब सब लोग चले गये तो गिरजाघर की सीढ़ी पर बैठकर पैसे गिने। कुल पन्द्रह यूरो मिले थे। मैं उठ पड़ा। बग़ल के कॉफी बार में खुदरा पैसा देने से वे नोट दे देते हैं। आमदनी अच्छी हुई थी, इसलिए मैंने कॉफी पीने का भी मन बनाया।

कॉफी बार में जाकर बैठते ही देखा कि सामने की मेज पर वही महिला बैठी हैं जिन्होंने कुछ देर पहले मुझसे बातें की थीं। वे हँसकर बोलीं, "मैं जानती थी कि तुम यहाँ आओगे। जो खाना चाहो खाओ, पैसे मैं चुकाऊँगी।"

मैंने सोचा, इसी को अहोभाग्य कहते हैं।

उनकी उम्र साठ-पैंसठ के बीच होगी। स्वास्थ्य अच्छा था, चेहरा बुरा नहीं। वे कॉफी बार में सभी से परिचित थीं। उन्होंने अपना परिचय दिया। नाम था जैकलिन। कई बार इण्डिया गयी हैं। उन्होंने कहा कि इण्डिया में सर्वत्र भीड़-भाड़ है, प्रदूषण है और कहीं भी बैठो वहाँ भिखारी तंग करते हैं, भीड़ और धक्का-पेल के कारण ट्रेन या बस से यात्रा करना दूभर होता है और इससे भी बड़ी परेशानी यह होती है कि विदेशी

देखते ही चीज़ों की कीमत चार-गुना अधिक माँगने लगते हैं। इसके बावज़ूद इण्डिया का अपना आकर्षण है, इसलिए वे पर्यटन पर वहाँ जाती रहती हैं। यह सब बताने के बाद उन्होंने पूछा, "तुम फ्रान्स कैसे आये?"

"मैं लन्दन आया था। वहाँ एक सज्जन मुझे घरेलू काम के लिए कोलकाता से ले आये थे। इन दिनों मैं छुट्टी पर हूँ।"

वे कुछ विस्मय से बोलीं, "इसका मतलब वे सज्जन बहुत ही अमीर होंगे।"

"अमीर हैं या नहीं, मुझे नहीं मालूम। पर वे बहुत दयालु हैं, दिल-दरिया इन्सान हैं।"

"अवश्य, अवश्य!"

मुझे वेटर कॉफी और 'क्रोयसँ' दे गया तो जैकलिन ने भी अपने लिये कॉफी मँगायी। मुझ भिखारी के साथ उनकी सहज बातचीत से मुझे लगा कि वे भी परोपकारी हैं। कुछ ही देर में उन्होंने बातचीत का रुख़ पलटा और मुझे उपदेश देने लगीं। शायद उपदेश सुनाने के लिए ही वे मुझे कॉफी पिला रही थीं। मैंने मन-ही-मन सोचा, ठीक है, आप बोलती रहें, मैं सुनता रहूँगा। इस मामले में मैं दाआबू का पक्का शिष्य था। उन्होंने कहा था, "कोई अगर उपदेश दे तो चुपचाप सुन लेना। कभी-कभी हूँ-हाँ भी कहते रहना, कहना 'यस सर' अथवा 'यस मैडम'। कभी विरोध मत जताना, बहस मत करना। मन लगाकर सुनना, वह उपदेश तेरे काम आये या न आये।"

दाआबू ने मुझे समझाया था, "इस दुनिया में बोलनेवाले अथवा ज्ञान देनेवाले बहुत हैं, लेकिन श्रोताओं की बहुत कमी है।"

मैं मनोयोग पूर्वक जैकलिन का उपदेश सुनता रहा। इससे उत्साहित होकर उन्होंने और दो प्याली कॉफी मँगाया। यह मानना ही पड़ेगा कि उनके उपदेश में दम था। वे मेरे क्लोशर मित्र के दोस्त गार्दो की तरह ही अच्छे सुझाव देने लगीं। उन्होंने बार-बार सुझाया कि मुझ जैसे जवान लड़के को भीख नहीं माँगनी चाहिए। भिक्षावृत्ति से बेहतर है कोई काम करना। पढ़े-लिखे लोगों के लिए नौकरी ढूँढ़ना आसान नहीं होता क्योंकि वे अपनी योग्यता के अनुसार काम ढूँढ़ते हैं, कोई भी काम वे ले नहीं पाते। लेकिन मुझ जैसे अशिक्षितों के लिए काम की कोई कमी नहीं है। किसी भी होटल-रेस्तराँ में बर्तन धोने, कमरे की सफाई करने, बड़ी दुकानों में माल ढोने और उन्हें सहेजकर रखने; विभिन्न संस्थाओं के व्यापारिक प्रचार पत्र बाँटने; नगरपालिका के नगर का कूड़ा-करकट सफाई का काम इत्यादि करने के लिए किसी विद्या या भाषा की ज़रूरत नहीं पड़ती, केवल स्वस्थ होना ही यथेष्ट है। मोटी बात, जैकलिन ने मुझे भीख माँगना बन्द करने को कहा और एक चिट पर अपना नाम-पता और फ़ोन नम्बर लिखकर मुझे थमाती हुई बोली, "पैरि में काम ढूँढ़ोगे तो किसी रेफ़रेन्स की ज़रूरत पड़ेगी, यानी किसी परिचित का शंसापत्र या हवाला।"

काफ़ी-बार में लगभग दो घण्टे बीत गये थे। चिट थामकर मैं उठने लगा तो वे बोलीं, "तुम कहाँ रहते हो?"

"एक परित्यक्त मालवाही बड़ी नाव है सेन नदी के ऊपर। उसी में रहता हूँ।"

वे हँसीं। हँसकर बोलीं, "मैं जानती हूँ, इस क्षेत्र में दो बजरा बहुत सालों से परित्यक्त पड़े हैं, उनकी हालत इतनी ख़स्ता है कि उन्हें कहीं खींचकर ले जाना सम्भव नहीं है। वह लोहे का एक जंजाल है, सरकारी समस्या है।"

बार से निकलकर कुछ दूर तक साथ चलने के बाद जैकलिन किसी और राह चल पड़ीं। जब वे ओझल हो गयीं तो मैं ख़ुशियों में झूम उठा। पेरिस आने के बाद यह पहला मौक़ा था जब किसी स्थानीय भद्र नागरिक से मेरा परिचय हुआ था। यही नहीं, मुझे एक रेफ़रेन्स भी मिल गया था। चर्च के बाहर भीख माँगकर थोड़े समय में अच्छे पैसे मिल गये थे। चर्च के अलावा इस तरह का रोज़गार पुल पर भी होता था, बशर्ते कि मौसम साफ़ हो और तेज़ हवा न बहे।

पेरिस घूमनेवाले पर्यटक काफ़ी तनावहीन लगते। उन्हें ज़ल्दबाज़ी भी नहीं रहती, वे धीरे-आहिस्ते हर चीज़ को ग़ौर से देखते और देखभालकर तसवीरें खींचते। पेरिस का एक आकर्षण यह कि यहाँ का सबसे बड़ा अजायबघर 'लुव्र' था, मैंने सुना है कि वह दुनिया के सबसे प्रसिद्ध अजायबघरों में से एक है। वहाँ प्रवेश के लिए जो लाइन लगती, उतनी बड़ी लाइन मैंने लन्दन के ब्रिटिश म्यूज़ियम में भी कभी नहीं देखी। यहाँ रहकर भी मुझे पेरिस के आकर्षक स्थलों का कोई आकर्षण नहीं था। पेरिस के इस प्रसिद्ध अजायबघर के बारे में किसी ने मुझे बताया था कि वहाँ हजारों साल पुराने परिरक्षित शवों की भरमार है। इसलिए उधर जाने की तो मेरी क़तई इच्छा नहीं थी। जो जीवित हैं, चलते-फिरते -नाचते-गाते-बोलते-चालते हैं, मेरा आकर्षण वे ही थे, कोई शव तो मुझे भीख देगा नहीं। एक बार दाआबू मुझे ब्रिटिश म्यूज़ियम ले गये थे। वहाँ उन्होंने कपड़ों में लिपटे भूत जैसे कंकालों को दिखाकर कहा था, "इन ममियों की क़ीमत का पता है? एक-एक ममी लाखों पाउण्ड की है।"

हज़ारों साल पुरानी ममी की इतनी क़ीमत क्यों यह मैं समझ नहीं पाया था। तब तो हमारे देश में श्मशान घाट पर पहुँचनेवाले ताजा शवों की क़ीमत बहुत अधिक होनी चाहिए। फिर मैंने सोचा कि यह सम्भव है, ज्यों हम ताज़ा अंगूर की तुलना में सूखे अंगूर की क़ीमत ज़्यादा देते हैं, नाम भी बदल जाता है—सूखे अंगूर को हम किशमिश कहते हैं। त्यों ही इन पुराने शवों का नाम बदलकर उसे ममी कहते हैं। मुर्दा वही है, लेकिन क़ीमत में इतना फ़र्क़।

ब्रिटिश म्यूज़ियम के वे ममी मेरे दिमाग़ में घुस गये थे। रात में मैं सो नहीं पाया था। बत्ती बुझाने के बाद ही लगा कि बहुत-सी ममी मेरे इर्द-गिर्द ठकठकाकर चल फिर रही हैं और कह रही हैं कि मेरी कोई क़ीमत नहीं, मैं भिखमंगा हूँ, कोलकाता का

उठाईगीर हूँ, मैं समाज में रहने के काबिल नहीं, मेरी कोई क़ीमत नहीं... कोई क़ीमत नहीं। मैं चीख़ पड़ा था, कहना चाह रहा था कि मेरी क़ीमत न भी हो तो भी मैं एक जीवित इन्सान हूँ...। दाआबू ने धक्का मारकर मुझे जगा दिया था। इस बात को मैं कभी भूल नहीं पाता।

उस दिन शाम को नौका पर ज़ँ के साथ गप्पे मारते हुए मैंने जैकलिन का प्रसंग छेड़ा। उसने तुरन्त कहा, "हाँ, हाँ, मैं उस कमबख़्त को पहचानता हूँ। धीरे-धीरे हमदर्दी दिखलाकर तुझसे भिड़ेगी, उसके बाद हर भेड़ का एक ही पुकार होता है!"

"मतलब?" मैंने पूछा।

"मतलब यह कि तू कॉफी पीयेगा, मछली खायेगा, बियर पीयेगा, चुम्बन लेगा, हमबिस्तर बनेगा, फिर सब-कुछ हो जाये तो अलगाव हो जायेगा। अरे पागल, मैं क्या बच्चा हूँ? जा बुद्धू, जा! टेलीफ़ोन नम्बर देना, पता बतलाना, यह सब किसलिए? साले, वह दरवाज़ा खोलकर बैठी है! अरि बाप, इस पैरि शहर में तमाम औरतें लड़कों को पकड़ने के लिए जाल फैलाये बैठी रहती हैं!"

ज़ँ से अब अधिक बातचीत नहीं हो सकती थी। उसे छेड़ने पर वह अपने अनुभव के गुप्त भण्डार खोलने लगेगा। यूँ भी वह कुछ झुंझलाया हुआ-सा लग रहा था, शायद उसका मूड ठीक नहीं था। इसलिए मैं नाव से बाहर निकल आया। ख़ुद को हलका करने के लिए जैकलिन की बात मैं अपने लोगों को बताना चाहता था। मैंने फ़ोन पर दाआबू को सारी बातें बतायीं।

दाआबू बोले, "जैकलिन ने तुझे उचित सुझाव दिया है। क्योंकि वे भिखारिन नहीं हैं, इसलिए तुझ जैसे तन्दुरुस्त जवान छोकरे का भीख माँगना उन्हें नागवार लगा। उनके परामर्श में कोई खोट नहीं है।" इसके बाद उन्होंने मुझे सतर्क भी किया, "ध्यान रहे, तू एलिस से उस भली औरत की चर्चा नहीं करेगा, इससे ग़लतफ़हमी हो सकती है। कच्ची उम्र के लिए नहीं, लड़कियाँ स्वभावतः ईर्ष्यालू होती हैं, साधारण-सी बातों में भी ग़लतफ़हमी हो जाती है, टेलीफ़ोन पर तो और भी ज़्यादा।"

सप्ताह में तीन-चार बार दाआबू को और तीन बार एलिस को मैं फ़ोन करता। एलिस से कहता कि मैं ठीक हूँ, तुम कैसी हो, बेबी कैसी है, मौसम कैसा है आदि। ऐसी फ़ज़ूल की बातों से ही हमारा सम्पर्क बना हुआ था। मेरे लिये मुश्किल यह होता कि कम शब्दों में मैं सहेजकर अपने मन की बातें नहीं कह पाता था। एलिस कहती, मेरे लिये वह व्याकुल रहती है। व्याकुल मैं भी रहता था, फ़ोन पर उसकी आवाज़ सुनते ही लगता कि काश, इस फ़ोन के ज़रिये उसका शरीर भी मेरे पास पहुँच जाता। और दाआबू मुझे तसल्ली देते, "सोचता कि विदेश की सैर पर गया है, फिर लौटकर यहीं आयेगा।"

पेरिस मुझे अच्छा लगा था और सबसे अच्छी लगी थी मुझे पेरिस की रंगीन रातें। यहाँ मौज-मस्ती के हज़ारों ठिकाने थे। जेब में पैसे होते तो नाइट-क्लब जाता, कैबरे-

घर जाता। पैसे कम होते तो मधुशालाओं और सेक्स-सेण्टर में पहुँचता। सर्वत्र शराब चलता, नग्न-नृत्य चलता, नग्नता का प्रदर्शन चलता। कन्सर्ट-हॉलों की संख्या भी काफ़ी थी। हम जैसे शहरी बिलाव के लिए वह स्वर्ग राज्य था। दारू पीयो और नंगी, अधनंगी औरतों का ज़िस्म देखो, रात बहुत तेज़ी से बीत जाती। कुछ उन्नत मान के नाइट-क्लबों में ऊँची नाकवाले जाते, बिना सूट और टाई के वहाँ घुसने ही नहीं देते। नेकटाई पोशाक से भी ज़्यादा ज़रूरी था, हालाँकि केवल पुरुषों के लिए। लड़कियों के लिए यह नियम बिलकुल विपरीत था, देह में जितने कम वस्त्र होंगे उतना ही उन क्लबों में प्रवेश आसान होगा। ऐसे सभ्य देश के लिए ऐसी बातें मुझे आश्चर्यजनक लगतीं। एक-एक युवती को देखते ही शरीर में गर्मी आ जाती, शायद पुरुषों को गरमाने के लिए ही उनका आगमन होता। बहुतों का पोशाक प्रसाद जैसा होता, यानी नाममात्र का। एक रूमाल को तीन हिस्से में बाँटकर फाड़ लिया जाये तो उसका एक हिस्सा एक युवती का पोशाक बन जाये, बिकिनी तो प्राचीन युग का वस्त्र था। पेरिस का बूलोन बाग़ रण्डियों का हाट था, देखभाल कर माल पसन्द करो, दर तय करो, घण्टे के हिसाब से काण्ट्रैक्ट करो और इसके अलावा बिस्तर का किराया बख़्शीश वगैरह तो अलग से देना ही पड़ता है।

रात में पेरिस या पैरि एक माया नगर बन जाता। चारों ओर रंगीन रोशनियों का आकर्षण, रंग-बिरंगी शराब, युवतियों की ठिठोली और घण्टों अनचीन्हें अजनबियों के साथ उनका जी खोलकर हँसना-बोलना, कुल मिलाकर यह शहर बहुत ही प्राणवन्त हो उठता। इस सजीव शहर को पहचानने के लिए सड़क की राहों पर उतरना होगा, रास्ते शहर की धमनियाँ होती हैं, उन धमनियों में बहता है शहर का रक्त, शहर की विशेषता, शहर का चरित्र। होटल के कमरे में सोते रहकर क्या कोई इस शहर को पहचान सकता है?

पेरिस में मैं नाव पर मजे से अपनी ज़िन्दगी जी रहा था। वहाँ आने-जाने की कोई पाबन्दी नहीं थी। सारा काम हम नदी में ही निपटाते। कभी-कभी रात में पुलिस आ धमकती, मुझे अपना परिचय-पत्र दिखलाना पड़ता। ज़ँ और समलैंगिक जोड़ी को पुलिस नहीं छेड़ती, वे उनके परिचित थे। यहाँ की पुलिस बहुत भद्र थी, वे डाँटते-डपटते नहीं थे। रात में उनका आकस्मिक आगमन ड्रग्स और बिना कागज़ात अवैध घुसपैठियों की जाँच करने के लिए होता।

तड़के साढ़े चार बजे एक बड़ा-सा बजरा यहाँ से गुज़रता, नदी तट का कूड़ा-कचरा उस बजरे में लादकर ले जाते। इस काम में जुटे सफ़ाई कर्मचारियों को शराब की बोतलें दी जातीं, कभी-कभी अतिरिक्त बोतलें मिलने पर वे हमें भी नाव पर दे जाते। वे भी भले लोग थे।

ज़ँ कभी-कभी ग्यारह-बारह बजे तक सोता रहता था। मैं नौ-दस बजे के आसपास निकलकर निकट के एक 'बिस्ट्रो' (कॉफी की सस्ती दुकान) में गर्म कॉफी के साथ क्रोयासँ रोटी खाता। दोपहर को मेरा प्रिय भोजन था भुना आलू, उबला घोंघा और एक गिलास बियर। उसके बाद विश्वविद्यालय के आसपास टोपी रखकर बैठ जाता और सामने टोपी रखकर जी भरकर यहाँ की सुन्दर छात्राओं की आवाजाही देखता। फ्रान्सीसी लड़कियों में एक अलग ही चार्म है। लन्दन की छोकरियों में ऐसा चार्म नहीं, यह मैं मन-ही-मन सोचता। तुम शायद सोचो कि एलिस के होते हुए भी मैं क्यों इन छोकरियों को घूरता हूँ, तो जवाब में मैं यही कह सकता हूँ कि तुम्हारी सोच सही है, लेकिन मेरे हाथों में गुलाब हो तो क्या मैं रजनीगन्धा का घ्राण नहीं ले सकता?

देखते-देखते दो महीने बीत गये। दाआबू ने मेरे कार्ड में जो पाउण्ड भर दिया था, वह ख़र्च नहीं हुआ। वस्तुतः टेलीफ़ोन करने के अलावा मुझे कार्ड व्यवहार करने की ज़रूरत ही नहीं पड़ी। भीख माँगकर जो यूरो मिलते, वह भी पूरा ख़र्च नहीं होता था क्योंकि मैं नशेड़ी नहीं था, सिगरेट-शराब मुफ़्त में मिल जाता तो पीता, नहीं तो नहीं। लड़कियों के पीछे भी मैं ख़र्च नहीं करता था क्योंकि फुटपाथ छाप छोकरियाँ मुझे पसन्द नहीं थीं, अधिक ऊपर जाने की औकात नहीं। यहाँ की लड़कियों की बातचीत, हावभाव लड़कियों जैसी नहीं लगती थी, लड़कियों में अगर हया-शरम न हो तो वह लड़की कैसे हुई? एलिस जैसी सुन्दरी बुद्धिमती प्रेमिका मुझे दूसरी कभी नहीं मिलेगी, इसलिए मुझे कोई चक्कर नहीं था। पैसे से सब-कुछ नहीं मिल जाता।

टेम्स नदी की तरह यहाँ सेन नदी के तट पर कुछ क्षेत्रों में बार, कॉफ़ी-हाउस या बिस्ट्रो के इर्द-गिर्द किराये की आराम कुर्सियों पर अथवा बँधे घाट पर तौलिया बिछाये नारी-पुरुष धूप सेंकते दिखायी देते। वे चित होकर या पट होकर लेटे रहते, कुछ लोग लेटे-लेटे पुस्तकें भी पढ़ते। पुरुष चड्ढी पहने होते तो उनकी ओर मेरा ध्यान नहीं जाता। मेरी निगाहें महिलाओं के अनावृत अपेक्षाकृत सफ़ेद अंश पर जाकर टिक जातीं। अत्यल्प वस्त्रों में वे शरीर के उन सफ़ेद अंशों को धूप दिखाकर ताम्रवर्ण का करने का प्रयास करतीं जहाँ आमतौर पर धूप नहीं पैठती थी। मैं बेहया की तरह उन महिलाओं का धूप-सेंकना देखकर आनन्द पाता। मुझे लगता कि नरम ताज़ा गोश्त तवे पर सेंका जा रहा है। ज़ँ भी देखता, किन्तु उसे इसमें रस नहीं मिलता था। कोई युवती निर्वस्त्र भी लेटी रहे तो ज़ँ सरसरी निगाह से देखकर किसी और चीज़ पर ध्यान देगा, मेरी तरह उधर देखता नहीं रहेगा। इस प्रसंग पर उसने कहा था, "मैं मांस खाता हूँ, सिर्फ़ देखकर क्या पेट भरेगा? तू देख और कविता लिख। पगले, तू एक महाबुद्धू है, मैं उस उम्र की दहलीज़ बहुत साल पहले लाँघ चुका हूँ।"

सेन नदी के तट पर अर्द्ध-नग्न होकर धूप सेवन करनेवाली युवतियों को नज़दीक से देखने के लिए मैंने एक आइडिया बनाया। 'डोनेशन प्लीज़' वाला अपना फलक

लेकर मैं उनके क़रीब पहुँचकर खड़ा हो गया। जो चित होकर धूप सेंक रही थीं और अपना उरोज भी उन्मुक्त कर रखा था, भीख माँगने के बहाने मैं चाव से निषिद्ध सेव का दर्शन करता रहा। मुझसे आँखें मिलते ही कोई कहती, यहाँ से हटो, मुझ पर अपनी परछाईं मत डालो। कोई कहती, देखते नहीं, मेरे पास जेब नहीं है, पैसा कहा से दूँगी? मैं मुस्कराकर 'सॉरी' कहकर आगे निकल जाता, मन-ही-मन सोचता, मैं दर्शन से ही तृप्त हूँ, धन्यवाद! लेकिन दर्शन करने का यह कारगर उपाय अगले दिन ही ठप्प हो गया। सुबह अपना फलक लेकर पहुँचा ही था कि एक कॉफ़ी-हाउस के मालिक ने दौड़कर मेरा रास्ता रोका, मुझे डाँटते हुए कहा, "जो लोग यहाँ धूप सेंकने आते हैं, तुम उन्हें तंग नहीं कर सकते।"

मुझे उसकी दादागिरी अच्छी नहीं लगी। मैंने प्रतिवाद किया, "और तुम लोग जो कॉफ़ी, कोकाकोला, आइसक्रीम लेकर दिन भर वहाँ टहलते हो, इससे वे तंग नहीं होते?"

उसने कहा, "नहीं। हमारे पास लाइसेंस है। तुम्हारे पास यहाँ भीख माँगने का लाइसेंस है क्या?"

इस प्रश्न का मेरे पास उत्तर नहीं था। अतः दुम दबाकर वहाँ से खिसक लेने में ही मेरी भलाई थी।

उस दिन धूप बहुत तेज़ थी। इसलिए मैं मैं पार्नासे के निकट के उस पार्क में पहुँच गया जिस पार्क की एक बेन्च ज़ँ का स्थायी सीट था। कोई अनजान व्यक्ति उस बेंच पर बैठ भी जाये तो भी आधी बेंच ज़ँ को देना पड़ता था। यह उसका इलाका था। यूँ ज़ँ का जंगली चेहरा, दाढ़ी-मूँछें और गन्दा झोला देखकर कोई भी उसकी ओर नहीं बढ़ेगा। बहुतों की नज़र में वह कुत्ते से भी गया-बीता था। इस पार्क में बसनेवाले गौरैया और कबूतर उसे पहचानते थे, ये पक्षी उसके कन्धे पर, हाथ पर आकर बैठ जाते। स्थानीय पुराने लोग उसे पहचानते थे, अक़सर कोई-न-कोई ज़ँ को खाने की चीज़ें, पावरोटी और शराब की बोतल दे जाते, कुछ लोग बैठकर उससे बातें भी करते।

मैं ज़ँ के करीब पहुँचते ही वह हँसकर बोला, "मैं जानता था, तू यहाँ आयेगा।"

"कैसे जाना?"

उसने अपना माथा ठोका, फिर बोला, "इन्ट्यूइशॅन।" उसके बाद अपने थैले से पेलफोर्थ बियर का एक बोतल निकालकर उसका ढक्कन खोला और मेरी ओर बढ़ाकर बोला, "इसे चख!"

मैंने चुस्की लेकर कहा, "वाह! बहुत स्वादिष्ट है! तुझे धन्यवाद।"

बियर पीते-पीते मेरी निगाह सड़क की बग़ल में पार्क से सटाकर रखी गयी एक गाड़ी पर पड़ी, मैंने उस मॉडल की गाड़ी पहले कभी नहीं देखी थी। उसे देखने के आग्रह

से मैं कुछ आगे बढ़ा। उसका सामने और पीछे का हिस्सा बहुत ज़्यादा पिचका हुआ था, उसमें कोई ख़ूबसूरती नहीं थी, जंग से वापस लाये गये कबाड़ की तरह उसका अस्तित्व किसी तरह टिका हुआ था।

मेरी उत्सुकता देखकर ज़ँ भी उठ आया। वह बोला, "यह गाड़ी बर्नर की है, बहुत पुराना सिट्रोयेन डी.एस., अब बिकेगी नहीं क्योंकि बाज़ार में इसकी कोई क़ीमत नहीं, दुर्घटनाओं से इसकी हालत जर्जर हो गयी है। बर्नर अब भी उसे चलाता है।"

"ऐसा मॉडल मैं पहली बार देख रहा हूँ। पैरि के इस सुन्दर आभिजात्य इलाके में ऐसी टूटी-फूटी गाड़ी कितनी विचित्र लगती है, है न?" मैंने कहा।

मेरे ऐसा कहते ही ज़ँ ने मेरा कन्धा पकड़कर मुझे अपनी ओर घुमाया, फिर आँखों में आँखें डालकर बोला, "ऐ पागल, तू ऐसी बेतुकी बातें क्यों कर रहा है? ऐसी बातें केवल सज्जन लोग करते हैं, तू भी क्या वैसे ही किसी घर का है?"

मैंने ख़ुद को सँभाला। यहाँ पर मैं पेरिस का भिखारी हूँ, लन्दन के दाआबू के घर का बीडी नहीं। ज़ँ का दोस्त होकर मुझे ऐसी बात नहीं कहनी चाहिए थी। मैंने क्षमा-याचना करने के लहज़े में कहा, "कुछ कहना था सो कह गया, ऐसी गाड़ी मैंने पहले कभी नहीं देखी।"

"तो सुन! सिट्रोयेन के इस मॉडल की कभी बहुत माँग थी। केवल अमीर नहीं, इटली के माफिया से लेकर बैंक लूटनेवाले डाकू तक यही गाड़ी ख़रीदते थे। अभी यह ख़स्ताहाल है, लेकिन इसकी कभी बहुत क़ीमत थी। यह गाड़ी मुझ जैसी है। धक्का खाते-खाते समाज में हम अचल हो गये हैं हालाँकि हम इस शहर के ही हैं। अब उस गाड़ी के लिए गैरेज नहीं है, मेरे लिये घर नहीं है। बस, हम टिके भर हैं। जो हमारी पूर्व-कथा जानते हैं, वे ही हमें पहचानते हैं। ख़ैर, मुझे कोई अफ़सोस नहीं है।"

ज़ँ की बातें गम्भीर थीं, वह आमतौर पर ऐसी बातें नहीं करता। मैं उसे कुछ पूछने की हिम्मत नहीं जुटा पाया। एक बार उसकी जीवनी जानना चाहा था तो उसने मुझे तमाचा जड़ दिया था। हालाँकि बाद में माफ़ी माँगते हुए बोला था, पुरानी विष्ठा खुरचेगा तो बदबू निकलेगी, अतः न खुरचना ही अच्छा।

ज़ँ और उसके दोस्तों से मिलकर मैं एक चीज़ अच्छी तरह जान गया था कि ये लोग मुझ जैसे मूर्ख नहीं थे। पेरिस के इन क्लोशरों में ज्ञान का अगाध भण्डार था। उनकी खोपड़ियों में मस्तिष्क था, मेरी तरह गोबर नहीं।

•

(14)

चर्च में भीख माँगने की एक सुविधा यह थी कि वहाँ भीख के लिए रिरियाना या पिनपिनाना नहीं पड़ता था। इनका हर काम अनुशासित था। पुरोहित द्वारा प्रार्थना और पूजा समाप्त होते ही छह लोग कतारबद्ध हो जाते, उसके बाद लोगों को जो भी चढ़ावा

देना हो वे एक टोकरी में डालते जिसे कतारबद्ध छह लोग एक-दूसरे को थमाते हुए पुरोहित तक पहुँचा देते। भारत के मन्दिरों की तरह यहाँ कोई ईश्वर की विग्रह पर या उनके पाँव पर पैसे नहीं फेंकते। पूजा के उपरान्त पावरोटी के छोटे-छोटे टुकड़े बतौर प्रसाद बाँटे जाते, जैसा कि लन्दन में भी होता था। कोई मनौती मानकर मोमबत्ती जलाता तो उसे इसके लिए अलग से चढ़ावा देना पड़ता। चर्च से बाहर निकलते समय लोग भिखारियों को देने के लिए पैसे हाथ में लेकर निकलते, बाहर पहुँचकर जेब या पर्स नहीं टटोलते। साधारणतः वे एक यूरो देते, कोई-कोई दो यूरो भी दे देते। दान पाकर मैं मुस्कराकर मेर्सि' कहता, मेर्सि यानी धन्यवाद। एक रविवार को जैकलिन ने मुझे पैसे नहीं दिये, वे बोलीं, "मैं कॉफी बार में इन्तज़ार करूँगी, साथ कॉफी पीयेंगे।"

मैंने कहा, "ठीक है।" मन-ही-मन सोचा, नगद न सही, यह भी दान है। पेरिस के लोग जिस सहजता से भिखारियों से मिलते हैं, उनसे बातें करते हैं, साथ बैठकर खाते-पीते हैं, ऐसा कुछ कोलकाता या भारत के लोग सोच भी नहीं सकते। मुझे हमेशा कोलकाता की याद आती, इसलिए जो भी देखता उसकी कोलकाता के साथ तुलना करने लगता। वहाँ लोग भिखारी को भीख देते हैं, इसके आगे उनसे कोई सम्बन्ध नहीं। यहाँ जैकलिन ही नहीं, कॉलेज के लड़के-लड़कियाँ जब पैसे न भी देते, मुस्कराकर 'हैलो' कहते, पूछते, "कैसा है तू?" मैं हँसकर कहता, "ठीक हूँ, मेर्सि।" सज्जनता इनके चरित्र में है। ये बहुत मिलनसार हैं।

कॉफ़ी-बार में जैकलिन ने कॉफी और क्रोयासँ का ऑर्डर दिया। छोटी गोलमेज के दो ओर हम दोनों आमने-सामने बैठे।

जैकलिन कुछ खफ़ा लग रही थीं। उन्होंने मुझे लगभग डाँटते हुए कहा, "मैंने तुमसे कहा था कि अब भीख नहीं माँगोगे, मेरी बात तुम्हारी समझ में नहीं आयी थी?"

"क्यों, भीख माँगना क्या ग़ैरक़ानूनी है?"

"नहीं, ग़ैरक़ानूनी नहीं, लेकिन पाप है।"

"पाप? भीख माँगना पाप हुआ तो दुनिया में सभी पापी हैं।"

"सभी का मतलब?"

"तुम लोग भी, जो गिरजा में जाकर प्रभु से नौकरी माँगते हैं, स्वास्थ्य माँगते हैं, सुख माँगते हैं, समस्याओं का निदान माँगते हैं। तुम जैसे हजारों-लाखों लोग उस सूली चढ़े ईसामसीह को अपनी माँगे पेश करके और भी आहत कर रहे हैं। मेरी नज़र में तुम सब पापी हो। मैं उन्हें तंग नहीं करता, मैं दरवाज़े के बाहर तुम जैसे स्वस्थ-सम्पन्न लोगों के सामने हाथ फैलाकर खड़ा रहता हूँ, मर्ज़ी हो तो दो, नहीं तो चले जाओ। इसमें मैं कौन-सा दोष करता हूँ, कौन-सा पाप करता हूँ? तुम लोग घण्टों प्रार्थना करते हो, रो-रोकर, गिड़गिड़ाकर भीख माँगते हो।"

जैकलिन विस्मय से मेरी बातें सुन रही थी। मैं चुप हो गया तब भी वह कुछ देर तक मुझे विस्मय से घूरती रही। उसके बाद सहसा उसने मेरे हाथ पकड़कर कहा, "बीडी, यह तुम क्या सुना गये, तुमने मुझे नयी बात बतायी। मैंने अब तक तुम्हें कम आँका था।"

इस बात पर मैं ताव खा गया। फिर बोला, "जानती हो जैकलिन, मैं तो बुद्धू हूँ। ईश्वर से प्रार्थना करना भी तो माँगना ही होता है, कुछ प्रत्याशा लेकर। तुम लोग बहुत निष्ठुर हो, सूली चढ़े ईसामसीह का रक्तरंजित चेहरा देखकर तुम लोगों को दया नहीं आती? उनकी एक अच्छी तसवीर तुम लोग बरामद नहीं कर सके?"

जैकलिन कुछ हिल-डोल कर बैठी, फिर बहुत गम्भीर होकर बोली, "तुम तो ईसाई नहीं हो, इसलिए समझोगे नहीं, सूली-बिद्ध होने के बाद ईसामसीह सीधे स्वर्ग चले गये थे, हम लोगों का सारा पाप ख़ुद ढोकर वे हमें पापमुक्त कर गये।"

"अच्छी बात है, यानी हम सब दोषमुक्त, पापमुक्त हो गये हैं। हमारे देश में भी शिव नाम का एक भगवान् हैं जिन्होंने धरती का हलाहल पीकर सबकी रक्षा की थी, यह मैंने अपने मास्टर जी से सुना था, इस कथा में सच्चाई है या नहीं, मैं नहीं जानता। ऐसा कहकर मैं रुका, क्रोयासँ उठाकर चबाते हुए आगे बोला, "यह बहुत स्वादिष्ट है, कोलकाता में ऐसा नहीं मिलता।"

जैकलिन ने मेरी बात पर ध्यान नहीं दिया। उसने पूछा, "तुम क्या हिन्दू हो? तुम्हारी बातों से ऐसा ही लगा।"

"मैं भिखारी जाति का हूँ, मेरी और कोई जाति नहीं, शिक्षा नहीं, भगवान् को हम नहीं जानते, जो हमें भीख दे वही मेरा प्रभु है। तुम मुझे खिला-पिला रही हो, तुम मेरे प्रभु हो। तुम ईश्वर हो, मैं भक्त। तुम मालिक, मैं नौकर।"

जैकलिन से मैं ऐसी ही ऊटपटांग बातें करता रहा। शायद उसके साथ बैठकर कॉफी की चुस्की लेते समय मेरी बुद्धि कुछ ज़्यादा ही पैनी हो जाती थी। लेकिन आज यह स्पष्ट हो गया कि मैंने भीख माँगना नहीं छोड़ा इसका उसे बहुत दुःख था।

उस दिन उन्हें अलविदा कहने के बाद अचानक ही मेरे भीख माँगने का स्थान बदल गया।

मैं पहले भी कह चुका हूँ, पेरिस के निवासी लन्दनवासियों की अपेक्षा अधिक तनावहीन थे। इसलिए ऑफिस क्षेत्र में दफ़्तर की छुट्टी होते ही सेन नदी के तट पर अड्डा जमानेवाले अनायास मिल जाते। इंग्लैण्ड में अपरिचित लोग, जब तक कि कोई किसी से परिचय न करा दे, कभी स्वेच्छा से बातें नहीं करेंगे। यहाँ उसके ठीक विपरीत, बार या रेस्तराँ में, बिना पूर्व-परिचय के भी हेलमेल करनेवाले या बातें करनेवाले बहुतेरे

मिल जायेंगे। क्या नाम है, कहाँ रहते हो, क्या करते हो, विवाहित हो या नहीं, यह सब बिना पूछे लोग घण्टों अड्डा मारते।

यहाँ नाइट क्लब के अलावा कुछ क्लब ऐसे भी थे जो केवल उन क्लबों के सदस्यों के लिए थे, जैसे-गे क्लब, होमो क्लब, लेज़बियन क्लब आदि। यहाँ के प्राइवेट क्लब भी आमलोगों के लिए खुले रहते थे। प्राइवेट यानी उनकी जो मान्यता या आचरण है उस पर टीका-टिप्पणी नहीं कर सकते और सबके लिए खुला होने का मतलब उनकी प्रशंसा करने के लिए या सदस्य बनने के लिए वहाँ कोई भी जा सकता है। पेरिस में सब-कुछ खुला था, कोई लुकाछिपी की बात नहीं थी। सब स्वतन्त्र थे, सबका एक जैसा अधिकार था। मैंने ज़ँ से सुना था कि शहर का मेयर ख़ुद 'गे' (समलैंगिक) है, यह सभी को मालूम है, फिर भी वे चुनाव जीते क्योंकि इससे लोगों को फ़र्क़ नहीं पड़ता। कौन किस काम के लिए उपयुक्त है, लोग इसी बात को अहमियत देते थे।

उस दिन चर्च से लौटकर मैंने बातों-ही-बातों में ज़ँ से जैकलिन का ज़िक्र किया, "वे हैं तो अच्छी, लेकिन मुलाकात होते ही मुझे भिक्षावृत्ति छोड़ने की नसीहत देती हैं, उनकी यह नसीहत मुझे अच्छी नहीं लगती।"

मेरी बात सुनकर ज़ँ ने अपने फटे जूते की एड़ी फ़र्श पर ज़ोर से ठोंककर कहा, "ठीक, ठीक कहा तूने! इन ऊँची सम्प्रदायवालों का यही एक बड़ा दोष है, मौक़ा मिला नहीं की नसीहत देने लगेंगे। लगता है जैसे यह दुनिया केवल उन्हीं की है। अरे बाप, इस धरती पर जितना अधिकार उन्हें है, उतना ही अधिकार हमें भी है। सुन, तुझे मैं अपना मानकर एक सुझाव देना चाहता हूँ, तू मेरा बाप भी होता तो यही सुझाव देता।"

"ठीक है, बोल।"

"तू चर्च जाना छोड़ दे, तेरी जैकलिन तुझे किसी और रास्ते ले जाना चाहती है। तू अपनी स्वाधीनता खो देगा। अब तू स्टेशनों में घुस। अच्छी जगह है। नया परिवेश होगा। तुझे अच्छा लगेगा।"

'स्टेशन' शब्द सुनते ही मेरा दिल आनन्द से भर गया।

"ठीक, ठीक कहा तूने!" कहकर मैंने ख़ुशी से ज़ँ को जकड़ लिया।

अगले दिन, यानी सोमवार को सुबह आठ बजे, मैं अपने नये काम में, यानी स्टेशन पर भीख माँगने के काम में जुट गया। मेरा पहला कार्यस्थल बना गार-द्य-लिओं स्टेशन।

स्टेशन पहुँचकर लगा, मैं अपना खोया हुआ ठौर फिर से पा गया हूँ। मुझे बरबस बचपन की और सियालदह की याद आ गयी। मैं बहुत ख़ुश था। यहाँ के चेकर तथा पुलिस भिखारियों से कुछ नहीं कहते, उन्हें देखकर भी अनदेखा कर देते हैं।

पेरिस में कई रेलवे स्टेशन हैं। गार-द्य-लियों, गार-द्य-लेस्ट, गार-डोस्टारलिट्स, मँ-पारनास-शतोले-हाल बड़े स्टेशन थे। लगभग सभी स्टेशनों के साथ मेट्रो का सम्बन्ध

था। ज़मीन के नीचे वह एक अलग ही दुनिया थी, मानों सजा-सँवरा एक विशाल पाताल-पुरी, यमराज का राजत्व था जहाँ। वहाँ न खुला आकाश था, न स्वच्छ हवा। लेकिन मुझ जैसे भिखारी के लिए स्वर्ग। मैं स्थानीय भिखारियों की बात नहीं कर रहा, उनमें और हममें बहुत फ़र्क़ है। मैं सियालदह का जन्मजात भिखारी था, स्थायी भिखारी था, स्टेशन पर रहना मेरा जन्मसिद्ध अधिकार था। स्टेशन मेरा घर था, वह चाहे सियालदह हो, लन्दन हो, या पेरिस।

स्टेशन पर आगमन करनेवाली ट्रेन के यात्रियों की ओर मैं नहीं जाता था, क्योंकि उनमें अधिकांश डेली-पैसेंजर होते या सप्ताहान्त की छुट्टी बिताकर कर्मस्थल पर लौटनेवाले। ट्रेन रुकते ही वे बस, टैक्सी या मेट्रो पकड़ने के लिए दौड़ पड़ते। मैं स्टेशन से छूटनेवाली एक ट्रेन में चढ़ गया। यहाँ ट्रेन की खिड़कियाँ ऊँची थीं और बन्द रहती थीं, इसलिए प्लेटफॉर्म पर खड़े होकर खिड़कियों से भीख नहीं माँग सकते थे, ट्रेन में दाख़िल होना पड़ता था। वह ट्रेन कहाँ जायेगी, यह मुझे नहीं मालूम था। अरसे बाद ट्रेन में भीख माँगने के काम का शुभारम्भ करने जा रहा था, इसलिए मासिमा के आदेश के अनुसार मैंने माथे पर उँगली टिकाकर ईश्वर को याद किया और उसके बाद काम शुरू करते ही मेरा माथा ठनका कि मैंने ज़ँ से भीख माँगने के लिए जो फ्रेन्च वाक्य सीखे थे, वह मैं भूल गया था। 'मुझे नौकरी नहीं मिल रही, रहने की जगह नहीं है, पैसे के अभाव में आज ब्रेकफास्ट नहीं कर पाया, मुझे केवल एक यूरो दें' आदि वाक्यों को शायद उसने 'जो-टूभ-पा-लो-त्राभाइ, जो-ने-पा-लो प्लस पोर-दरमिर, जो-ने-पा- लार्जं' आदि के रूप में सिखाया था, लेकिन मैं ठीक याद नहीं कर पा रहा था। जो याद आया, वही कहता रहा। हम भिखारियों को लज्जा, घृणा, भय नहीं रहता। मुझे तो शब्द याद आये, बिना संकोच मैंने वहीं कहा। लेकिन कोई फ़ायदा नहीं हुआ। शायद मैं ज़ँ की तरह ठीक से उच्चारण नहीं कर पा रहा था। इसलिए मैंने सोचा कि जब मैं अपनी टूटी-फूटी फ्रेन्च भाषा में कुछ समझा ही नहीं पा रहा हूँ, तो इससे अच्छा है बांगला में बोलूँ, लोग उसे भी नहीं समझेंगे लेकिन यह तो समझ लेंगे कि मैं विदेशी हूँ, कुछ कह रहा हूँ।

मैंने बांगला में कहा, "मैं विदेशी हूँ, मेरे पास पैसे नहीं हैं, कुछ पैसे मिलने से मेरे खाने-ठहरने का इन्तज़ाम हो जायेगा, मेरी प्रार्थना है कि आप मुझे कुछ पैसे दें, ग़रीब को दान करने से आपका भाग्य खुल जायेगा।" जो मन में आता वही कहता हुआ हाथ पसारे धीरे-धीरे आगे बढ़ता। ट्रेन स्पीड से आगे बढ़ती रही। दुमंजिला ट्रेन बहुत साफ़-सुथरी थी। एकदम नयी लगती थी। कहीं रुकने पर स्वचालित दरवाज़े खुल जाते, यात्री चढ़ते-उतरते। पैसे न मिलने पर भी मैं मुफ़्त में सफर करने का लुत्फ़ लेता रहा। सुबह भिखारियों का भाग्य खोटा रहता है, दिन बढ़ने के साथ ही क़िस्मत भी चमकने लगती है। सियालदह का हर भिखारी यह जानता है। सात-समुद्र तेरह-नदियों के पार भी ऐसा

ही है, मुझे यह नहीं मालूम था। शायद लोगों का स्वभाव हर देश में एक-सा ही है।

जो हो, यहाँ बांगला बोलकर भीख माँगना मुझे अजीब तो लगा, लेकिन मेरी हथेली पर कुछ पैसे आने लगे, लोग यह तो समझ गये कि छोकरा जिस भाषा में जो भी कहे असल में भीख माँग रहा है।

वापसी यात्रा में इसी तरह भीख माँग रहा था जब एक सज्जन ने मेरी कलाई थामकर फ्रेन्च भाषा में मुझसे कुछ पूछा। मैंने अंग्रेज़ी में उत्तर दिया, "मैं आपकी बात समझ नहीं पाया, कृपया अंग्रेज़ी में बोलें।"

ग़नीमत है कि उन्हें अंग्रेज़ी आती थी। उन्होंने पूछा, "तुम कौन-सी भाषा बोल रहे हो?"

"बँगला।" मैंने कहा।

"लेकिन तुम्हारी बातों को कोई नहीं समझ रहा।"

मैंने कहा, "सॉरी! मुझे फ्रेन्च नहीं आती।"

"जब तुम्हारी भाषा यहाँ कोई नहीं समझता, तो बोलकर क्या फ़ायदा?"

"मैं फ्रेन्च नहीं जानता। अंग्रेज़ी बोलता हूँ तो भी कोई ध्यान नहीं देता। इसलिए अपनी देशी भाषा बोलता हूँ, कोई समझे-न-समझे, विदेश में अपनी भाषा बोलकर मैं ख़ुद सुनता हूँ, उसी में मुझे आनन्द मिलता है।"

वे मुस्कराये। बोले, "तुमने एक मज़ेदार बात सुनायी।" फिर मेरी हथेली में पाँच यूरो का एक नोट थमाकर बोले, "मैं तुम्हारी सफलता की कामना करता हूँ।"

मैंने गार-द्य-लिओं और हाल स्टेशन के बीच आवाजाही सीमित रखी। ये दोनों स्टेशन मेन लाइन पर थे और ट्रेन भूतल से गुज़रती थी। एक सुविधा यह थी कि इन दो स्टेशनों के बीच ट्रेन में कोई चेकर नहीं आता था, वे स्टेशन पर ही होते। दूरगामी ट्रेनों में चेकर चढ़ते।

पेरिस की ट्रेनों में भीख माँग सकता हूँ, ऐसा मैंने कभी नहीं सोचा था। इसलिए मैं ज़ँ के प्रति आभारी था, क्योंकि यह उसी का सुझाव था। कुछ दिन मेन लाइन पर आवाजाही करने के बाद मैंने मेट्रो पकड़ा। मेट्रो की एक सुविधा यह थी कि एक बार कहीं का भी टिकट काट लेने के बाद उसी टिकट से दिन भर जहाँ चाहो, जितनी बार चाहो, आवाजाही कर सकते हो, बशर्ते कि एक बार भी सुरंग से बाहर न निकलो। बाहर निकलकर पुनः प्रवेश के लिए फिर से टिकट काटना पड़ता। पेरिस में धरती के ऊपर और भूतल में तीन तरह की रेलगाड़ियाँ चलतीं। दूरगामी ट्रेन मेन लाइन पर चलती। इनमें सर्वाधिक आरामप्रद द्रुतगामी ट्रेन का नाम 'टी.जी.वी.' था, हीरे की तरह चमकदार, मोटी नरम गद्दीवाली सीट, एयरकण्डीशण्ड। मैं दो बार उस पर चढ़ा था, लेकिन उस

ट्रेन में भीख माँगने की मनाही थी। चेकर देखते ही उतार देगा। दूसरी बार भीख माँगते दिखायी पड़े तो बहुत डाँट-डपटकर छोड़ देगा। तीसरी बार पकड़े गये तो बेमुरव्वत पुलिस के हवाले कर देगा। पुलिस जेल भेज देगी। मैंने अपने भिखारी दोस्तों से सुना कि पेरिस में जेल अच्छे हैं, वहाँ पुलिस मारती-पीटती नहीं। जेल में रहना पड़ता है, यही सज़ा है। जेल के कमरों में टेलीविज़न लगे हैं। फुटबॉल तथा दीगर खेलकूद के इन्तज़ाम हैं। जिन्हें अधिक दिनों की सज़ा मिली है उनके लिए शिक्षा का प्रबन्ध है। जेल काटते हुए जेल में ही नौकरी भी मिल जाती है, जिनका स्वभाव अच्छा है, केवल उन्हीं को नौकरी दी जाती है।

मेट्रो स्टेशन, प्लेटफॉर्म और रेलगाड़ियाँ सभी बहुत साफ़-सुथरी थी, यूँ पूरे पेरिस शहर में ही स्वच्छता का बहुत ध्यान रखा जाता था। फिर भी कहीं-कहीं ग्रॉफ़िटि या दीवार-लेखन पर निगाह पड़ जाती और यह दीवार-लेखन इतने साफ़ शहर में मुझे भद्दा लगता।

मेट्रो में भीख माँगना निषिद्ध था, इसके बावजूद वहाँ भिखारियों की भरमार थी। यूँ पेरिस के भिखारियों का दर्जा ही कुछ अलग था। भीख माँगने से पहले वे यात्रियों से क्षमा माँग लेते। कहते, ''मादाम ए मेसिअॅ' आप लोगों को तंग करने के लिए मैं क्षमा चाहता हूँ...।'' उसके बाद वे अपना वक्तव्य रखते। कोलकाता या लन्दन में कहीं भी मैंने ऐसे ख़ानदानी भिखारी नहीं देखे थे, ये पिनपिनाते नहीं थे और यात्रियों से दूरी बनाये रखते थे। लेकिन सभी भिखारी ईमानदार नहीं थे। झूठमूठ के गूँगे, अन्धे और बीमार होने का बहाना बनानेवाले भी थे और हर तरह की झूठ बोलकर भीख माँगने में माहिर भिखारी भी। कुछ उन्नत क़िस्म के भिखारी भीख मिलते ही अपने दाता को पेन्सिल, कलम, लाइटर या प्लास्टिक का फूल आदि भी भेंट करते थे। उनसे भी जो उन्नत थे, वे गिटार या एकार्डियन बाजा बजाकर गाना गाते। कुछ टेप में म्यूज़िक बजाकर गीत सुनाते, उनकी आवाज़ भले ही फटी आवाज़ हो। कुछ यात्रियों को यह पसन्द आता, कुछ को नहीं। इन भिखारियों में लड़कियों की संख्या नहीं के बराबर थी।

मैं कोलकाता का भिखारी था, मेरी सफलता का राज़ इतना ही था कि मैं हँसकर भीख माँगता था, मुस्कराकर भीख न देनेवालों से भी क्षमा-याचना के साथ उन्हें धन्यवाद देता। यहाँ भीख देनेवाले दो-एक पैसा नहीं देते, बीस सेण्टिम, पचास सेण्टिम, एक यूरो, दो यूरो तक दे देते। यानी जो देता, वह मन से देता। सप्ताह भर में मैं मेट्रो लाइन का पक्का भिखारी बन गया। रोज़ाना सफर करनेवाले बहुत से डेली पैसेन्जरों के चेहरों से भी परिचित होनें लगा था।

सब ठीक ही चल रहा था कि अचानक मेरे पास 'बेहतर अवसर' दिलानेवाले पहुँचने लगे। सभी एक ही राग अलापते, यानी प्रलोभन दिखाते। मुझे नहीं मालूम था कि मुझमें इतने गुण हैं कि मुझे इतने कामों का ऑफर मिले। किसी ने कहा, उनके

पॉरनॅग्रैफ़िक स्टूडियो का एलबम दिखलाकर मैं ग्राहक पकड़ूँ तो बहुत पैसे मिलेंगे। किसी ने ड्रग के डीलर का पोस्ट देना चाहा, किसी ने कहा कि कॉलेज और यूनिवर्सिटी की लड़कियों को होस्टेस या शो-गर्ल की नौकरी दिलानेवाला हैण्डबिल थमा सकूँ तो अच्छी आय होगी, और बाकी ऑफर तो और भी जटिल थे तथा मेरी समझ से परे। ऐसे ऑफर मिलते रहने से मैं यह समझ गया था कि पेरिस में स्मार्ट हँसमुख जवान लोगों के लिए काम का अभाव नहीं था। हालाँकि ये इस तरह के काम के ऑफर थे जिसे पुलिस और भद्र समाज मंज़ूर नहीं करती।

एक शाम मैं सेन नदी के तट पर बैठा गुनगुना रहा था। दाआबू और एलिस से फ़ोन पर बात कर लेने के बाद मैं ख़ुश था और यह गुनगुनाना उसी ख़ुशी का इज़हार था। मेरे स्टॉक में कुछ ही गाने थे, जैसे 'मेरा जूता है जापानी', मासिमा का सिखाया 'माँ आमाय धुराबी कतो' और मास्टर जी का सिखाया 'जन-गण-मन...'। मास्टर जी ने मुझे समझा दिया था कि 'जन-गण-मन अधिनायक जय हे' हमारे देश का राष्ट्रीय संगीत है, यानी देश का गाना नम्बर एक। मेरे आसपास कोई नहीं था, गुनगुनाना बन्दकर मैं ज़ोर-ज़ोर से गाने लगा। पूरा गीत नहीं जानता था, चार लाइन गाता, फिर उन्हीं पंक्तियों को दुहराता। अचानक लगा कि मेरे पीछे कोई है। पलटकर देखा तो एक दम्पती को खड़े पाया। उन्हें देखकर मैंने गाना बन्दकर दिया।

महिला हँसकर बोली, "बहुत अच्छा। यह कौन-सी भाषा है?"

मैंने कहा, "बांगला, रवीन्द्रनाथ ठाकुर... यानी टैगोर का लिखा हुआ।"

अब सज्जन ने भौं सिकोड़कर कहा, "रवी...न...टैगोर, टैगोर द इण्डियन पोएट, जिन्हें नोबल प्राइज़ मिला था, वही?"

मैंने सिर खुजलाकर कहा, "जी हाँ।" मैं मन-ही-मन घबराया भी कि कहीं यह दम्पती रवीन्द्रनाथ या भारतीय साहित्य या संस्कृति पर बातचीत न शुरू कर दें, तब तो मैं गया काम से। लेकिन वे रुके नहीं, अपनी राह आगे बढ़ गये। और तभी मेरे दिमाग़ में एक योजना आयी और मैं ख़ुशी से झूमता हुआ नाच-नाचकर गाने लगा—मेरा जूता है जापानी...।

अगले ही दिन मैंने इस नये आइडिया को काम पर लगाया। मेट्रो में चढ़कर मैंने कहा, "मादाम, मैडमोएज़ेल, मेसिअँ, बोंज्यूर (मैडम, मिस, मिस्टर, गुडमॉर्निंग)। नोबल पुरस्कार प्राप्त भारतीय कवि रवीन्द्रनाथ टैगोर की मातृभाषा बांगला में मैं उनका एक गीत सुना रहा हूँ, आप सुनें। जन-गण-मन अधिनायक जय हे...।" गीत समाप्तकर मैंने सबको अभिवादन किया, फिर हाथ फैलाकर चक्कर काटा। शुरू में गीत गाते हुए मैं सहज नहीं था, मुझमें कुछ जड़ता थी, गले में जैसे कुछ फँस रहा था। धीरे-धीरे मैं सहज होता गया। गीत किसी को भाया या नहीं यह मुझे नहीं मालूम, लेकिन किसी ने डाँटकर मुझे चुप नहीं कराया इसी से मैं उत्साहित था। राष्ट्रीय गीत सुनाकर भीख माँगना भी मेरे लिये एक नया अनुभव था। पता नहीं मेरे मास्टर जी यहाँ होते तो क्या करते, वे या

तो मेरे गीत की बहुत तारीफ़ कर मेरा हौसला बढ़ाते, अथवा एक लात मारकर मुझे गाने से रोक देते।

मैं पारनास स्टेशन के निकट एक पुराने मकान में मुझे रहने की जगह मिल गयी थी, इसलिए मैंने नाव में रहना छोड़ दिया था। ट्रेन में एक व्यक्ति से मेरा परिचय हुआ था, उसी ने यह व्यवस्था कर दी थी। यहाँ का परिवेश नाव से अच्छा था, एक बड़ा हॉल था जिसमें बिजली की व्यवस्था थी, शौचालय था जिसकी सफाई का ध्यान सभी लोग रखते थे। लन्दन में एलिस जिस स्क्वॉर्टर में रहती थी, यह उससे अच्छा था। फिर भी लगता था कि यह एक भुतहा मकान है, बिजली की रोशनी में सारे भूत भाग गये हैं। यहाँ हर तरह के लोग रहते थे, भिखारी, ग़रीब, चोर, जेबकतरे, ड्रग डीलर्स आदि। रात को सभी अपना अनुभव बताते, आय कैसे बढ़ाया जाय आदि विषयों पर मशविरा करते। कुछ लोग अपना प्रोफेशन बदलने की सोचते।

पेरिस में स्थानीय भिखारियों के अलावा वियतनाम, सैनेगल, मलावी आदि देश के भिखारी भी थे। यहाँ वर्णभेद नहीं था, सभी को समानाधिकार प्राप्त था। इनमें आपसी सद्‌भाव भी था। रात दस बजे के बाद जब ट्रेन खाली हो जाते तब नशा करनेवाले भिखारी गाँजा, क्रैक आदि आपस में बाँटकर पीते। हमारे देश में ज्यों लोग बीड़ी बाँटकर पीते हैं, बहुत कुछ वैसा ही।

एक सज्जन ने मुझे पहले एक यूरो की भीख दी, उसके बाद वे मुझसे बातचीत करने लगे। उन्होंने मुझे अच्छी नौकरी दिलाने की पेशकश भी की। मैं उनसे कन्नी काटने लगा, लेकिन वे मेरे पीछे पड़ गये। कहने लगे, तुममें बहुत टैलेण्ट है, भीख माँगकर क्यों ज़िन्दगी बर्बाद कर रहे हो? वे मुझे मँ पारनास स्टेशन के बाहर एक कॉफी-बार में ले गये, वहाँ बैठकर उन्होंने बहुत बातें कीं। मैं उन्हें समझाता रहा कि मैं कोलकाता का पेशेवर भिखारी हूँ, यह पेशा मैं छोड़ नहीं सकता। आख़िर निराश होकर उन्होंने कहा कि मैं उनसे सम्पर्क बनाये रहूँ और जब भी दूसरे धन्धे में जाना चाहूँ, उनसे सम्पर्क करूँ। उस एतोवाल कॉफ़ी-बार से बाहर निकलते ही मैंने अपने सामने मिशेल को खड़ा पाया। वह भी भिखारी था और अब मेरा जिगरी दोस्त भी। उसने मेरे कन्धे पर हाथ रखकर कहा, "तू यहाँ? क्रोयाडर में चल, तुझसे ज़रूरी बात करनी है।"

क्रोयाडर एक बार था जहाँ हम अक़सर बैठते थे। वहाँ पहुँचकर उसने दो पानाशे बियर का ऑर्डर दिया, फिर हम दोनों आमने-सामने बैठ गये। उसने आन्तरिकता भरे लहज़े में मुझसे पूछा—"मैक तुझे क्या कह रहा था?"

"कौन मैक?"

"मैर्द! अनजान मत बन! अभी जिसके साथ तू एतोवाल में बैठकर कॉफी पी रहा था।"

"ओह, वह! यक़ीन मानों, मैं उनको नहीं पहचानता। वे ख़ुद मुझे पकड़कर ले गये, अच्छे रोज़गार की बात कर रहे थे।"

"मैर्द!" कहकर उसने मेज पर एक ज़ोर का घूँसा मारा जिससे बियर के गिलास हिल उठे। मैंने गिलासों को सँभाला। फिर उसने कहा, "साला सुअर वेश्या की विष्ठा! मैंने ठीक ही भाँपा था।"

"तू उसे पहचानता है?" मैंने मिशेल से पूछा।

"अच्छी तरह। इस लाइन में सभी उसे पहचानते हैं। ख़ैर, तू राजी हो गया?"

"नहीं। मैंने कहा कि मैं स्टेशन नहीं छोड़ सकता।"

"अच्छा किया। उसके चक्कर में मत पड़ना।"

"क्यों? वह क्या करता है?"

मेरा प्रश्न सुनकर मिशेल बोला, "मैंने ठीक समझा था कि उसे तू अवश्य ही नहीं जानता। उसका क्लैण्डेस्टिन् धन्धा है।"

"यह क्या होता है?"

"वह अवैध तरीके से लोगों की हेराफेरी करता है।"

"मैं अब भी नहीं समझ पाया। तू मुझे धीरे-धीरे समझाकर पूरी बात बोल।" मैंने कहा।

"ठीक है।" कहकर मिशेल ने एक और पानाशे बियर मँगाया और उसके बाद क्लैण्डेस्टिन् का अर्थ समझाने लगा।

क्लैण्डेस्टिन् का अर्थ है गुप्त और प्रायः ग़ैरक़ानूनी ढंग से किया गया कार्य। फ्रान्स में गुप्त ढंग से या अवैध तरीके से घुसकर बस जानेवालों को क्लैण्डेस्टा कहते हैं। यूरोपवासियों को एक सुविधा यह है कि उन्हें यूरोप के किसी भी अन्य देश में आवाजाही करने के लिए पासपोर्ट तथा वीज़ा की ज़रूरत नहीं पड़ती, आइडेण्टिटी कार्ड का होना ही यथेष्ट है, नौकरी तथा स्थायी निवास के लिए वर्किंग परमिट तथा रेजिडेन्शियल परमिट का होना आवश्यक होता है। ग़रीब देशों से सभी धनी देशों में आना चाहते हैं। ग्रीस, पुर्तगाल से लोग फ्रान्स, जर्मनी और स्विट्ज़रलैण्ड पहुँच रहे हैं, फ्रान्स और जर्मनी से भी लोग स्विट्ज़रलैण्ड जाते हैं काम के लिए। पूरब की देशों से लोग पश्चिम की ओर भाग रहे हैं। रूमानिया, बुल्गारिया, रूस, चेक गणराज्य से लोग जर्मनी पहुँच रहे हैं भारी तादाद में। यूगोस्लोवाकिया तीन-चार टुकड़ों में बँट जाने से वहाँ के लोग भी इटली, फ्रान्स और स्विट्ज़रलैण्ड में प्रवेश कर रहे हैं, भारी संख्या में शरणार्थी भी आ रहे हैं। ये सभी नौकरी और उन्नत जीवन की तलाश में यूरोप के देशों में घूमते रहते हैं। इन्हें आवाजाही करने के लिए किसी ट्रैवेल एजेन्सी की ज़रूरत नहीं पड़ती। इन्हें लेकर उतनी परेशानी नहीं जितनी कि दूर देशों से अवैध ढंग से यहाँ लाये जानेवाले लोगों को लेकर है। जिन देशों में लड़ाई छिड़ी हुई है, जहाँ सरकार विद्रोहियों को दबाने

के लिए मारकाट मचाये हुए हैं, जहाँ दो दलों के संघर्ष अथवा राजनैतिक कारणों अथवा शोषण से आम लोग बेहाल हैं, जहाँ नौकरियों का अत्यन्त अभाव है, ऐसे देश के लोग मौक़ा पाते ही अपना देश छोड़कर यूरोप का रुख़ करते हैं। पहले चीन के अलावा बाक़ी सारी दुनिया पर यूरोप का शासन था। अंग्रेज़, फ्रान्सीसी, स्पेनिश, पुर्तगाली, उपनिवेशों में इन्हीं देशों की भाषा का प्रचार हुआ, अब उन स्थानों से भागनेवाले इन्हीं देशों में आने की फ़िराक में रहते हैं क्योंकि उन्हें इन भाषाओं की कुछ तो जानकारी होती है।

इतना बतलाने के बाद मिशेल ने पूछा, "समझा?"

"हाँ, समझा। तुझे यह सब कैसे मालूम हुआ?"

"कैसे मालूम हुआ? सभी को मालूम है। अख़बारों में ये समाचार छपते रहते हैं। मैं भिखारी हूँ अनपढ़ नहीं, मैं बुद्धू हो सकता हूँ, पर पागल नहीं हूँ।"

"ठीक है, आगे बोल, मेरे सवाल का उत्तर अभी तक नहीं मिला।"

उसने आगे कहा, "आजकल बांग्लादेश, श्रीलंका, पाकिस्तान और अफ़गानिस्तान से सैकड़ों लोग आ रहे हैं, वे सब इंग्लैण्ड जाना चाहते हैं। लेकिन ग्रेट ब्रिटेन उन्हें वीज़ा नहीं देता, वहाँ इमिग्रेशन (अनुप्रवेश) पर रोक लगी है। इससे ऐसे लोग यहाँ तक पहुँचकर अटक जाते हैं।"

"लेकिन वे यहाँ तक कैसे पहुँच जाते हैं?"

"इटली के रास्ते। इटली में माफ़िया राज है। ढाका, कोलम्बो, काबुल आदि शहरों में इन माफ़ियाओं के ट्रैवेल एजेन्सी हैं, वे मोटी रक़म ऐंठकर टूरिस्ट पासपोर्ट और इटली तक का वीज़ा बनवा देते हैं, फिर उन्हें इटली लाने के बाद उनका पासपोर्ट रख लेते हैं और उन्हें अवैध तरीके से फ्रान्स या स्विट्ज़रलैण्ड में अनुप्रवेश करा देते हैं। यहाँ घुसते ही वे पुलिस द्वारा पकड़ लिये जाते हैं। पकड़े जाने पर वे ख़ुद को पॉलिटिकल विक्टिम बताते हैं और पॉलिटिकल असाइलम यानी आश्रय माँगते हैं। ये घटनाएँ नियमित घट रही हैं। हजारो लाखों लोग लाखों रुपये बहाकर या रिश्वत देकर अपना सपना पूरा करने के लिए यूरोप पहुँच जाते हैं। अफ्रीकावाले पेरिस को और एशियावाले लन्दन को अपना गन्तव्य बनाते हैं। ग़रीबों के पैसे लूटकर माफ़िया के ये ग्रुप मालामाल बनते जा रहे हैं।"

"लेकिन सरकार, पुलिस, कस्टम्स क्या कुछ नहीं करती, क़ानून तो उनकी हाथों में है।"

मेरा सवाल सुनकर मिशेल भड़क उठा, "तू पागल है, वेश्या की विष्ठा! इतनी देर में तू क्या समझा? माफ़िया ग्रुप ने वीज़ा अधिकारी, कस्टम्स आदि सबको रिश्वत देकर ख़रीद लिया है। तूने इटली के माफ़िया ग्रुप के बारे में नहीं सुना? सरकार का मतलब क्या? जो सरकारी काम करते हैं उनमें अधिकांश भ्रष्टाचार में लिप्त हैं। हाँ,

अब असली बात सुन। वह मैक अवैध ढंग से लोगों को घुसपैठ करानेवाला दलाल है। फ्रान्स से इंग्लैण्ड तक उसका धन्धा है।"

"पुलिस उसे कुछ कहती नहीं?"

"पुलिस क्या कहेगी? किसी के बारे में सुनकर तो उसे गिरफ़्तार नहीं किया जा सकता। उसके लिए ठोस सबूत चाहिए। ये लोग सियार की तरह धूर्त होते हैं और अगर इत्तफ़ाक से पकड़ भी लिये गये तो उनकी पार्टी के वकील तुरन्त कूद पड़ेंगे उसे बचाने के लिए। सारे मानवीय क़ानून इन अमानुषों को बचाने के लिए बने हैं, हम लोगों के लिए नहीं।"

मैंने ध्यान से उसकी बातें सुनीं। कुछ साल पहले दाआबू ने भी अवैध अनुप्रवेश के विषय में कुछ बताया था जो मैं तब समझ नहीं पाया था, अब मिशेल ने बहुत कुछ स्पष्ट कर दिया था। मैं यह भी समझ गया कि पेरिस की सड़कों पर इतने बांग्लादेशी और श्रीलंकाई क्यों दिखायी पड़ते हैं? मैक का मुझमें इतना आग्रह क्यों था, यह भी अब स्पष्ट हो गया था, वह मुझे फ्रान्स और इंग्लैण्ड, दोनों जगह काम पर लगा सकता था, मुझे यूरोप में कहीं भी आवाजाही की दिक़्क़त नहीं थी और अंग्रेज़ी बोल लेता था।

मिशेल मेरा दोस्त था, वह नहीं चाहता था कि मैं किसी अवैध धन्धे में फँसू। उसने कहा कि पकड़े गये तो कोई माई का लाल बचाने नहीं आयेगा, लम्बी सज़ा भुगतनी होगी। माफ़िया सरगना से लेकर उनके दलाल तक सुरक्षित रहते हैं, पकड़े जाते हैं केवल छोटे मोहरे।

अब मैं जिस ठिकाने पर रात में रहता था, वहीं पर मिशेल से परिचय हुआ था। वह अच्छे घर का था, माता-पिता थे, वह कभी-कभी अपने घर जाकर दो-एक दिन रहता, फिर निकल पड़ता। बचपन से निस्संगता, ड्रग्स और सेक्स ने उसे चौपट किया था। लेकिन वह बहुत चालाक था। उसका स्वभाव अच्छा था, निर्धन होने पर भी वह परोपकारी था। वह मुझसे अक़सर कहता कि वह इण्डिया जाना चाहता है, वहाँ हिमालय में जाकर तपस्या करेगा। मैंने हिमालय नहीं देखा, अतः हिमालय के विषय में चर्चा नहीं कर पाता था। वह कभी कहता कि मुझे भी अपने साथ हिमालय पर ले जायेगा, फिर दोनों मिलकर वहाँ की गुफाओं में गुरु ढूँढ़ेंगे। वह कहता—"यूरोप में अब विशृंखला फैली हुई है, चारों ओर विशाल इमारतों ने कंक्रीट का जंगल बना रखा है, यहाँ धरती श्वांस नहीं ले पा रही है, उसका दम फूल रहा है। लोगों का मन भारी है, यूरो और बीमारियों ने यूरोप को ढँप लिया है। मैं ईकोलॉजिस्ट हूँ, मुझे पार्क, नदी और पहाड़ों से प्रेम है।"

मैं उसकी इन बातों को नहीं समझ पाता था।

एक दिन मिशेल ने मुझे एक अजीब प्रस्ताव दिया। उसने कहा, "ऐ बीडी, अब तू मेरे संग घूमाकर, राह में जो भिखारी दिखें, उन्हें तू भीख माँगने के तौर-तरीके सिखा।

पैरि में असंख्य आलसी भिखारी हैं, दिन भर हाथों में एक साइन-बोर्ड लेकर, जिस पर लिखा होता है 'मुझे भोजन के लिए पैसे दो', एक जगह बैठे रहते हैं तू ज्यों हँस-हँसकर भीख माँगता है, वह क़ायदा उन्हें सिखा। तू इन भिखारियों का प्रोफेसर बन जा, मैं तेरी मदद करूँगा।''

''उनकी भाषा मैं नहीं जानता। इसीलिए मैं भी कुछ दिनों तक साइनबोर्ड लेकर भीख माँगता था,'' मैंने कहा।

''तूने कुछ दिन साइन-बोर्ड पकड़ा था, ये साल भर साइन-बोर्ड थामे रहते हैं। भाषा की समस्या नहीं है। असल में पैसे और भोजन के अभाव में इनका स्वभाव नष्ट हो गया है। तू उन्हें राह दिखा। तू उनका गुरु बन जा।''

मिशेल का यह प्रस्ताव मुझे भा गया। मैंने हामी भर दी। नये काम के लिए नयी जगह की तलाश की गयी। हम दक्षिण पेरिस स्थित इन्फेट-रशेरो स्टेशन पहुँचे। यहाँ बहुत पुराने भिखारी थे। मुझे मेट्रो में नहीं, मेरा काम यहाँ के चौराहे पर और चारों ओर के बड़े-बड़े सुपर-मार्केट के सामने था। मुझे सियालदह की याद आयी, वहाँ स्टेशन और महात्मा गाँधी मार्ग के संगम पर पुलिस रहती थी, यहाँ सिंह की एक विशाल मूर्ति थी, ब्रोन्ज की। यह मूर्ति लन्दन के ट्रॉफलगार चौक की सिंह मूर्ति से भी बड़ी थी।

मैंने कभी नहीं सोचा था कि किसी भिखारी को भीख माँगने की तरकीब कोई सिखा सकता है। मैं ख़ुद भिखारी था, यह काम मैं करूँगा, इसकी तो कल्पना भी नहीं की जा सकती थी। लेकिन मिशेल ने कहा, ''मैं बहुत दिनों से तुझे ग़ौर कर रहा था। तेरी मुस्कराहट, चेहरे के हाव-भाव में कुछ अलग ही बात है, शायद ओरिएण्टल एप्रोच।''

मैंने सोचा, मेरी पद्धति औरों से भिन्न होगी ही, क्योंकि मैं औरों की तरह न तो ग़रीब था, न भूखा। अब भीख माँगना मेरी मजबूरी नहीं थी, शौक़ था। फिर भी सोचा, परोपकारी मिशेल के साथ मैं कुछ भिखारियों की मदद कर सकूँ तो इससे अच्छी बात और क्या हो सकती है?

मिशेल के साथ चलते हुए मैंने एक भिखारिन को देखा जो घर के बरामदे में हाथ फैलाये बैठी थी, लोग उसे देखकर भी अनदेखा करते हुए आगे बढ़ जाते। मैंने उससे कहा, ''तुम ठीक से माँग नहीं पाती, मुझे देखो'' कहकर मैंने क़रीब आती एक महिला का ध्यान अपनी ओर खींचकर बोला, ''मादाम, मैं ज्यों मुस्कराकर आपसे भीख माँग रहा हूँ, आप भी त्यों मुस्कराकर कुछ दें, कोशिश करके देखें—आपका तनाव कम हो जायेगा।''

मेरी बात सुनकर महिला हँस पड़ी, उन्होंने अपने पर्स से एक यूरो निकालकर मुझे थमाया, फिर आगे बढ़ गयीं। मैंने भिखारिन को वह यूरो दे दिया, फिर कहा, ''अब तुम्हारी बारी है, कोशिश करो।''

मिशेल ने उसे समझाया, "कुछ बोल न पाओ तो कोई बात नहीं, लेकिन मुस्कराहट चेहरे पर रखना ज़रूरी है, उसकी कुछ क़ीमत है।"

हमने उस दिन सुबह और भी पाँच भिखारियों को मुस्कराकर भीख माँगना सिखाया। उन्हें बताया कि मन में चाहे जो भी क्लेश हो, सहज ढंग से मुस्कराते रहो, वह ज़्यादा कारगर है।

मिशेल के सहयोग से यह नया काम मजे से चलता रहा। सुबह के वक़्त विभिन्न चौराहों पर भिखारियों को मैं हँसकर भीख माँगना सिखाता, उस समय मुझे जो पैसे मिलते वह मैं उन्हीं भिखारियों को दे देता। शाम को मैं मेट्रो में अपने लिये भीख माँगता। यानी मैं भिखारी भी था और भिखारियों का प्रशिक्षक भी। टूरिस्ट स्पॉट के अलावा कुछ और जगह ऐसे थे, जहाँ भीख माँगने की मनाही थी, किन्तु वहाँ भी पुलिस मुस्कराकर कहती, "यहाँ भीख मत माँगना।" यहाँ यही नियम था, पर्यटकों को, पथिकों को, मुसाफिरों को तंग मत करो। जिन क्षेत्रों में मेरी आवाजाही थी, वहाँ के लोग, पुलिस और दुकानदार मुझे पहचान गये थे। तुम अगर पेरिस आओ तो मँ पारनास टी-जी-वी स्टेशन, डेनफार रशेरो, होटल द्य विल, बासती, गार स्याँ लाज़ार, पोर्त द्य इटली आदि स्थानों में मेरा नाम लेना, वहाँ सब मुझे पहचानते हैं।

मिशेल को बेकारी भत्ता मिलता था, उसके पिताजी उसे जेब ख़र्च भी देते थे, इसलिए भिखारियों की तरह रहने पर भी वह भीख नहीं माँगता था। उसके पैसे और मेरे भीख के पैसे से हम दोनों मजे में थे। हम खाना नहीं पकाते थे, पिज़्ज़ा या चीनी फास्ट-फूड घर पर लाकर उसे गरमा लेते।

एक दिन विश्वविद्यालय के निकट के एक चौराहे पर भीख माँगते समय दो भारतीय छात्र मिल गये। उन्होंने मुझे लगभग डाँटते हुए पूछा, "तुम कहाँ से आये हो?"

"कोलकाता।" मैंने कहा।

"यहाँ भीख माँगने के लिए आये हो?"

"हाँ।"

"तुम्हें शर्म नहीं आती? कोई नौकरी ढूँढ़ो।"

हमारी बातें सुनकर मिशेल क़रीब आ गया। उन छात्रों ने मिशेल से कहा कि एक भारतीय पेरिस में भीख माँग रहा है, यह एक शर्मनाक और असहनीय बात है।

मिशेल ने पूछा, "तुम लोग यहाँ क्या करते हो?"

"हम सिटी यूनिवर्सिटी के छात्र हैं, स्कॉलरशिप लेकर पढ़ने आये हैं।"

मिशेल ने मेरी ओर देखकर पूछा, "ऐ बिकिरि, तुझे स्कॉलरशिप मालूम है?"

"नहीं।"

"स्कॉलरशिप मतलब पढ़ने-लिखने के लिए रुपये पाना।"

छात्रों ने गर्व से कहा, "हाँ, फ्रान्सीसी सरकार ने हमें स्कॉलरशिप दी है, तभी हम पढ़ने के लिए आ सके।"

"आपने माँगा, तभी मिला।" मिशेल बोला।

"जी हाँ।"

"तब तो आप भी हम जैसे हैं। आप पढ़ने के लिए पैसे माँगते हैं, हम खाने के लिए पैसे माँगते हैं। आप सरकार से माँगते हैं, हम लोगों से माँगते हैं। यानी ख़ास फ़र्क़ नहीं।"

मिशेल की यह उक्ति सुनकर दोनों छात्रों का चेहरा लटक गया, लगा कि मिशेल ने उनके गाल पर तमाचा जड़ दिया है और कुछ कहे बिना दोनों यूनिवर्सिटी की ओर चले गये।

मैं सप्ताह में दो बार दाआबू और एलिस को फ़ोन करता था। दाआबू को ज़्यादातर रात में फ़ोन करता, क्योंकि तब वे अच्छे मूड में होते। उस दिन मैंने दिन में दस बजे उन्हें फ़ोन किया, फ़ोन उठाकर दाआबू बोले, "एइ साला बीडी, तू बहुत दिन जीयेगा। कल रात से ही आण्टी से तेरी ही बात हो रही थी। शायद इसी को टेलीपैथी कहते हैं।"

"क्यों, क्या हुआ? सब ख़ैरियत तो?"

"मैं ठीक हूँ, लेकिन तेरी आण्टी को स्ट्रोक हुआ है, यूँ चिन्ता की बात नहीं है। हम कल ही बाथ जा रहे हैं। तुझे शायद ब्राइटन की डॉक्टर हैमिल्टन की याद हो, उन्होंने बाथ में अपना क्लिनिक खोला है, हम वहीं जा रहे हैं। हाँ, सुन, तू जितनी जल्दी हो सके यहाँ आ जा। फ़ोन छोड़ने के बाद अपना बैग लेकर सीधे गार-दू-नर स्टेशन पहुँच जा, वहाँ से लन्दन के लिए यूरो एक्सप्रेस मिलेगी। विक्टोरिया उतरकर क्रयडॅन के घर पर आ जाना।"

दाआबू ने मुझे लौटने के लिए कहा, ख़ुशी से मैं पागल होने लगा। पिछले कुछ दिनों से मुझे घर की बहुत याद आती रही थी। पेरिस मुझे जितना भी अच्छा लगे, लन्दन ही मेरा घर था। एलिस से बिछुड़े काफ़ी दिन हो गये थे और उससे जुदाई मेरे लिये बहुत बड़ा अभिशाप था। टेलीफ़ोन केबिन से निकलकर मैं लगभग दौड़ता हुआ अपने डेरे पहुँचा, बैग उठाया और मिशेल के नाम एक काग़ज़ पर "थैंक यू ऐण्ड गुड्बाइ" लिखकर वहीं एक परिचित को देकर कहा, "मिशेल अपने घर गया है, वह लौटे तो यह काग़ज़ उसे दे दें और कह दें कि मेरी आण्टी बहुत बीमार हैं, इसलिए मुझे लन्दन जाना पड़ रहा है।"

गार-दू-नर पहुँचने पर मुझे यूरो स्टार में जगह मिल गयी। अपना बैग ऊपर रखकर मैं बैठा, उसके बाद धीरे-धीरे पसर गया। लन्दन के विक्टोरिया स्टेशन पर उतरकर मैंने दाआबू को ब्राइटन में फ़ोन किया, वे बोले, "वेलकम होम, तू सीधे क्रयडॅन चले जा, बाद में बातें होंगी।" उसके बाद मैंने अपनी महबूबा एलिस को फ़ोन किया, किन्तु किसी

ने फ़ोन नहीं उठाया। विक्टोरिया से ईस्ट क्रयडॅन तक ट्रेन से आया, फिर घर तक पैदल रास्ता तय किया। लगा, लम्बे अवसर के बाद मैं अपने देश में लौटा हूँ।

मेरे दो देश थे। एक भारत, जहाँ मैं पैदा हुआ था। लेकिन सियालदह स्टेशन के आसपास का क्षेत्र और बोलपुर-शान्तिनिकेतन के सिवा भारत की मुझे ख़ास जानकारी नहीं थी। मेरा दूसरा देश इंग्लैण्ड था, जहाँ मैं पला-बढ़ा, मैं लन्दन का चप्पा-चप्पा पहचानता था, यहाँ मेरी जीवन-यात्रा सहज थी। यही सब सोचता-विचारता घर पहुँचा तो यह देखकर चौंका कि अन्दर बिजली जल रही है। एक चाभी मेरे पास रहती थी। सोचा, बहुत दिनों से घर खाली है इसलिए शायद किरायेदार रख लिया गया है, अथवा दाआबू का परिचित कोई मेहमान आकर ठहरा है। दाआबू ने मुझे कुछ नहीं बताया था। मैंने दरवाज़े के चौखट पर लगी बेल पुश दबाया। दरवाज़ा खुला और सहसा एक आँधी मुझसे लिपट गयी।

वह आँधी एलिस थी।

•

(15)

एलिस को बाहों में लेकर मैं कमरे में आ गया और सोफे पर बैठ गया। उसे यहाँ पाकर मैं इतना उत्तेजित हो पड़ा था कि सहसा मेरे कण्ठ से बोल न फूटे। कुछ पल हम ख़ामोशी में एक-दूसरे को थामे बैठे रहे। फिर मैंने ग़ौर से उसे देखा। वही आँखें, वही मुस्कराहट, चेहरे के वही भाव। वह वैसी ही थी जैसा मैं उसे छोड़कर गया था। यानी वह मेरी थी, मेरी है। बहुत सुकून मिला मुझे। पेरिस में उसका अभाव मुझे निरन्तर खटकता रहा था। मैंने उससे कहा, "जानती हो, मुझे बहुत डर था।"

"डर? काहे का डर?"

"तुम्हें खोने का।"

वह मुझसे लिपट गयी। बोली, "ऐसे सोच तुम्हारे दिमाग़ में आते ही कैसे हैं?"

"पता नहीं, शायद दूरी की वजह से। तुम्हें नहीं पाता तो शायद खोने का भय भी नहीं रहता। कुछ पाने से ही उसे खोने का डर भी पैदा होता है। इस प्रसंग पर मैं तुम्हें एक क़िस्सा सुनाऊँ, सुनोगी?"

"अवश्य। पहले मैं चाय ले आऊँ, फिर आराम से बैठकर सुनूँगी।"

हमेशा मैं ही चाय बनाता था, आज एलिस मेरे लिये चाय बना रही थी। जब वह लौटी, मैं मोहाविष्ट होकर उसे देखता रहा। वह अधखिले गुलाब की तरह ख़ूबसूरत लग रही थी। ट्रे रखकर वह कुछ शर्मीले लहज़े में बोली, "यूँ मुँह बाये क्या घूर रहे हो?"

"तुम्हारा सौन्दर्य। इसे मैंने पेरिस जाकर खो दिया था। तुम्हें याद करता और ठण्डी आहें भरता।"

"पेरिस जाकर तुम कवि बन गये हो?"

"नहीं एलिस, तुम्हारे विछोह ने मुझे कवि बना दिया है।"

"ओह डार्लिंग, यू आर सो स्वीट"...कहकर वह मेरी बाहों में आ गयी। उसके बाद चाय लेकर कुछ दूर खिसक गयी और अपनी टाँगे मेरी गोद पर रख दिया।

चाय की चुस्की लेकर मैंने कहा, "तुम बढ़िया चाय बनाने लगी हो।"

"तुम कोई क़िस्सा सुनानेवाले थे।" वह बोली।

"कौन-सा क़िस्सा? कुछ याद नहीं आ रहा, किस प्रसंग में?"

"तुम कह रहे थे न कि कुछ पाने से उसे खोने का डर भी पैदा होता है।"

"ओह, हाँ। याद आया। मुझे जिस बात की याद आयी थी वही सुनाऊँगा। तुम्हें मेरी सारी कहानी मालूम है, इसलिए समझ जाओगी। दाआबू यानी डैडी से पहली मुलाकात के दिन उन्होंने मुझे एक दस रुपये का नोट दिया था। तुम्हारे पाउण्ड की तुलना में दस रुपये की कोई क़ीमत नहीं। इन दिनों भारत में भी दस के नोट की कोई क़ीमत नहीं, लेकिन उन दिनों इसकी क़ीमत थी, ख़ासकर मेरे लिये, जिसने कभी पाँच का नोट भी स्पर्श नहीं किया था। चाय की दुकान से निकलकर मैंने जेब में हाथ डालकर उस नोट को मुट्ठियों में थामे रहा। उस समय मन में यह ख़याल नहीं आया कि उस रुपये से मैं क्या ख़रीदूँगा, कहाँ ख़र्च करूँगा, तब मेरे लिये अहम् सवाल था कि मैं उस नोट को कैसे हिफ़ाज़त से रख पाऊँगा। दो दिनों तक मैं कहीं चैन से बैठ नहीं पाता था। लगता था कोई जेबकतरा उसे उड़ा लेगा। रात में सो नहीं पाता था कि कोई चोर उसे निकाल न ले। उसके बाद बाज़ार के एक सब्जीवाले से मैंने नोट तुड़ा लिया, उसने नोट लेकर मुझे अठन्नी के सिक्के दिये थे। इस घटना में तुम्हें कुछ भी दिलचस्प नज़र नहीं आयेगा, किन्तु सच यह है कि किसी कंगाल को अगर अमूल्य धन मिल जाये तो उसकी नींद ग़ायब हो जायेगी। हमेशा उसे खोने का डर बना रहेगा। तुम्हें याद होगा एलिस, एक दिन मैंने बहुत तड़के तुम्हें फ़ोन किया था, सिर्फ़ तुम्हारी आवाज़ सुनने के लिए। उस रात मैंने सपना देखा था कि तुम और मैं, हाथ पर हाथ थामे, कोलकाता में दुर्गापूजा देखने गये हैं और एक बड़े पण्डाल में अन्दर जाने के लिए नारी और पुरुष की अलग-अलग लाइन है। हम दोनों को अलग पंक्तियों में जाना पड़ा। उसके बाद उस भीड़ में बाहर निकलकर मैं तुम्हें ढूँढ़ नहीं पाया, फिर मैं तुम्हें पुकारने लगा, चीख़ने लगा, और उस चीख़-पुकार से मेरी नींद उचट गयी। ऐसे दुःस्वप्न ने मुझे बहुत मायूस बना दिया था। फिर मैंने तुम्हें फ़ोन किया था। यही मैं कह रहा था, तुम मेरे लिये एक अमूल्य निधि हो, तभी तुम्हें खोने का डर भी बना ही रहता है।"

एलिस ने प्याली में दुबारा चाय उड़ेला, फिर मेरे क़रीब आकर मेरा गाल दबाकर बोली, "तुम बहुत बदल गये हो।"

"मैं बदल गया हूँ? मतलब?"

"यह तुम अच्छी तरह से जानते हो।"

"नहीं, मैं समझा नहीं। तुम बताओ।"

"लौटने के बाद से तुमने अब तक मेरे होंठ नहीं चूमे, ग़ैरों की तरह गाल चूमकर रह गये।" उसके स्वर में अभिमान था।

"ओह, यह बात है!" मैं हँस पड़ा, बोला, "मैंने जान-बूझकर तुम्हें नहीं चूमा। तुम नहीं जानती एलिस, मेरा शरीर और मेरे कपड़े-लत्ते कितने गन्दे हैं, वे पेरिस की सड़कों की धूल और शराब और सिगरेट की दुर्गन्ध से भरपूर हैं। वहाँ पगलैट-क्लोशर और ग़रीब भिखारियों के संग रहते-रहते मैं ख़ुद भी हजामत बनाना, दातून करना, नहाना, कपड़े धोना आदि भूल गया था। मेरे पीठ का थैला मैंने बॉलकनी में रखा है, उसे खोलने से शायद चूहे, तिलचट्टा और खटमल निकल आयेंगे। मैं पहले इन कपड़ों को वाशिंग मशीन में डालूँगा, फिर ख़ुद मलमल कर नहाऊँगा। उसके बाद कहीं मैं तुम्हें ठीक से स्पर्श कर पाऊँगा। बिना नहाये-धोये पवित्र हुए कोई भला किसी देवी का दर्शन करता है?"

एलिस मुस्कराई, बोली, "मैं देवी तो नहीं हूँ, लेकिन तुम्हें अवश्य नहा लेना चाहिए। मैं बेसिन में लोशन डालकर गरम पानी डाल रही हूँ, तुम जल्द तैयार हो लो, उसके बाद मुझे तुमसे बहुत बातें करनी हैं। आज की रात और कल मैं यहीं रहूँगी।"

"बहुत अच्छा," कहकर मैं नहाने गया। लम्बे अन्तराल के बाद मैं बाथटब में नहा रहा था। कुछ पल के बाद ही मैंने चिल्लाकर एलिस से कहा, "देख जाओ एलिस, इस पानी का रंग तो गंगा के मटमैले रंग जैसा है, देखो कितना गन्दा है।"

एलिस बोली, "यह न तो गंगाजल है, न लन्दन का पानी। तुम पेरिस का सारा धूल बटोरकर यहाँ ले आये हो। रुको, मैं पानी बदल दूँ।"

दो महीने बाद लौटकर मुझे यह घर नया-नया लग रहा था, लगा कि मैं मेहमान हूँ और एलिस घरवाली। मैं नहा चुका तो मेरे समूचे नंगे बदन को घूरकर एलिस बोली, "तुम काफ़ी दुबले हो गये हो, लेकिन बहुत सुन्दर लग रहे हो।"

उसकी उक्ति सुनकर मुझे हँसी आयी। दाआबू होते तो मुझे डाँटते, कहते, "तू दुबला हो गया है, सेहत बिगाड़कर आया है।"

नहाने के बाद शरीर में ताज़गी आयी, तब एक बार मैंने सारे घर पर सरसरी निगाह डाली। सब-कुछ वैसा ही था जैसा मैं छोड़ गया था। दाआबू यहाँ कम ही रहते हैं, रहते हैं तो घर पर सुबह का नाश्ता करने और शराब पीने के अलावा एक ही काम करते हैं, दरवाज़ा-खिड़की खोलकर बाहर की हवा आने देते हैं। बाक़ी खाना-पीना वे होटल में ही करते हैं। मुझे लौट आने की हिदायत देने के बाद एलिस को यहाँ उन्होंने ही बुलवाया था। एलिस मायरा को अपनी माँ के पास छोड़ आयी थी। मुझे लगा कि मेरे यहाँ न रहने से या पेरिस चले जाने से किसी को कोई फ़र्क़ नहीं पड़ा था। जो जैसा था, वह वैसा ही है। दाआबू, एलिस, आण्टी सब वैसे ही हैं।

दाआबू ने फ़ोन किया तो पहले आण्टी से बातें हुईं। मेरे वापस आने से वे ख़ुश थीं और मुझसे पेरिस यात्रा की कहानी सुनने को बेचैन थीं। उनकी आवाज़ से नहीं लगा कि वे बहुत बीमार हैं। किन्तु दाआबू बोले, "तू परसों आ जाना, लेकिन ब्राइटन नहीं, बाथ—यह ब्रिस्टल के क़रीब एक स्वास्थ्यप्रद सैरगाह है। आण्टी को अभी चिकित्सकों की निगरानी में यहाँ रहना है।"

मैंने फ्रिज़ खोलकर देखा, उसमें तेल मसाले आदि लगाकर कच्चा मांस रखा हुआ था। एलिस धीमे स्वर में बोली, "उसे तुम मत छूना, मैं बनाऊँगी, हालाँकि यह रेसिपि मैंने तुमसे ही सीखी है। फार्म से लायी हूँ, सुपरमार्केट से नहीं।"

मैंने कहा, "तुमने मुझे वाक़ई चौंका दिया।"

उसके बाद घरेलू काम के बीच हमारी बातचीत भी होती रही।

"तुमने वेरसाइए राजप्रासाद देखा?" एलिस ने पूछा।

"वह कहाँ है?"

"पेरिस से थोड़ा बाहर, शायद दक्षिण-पश्चिम में।"

"नहीं, मैं पेरिस से बाहर नहीं गया।"

"तुमने स्याक्रेकर देखा?"

"हाँ। विक्टोरिया मेमोरियल जैसी है, है न?"

"वह कहाँ है?" एलिस ने पूछा।

"कोलकाता के मैदान में।" मैंने कहा।

"तुम इफेल टॉवर पर चढ़े थे?"

"नहीं, वह बहुत ऊँची है हमारे कोलकाता के ऑक्टोरलनी मान्यूमेण्ट से भी बहुत ऊँची मीनार है वह।"

"तुम हर चीज़ की कोलकाता के साथ तुलना मत करो। मैंने पूछा था कि उस पर चढ़े या नहीं?"

"नहीं।"

"ओह, याद आया। यह बताओ कि पेरिस को वहाँ के लोग किस नाम से पुकारते हैं?"

"पैरि! जैसे तुम एलिस हो लेकिन मेरे लिये आलोक!"

"आलोक? यानी"

"यानी रोशनी, यानी लाइट, यानी मेरे अँधेरे जीवन की जुगनूँ!"

"तुम वाक़ई कवि बन गये हो। जुगनूँ का मतलब?"

"मुझे जुगनूँ शब्द की अंग्रेज़ी नहीं आती। समझ लो कि तुम मेरे आसमान का तारा हो।"

"तो तारा कहो न! आकाश की कहने की क्या ज़रूरत है? तारा क्या ज़मीन पर भी होते हैं?"

अब मैं क्या उत्तर देता? मैं हार गया था। इस हारने में भी आनन्द था। मैं हारकर सोचता कि एलिस कितनी बुद्धिमती है।

सन्ध्या के बाद दाआबू का फ़ोन आया, जिसे एलिस ने रिसीव किया, वह बोली, "हाय डैडी, बिकि दुबला हो गया है, परन्तु और भी स्मार्ट बन गया है। आण्टी कैसी हैं? अच्छा...अच्छा, नहीं मुझे कल वापस जाना ही पड़ेगा क्योंकि मायरा को मैं अपनी माँ के पास छोड़कर आयी हूँ...हाँ, तुम बिकि से बात करो...गुड नाइट..." कहकर उसने फ़ोन मुझे थमा दिया।

मेरे हैलो कहते ही दाआबू बोले, "साला, अब कैसा लग रहा है तुझे?"

"क्या कहूँ दाआबू, तुम ग्रेट हो, मैंने कल्पना भी नहीं की थी कि यहाँ एलिस होगी।"

"बहुत अच्छी है वह। उसे कहते ही वह अपना इन्तज़ाम कर चली आयी। उसके आ जाने से तुझे रात तो मिली ही होगी, क्यों?"

"हाँ, अवश्य! तुम तो समझ ही रहे हो, तुम मेरे मन के माझी हो, मैं यन्त्र हूँ और तुम यन्त्री हो।"

"एई साला, क्या हो गया तुझे? फ्रान्स में किसी बंगाली के घर पर ठहरा था क्या?"

"नहीं। मैंने शान्तिनिकेतन में मासिमा से यह गीत सुना था। पेरिस में मेरे मन का आँगन सूख गया था। अब तुम्हारी बातचीत और एलिस का संस्पर्श पाकर मानों उस सूखे मैदान में बारिश की फुहार पाकर घास उग आयी है।"

"अबे गधे, क्या हो गया है तुझे? कोई नयी बोतल खोलकर बैठा है क्या?"

"छिः! तुम्हें तो मालूम है, तुम होते हो तो और बात है, तुम नहीं होते तो मैं कभी भी बोतल नहीं लाता।"

"अच्छा सुन, हम कल सुबह बाथ चले जायेंगे, तू परसों आयेगा। तुझे क्या-क्या लाना है और तू कैसे वहाँ पहुँचेगा इसकी जानकारी मैं तुझे बाद में दूँगा। वहाँ पहुँचने का रास्ता तुझे एलिस भी बता देगी। हाँ, एक बात और, एलिस को ज़्यादा कविता मत सुनाना।"

"वह सुनना चाहे तो?"

"उसे बोलने दे, तुम सुनता रहेगा, इसी में रात बीत जायेगी। ठीक है, बाइ!"

"बाइ!"

अगले दिन मैं एलिस को छोड़ने गया। उसकी माँ के लिए गुलाब और बेबी के लिए एक खिलौना ले गया। माँ के घर से उसे बेबी समेत नैन्सी के घर पहुँचाया, फिर

क्रयडॅन लौट आया। एलिस ने मुझे ब्रिस्टल होकर बाथ पहुँचने का ट्रेन रूट समझा दिया था। रेल यात्रा में मुझे लगभग ढाई घण्टे लगेंगे।

बाथ एक सजा-सँवरा छोटा शहर था, बहुत ही साफ़-सुथरा। इसे सैलानियों का शहर भी कह सकते हैं। सिटी टूर के लिए हर पाँच मिनट में एक बस छूटती है। यह शहर लन्दन की तरह समतल नहीं, एक छोटी पहाड़ी पर बसा है। पहाड़ी के नीचे एक नदी थी जिस पर बने कवरब्रिज़, पलटन ब्रिज़ आदि पुल बहुत सुन्दर और दर्शनीय थे। पालाडियम बिज़, प्रायर पार्क, रॉयल क्रिसेण्ट, रोमन बाथ आदि भी दर्शनीय स्थल थे। राजा-रानियों की बहुत-सी कथाएँ भी यहाँ के साथ जुड़ी थीं जो मेरी समझ से परे थीं।

जो बात मेरी समझ में आयी, वह यह कि यहाँ भीख माँगने के पर्याप्त अवसर थे, पर्यटक-बहुल इलाका था, किन्तु मेरा दुर्भाग्य मैं यहाँ भीख माँगने नहीं अया था, मैं यहाँ ऐसा कुछ करने का हिम्मत करूँ तो दाआबू मुझे खदेड़ देंगे। छोटी शहर थी, यहाँ हर व्यक्ति हर व्यक्ति से परिचित था, आण्टी अपनी पुरानी परिचित सहेली डॉ. हैमिल्टन से इलाज कराने आयी थी और इस डॉक्टर की काफ़ी साख थी, अतः यहाँ ग़लती से भी मैंने कहीं भीख के लिए हाथ फैलायी तो दाआबू और आण्टी की बहुत बदनामी हो जायेगी। अतः मुझे अपने भिखारी मन को नियन्त्रण में रखना था। बाथ एक ट्रिपिकल ब्रिटिश नगर था।

नदी तट से थोड़ी ही ऊँचाई पर दाआबू ने एक बढ़िया अपार्टमेण्ट लिया था जहाँ रहकर वे आण्टी का इलाज करायेंगे। यहाँ मेरा काम रसोई, चौका, बाज़ार करना, कपड़े धोना और लोहा करना आदि था। इस मकान में सारी आधुनिक सुविधाएँ उपलब्ध थीं। मेरे लिये अलग कमरा था। यहाँ मेरा दर्जा भी ऊँचा था, मेरा परिचय था—आण्टी का मैनेजर और दाआबू का पर्सनल असिस्टेण्ट। मुझे भी हमेशा टाई पहननी पड़ती। एक बात और, जब भी मैं सूट पहनता था और टाई बाँधता था, न जाने क्यों तब मेरा चरित्र भी बदल जाता था।

डॉ. हैमिल्टन यहाँ के रोटरी क्लब की वाइस प्रेसीडेण्ट थीं। आण्टी बनर्जी का एक मित्र यहाँ का पूर्वतन मेयर था। दाआबू आण्टी को जहाँ भी ले जाते, मुझे भी साथ ले जाते। आण्टी पीछे की सीट पर आराम से बैठतीं, दाआबू गाड़ी चलाते और मैं उनकी बग़ल की सीट पर बैठता। आण्टी को सामने की सीट पर बैठने की मनाही थी, अचानक ब्रेक दबाने या किसी गाड़ी को ओवरटेक करते समय उनके दिल की धड़कनें तेज़ हो जातीं। दाआबू ने मुझसे कहा है कि लन्दन लौटने के बाद मुझे मोटर ड्राइविंग स्कूल में दाख़िला लेकर ड्राइविंग सीखनी पड़ेगी। ड्राइविंग जानना बहुत आवश्यक है, ख़ासकर जब घर पर अपनी गाड़ी हो।

पिछले दो महीने पेरिस में स्वाधीन ढंग से आवारा जीवन बिताकर लौटने के बाद यहाँ मैं बन्धन में था, यह बन्धन मेरे गले की फाँस बनती जा रही थी। हालाँकि यहाँ

जो जीवन मैं जी रहा था उससे मैं ख़ुद को किसी शाहज़ादे से कम नहीं आँकता था। यूँ पेरिस जाने का एक फ़ायदा यह हुआ कि मैं अब पहले से भी ज़्यादा फ्री हो गया था। दाआबू ने स्वयं कहा, "तू नियम-शृंखला से बाहर निकलकर पूरी तरह आज़ाद था, इसी आज़ादी के कारण तेरा मन पहले से ज़्यादा खुल गया है। तेरा पेरिस जाना अच्छा ही हुआ।"

बाथ का यह मकान मुझे कारागार जैसा लगता। सुबह से शाम तक मेरे पास बहुत काम था, दम लेने की फुर्सत नहीं मिलती। काम में व्यस्त रहना मुझे अच्छा लगता, मजे से समय कट जाता। रात का भोजन साँझ के बाद जल्दी निपटाना पड़ता था, क्योंकि आण्टी भोजन करके अपने बिस्तर पर चली जातीं, फिर कोई क़िताब पढ़ते-पढ़ते सो जातीं। यह डॉक्टर की हिदायत थी कि वे जल्दी सो जायें। उन्हीं के कारण दाआबू को और मुझे भी जल्दी खा लेना पड़ता था। उसके बाद दाआबू बैठकर टी.वी. देखते, उनके और टी.वी. के दरमियान मेज़ पर ह्विस्की की बोतल होती और मय का गिलास। उनके साथ बैठकर मैंने कभी भी टी.वी. नहीं देखा था। रात आठ बजे के बाद मेरे पास कोई काम नहीं रहता, नींद भी नहीं आती, और तब मुझे बन्धन का, घुटन का अहसास होता। मुझे पेरिस की याद आती जहाँ रात के जीवन का अलग ही मजा था। अक़सर मैं मँ पारनास से सीधे क्लिशि वूलेभार पहुँच जाता और मुझे मुलाँ रुज़ के आसपास चक्कर काटने में मज़ा आता। वहाँ रास्ते के दोनों ओर अश्लीलता से भरपूर नाभी के नीचे के हिस्से का सब-कुछ प्रदर्शन करती बड़ी-बड़ी फ्रेम में मढ़ी हुई तस्वीर टँगी होतीं। हमारे देश के लोग किसी पब्लिक प्लेस में ऐसी अश्लील तस्वीरों की नुमाइश की बात सोच भी नहीं सकते, वे वहाँ जाकर देखें तो मूर्च्छित होकर गिर पड़ें। एक सभ्य देश की राजधानी में ऐसी असभ्य तसवीरें! ख़ैर, मुझे तो यह सब देखकर मज़ा आता था और काफ़ी रात तक समय मजे से बीत जाता था।

बाथ में आकर मैं जिस असमंजस में पड़ गया था, उससे निज़ात पाने के लिए मुझे कुछ नहीं करना पड़ा। कहता हूँ न कि दाआबू अन्तर्यामी हैं, मेरे भगवान् हैं, उन्होंने ही मुझे बुलाकर एक दिन कहा, "देख बीडी, हमें यहाँ लगभग महीने भर रहना पड़ेगा। तू दिन भर बहुत मेहनत करता है, तुझे विश्राम का वक़्त ही नहीं मिलता। तू घर का नौकर नहीं, तेरा भी अपना जीवन है, तुझे भी यार-दोस्त चाहिए। ऐसा कर, तू रात में भोजन करने के बाद बाहर निकल जाया कर, लन्दन की तरह यहाँ भी बार और नाइट क्लबों का अभाव नहीं है, नाइट प्रोग्राम और सिनेमाओं की भरमार है। साथ में घर की कुंजी रखना मत भूलना, फिर जब चाहे लौट आना। हमें सुबह आठ बजे के बाद बेडण्टी और ब्रेकफास्ट दे सके तो हमें कोई तक़लीफ़ नहीं।"

अन्धे को क्या चाहिए, दो आँखें। मैं यहाँ आकर अन्धा हो गया था, दाआबू ने मुझे रात में घूमने-फिरने की अनुमति क्या दे दी, मानों मुझे मेरी आँखें लौटा दीं। अब

मैं घर बैठे ऊबते रहने के बजाय बाथ में रात का क्या आकर्षण है देखने के लिए आज़ाद था।

बाथ में कई भारतीय रेस्तराँ थे। उनमें 'यमुना' की अच्छी साख़ थी। टेलीफ़ोन करने पर वे घर पर सामान भेज देते। वहाँ के मालिक और कर्मचारी मिलनसार थे। हमें मसालेदार मांस और मछली यहीं से ले जाना पड़ता था क्योंकि बाथ के इस मकान में मांस-मछली नहीं पका सकते थे, आण्टी छौंकने-तलने की महक नहीं बर्दाशत कर पाती थीं, उन्हें खाँसी होने लगती, हालाँकि खाने में परेशानी नहीं होती थी। सुबह हैम और आमलेट बनाते समय भी मुझे ओवन के ऊपर का वेण्टिलेटर पूरी स्पीड में चला देना पड़ता था ताकि कमरे में धुँआ या महक़ न फैले। यमुना रेस्तराँ में बने व्यंजन दाआबू और आण्टी दोनों को ही प्रिय थे।

इसी यमुना रेस्तराँ में एक दिन मिस्टर स्मिथ मिटर नामक एक सज्जन से मेरा परिचय हुआ। मैंने यहीं उन्हें कई दिन देखा था, चेहरे से भारतीय लगते थे। एक दिन उन्होंने ख़ुद ही मुझसे परिचय किया। उन्होंने मुझसे पूछा, "इण्डियन?"

"हाँ।"

"कौन शहर?"

"कोलकाता।"

"ओह, मैं भी वहीं से हूँ। तुम्हारा नाम क्या है?"

"भिखारी दास। लोग मुझे 'बीडी' कहते हैं।"

वे ठहाका मारकर हँस पड़े। बोले, "अज़ीब नाम है, तुम्हें मैंने इस शहर में पहले नहीं देखा।"

"मैं लन्दन में रहता हूँ। आण्टी यहाँ इलाज़ के लिए आयी हैं, हम महीने भर रहेंगे, फिर लौट जायेंगे।"

"अच्छा।" कहकर उन्होंने एक इण्डियन बियर का ऑर्डर दिया, फिर मुझे बैठाकर आत्मीय ढंग से कहा, "तुम्हारा नाम अज़ीब है, और मेरा नाम भी यहाँ के लोगों ने बदलकर अज़ीब बना दिया है। मेरा असली नाम है सुमित मित्रा, लेकिन अब वह स्मिथ मिटर बन गया है। मैं ब्रिटिश नागरिक हूँ, मेरे सभी ऑफीशियल डॉक्यूमेण्ट में मेरा असली नाम ही है। मेरी माँ मुझे शान्तिनिकेतन में पढ़ाना चाहती थीं, लेकिन मेरे पिता बहुत प्रैक्टिकल थे, उन्होंने कहा कि शान्तिनिकेतन में लड़कियाँ पढ़ती हैं, गाना-बजाना-काव्य पाठ-नृत्य-अंकन-साहित्य आदि भारतीय लड़कियों की पारम्परिक सम्पत्ति है। लड़के वहाँ रहें तो उनकी रीढ़ की हड्डी मज़बूत नहीं होगी। इसलिए पिताजी ने मुझे कोलकाता भेज दिया था, मैं भवानीपुर में चाचा के यहाँ रहता था और पार्क स्ट्रीट के एक इंग्लिश मीडियम स्कूल में पढ़ता था। आइ रियली इनज्वाएड माइ स्कूल डेज़...

परन्तु मैं इकलौता सन्तान था, माँ अधिक दिनों तक मुझसे अलग नहीं रह पायीं, दो साल बाद ही मुझे इंग्लैण्ड वापस बुला लिया।''

कुछ देर चुप रहने के बाद उन्होंने पूछा, ''तुम कोलकाता के किस इलाके में रहते थे?''

''सियालदह।''

''सियालदह... नार्थ में है या साउथ में?''

मैंने सिर खुजलाकर कहा, ''यानी कोलकाता रेलवे स्टेशन।''

''हाँ समझ गया, जहाँ प्रेसीडेन्सी कॉलेज और बुक मार्केट है। मेरे डैड असल में प्रेसीडेन्सी कॉलेज के एक्स-स्टूडेण्ट थे। एक बार मेरे अंकल यानी मेरे डैडी के ब्रदर मुझे प्रेसीडेन्सी कॉलेज तक ले गये थे, वहाँ कोई अच्छा इंग्लिश मीडियम स्कूल था। लेकिन ज़ोर की बारिश हो रही थी इसलिए मैं गाड़ी से नहीं उतरा, ड्राइवर करीम-दा ने मुझे उतरने नहीं दिया। अंकल मुझे चौरंगी ले जाकर के.सी. दास की दुकान पर आइसक्रीम खिलाते थे, उसका स्वाद ही अलग था,—तुमने खाया है कभी?''

''नहीं।''

''तुम्हारा फेवॅरिट क्या था, यानी कोलकाता में?''

''बैठकख़ाना बाज़ार की गरम कचौड़ी और सियालदह स्टेशन के फेरीवालों द्वारा बेची जानेवाली कुल्हड़ की चाय। उस चाय में हमेशा मिट्टी की महक़ रहती। उसका टेस्ट भी अलग ही होता, बहुत नेचुरल टेस्ट।''

''अच्छा, वह शायद तुम्हारे उस क्षेत्र की विशेषता हो।''

''हाँ।''

इस तरह उनसे मेरी बातचीत शुरू हुई। रात में शायद वे यमुना में ही भोजन करते थे और वक़्त गुज़ारते थे। उनसे मेरी मुलाकात होती रही और बातचीत भी। वे मुझे दिलचस्प लगे। मेरे विषय में खोदकर कुछ जानने की उन्होंने कभी कोई कोशिश नहीं की। सवाल किया, उत्तर मिला तो ठीक है, नहीं मिला तो कोई बात नहीं, प्रसंग बदल लिया। बोलते वे ही थे, मैं सुनता था। शायद उन्हें सुनाना अच्छा लगता था। शायद मुझ जैसे एक श्रोता की उन्हें ज़रूरत थी।

कुछ दिनों बाद मैंने जाना कि वे मिस्टर स्मिथ नाम से नहीं, डॉक्टर स्मिथ या डॉक्टर मिटर नाम से परिचित थे। वे पहले चिकित्सक थे, अब रिटायर हो गये हैं। एक बेटा बर्मिंघम में है, दो बेटियाँ ब्रिस्टल में। पत्नी अलग फ्लैट में रहती है। दो महीने में एक बार पूरा परिवार यहाँ के हिलटन होटल में एक सप्ताहान्त में एकजुट होते हैं। उनकी राय में उनका परिवार सुखी परिवार है।

एक दिन उन्होंने मुझे आन्तरिकता के साथ कहा, ''बीडी, तुम मुझे सुमित-दा कहा करो, मिस्टर स्मिथ या मिटर नहीं। कोलकाता में छोटे-बड़े सभी मुझे सुमित-दा कहकर

पुकारते हैं, अच्छा लगता है। कुछ बच्चों ने मुझे सुमित काका कहना शुरू किया था, मैंने उन्हें डाँट दिया था।''

मैं उनके साथ रोज़ाना रात के बारह-साढ़े बारह बजे तक अड्डा जमाता, उसके बाद रेस्तराँ का मालिक विनयपूर्वक हमें वहाँ से उठा देते। उसके बाद वहाँ से टहलते हुए पुल पर पहुँचते और वहाँ के बार में जाकर ह्विस्की लेकर बैठते। सुमित-दा ने कहा था कि उनकी नज़र में मैं एक अच्छा लड़का हूँ और मेरा साथ उन्हें अच्छा लगता है। वे रात के दो-तीन बजे से पहले सो नहीं पाते थे, यानी उतनी रात तक उन्हें नींद नहीं आती थी, इसलिए रेस्तराँ और बार में बैठे रहते। घर में वे अकेले रहते थे, उन्हें निस्संगता कचोटती।

सुमित-दा कभी-कभी अंग्रेज़ों के विषय में बताते। कहते, अंग्रेज़ एक सभ्य जाति है, शृंखलाबद्ध है, लेकिन बहुत धूर्त है, राजनीति करना ये अच्छी तरह जानते हैं। सुमित-दा पहले अंग्रेज़ों के भक्त थे, लेकिन उम्र बढ़ने के साथ ही अब स्वदेश के प्रति प्रेम भी बढ़ा है, शायद ऐसा ही होता है। उनके साथ अड्डे ने मुझे एक नयी ताज़गी दे दी थी।

एक दिन बातों-ही-बातों में मैंने सुमित-दा को बता दिया कि मेरी एक गर्लफ्रेण्ड है, लन्दन में रहती है, बहुत सुन्दर और बुद्धिमती है वह।

मेरी बात सुनकर वे चौंके। अब वे मुझे तुम नहीं, तू कहने लगे थे, उन्होंने मुझे घूरकर कहा, ''तू यहाँ क्या करता है?''

''सिर्फ़ एक महीने के लिए आया हूँ।''

''यहाँ आये कितने दिन हो गये?''

''लगभग दो सप्ताह।''

''तू वीक-एण्ड में लन्दन नहीं जाता?''

''नहीं। यहाँ से दूर भी है और ख़र्च भी बहुत लगता।''

''ख़र्च?'' कहकर सुमित-दा अपने मनीबैग से सौ पाउण्ड के दो नोट निकालकर मेरी ओर बढ़ा दिये। बोले, ''तुझे लेना ही होगा, हाँ, कल ही चला जा और वीक-एण्ड वहाँ बिताकर लौट आ। इस उम्र में बस थामे रहना पड़ता है, छोड़ा नहीं कि फिसल गयी, फिर हाथ मलेगा।''

''मुझसे फ़ोन पर रोज़ाना बातें होती हैं, वह मुझे बहुत प्यार करती है, मुझे छोड़ेगी नहीं।''

मेरी बात सुनकर वे मुस्कराए। फिर मेरे कन्धों पर हाथ डालकर खिड़की के निकट के गमले में लगे ख़ूबसूरत पत्तोंवाले एक पौधे की ओर इशारा किया, फिर कहा, ''बोल तो वह पौधा असली है या प्लास्टिक का? समझ न आये तो जाकर देख आ।''

मैं उठकर बाहर गया, एक पत्ती में नाख़ून धँसाकर देखा कि वह असली है, गमले की मिट्टी भी गीली थी। मैंने लौटकर कहा कि वह असली है, प्लास्टिक की नहीं है।''

"यानी वह जीवित है, है न? और उसे जिलाये रखने के लिए टेलीफ़ोन करने से कोई फ़ायदा नहीं, उसकी जड़ को सींचना पड़ेगा, समय से। ठीक मात्रा में ठीक समय पर पानी न मिले तो वह बचेगा नहीं। असल में हमारे दोनों पाँव जड़ नहीं हैं, जड़ और ऊपर होता है, उसी जगह पानी सींचना पड़ता है, और तू न सींच पाये तो जो पानी देगा, वही लेगा।" इतना कहकर उन्होंने गिलास उठाकर होंठों से लगाया और स्थिर दृष्टि से मुझे देखते रहे, लगा कि वे बहुत दूर का कोई दृश्य देख रहे हैं।

मैं थोड़ा सकपकाया। उनकी सारी बातें मैं समझ तो नहीं पाया था लेकिन वे क्या कहना चाह रहे थे इसका मुझे अन्दाज़ हो गया। मैंने उन्हें आश्वस्त करने के लिए कहा, "मेरी एलिस मुझे छोड़कर किसी को नहीं लेगी, वह बहुत सिन्सियर है।"

"अरे बाबा, यह सिन्सियरिटी का मामला नहीं है,—मामला है आवश्यकता का, बॉयोलॉजिकल नीड की।"

"बॉयोलॉजिकल मतलब?"

"यानी शरीर के लिए जिस चीज़ की ज़रूरत हो, ज्यों प्यास लगी हो तो अभी पानी पीना है, अगले दिन पीने से चलेगा? जा, इसी वीक-एण्ड में जाकर पानी डाल आ, पाउण्ड को अपने काम में लगाते।"

सुमित-दा बहुत शिक्षित थे और दाआबू की तरह माइ डियर। उनकी बातों से मेरा दिल बैठ गया, सर्वनाश हो जायेगा मेरा अगर एलिस को मैं खो दूँ। मैं सोच भी नहीं पा रहा था कि एलिस का मुझे छोड़ देना, किसी और लड़के के साथ सोना भी सम्भव हो सकता है। मेरी नींद ग़ायब हो गयी।

अगले दिन सुबह जलपान के बाद मैंने सौ पाउण्ड के दोनों नोट दाआबू को दिखाकर उन्हें सुमित-दा के बारे में बताया और यह भी कहा कि उन्होंने मेरे मन में एलिस को खोने का भय पैदा कर दिया है।

दाआबू बोले, "डॉक्टर मिटर से मेरा परिचय नहीं है, किन्तु मैंने उनका नाम सुना है। वे हाल ही में रिटायर हुए हैं, परिवार के साथ कुछ अनबन चल रही है, ऐसा मैंने सुना है। लेकिन सभी कहते हैं कि वे बहुत अच्छे इन्सान हैं। पटेल, जो मेरे पास आता है, उनका दोस्त है।"

"सो तो ठीक है, अब मैं इस दो-सौ पाउण्ड का क्या करूँ।"

"रख ले। तू भिखारी है, उन्होंने दिया है, तू रख लेगा, इसमें समस्या क्या है?"

"उन्होंने मुझे लन्दन जाने के लिए दिया है। वहाँ न जाऊँ और पैसा भी रख लूँ, यह ठीक नहीं लग रहा।"

दाआबू ने मुझे लगभग धकेलकर सोफा पर बैठा दिया, फिर ख़ुद बग़ल में बैठकर बोले, "सुन! असल में सब लोग दाता बनना चाहते हैं, औरों को कुछ देना चाहते हैं, ठीक जगह देने का एक अलग ही आनन्द है। यहाँ दाता हैं, यानी जेब में पैसे हैं, दान

करना भी चाहते हैं, लेकिन देने का अवसर नहीं मिलता। डॉक्टर मिटर को देने का मौक़ा मिला, दे दिया। क्यों दिया, यह प्रश्न नहीं है, देने के आनन्द में दिया, बस, और कुछ नहीं। दो सौ पाउण्ड तो बहुत बड़ी रक़म है। ठीक है, उन्होंने ख़ुशी मन से दिया है, तू भी ख़ुशी मन से रख ले।''

मेरा मन कुछ खटकता रहा, लेकिन दाआबू मेरे हितैषी और सलाहकार थे, अतः मैंने उनका सुझाव मान लिया।

आण्टी बहुत हसीन थी, जब हँसती तो देखनेवालों का मन रीझ जाता। दाआबू मज़ाक में कहते, 'बढ़िया माल' है। लेकिन मेरे पेरिस से प्रत्यागमन के बाद से वे पहले जैसी खुशहाल नहीं थीं, कोई चिन्ता बादलों की तरह उन पर मण्डराने लगी थी। आण्टी के कारण दाआबू भी चिन्ताग्रस्त थे। उन्हें क्या बीमारी थी यह मुझे नहीं मालूम था, मालूम होता भी तो मैं उसे समझ नहीं पाता। घर की आबोहवा कुछ बोझिल हो उठी थी। और एक सप्ताह के बाद डॉक्टर साहब यह सुझाव देंगे कि आण्टी की बीमारी का निदान कैसे हो। अभी जाँच-पड़ताल का दौर ख़त्म नहीं हुआ था।

मैं दिन भर व्यस्त रहता, रात में जी बहलाने के लिए सुमित-दा के पास चला जाता। सुमित-दा ख़ूब खुलकर बातें करते थे, मेरे अशिक्षित होने से उन्हें फ़र्क़ नहीं पड़ता था, वे कभी मेरी तौहिनी नहीं करते थे। मुझे उन्होंने कभी छोटा नहीं समझा।

उस रात हिलटन होटल के सामने की बार में रात दस बजे मेरी उनसे मिलने की बात थी। मैं पहुँचा तो उन्होंने उनके बग़ल में बैठे एक सज्जन से मेरा परिचय कराया, कहा कि वह व्यक्ति फुटबाल एसोसिएशन के एक लीडर हैं। उस सज्जन ने मुझे एक कार्ड थमाते हुए कहा, ''वेलकम टू आवर क्लब, कल चले आना, मैं वहाँ रहूँगा।'' इतना कहकर उन्होंने अपने गिलास की शेष ह्विस्की एक साँस में गटक लिया और तेज़ी से वहाँ से निकल गये। लगा कि वे बहुत जल्दी में थे। उनके जाते ही सुमित-दा बोले, ''उन्होंने तुझे जो कार्ड दिया, वह क्लब का मेम्बरशिप कार्ड है, मैंने तुझे फुटबाल एसोसिएशन का वार्षिक सदस्य बना दिया है, मैं वहाँ का लाइफ मेम्बर हूँ। तू अभी यंग है, बार में समय न बिताकर यंग ग्रुप से मेल-जोल करके तुझे जो आनन्द मिलेगा, उससे तेरा लाइफ स्टाइल बदल जायेगा।''

''मुझे मेम्बर बनाने के लिए तुमने कितने पैसे ख़र्च किये?''

''मैंने कितना ख़र्च किया—इससे तुझे क्या मतलब? तू मेरा छोटा भाई है।''

उनके इस उत्तर के बाद मैं और क्या कहता? मैंने कार्ड पर निगाहें फेरीं। यह कार्ड बैंक के कार्ड जैसा था, रंग-बिरंगी एक फुटबाल की तसवीर, ऊपर मेरा नाम लिखा था—भिखारी दास, नं. 0096420 डी। सपोर्टर, मैनचेस्टर यूनाइटेड। अपना नाम अंकित देखकर मैं ख़ुद ही मुग्ध हुआ। सुमित-दा ने सतर्क किया, इसे खोना नहीं और

किसी को भी देना नहीं, यह सिर्फ़ तेरे लिये है। मैं समझ गया कि इसे अपने पासपोर्ट जैसा ही सँभालकर रखना है।

अगले दिन मैंने दाआबू को वह कार्ड दिखाया तो वे उछल पड़े, बोले, "यह क्या, बन्दर के हाथ में आईना! अरि बाप रे, तेरे सुमित-दा ने तो तुझे एकबारगी एकदम ऊपर उठा दिया है, मेरा ख़याल है कि तू इस कार्ड का महत्त्व अभी तक समझ नहीं पाया होगा। सुन, आज रात मैं भी तेरे साथ बार में जाऊँगा, मिस्टर मिटर को धन्यवाद देना है।" दाआबू इतने उच्छ्वासित थे कि आण्टी भी दौड़ी आयीं, बोलीं, "मुझे दिखाओ...ओह माइ गॉड! मैनचेस्टर यूनाइटेड!"

मैं समझ गया कि वह कार्ड मुझसे अधिक मूल्यवान् है। सुमित-दा के स्नेह ने मुझे बड़ा बना दिया है। दाआबू भी मिस्टर मिटर की तारीफ़ करने लगे। वे बार-बार कार्ड को उलट-पुलट कर देखते और फिर मुझे घूरते, फिर बोले, "साला, यह क्या हो गया तेरे साथ? तू तो उठ गया ऊपर!" मैं भी समझ गया कि मैं ऊपर उठ गया हूँ, लेकिन ऊपर उठकर मैं कहाँ पहुँचा हूँ, यह बात मैं समझ नहीं पाया।

रोज़ सुबह नाश्ता कर लेने के बाद आण्टी और दाआबू अख़बार पढ़ते, फिर नौ बजे और एक कप चाय पीकर वे निकल जाते। वे आण्टी को थेर्मा बाथस्पा नामक यहाँ के अति प्राचीन और प्रसिद्ध स्नान-घर में ले जाते जहाँ गर्म पानी का फौव्वारा था, वह पानी सीधे भीतर की बड़ी टंकी में भर लिया जाता था। वहाँ स्नान करने से कई बीमारियों से छुटकारा मिल जाता है। राजघराने के बहुतों ने आकर वहाँ स्नान किया है। यहाँ का स्नान रोमन बाथ कहलाता है। इस स्नानघर के कारण ही शहर का नाम बाथ पड़ा। डॉक्टरों की हिदायत के अनुसार आण्टी रोज़ वहाँ स्नान करतीं, फिर वहीं भोजन करतीं। उस दिन आण्टी को लन्दन रोड के बाथस्पा में छोड़कर दाआबू लौट आये। उन्होंने मुझे गाड़ी गैरेज में रखने को कहा। आजकल यह काम मैं करता था क्योंकि उनके गर्दन में दर्द था, पीछे मुड़कर देखने में उन्हें तक़लीफ़ होती थी।

मैं कमरे में आया तो दाआबू बोले, "डॉक्टर मिटर को टेलीफ़ोन कर, बोल कि मैं उनसे बात करना चाहता हूँ।"

मैंने फ़ोन मिलाया, "सुमित-दा, मैं बीडी बोल रहा हूँ।"

"हाँ, बोल।"

"मेरे डैडी तुमसे बात करना चाहते हैं।"

"अच्छी बात है, बात कराओ।"

दाआबू ने फ़ोन थामकर कहा, "गुड मॉर्निंग डॉक्टर मिटर! बीडी को उत्साहित करने के लिए बहुत-बहुत धन्यवाद।"

"मैंने ख़ास कुछ नहीं किया, वह बहुत अच्छा लड़का है।"

कुछ औपचारिक बातों के बाद दाआबू ने सुमित-दा को रात में साथ भोजन करने का निमन्त्रण दिया। उन दोनों को ही यमुना रेस्तराँ का खाना पसन्द था, लेकिन आण्टी

के लिए दिक़्क़त थी कि डॉक्टर ने उन्हें स्पाइसी फूड की मनाही कर दी थी। उन्होंने रात में यहाँ के एक अति प्राचीन रेस्तराँ सैली लून में बैठना तय किया। इस रेस्तराँ का पावरोटी-बॅन और केक बहुत प्रसिद्ध था जो लन्दन भेजा जाता था। सन्ध्या के बाद अमीर और बुद्धिजीवी यहाँ डिनर के लिए आते। यहाँ इंगलिश डिश बनता। दाआबू ने वहाँ के नान-स्मोकिंग क्षेत्र में चार लोगों के लिए सीट बुक करा लिया।

शाम सात बजे हम रेस्तराँ पहुँचे। सुमित-दा पहले ही पहुँच गये थे। उनसे मिलकर दाआबू और आण्टी बहुत ख़ुश हुए। यह रेस्तराँ यहाँ का सबसे प्राचीन रेस्तराँ था, लगभग चार सौ साल पहले वहाँ पावरोटी बनाने का कारख़ाना था। वे पुराने कमरे और गुफानुमा कोठरियाँ वैसी ही थीं जिन्हें अब एक आकर्षक अजायबघर बना दिया गया था। यह रेस्तराँ ख़ास अंग्रेज़ घराने का था, वहाँ की शिष्टता आदि सब मौलिक ब्रिटिश स्टाइल की थी। क्षुधावर्द्धक मदिरा के साथ ही मेन्यू कार्ड दिया गया। दाआबू सुमित-दा को आण्टी की बीमारी और चिकित्सा के विषय में विस्तृत जानकारी देते रहे। वे बातें मेरी समझ से परे थीं, इसलिए मुझे बोरियत होती रही। लेकिन स्टार्टिंग से लेकर डेज़र्ट तक हमने जो कुछ खाया-पीया वह निस्सन्देह इस शहर का सबसे उम्दा खाना-पीना था।

अन्त में कुछ चर्चा मेरी भी चली। दाआबू ने सुमित-दा से कहा कि मैं उनका अडॉप्टेड बेटा हूँ।

सुमित-दा बोले, ''बीडी बहुत अच्छा लड़का है, उससे बातें करना अच्छा लगता है। इतना यंग है, इसलिए मैंने सोचा कि बार में बैठकर अड्डा मारने के बजाय उसे स्थानीय यंग ग्रुप से मेलजोल करना चाहिए, इसीलिए मैंने आपसे बिना पूछे-जाँचे उसे फुटबॉल एसोसिएशन की मेम्बरशिप दिला दी, उसका समय भी कटेगा और एक नयी सोसाइटी से भी जुड़ेगा।''

''बहुत अच्छा किया आपने, यह उसके लिए बहुत बड़े सम्मान की बात है, ऐसा सौभाग्य सबका नहीं होता।'' दाआबू ने उत्तर दिया।

रात के ग्यारह बजे के आसपास हम घर लौट आये।

फुटबॉल एसोसिएशन में जाने के लिए मेरा मन उतावला होने लगा था। शायद दाआबू का उत्साह मुझसे भी अधिक था। अगले दिन वे मेरे लिये ज़ेब्रा शर्ट, शैगी पैण्ट और अनोरक जैकेट ख़रीद लाये, बोले कि वहाँ सूट नहीं, इज़ी स्पोर्ट्स ड्रेस पहनकर जाना चाहिए।

सुमित-दा के सुझाव के अनुसार मैं रात साढ़े आठ बजे क्वीन स्क्वॉयर के ओल्ड स्वान बार में दाख़िल होकर वहाँ के बारमैन से कहा कि मैं एसोसिएशन का नया मेम्बर हूँ।

"वेलकम!" उसने कहा, "बायीं ओर की लॉबी एसोसिएशन के मेम्बरों के लिए है।" उसके बाद उसने किसी को आवाज़ दी, "हे लीज़, लुक, अॅ न्यू मेम्बर।"

बारमैन का इशारा पाकर मैं बायीं ओर बढ़ा तो एक लड़की ने मुझे स्वागत कहा। वह लीज़ थी, चेहरा बहुत कुछ एलिस जैसा। उसने मेरा परिचय एक दुबले-पतले हँसमुख व्यक्ति से कराया जिसका नाम जेसन था, वह स्थानीय संस्था का सचिव था। मेरा कार्ड देखकर जेसन बोला, "वाव! मैनचेस्टर यूनाइटेड!" फिर उसने बार में उपस्थित लोगों को बताया, "ये हमारे एक गेस्ट-मेम्बर हैं मिस्टर भिखारी दास।" सबने तालियाँ बजाकर मुझे स्वागत जताया।

बार में अधिक लोग नहीं थे, कुल पन्द्रह के क़रीब, उनमें सात-आठ टीन-एजर जिनके पहनावे में मिनी जूप और स्ट्रैपलेस ड्रेस, वे सब हसीन, सेक्सी और आकर्षक थीं। ऐसे वातावरण में मैं आमतौर पर चुप ही रहता हूँ, क्योंकि मेरी हीन-भावना सिर उठा लेती। मैंने खड़े-खड़े बियर लेकर दो-चार लोगों से कुछ फ़ालतू बातें कर समय बिताया। मेरे लिये यह परिवेश नया था, मुझे यहाँ तालमेल बिठाने में कुछ समय तो लगेगा ही। मेरी सबसे बड़ी मुसीबत यह थी कि मैंने मैनचेस्टर यूनाइटेड का कोई मैच मैदान में क्या, टी.वी. स्क्रीन पर भी नहीं देखा था और न ही टीम के किसी खिलाड़ी का नाम ही जानता था। जिससे भी दो-चार बातें होतीं वह मुझे मैनचेस्टर यूनाइटेड का सपोर्टर मानकर ही पूछता कि टीम के खिलाड़ियों में कौन मेरा फेवॅरिट है, टीम ने इस साल सर्वश्रेष्ठ प्रदर्शन कहाँ किया, अब जो नये प्लेयर लिये गये हैं उनके बारे में मेरी राय क्या है, पुराने अच्छे प्लेयर डिक क्यों टीम छोड़ रहे हैं आदि। स्वाभाविक प्रश्न था। मैंने उन्हें गोल-मटोल उत्तर दिया, "मैं अपनी टीम के सभी प्लेयरों को पसन्द करता हूँ। असल उद्‌देश्य है जीतना, जो गोल दाग दे वही मेरा प्रिय है।"

जेसन ने अचानक घोषणा की, "नया बोजले मँगाने के उपलक्ष्य में आप सभी कल इस बार में फ्री ड्रिंक के लिए आमन्त्रित हैं।" सबने टेबिल थपथपाकर इस घोषणा का स्वागत किया।

तीन गिलास बियर पीकर और लगभग दो घण्टे वहाँ बिताकर मैं घर लौटा।

मैंने मन-ही-मन सोचा, यह क्लब मेरे लिये नहीं है।

अगले दिन मैंने दाआबू को क्लब के बारे में अपनी मनःस्थिति बतायी तो वे बोले, "कल पहला दिन था, कुछ अजीब लगेगा ही। क्लब बुरा नहीं है, जाते रहा कर। हमारे देश में मोहनबागान और ईस्टबंगाल क्लब को लेकर अड्डा, बहस चलता है और खेल के मैदान में तो मारपीट तक की नौबत आ जाती है, वह भी एक जीवन है। देखता नहीं, क्रिकेट मैच शुरू होते ही हमारे जीवन का छन्द बदल जाता है। यहाँ भी, इंग्लैण्ड की फुटबॉल टीम बाहर जाते ही उसके सपोर्टर लोग भी टीम का उत्साह बढ़ाने के लिए वहाँ पहुँच जाते हैं। लेकिन हाँ, यहाँ के सपोर्टर जैसी गुण्डई पर उतर आते हैं, वैसा

भारत में आमतौर पर नहीं होता। तू वहाँ जा, लेकिन सावधान रहना, किसी भी क्लब के क्लाइण्ट सपोर्टर से उलझना नहीं। बाथ में शायद वैसे हुलिगन का दल नहीं है, यह शहर पुराना जॉर्जियन टाउन है, यहाँ के लोग ऐरिस्टोक्रैट हैं, वे पारम्परिक रॉयलिस्ट हैं, गुण्डई नहीं करते।''

दाआबू की प्रेरणा से मैं शाम को क्लब गया। वहाँ बोजले शराब के स्वागत में एक लम्बी मेज़ पर सफ़ेद चादर बिछाकर उस पर लगभग सौ बोतल सुन्दर ढंग से सजाकर रखे गये थे और उन्हें अंगूर के पत्ते, अंगूर की जड़ और रंग-बिरँगे पत्तों द्वारा सजाया गया था।

आज का आमन्त्रण प्रख्यात फ्रान्सीसी शराब बोजले का मार्केट में उपलब्ध होने का उत्सव था। हर साल इसी समय यह शराब दुनिया के हर बड़े शहरों को भेजा जाता। यूरोप, ख़ासकर फ्रान्स के शराब भक्त लोग इस दिन का इन्तज़ार करते रहते। हर साल इसी समय दाआबू बोजले की दो दर्जन बोतलें ख़रीदकर घर ले आते। शराब के स्वाद के जो लोग विशेषज्ञ हैं, उनका कहना है कि बोजले का स्वाद हर साल बदल जाता है। इस शराब को दुनिया का सर्वश्रेष्ठ शराब माना जाता है।

आज क्लब में लगभग सत्तर-अस्सी लोग उपस्थित थे। लीज़ ने यहाँ की पद्धति के अनुसार मेरे गालों को चूमकर कहा, ''जेसन शायद तुम्हें कुछ बोलने के लिए आग्रह करेंगे, तैयार रहना।'' तब तक माइक पर जेसन की आवाज़ गूँजी, उन्होंने मेम्बर, नये मेम्बर तथा गेस्ट मेम्बरों का स्वागत किया। बार के मालिक ने, जो फ्रेन्च रसोइया की तरह सिर पर लम्बा सिरस्त्राण पहने हुए थे, सबको वेलकम कहकर एक बोतल खोला, उसके बाद उनके सहकारियों ने लगातार और बोतलें खोलीं और ट्रॉफ़ी-गिलासों में उड़ेला। दूर में बार की मेज़ पर शैम्पेन की दो बोतलें भी खोली गयीं। इसके बाद जेसन ने छोटे बटन जैसे बिना तारवाले माइक को मेरी कमीज़ की जेब के साथ लगाकर मुझसे कहा, ''तुम कुछ बोलो।''

सहसा मेरे चेहरे का रंग उड़ गया। यूँ भी मैं हमेशा हीनभावना का शिकार रहा हूँ। मैंने पैग उठाकर एक चुस्की हलक़ के नीचे उतारी और बोजले की बोतलों को देखते हुए मुझे पेरिस के मित्र ज़ँ की याद आयी जिसने मुझे फ्रेन्च शराबों के बार में बहुत कुछ बताया था। मैंने कहना शुरू किया, ''सॉरी, मैं बिलकुल नया मेम्बर हूँ, मुझे ख़ास कुछ नहीं कहना है क्योंकि आप सब मुझसे अधिक जानकारी रखते हैं। आज की इस बोजले पार्टी के लिए मैं आयोजकों को धन्यवाद देता हूँ। मैं हाल ही में पेरिस से लौटा हूँ, आप मुझे चन्द मिनट समय दें तो मैं इस बोजले शराब के बारे में संक्षेप में कुछ कहना चाहूँगा। बोजले दरअसल फ्रान्स के एक क्षेत्र का नाम है, उस क्षेत्र में अंगूर के बहुत से खेत हैं और अंगूर से शराब बनाने के बहुत से कारखाने जिनमें बारह क़िस्म के शराब बनते हैं। मुलाँ-आ-भँ, रेनिये, सेण्ट आमूर, बोजले आदि की गिनती वहाँ के सबसे उम्दा

शराबों में होती है। बोजले नूभो नाम से हर साल जो शराब बाज़ार में आती है वह असल में दो प्रकार के बोजले का मिश्रण है। इसकी ख़ासियत यह है कि इसका सेवन कभी भी किसी भी मेन्यू के साथ किया जा सकता है। अंगूरी शराब जितनी पुरानी होगी, उतनी ही स्वादिष्ट होगी। इसलिए उसके संरक्षण के लिए बड़े-बड़े खोह की ज़रूरत पड़ती है, तभी फ्रान्स के अधिकांश नामी पुरानी शराब के कारख़ाने पुराने दुर्गों में बने हैं। अस्सी-नब्बे साल पुराने अंगूर के पेड़ों से प्राप्त अंगूर ही स्वादिष्ट अंगूरी शराब के लिए उत्तम होता है। आपने मुझे जो वक़्त दिया, उसके लिए बहुत-बहुत धन्यवाद।''

लोगों ने तालियाँ ज़रूर बजायी, लेकिन मुझे लगा कि इन तथ्यों से सभी लोग अवगत थे, मैंने कोई नयी जानकारी नहीं दी थी। भाषण देना एक अलग ही कला है, इसके लिए ज्ञान की आवश्यकता होती है। मास्टर जी कहते थे, गधा अगर ज़्यादा बोलेगा तो कोई उसे सुनेगा नहीं, बल्कि कानों में उँगलियाँ डालकर भाग जायेंगे। यहाँ मैं भी अगर और कुछ कहना चाहता तो मेरा भी गधे जैसा हाल होता।

जिस मेज़ पर फ्रेन्च शैम्पेन खोला गया था, उधर ही भीड़ कुछ अधिक थी। लोग पी रहे थे, आपस में बातचीत कर रहे थे। खेलकूद पर कहीं ख़ास चर्चा नहीं हो रही थी। माहौल साधारण मेलजोल का था। मैच के दिनों में अधिक भीड़ होती, उस दिन दीवार पर टी.वी. स्क्रीन लगाकर डायरेक्ट टेलीकास्ट की व्यवस्था की जाती। उस दिन चहल-पहल और उत्तेजना अपनी पराकाष्ठा पर होती और टीम जीत जाये तो जो शोर उठता वह बहुत दूर तक सुनायी देता।

कॉकटेल पार्टी बुरी नहीं थी। मुझे अच्छी लगी। मुझे महसूस हुआ कि जो लोग वहाँ के मेम्बर हैं वे सभी धनी हैं, बात-बात पर एक दूसरे को ड्रिंक ऑफर करते हैं।

वहाँ जो टीन-एजर आते हैं, वे मेज़ बदल-बदलकर साथी तलाशते रहते हैं।

और दो दिनों के बाद अचानक मुझे स्थानीय हिलटन होटल की पार्टी में शरीक़ होने का निमन्त्रण मिला। यह होटल हमारे फ़्लैट के क़रीब ही था। इंग्लैण्ड की टीम इटली जा रही थी वर्ल्ड कप क्वॉलिफाइंग मैच खेलने के लिए। प्रस्थान से पूर्व टीम के खिलाड़ी तीन दिन के लिए बाथ आकर हिलटन होटल में रहेंगे, मसाज़ और रिलैक्सेशन के लिए। उनकी सम्मान में और उनकी सफलता की कामना में एक पार्टी दी जा रही थीं जिसमें स्थानीय तथा ब्रिटिश फुटबॉल एसोसिएशन के सदस्य शामिल होंगे। सदस्य खिलाड़ियों का हौसला बढ़ायेंगे।

मुझे हिलटन शाम के सात बजे पहुँचना था। उत्सुकतावश मैं दिन में एक बार उसके सामने से गुज़रा। होटल को एक नये रूप में सजाया गया था। बाहर काफ़ी पुलिस थी, ऑटोग्राफ़ माँगनेवालों को पुलिस सँभाल रही थी।

दाआबू ने चुटकी ली, ''आज हम बीडी को कुछ नहीं कह सकते, वह आज हिलटन का वी.आई.पी. है।'' पहले मैं किसी भी ख़ास पार्टी में गया हूँ तो उन्हीं के

संग। यह मेरे जीवन का पहला मौक़ा था जब निमन्त्रण पत्र मेरे नाम से था। मुझे कुछ गर्व का अहसास हुआ।

(16)

मैं शाम के सात बजे से पहले ही हिलटन होटल के जूकोता रेस्तराँ के हॉल में पहुँच गया। फुटबॉल एसोसिएशन के चीफ़ एक्ज़ीक्यूटिव मिस्टर कूपर अतिथियों की अभ्यर्थना में जुटे थे। मेरा कार्ड लेकर वे बोले, "वाह, आप भी मैनचेस्टर यूनाइटेड के समर्थक हैं। यहाँ आने के लिए आपको धन्यवाद।" उनके बग़ल में खड़ी एक युवती ने मेरा कार्ड एक सुन्दर प्लास्टिक के आवरण में डालकर उसे मेरी कमीज़ की जेब में यूँ लगा दिया कि वह सबको दिखायी पड़े। फिर मुस्कराकर बोली, "कार्ड इसी तरह रखियेगा, इससे सिक्योरिटी कण्ट्रोल में आसानी होती है।"

आगे बढ़ने पर भीड़ में जेसन, लीज़ तथा और कुछ परिचित चेहरे दिखायी पड़े। मैंने शैम्पेन ली, एक सर्वर के प्लेट से एक टोस्ट भी उठा लिया। अपने इर्द-गिर्द देखकर मुझे लगा कि वहाँ मेरी उपस्थिति कबूतरों के बीच किसी कौए जैसी थी।

मिस्टर कूपर माइक पर एक-एक करके इंग्लिश टीम के प्लेयरों का नाम लेने लगे और अपना नाम सुनकर वे प्लेयर, जो जहाँ था, हाथ ऊपर उठाकर अपनी उपस्थिति दर्ज कराने लगे। मुझे बहुत अचरज हुआ कि इतने नामी-गिरामी खिलाड़ियों को इतने क़रीब पाकर भी किसी ने उन्हें नहीं घेरा। मैं टी.वी. पर कभी-कभी फुटबॉल मैच देखता ज़रूर था, लेकिन किसी भी प्लेयर को नहीं पहचानता था, यहाँ तक कि मैनचेस्टर यूनाइटेड के प्लेयरों को भी नहीं। यह फुटबॉल टीम न होकर क्रिकेट टीम होती तो मेरे लिये थोड़ा आसान होता, क्योंकि दाआबू मुझे क्रिकेट के बारे में बताते रहते थे।

अचानक किसी ने मेरा कन्धा छुआ। मैंने मुड़कर देखा तो भौचक रह गया। वह एक अधेड़ उम्र की सुन्दर महिला थी। उनका हाथ तब भी मेरे कन्धे पर था।

"तुमने मुझे पहचाना नहीं?" उन्होंने पूछा। मैंने उन्हें ग़ौर से देखा और अपनी स्मृति खँगालने की कोशिश की। मेरा उत्तर न पाकर वे ख़ुद बोली, "मैं मिसेज़ बनर्जी, यानी तुम्हारी आण्टी का डॉक्टर हूँ, डॉक्टर रॉबसन।"

"ओह, आप! सॉरी, वहाँ मैंने हमेशा आपको सफ़ेद ड्रेस में देखा है, आज बिलकुल अलग और बहुत सुन्दर दीख रही हैं, पहचानता कैसे?"

"थैंक यू। मैं इंग्लैण्ड का सपोर्टर हूँ, और तुम?"

मैंने जेब में लगे अपने कार्ड की ओर इशारा किया।

डॉ. रॉबसन बोलीं, "वाव, दैट्स ग्रेट, तुम डॉक्टर स्मिथ मिटर को जानते हो वे भी मैनचेस्टर यूनाइटेड के सपोर्टर हैं, फुटबॉल एसोसिएशन के बहुत पुराने मेम्बर हैं।"

"हाँ, उनसे परिचय है। असल में मुझे मेम्बर उन्होंने ही बनवाया।"

"देखो तो, उस कोने की मेज़ पर एक इण्डियन बैठे हैं, उन्हें पहचानते हो या नहीं।"

उनका इशारा पाकर उधर देखा तो पाया उस मेज़ पर सुमित-दा ही बैठे थे। मैंने डॉक्टर रॉबसन को धन्यवाद कहकर सुमित-दा की ओर का रुख़ किया।

डॉक्टर रॉबसन बाथ हेल्थ सेन्टर की एक डॉक्टर थीं। वहाँ अनेकों बार उनसे मेरा सामना हुआ है, किन्तु कभी उनसे मेरी बातचीत नहीं हुई।

मैं सुमित-दा के सामने पहुँचा तो वे बोले, "हाय भिखारी, इनसे मिलो, ये हैं केनी, एवरटन के नामी प्लेयर, हालाँकि अभी उम्र बहुत कम है।"

"आपसे मिलकर ख़ुशी हुई।" कहकर मैंने हाथ मिलाया।

"ये हैं रीता। रीता, मैंने तुम्हें इसी लड़के के बारे में बताया था, भिखारी दास, कोलकाता का है, बहुत शान्त, शिष्ट और अच्छा लड़का है।"

"मिलकर ख़ुशी हुई," कहकर उनसे भी हाथ मिलाया, फिर धीरे-धीरे आगे बढ़ गया। सुमित-दा के अग़ल-बग़ल कोई कुर्सी खाली नहीं थी। और हो सकता है कि रीता उनकी ख़ास कोई हो, उन्हें डिस्टर्ब न करना ही उचित होगा।

आगे बढ़ने पर लीज़ मिली। उसने पूछा, "तुमने डिनर के लिए अपनी मेज़ चुन ली है?"

"नहीं तो!"

"देखो, इधर सभी मेज़ पर नाम पड़ गये हैं। आओ..." कहकर वह मुझे रिसेप्शन तक ले गयी, वहाँ एक मेज़ पर रखे कुछ कार्डों में से उसने भिखारीदास लिखा कार्ड निकालकर मुझे थमाया, फिर बोली, "जाओ, चुन लो, जो कुर्सी खाली मिले वहाँ पर यह कार्ड लगा देना।"

"धन्यवाद, मुझे नहीं मालूम था।" मैंने कहा।

मैं कार्ड लेकर मेज़-दर-मेज़ घूमता रहा, फिर अचानक डॉक्टर रॉबसन से पुनः भेंट हो गयी। वे बोलीं, "तुम्हें जगह नहीं मिली तो यहाँ आ सकते हो, हमारी मेज़ पर अब भी दो सीट खाली हैं।"

"असंख्य धन्यवाद।" मैंने कहा। डॉक्टर की बग़ल में बैठने में मुझे संकोच हो रहा था।

वे बोलीं, "मेज़ों की आकार के अनुसार वहाँ प्लेयरों के नाम लगाये गये हैं। सभी लोग अपने चहेते प्लेयर के साथ बैठना चाहते हैं क्योंकि वे फैन हैं, इसलिए वे मेज़ पहले से रिज़र्व कर लिये जाते हैं।"

माइक पर घोषणा की गयी, "इस डिनर पार्टी में आप सभी का स्वागत है। प्लेयर यहाँ विश्राम करने के लिए आये हैं, अतः आपसे प्रार्थना है कि आनन्दोत्सव के नाम

पर आप लोग किसी प्लेयर को तंग न करें, उन्हें थका न दें। डिनर के बाद प्लेयर अपने-अपने रूम में चले जायेंगे, कोई भी मेम्बर प्लेयरों के कमरे में नहीं जायेंगे।''

इस घोषणा के बाद डिनर की शुरुआत बोजले शराब द्वारा की गयी। डिनर में शुद्ध फ्रेन्च मेन्यू सर्व किया गया । खाते-पीते डॉ. रॉबसन बड़बड़ा रही थीं, ''मैं समाज के इन धुरन्धरों को जानती हूँ, दैनन्दिन जीवन में उनके पास फुर्सत नहीं होती, जब घर लौटते हैं तो मेण्टल प्रेशर में होते हैं, तब ह्विस्की और टी.वी. उनका साथ देता है, सप्ताहान्त में बाहर जाते हैं हवाखोरी के लिए।''

उनकी बातों से मुझे सियालदह स्टेशन की याद आयी जहाँ मेरे बहुत से लाल कमीज़वाले मित्र थे, बिहारी, अनपढ़, वे क़ुली का काम करते और उनके पास क़ुली के लाइसेन्स का एक नम्बर प्लेट होता जो वे बाहों में बाँधते। बिना नम्बरवाले क़ुली भी बहुत थे। यात्रियों के भारी-भरकम सामानों का बोझ उनके सिर पर होता। उनके सिर के बोझ से मैं परिचित था, लेकिन विलायत में आकर जाना कि यहाँ के विद्वान, डॉक्टर, इंजीनियर वगैरह के भी, जिनके सिर के ऊपर कुलियों जैसा बोझ तो नहीं होता, किन्तु सिर के अन्दर दिमाग़ नामक चीज़ पर बहुत बोझ रहता है जिसे वे मेण्टल प्रेशर कहते हैं। यह बात मैं समझ नहीं पाया था तो दाआबू से पूछा था। उन्होंने कहा था, ''तेरे जैसे गधों की पीठ पर बोझ होता है, दिमाग़ पर कोई दबाव नहीं पड़ता।'' उनकी बात मैं समझ नहीं पाया था। बाद में एलिस ने मुझे समझा दिया था।

डिनर के बाद अचानक सुमित-दा मेरे पास आये, बोले, ''ए बीडी, आ तुझे एक चीज़ दिखाऊँ।''

वे मुझे एक खिड़की के पास ले गये। बोले, ''बाहर देख।''

मैंने बाहर झाँका। वहाँ हज़ारों की भीड़ थी और भीड़ को नियन्त्रित करती पुलिस।

मैंने पूछा, ''क्या बात है?''

''लोग खिलाड़ियों को देखना चाहते हैं, उनका ऑटोग्राफ़ लेना चाहते हैं। अभी तो भीड़ कुछ कम हो गयी है।''

''सुमित दा, मैं बहुत ही भाग्यवान् हूँ। बाहर हज़ारों लोग जिन खिलाड़ियों की एक झलक पाने के लिए बेताब हैं, अन्दर उन्हीं स्टार खिलाड़ियों के साथ बैठकर मुझे भोजन करने का अवसर मिला। मैं किन शब्दों में तुम्हें धन्यवाद कहूँ!''

''धन्यवाद मत दे। हाँ बीडी, तू नेली के साथ बैठा है?''

''नहीं तो। मैं डॉक्टर रॉबसन के साथ था।''

''एक ही बात है। रॉबसन पदवी है, नाम नेली। पुराना माल है, बढ़िया है, लगे रह! तू जानता ही होगा कि शराब जितनी पुरानी होती है, उतनी ही स्वादिष्ट भी।''

''छिः! क्या कह रहे हो सुमित-दा। वे उम्र में मुझसे बहुत बड़ी हैं, और एक नामी डॉक्टर भी।'' मैंने लज्जित होकर कहा।

"तू लन्दन में रहता है, अभी तक प्रेजुडिस से मुक्त नहीं हो पाया?"

"प्रेजुडिस मतलब?"

"मतलब पूर्वाग्रह, पुराने विचार। यह कोलकाता नहीं, ब्रिटेन है, एकदम मॉडर्न।" ऐसा कहकर सुमित-दा उस मेज़ पर वापस चले गये जहाँ वे बैठे थे। मैं भी लौटकर अपनी कुर्सी पर बैठा जब बार-ब्वॉय और बार-गर्ल प्रत्येक को बिल थमाने लगे। मैंने सोचा था कि मुफ़्त की दावत उड़ा रहा हूँ, लेकिन डिनर का ख़र्च उस कार्ड में शामिल नहीं था। ग़नीमत थी कि मेरे जेब में काफ़ी पैसे थे। बिल का भुगतान किया, पचास पाउण्ड बख़्शीश भी दी और वहाँ से उठने का उपक्रम कर ही रहा था कि डॉ. रॉबसन ने मुझे आत्मीय ढंग से कहा, "बैठो, मैं तुम्हें डाइजेस्टिव ऑफ़र कर रही हूँ।" कहकर उन्होंने एक बार-बाला से कहा, "हे गर्ल, टू पेग साके प्लीज़!"

मैं बोला, "डाइजेस्टिव एक बार ले चुका हूँ, साके स्ट्राँग तो नहीं होगा?"

"नहीं, नहीं, जापानी ड्रिंक है। हलका।"

साके के साथ डॉक्टर रॉबसन कुछ गूढ़ बातें बताने लगीं। वे कह रही थीं, मैं सुन रहा था। वे बोलीं, "सामने जो दो लड़कियाँ बैठी थीं, वे उठकर ऊपर चली गयीं। चारों ओर निगाहें घुमाकर देखो, सारे यंगस्टर दूसरी मंज़िल पर चले गये हैं, यहाँ कोई नहीं। तुम उस दल में भिड़ना नहीं चाहते थे, है न?"

उनकी ये बातें मुझे पहेली जैसी लगीं, कुछ समझ नहीं पाया था, अतः उत्तर क्या देता। मैं पहले की तरह मन्द-मन्द मुस्कराता रहा और इधर-उधर देखता रहा। फिर मैंने उनकी ओर देखा।

"तुम हिलटन की किसी पार्टी में पहले भी आये हो?"

"नहीं।"

"तभी! यानी तुम एकदम नये हो! बाहर की भीड़, ऑटोग्राफ़, कॉकटेल शो, डिनर, हुर्रे... यह सब यहाँ का पहला पर्व है जो कि पब्लिक है, यानी सबके लिए खुला। लेकिन अगला पर्व पूरी तरह प्राइवेट है, बन्द दरवाज़े के अन्दर।"

इतना कहकर तमाम डिग्रियों से लैस डॉक्टर रॉबसन ने लगभग मेरे कन्धे से सिर सटाकर बहुत धीमे से कहा, "ए, विक्की!"

"विक्की नहीं, मेरा नाम भिखारी दास है।"

"ठीक है, विक्री डँस, अब ठीक बोली?"

"लगभग। इससे फ़र्क़ नहीं पड़ता। नाम कुछ बदल भी जाये तो भी तो मैं वहीं रहूँगा।"

"हाँ, ठीक कहते हो। ग्राउण्ड फ्लोर में कॉकटेल, बॉल-डान्स, डिनर, सम्वर्द्धना आदि प्रोटोकाल, चिल्ल-पों और शोर-शराबा। दूसरी मंज़िल पर स्विमिंग पूल, हेल्थ क्लब और मसाज़ सेन्टर। चलो, तुम्हें दिखा दूँ। थोड़ा टहलना भी हो जायेगा, ख़ानाहज़म हो जायेगा।"

वहाँ से उठते ही दो सज्जन हमारे मुखातिब हुए, उनमें से एक ने कहा, "हाय नेली, बहुत दिनों बाद!"

"हाय ज़ॉर्ज! वाक़ई बहुत दिनों बाद। पिछली मुलाकात फांकिबुद्ध में हुआ था, है न? ये मेरे दोस्त हैं विक्की, मैनचेस्टर यूनाइटेड के मेम्बर।"

"परिचय पाकर अच्छा लगा।"

उसके बाद मुझे एक मिनट ठहरने के लिए कहकर डॉक्टर रॉबसन लेडीज़ टॉयलेट की ओर बढ़ गयीं। जेन्ट्स करीब में ही था, मैं भी हो आया।

वे लौट आयीं तो मैंने पूछा, "तुमने फांकिबुद्ध की बात कही, मिस्टर जॉर्ज क्या बुद्धिस्ट हैं?"

मेरा प्रश्न सुनकर वे खिलखिलाकर हँस पड़ीं और लगभग गिरने को हुईं, फिर मुझे थामकर उन्होंने ख़ुद को सँभाला। उसके बाद बोलीं, "तुम फुटबॉल का फैन होकर भी फांकिबुद्ध नहीं जानते, ताज़्जुब है। फांकिबुद्ध को बुद्ध से या बौद्ध धर्म से कोई लेना-देना नहीं है, लन्दन शहर से कुछ बाहर वह एक बार और नाइट क्लब है, पूरा नाम है फांकिबुद्ध बार। वहाँ फुटबॉल खिलाड़ियों की जमघट होती है। वहाँ जाना चाहो तो कभी मेरे संग चलना, आजकल मैं बहुत कम ही जा पाती हूँ। उम्र बढ़ रही है, आकर्षण भी घट रहा है। यूँ तुम्हें पहले से बता दूँ, वहाँ अन्दर जाने के लिए लम्बी लाइन लगती है, घण्टों लग जाते हैं, लेकिन हम डॉक्टरों के लिए पिछला दरवाज़ा खुला रहता है।"

एक व्यक्ति की ओर इशारा कर उन्होंने पूछा, "ए विक्की, तुम उस सिर मुड़ाये व्यक्ति को पहचान रहे हो?"

"नहीं।"

"सो कैसे? मैनचेस्टर यूनाइटेड के प्रसिद्ध गोलकीपर लिओ फार्दिनॉन्द को तुम नहीं पहचानते यह कैसे हो सकता है? मैं समझ गयी, तुम बहुत सतर्क हो। हाँ, वह बहुत ऐडिक्टेड हो गया है। यहाँ स्वास्थ्य-सुधार के लिए आया है। इतना अच्छा प्लेयर है, लेकिन ड्रग के व्यसन ने उसे बर्बाद कर रखा है। इसीलिए उसके फैन भी उससे क़तराने लगे हैं। तुम उसके लिए ज़रूर प्रार्थना करना। उसकी हालत माराडोना जैसी हो गयी है।"

"अवश्य।" मैंने उत्तर दिया। फिर कहा, "दूसरी मंज़िल का स्विमिंग पूल मुझे दिखलानेवाली थीं।"

वे कुछ सोच में पड़ीं। बोलीं, "पता नहीं मुझे अभी जाने देंगे या नहीं। चलो, देखते हैं।"

हम लिफ्ट के पास पहुँचे तो सुरक्षाकर्मी ने रोका, "कमरा नम्बर?"

"हम होटल में नहीं ठहरे हैं। पार्टी में आये थे।" डॉक्टर रॉबसन बोलीं।

सुरक्षाकर्मी ने मेरे मेम्बरशिप कार्ड की ओर देखकर कहा, "ओह, आप एसोसिएशन के मेम्बर हैं, आप जा सकते हैं और मैडम आप?"

"मैं डॉक्टर हूँ, मेरा जाना ज़रूरी है।"

"अवश्य! स्वागत है। दूसरी मंज़िल पर स्विमिंग पूल के साथ ही लिविंगवेल लेइज़र प्राइवेट क्लब है।"

दूसरी मंज़िल पर लिफ्ट से उतरते ही फिर एक बार सुरक्षाकर्मियों ने हमें जाँचा-परखा, तब हम लम्बे-सीधे कॉरिडोर से होकर आगे बढ़े। सामने काँच की दीवार के उस पार सुसज्जित तैरने का तालाब था। वहाँ कड़ा पहरा था, अन्दर कोई भी दाख़िल नहीं हो सकता था। किन्तु बाहर से देखने की मनाही नहीं थी। ज्यों मछलीघर में काँच के अन्दर पानी में रंग-बिरँगी मछलियाँ दिखती हैं, त्यों ही उस तालाब में खिलाड़ी दिखायी दे रहे थे, कोई तैर रहा था, कोई पानी उछाल रहा था, कोई पानी में ही कसरत कर रहा था। वे सब फुटबॉल प्लेयर थे, अतः यह दृश्य ठीक था, लेकिन वहाँ बहुत-सी हसीनायें क्या कर रही थीं? खिलाड़ी चड्ढी पहने थे और हसीनाएँ केवल-स्ट्रिंग, यानी फ़ीता जैसा कुछ। वे ओपन ब्रेस्ट या टॉपलेस थीं, यानी उनकी उरोज़ों पर कोई आवरण नहीं था। डॉक्टर रॉबसन ने गम्भीरता से मुझे बताया, "ये लड़कियाँ लेइज़र-मेट या सपोर्टर हैं।"

"वे क्या कर रही हैं, यानी उनका यहाँ क्या काम है?"

"खिलाड़ियों के मनोरंजन के लिए इन हसीनाओं को लाया गया है।"

"यानी ये किराये की हसीनायें हैं।" मैंने कहा।

डॉक्टर रॉबसन खिलखिलाकर हँस पड़ीं। बोलीं, "तुम बहुत रसिक हो।"

हमें देखकर अन्दर से एक साहब निकल आये। उनके गले में लटकता फ़ोटा-आईकार्ड बता रहा था कि वे सुरक्षा अधिकारी हैं। डॉक्टर रॉबसन ने अपना कार्ड दिखाकर कहा, "मैं डॉक्टर हूँ, यहाँ ड्यूटी पर हूँ।"

"ओ.के., सॉरी!" कहकर वह अधिकारी दीवार के जिस छेद से बाहर आया था, उसी छेद में वापस चला गया।

स्विमिंग पूल के किनारे बार था। उसके बग़ल में चित लेटकर दो खिलाड़ी कृत्रिम-किरण का आनन्द ले रहे थे। मुझे हैरानी हुई कि सामने अनावृत वक्ष की युवतियाँ बैठी हों तो कोई कैसे ख़ुद को रिलैक्स कर सकता है। वहाँ लगभग दस मिनट रुककर हमने बार के मिनी गिलास में हॉट-वाइन पी, उसके बाद नीचे उतर आये। मेरे मन में घुमड़ते प्रश्नों को शायद डॉक्टर रॉबसन ने भाँप लिया था, उन्होंने किसी अनुभवी गाइड की तरह मुझे बताया, "ये खिलाड़ी ग्रेट ब्रिटेन के प्रीमियर लीग के स्टार हैं, इनकी सफलता यानी पूरे ब्रिटेन की सफलता। ये लोग जितना स्वस्थ रहेंगे, उतना ही अच्छा खेलेंगे। यह हमारा नेशनल इण्टरेस्ट है।"

लगता था कि हॉल में बैठे लोग बैठे-बैठे थक गये थे, इसलिए काफ़ी लोग बार के इर्द-गिर्द मय का गिलास थामे खड़े-खड़े आपस में बतिया रहे थे, एक और को ड्रिंक

ऑफर कर रहे थे। इनकी बातचीत सुनने से भी फुटबॉल जगत् के बारे में बहुत जानकारी मिल जाती। इन्हीं वार्त्तालाप में कान लगाकर मैंने जाना कि फुटबॉल के खिलाड़ियों में भी ड्रग्स का सेवन दिनोंदिन बढ़ता जा रहा है। यूँ महीने में एक बार और मैच से पहले इनका स्वास्थ्य परीक्षण किया जाता है। खिलाड़ियों के लिए उन सभी ड्रग्स और दवाओं का सेवन प्रतिबन्धित है जिनसे मांसपेशियाँ उत्तेजित होती हैं अथवा शिथिल होती हैं। इन सब नामी-गिरामी राष्ट्रीय खिलाड़ियों के बाहरी और भीतरी रूप में बहुत अन्तर है। हो भी क्यों न, इन खिलाड़ियों को अपार धनराशि मिलती है, जीवन के शुरू में इन्हें भनक भी नहीं होती कि आगे चलकर वे बेशुमार दौलत कमायेंगे। अपरिमित धनराशि उनके जीवन का सन्तुलन बिगाड़ देता है। ये खिलाड़ी इधर-उधर भटकने के बजाय फुटबॉल को थामे रहें यह देखने के लिए मैनेजर, ट्रेनर, स्पॉन्सर, फाइनेन्सर आदि सजग रहते हैं, फिर भी जिन्हें भटकना होता है वे भटक ही जाते हैं। प्रीमियर लीग खेलनेवाले कुछ फुटबॉल खिलाड़ी हर सप्ताह पन्द्रह-बीस हज़ार पाउण्ड कमाते हैं, यह अपार राशि उन्हें ड्रग, सेक्स तथा अन्य अवैध कार्य-कलापों की ओर ले जाती है। इसलिए फुटबॉल एसोसिएशन तथा क्लब संगठनों की जिम्मेदारी बनती है कि वे खिलाड़ियों को सही रास्ते में चलने में मदद करें। बार के चारो ओर जमें लोग फुटबॉल के अच्छे जानकार थे और मैं उनके बीच इकलौता बुद्धू। मैंने उन्हीं आलोचनाओं में प्रीमियर लीग के बहुत से टीमों का नाम भी सुना—बर्मिंघम सिटी, ब्लैकबर्न रोवर्स, लीड्स यूनाइटेड, चेलसी, आर्सेनल, लिवरपूल आदि। डिओन, डबलिन, जॉनसन, कैनिंघम, लिओ फार्दिनॉन्द, लेमैन आदि खिलाड़ियों के नाम भी सुना।

काफ़ी देर से मैं अकेले था और अब मुझे बोरियत हो रही थी और नींद भी लगी थी। डॉक्टर रॉबसन किसी से बातचीत कर रही थीं। मेरी निगाह सुमित-दा पर पड़ी जो तीन-चार लड़कियों से घिरे थे और वहाँ हँसी का फौव्वारा फूटा हुआ था। थोड़ी हिचक के बाद वहाँ पहुँचकर मैंने सुमित-दा से पूछा, "सुमित-दा, अब मैं लौट जाऊँ तो कुछ बुरा तो नहीं दिखेगा न?"

मेरे प्रश्न का उत्तर न देकर उन्होंने सबको मेरा परिचय दिया, "इनसे मिलो, कोलकाता का भिखारी, बहुत बुद्धिमान् है और बहुत से कामों में उस्ताद, अब मैनचेस्टर यूनाइटेड का मेम्बर है।"

"वाव, रियली, ओह!" मुझे घूरते हुए सबने कहा।

सुमित-दा फिर उन्हीं लोगों से बातचीत में लगे रहे। मैं वहाँ से खिसककर पुनः बार के क़रीब पहुँचा। वहाँ डॉक्टर रॉबसन बैठी मिलीं। उन्होंने मुझे अपने पास बैठाकर कहा, "चलो, अब प्रस्थान करें।"

मैं ख़ुश हुआ। मैं भी जाना चाहता था। इस पार्टी का प्रोटोकाल मुझे नहीं मालूम था, कोई नहीं जा रहा था, और मैं समझ नहीं पा रहा था, कि यहाँ से कब जाना चाहिए, किसी को बताकर जाना चाहिए या नहीं।

"थोड़ा रुको। एक कड़ी रेसट्रिटो कॉफी पी लें, उससे ऐलकोहॉल का असर कम हो जायेगा। रास्ते में कहीं पुलिस ने रोका और ऐलकोहॉल का टेस्ट लिया तो कल के अख़बार में मेरी तसवीर छपेगी। बाथ शहर के एक मर्यादित डॉक्टर होने के नाते मुझे हमेशा सतर्क रहना पड़ता है। मैं पेशे से डॉक्टर हूँ और फुटबॉल मेरा नशा है। पेशा पहले, नशा बाद में।"

दो प्याली कॉफी गटक कर वे उठीं तो मैंने उन्हें गुड्बाइ कहा। वे बोलीं, "अरे नहीं, मैं तुम्हें छोड़ती हुई निकल जाऊँगी।"

और तभी मुझे ख़याल आया कि मैं तो घर की चाभी लाया ही नहीं। चाभी मेरे हैण्डबैग में है और दाआबू ने मुझे बैग नहीं लाने दिया, बोले कि पार्टी में हमेशा हाथ खाली और जेब हलका रखना चाहिए। उन्होंने मुझे पाँच सौ पाउण्ड दिये थे। तब ऐसी पार्टी में आने के उत्साह में मैं भूल गया था कि रात में लौटूँगा कैसे। आण्टी बहुत बीमार थीं और बेल बजाने से उनकी नींद टूट जायेगी।

मुझे चिन्तामग्न देखकर डॉ. रॉबसन ने पूछा, "क्या हुआ, कुछ खो गया क्या?"

"नहीं, खोया नहीं। ऐसा है, आप जायँ, मैं बाद में आऊँगा।"

"क्यों? डर रहे हो? अरे मैंने शराब पी ज़रूर है, नशे में नहीं हूँ, ड्राइव करने में दिक़्क़त नहीं होगी।"

"असल में घर की चाभी नहीं है मेरे पास। अभी रात के दो बज चुके हैं, इतनी रात गये मैं बेल नहीं बजा पाऊँगा, आप तो जानती हैं कि आण्टी कितना बीमार हैं। मैं बाहर के नाइट-क्लब में रात गुज़ारकर सुबह जाऊँगा।"

"पागल हो गये क्या? यह भी कोई समस्या है? क्यों सारी रात जागोगे? मेरे घर में एक्स्ट्रा रूम है, कोई दिक़्क़त नहीं होगी। सुबह मेरी ड्यूटी है, सुबह मेरे साथ ही आ जाना।"

उन्हें मना करने की मुझे हिम्मत नहीं हुई। किन्तु उनके इस नेक प्रस्ताव ने मुझे बेहद चौंकाया भी। ब्रिटेन में लोग औरों को चाय पर बुलाते हैं, बर्थ-डे, मैरिज एनिवर्सरी, प्रमोशन, कोई ख़ास उपलब्धि आदि के मौक़े पर पार्टी में बुलाते हैं, खिलाते-पिलाते हैं, लेकिन कोई कभी किसी को भी रात में ठहरने के लिए नहीं कहेगा। चाहे जितनी रात हो जाये और आप चाहें कितने भी परिचित क्यों न हों, गुड्बाइ कहिये और अपने घर जाइये। यही यहाँ का दस्तूर है।

बेसमेण्ट से गाड़ी निकालकर सूनी सड़क पर उन्होंने रफ़्तार बढ़ाया, फिर बोलीं, "हम पन्द्रह मिनट में पहुँच जायेंगे।"

"आपकी यह गाड़ी नयी लगती है।" कुछ कहना चाहिए सोचकर मैंने कहा।

"हाँ, मुझे गाड़ी बदले क़रीब एक माह हो रहे हैं।"

"बाथ बहुत सुन्दर और स्वास्थ्यप्रद जगह है, लन्दन जैसी घनी आबादी नहीं है यहाँ, मुझे यहाँ आकर अच्छा लगा।"

"मैं पहले लन्दन में थी, वहाँ अच्छा नहीं लगा। बाथ तो स्वर्ग है।...चलो, हम पहुँच गये। मैं ऊपरी मंज़िल में रहती हूँ, ग्राउण्ड फ़्लोर में किरायेदार रहते हैं।"

"सुन्दर मकान है।" मैंने कहा।

"धन्यवाद।" वे बोलीं। गैरेज खोलने के लिए कार से उतरना नहीं पड़ा। उन्होंने रिमोट से गैरेज का दरवाज़ा खोला।

बैठक बहुत सजा-सँवरा था। कमरा गर्म था, सोफा की सीट आरामप्रद। मैंने चारों ओर देखकर कहा, "आप सोने के लिए जायें, मेरी फिक्र न करें, मैं इस सोफा पर आराम से सो जाऊँगा। टॉयलेट भी बग़ल में ही है। और तो लगभग दो-ढाई घण्टे काटना है।"

"तुम्हारी जैसी मर्ज़ी।" कहकर वे चली गयीं। फिर कुछ ही देर बाद लौट आयीं, बोलीं, "इसे पहन लो, यह जापानी गाउन है। शरमाओ नहीं, चेंज कर लो, फिर सो जाओ। मैं एक कम्बल ला दूँगी। मैं ख़ुद भी चेंज करने जा रही हूँ।"

मैंने सोचा, मैं जिन कपड़ों में हूँ उन्हें पहनकर सोफ़ा पर सोना शायद अशोभन होगा, तभी वे गाउन दे गयीं। मैंने टॉयलेट में जाकर अपने कपड़े उतारे और गाउन पहनकर कमरे में आ गया। देखा, इस बीच वे कम्बल रख गयी हैं। मैंने कम्बल ओढ़कर बत्ती बुझा दी।

अचानक कोने का नाइटलैम्प जलाकर डॉक्टर रॉबसन पुनः कमरे में आयीं। बोलीं, "यह लो, एक लाइट ड्रिंक लायी हूँ, इससे रिलैक्स हो पाओगे।"

उनसे छोटा गिलास थामकर गिलास-से-गिलास टकराते समय उन पर निगाहें पड़ते ही मैं चौंका। उनके बिखरे बाल और गाउन से मानों उनके रूप में निखार आ गया था और उस हलकी रोशनी में मुझे लगा कि गाउन से झाँकते उनके स्तन युगल मेरे हाथों को अपनी ओर खींचने लगे हैं। मैं पतलून पहना होता तो शायद जेब में हाथ डालकर खड़ा हो जाता, जापानी गाउन ने इतनी तो रक्षा की थी। फिर न जाने क्या हुआ कि मेरा शरीर उनकी शरीर पर झुकता चला गया, मैंने दोनों हाथों से उन्हें अपने वक्ष में लेकर मानों पीस डालना चाहा। फिर उन्होंने बग़ल के कमरे का दरवाज़ा खोलकर मुझे वहाँ खींच लिया और हम दोनों उस कमरे के सुन्दर बिस्तर पर जा पड़े। मुझे ठीक से याद नहीं कि किसने किसे पहले खींचा था। उसके बाद हम दोनों में उत्तेजना, धमा-चौकड़ी, छटपटाहट आदि का सिलसिला चला कोई पन्द्रह मिनट जिसके बाद मैं थककर पसर गया। शायद उतनी देर रात तक पार्टी में रहकर मैं थककर ही लौटा था, किन्तु डॉ. रॉबसन की माँग और एनर्जी मुझसे कहीं अधिक ही थी। मुझ पर चढ़कर वे बोलीं, "तुम सचमुच ओरिएण्टल स्पाइस हो...रोस्टेड!"

"मैं समझा नहीं।"

"मतलब स्पिट्रोस्टिंग।"

यह शब्द मेरे लिये और भी कठिन था। मुझे चुप पाकर डॉ. रॉबसन ने मुझे समझाया, फिर ग्रुप सेक्स आदि प्रसंगों की चर्चा की। उन प्रसंगों पर मैं कुछ नहीं लिख पाऊँगा। ऐसे कुछ शब्द मैं पहले भी सुन चुका था, लेकिन मेरी दिक़्क़त यह थी कि जब तक न कोई मुझे ठीक से समझा दे, मैं समझ नहीं पाता था।

उसके बाद हम दोनों केकड़े की तरह एक-दूसरे को जकड़कर सो गये।

जब आँखें खुलीं तो मैंने ख़ुद को एक नये परिवेश में पाया। खिड़की पर लगे दोहरे भारी परदे की ओट से धूप का एक टुकड़ा कमरे में धँसकर एक दीवार पर चिपक गयी थी। मुझे रात की घटना याद आयी। अग़ल-बग़ल देखा तो रॉबसन नहीं थीं। मैंने उठकर मेज़ पर रखी अपनी कलाई घड़ी देखी तो चौंक पड़ा। साढ़े दस बज रहे थे। यानी मैंने न तो दाआबू को बेड-टी दी थी न ही आण्टी के लिए नाश्ता बनाया था। इतनी देर तक बाहर हूँ और मैंने कोई सूचना भी नहीं भेजी। दाआबू अवश्य चिन्तित होंगे। रात के अपूर्व अनुभव का आनन्द सपने की तरह ग़ायब हो गया। मैंने खिड़की का परदा हटाया तो धूप कमरे में पसर गयी। झटपट टॉयलेट हो आया, मुँह-हाथ धोया और गाउन उतारकर अपने कपड़े पहनने को हुआ तो कपड़े की तरह से एक लिफ़ाफ़ा निकल आया। लिफ़ाफ़े में एक सौ पाउण्ड का नोट था और सुन्दर अक्षरों में लिखी एक छोटी-सी चिट्ठी, "विक्की, मैंने तुम्हारी आण्टी को फ़ोन कर बता दिया है कि कल तुम चाभी रखना भूल गये थे इसलिए तुम्हें मैं अपने घर ले आयी थी। तुम अभी सो रहे हो, इसलिए मैंने तुम्हें जगाया नहीं। यह नोट तुम्हारे लिये है, इससे तुम टैक्सी कर लेना। मैं शाम को चार बजे फ्री हो जाऊँगी, तुम क्लिनिक के कॉफ़ी-रूम में आ जाना, वहीं बातें होंगी। उम्मीद है तुम्हारी नींद अच्छी हुई। जल्दी मुलाकात होगी।—नेली।"

नेली! इस शब्द ने मुझे कचोटा। उनके दोस्त उन्हें नेली कहकर पुकारते हैं, मेरे लिये वे डॉ. रॉबसन हैं। फिर उन्होंने नेली क्यों लिखा। ख़ैर, यह अच्छा हुआ कि उन्होने घर पर सूचना दे दी थी। मैं तैयार होकर रसोई में गया। वहाँ एक चिरकुट पर लिखा था, "विक्की, थर्मस में गरम पानी है, डिब्बे में चाय की पत्ती। ओवन के पास ही टोस्ट और बिस्किट है। फ्रिज़ देख लेना, जो चाहिए ले लेना।—नेली।"

फिर नेली! मुझे एलिस की याद आयी। एलिस मेरी ही रहेगी। उसे छोड़कर मैं नेली को थामूँ, नहीं, यह नहीं हो सकता। ऐसा विचार दिमाग़ में आया ही कैसे? मैं और एलिस लगभग हमउम्र हैं, हममें प्यार है। डॉक्टर नेली रॉबसन नामी डॉक्टर थीं, बहुत शिक्षित और धनी, उनमें और मुझमें कोई तालमेल नहीं बैठता। वे बरगद हैं, मैं मामूली तुलसी। कल न जाने क्यों उन्होंने मुझ पर कृपा की। इस तरह की ऊल-जलूल बातें सोचता मैंने एक कप चाय और दो बिस्किट लिया, फिर निकल पड़ा। दरवाज़े के साथ

चाभी लगी थी जो उन्हें शाम को क्लिनिक में दे दूँगा। मैंने टैक्सी ली और दस मिनट में घर पहुँच गया।

दाआबू ने दरवाज़ा खोला।

कमरे में घुसकर मैंने चाभी न रखना, आज देर से पहुँचना आदि से शुरू कर हिलटन की पार्टी का विस्तृत ब्योरा दे डाला और मजबूरन डॉ. रॉबसन के घर जाने आदि की बात कह डाली और कपड़े बदलकर मेज पर रखे कप-डिश वगैरह वाश-बेसिन में रखकर पूछा, "आज क्या पकाऊँ, दाआबू?"

उत्तर न पाकर मैंने इधर-उधर देखा, दाआबू दिखायी नहीं दिये। शयनकक्ष में जाकर देखा वे इज़ीचेयर पर बैठकर अख़बार पढ़ रहे हैं।

"आज क्या पकाऊँ दाआबू?"

दाआबू ने सामने से अख़बार हटाया तो देखा उनका चेहरा कुछ गम्भीर है। वे बोले, 'बीडी मैंने तुझसे कई बार कहा है कि अगर मैं उत्तर न दूँ या तेरी बात सुनकर हाँ-हाँ न कहता रहूँ तो इसका मतलब है कि तुझे चुप रहना है, है कि नहीं?"

"जी।" मैंने सिर झुका लिया।

"कमरे में दाख़िल होते ही तूने बकबक करना शुरू कर दिया था, मैं सुन रहा हूँ या नहीं उधर तेरा ध्यान नहीं था। तू पार्टी के बारे में भी इतने विस्तार से बताने लगा जैसे मैंने कभी कोई पार्टी देखी ही नहीं। डॉक्टर रॉबसन ने टेलीफ़ोन पर तेरी आण्टी को तेरे बारे में सब-कुछ बता दिया है।"

"सब-कुछ ... बता...दिया...है...?" मेरे गले में कुछ फँसने लगा।

"हाँ। अच्छा हुआ कि वे तुझे अपने संग ले गयीं। शायद तूने कल ज़्यादा पी ली थी। वे वाक़ई बहुत अच्छी हैं, नहीं तो उन्हें क्या पड़ी थी, तेरी फ़िक्र करने की?"

"नहीं, दाआबू, मैंने पी थी ज़रूर, लेकिन होश में था। वहाँ मुझे एकरस लग रहा था, तभी शायद थोड़ी ज़्यादा पी गया, परन्तु मैं ठीक था।"

"ठीक है, चल, बाहर खायेंगे।"

दाआबू मुझे राजपूत रेस्तराँ ले गये। नाम राजपूत था, लेकिन था सिलहट के बंगालियों का। वहाँ प्रवेश करते ही मैनेजर ने कहा, "आसुन दादा, केमोन आछेन?"

"भालो।" दाआबू बोले, फिर उन्होंने दो पोर्तो का ऑर्डर दिया। काफ़ी दिनों के बाद मैं उनके सामने बैठा था। आजकल आण्टी का साथ होने के कारण वे दोनों आमने-सामने बैठते, मैं उनमें से किसी एक की बग़ल में।

"दाआबू, मुझे मालूम है कि तुम मुझसे नाराज़ हो, अब कभी मैं तुम लोगों को छोड़कर नहीं जाऊँगा।" मैंने फिर एक बार माफ़ी माँगी।

"नहीं, मैं नाराज़ नहीं हूँ। मुझे दूसरी चिन्ता है।"

"डॉक्टर रॉबसन का फ़ोन पाने के बाद से?"

"बिलकुल।"

मेरा दिल धड़क उठा। मैंने पूछा, "उन्होंने सब-कुछ बता दिया?" मेरा चेहरा उतर गया था।

"नहीं, सब तो नहीं, पर यह स्पष्ट हो गया कि हमें और एक सप्ताह रुकना है, कुछ और जाँच होनी है, उन्हें शक है कि आण्टी को ब्रेस्ट कैन्सर है।"

"दाआबू, सचमुच मेरा कोई दोष नहीं था, यक़ीन मानो..."

"अबे उल्लू के पट्ठे आण्टी की बीमारी में तेरा क्या दोष होगा? तुझे मालूम है कि ब्रेस्ट कैन्सर क्या है?"

"नहीं।"

"कैन्सर एक ख़तरनाक बीमारी है। साधारणतः ब्रेस्ट कैन्सर होने पर औरतों का उरोज काटकर निकाल देना पड़ता है।"

"तो परेशानी क्या है, उनका तो कोई दूध पीता बच्चा नहीं है जिसे स्तनपान कराना है, न उनके उरोज किसी पुरुष को ही ललचायेंगे। अब डॉक्टर रॉबसन आण्टी को स्वस्थ कर दें तो यही बहुत है। आण्टी ठीक रहेंगी तो हम भी ठीक रहेंगे।"

"तू ठीक कह रहा है, असल में मैं मानसिक तनाव में था, शायद कुछ ज़्यादा ही चिन्ताग्रस्त हो पड़ा था। अब जाकर मन कुछ हलका हुआ।" कहकर उन्होंने बियर मँगाया।

इस बीच भोजन की थाली भी आ गयी थी। हिलसा की महक़ कमरे में फैल गयी थी। मैंने मौक़ा ताड़कर कहा, "तुम तो जान ही गये हो कि डॉ. रॉबसन कल देर रात मुझे अपने घर ले गयी थीं। बहुत सुन्दर मकान है। बैठक का कमरा बहुत बड़ा है, सुन्दर ढंग से सजाया हुआ। मैंने कहा था कि मैं वहीं सोफे पर सो जाऊँगा, वे कम्बल भी दे गयी थीं, लेकिन..."

दाआबू ने टोका, "लेकिन, उसके बाद गेस्टरूम में सोने को कहा! यहाँ सभी घरों में गेस्ट के लिए एक कमरा रहता है।"

"नहीं दाआबू, गेस्टरूम में नहीं, उनकी बेडरूम में...वे मुझे ज़बरदस्ती ले गयीं।"

मेरी बात सुनकर दाआबू को हिचकी लगी। ख़ुद को सँभालकर वे बोले, "क्या कहा, तू डॉक्टर रॉबसन के बिस्तर पर सोया था?"

"हाँ, सिर्फ़ सोया नहीं, उन्हें जकड़कर...यानी दो केकड़े की तरह...।"

दाआबू ख़ुद को और रोक नहीं पाये। वे इतनी ज़ोर से ठठाकर हँसे कि रेस्तराँ में बैठे बाक़ी लोग भी हँस पड़े। उन्होंने हँसते हुए एक वेटर को आवाज़ दी, "छोकरे, एक कोनियाक लाना।"

बहुत दिनों के बाद मैंने दाआबू को यों दिल खोलकर हँसते देखा। उन्होंने जब वेटर को छोकरा कहा तभी मैं समझ गया कि उनके मन का बोझ हट गया है। वे मूड में आ गये हैं। वे बार में होते तो ऐसे मूड में औरों को भी ड्रिंक आफर करते।

ड्रिंक हलक़ से नीचे उतारकर वे बोले, "यानी तू...सच बोल, उसके बाद क्या हुआ...तू सारी रात उनके साथ...?"

"नहीं, सारी रात नहीं, हम तो बिस्तर पर पहुँचे ही थे कि रात के साढ़े तीन बजे के आसपास...लगभग एक घण्टा शायद...मुझे घोड़ा बनाकर वे मुझ पर सवार हो गयी थीं। उन्होंने मुझे ओरिएण्टल स्पाइस कहा।"

"ओरिएण्टल स्पाइस! साला! कोलकाता का भिखारी, कहाँ उठ गया तू? डॉक्टर रॉबसन के बिस्तर पर! यह तो परी कथा जैसी कहानी है! यक़ीन नहीं होता।"

मैंने अपनी शंका निवारण करना चाहा, "अच्छा, दाआबू यह कहो कि मैं ऊपर उठ गया अथवा वे नीचे उतर गयीं?" उन्होंने उत्तर नहीं दिया। राजपूत रेस्तराँ से हम घर लौटे। उन्हें सब-कुछ बताकर मैं हलका हो गया था। दिन में वे तनावग्रस्त थे, अब वे भी ख़ुश लग रहे थे। घर लौटकर वे बोले, "बीडी, गोरा को मिला।"

आदेश पाकर मैंने मास्टर जी को फ़ोन किया। उन्होंने फ़ोन थामा तो मैंने कहा, "कैसे हो मास्टर जी?"

"अरे बीडी, तू, बहुत दिनों बाद। वहाँ की ख़बर क्या है?"

"बहुत अच्छी नहीं है। आण्टी को ब्रेस्ट कैन्सर है।"

"अरे! डाइग्नोज़ हो गया?"

"अभी नहीं, जाँच चल रही है। तुम दाआबू से बात करो।" मैंने फ़ोन दाआबू को दे दिया।

दाआबू ने मास्टर जी से कहा, "खोका, तू कैसा है?" उन्होंने रिसीवर के स्पीकर का बटन दबाकर आवाज़ बढ़ा दी।

"बीडी ने एक बहुत बुरी ख़बर दी।"

"हाँ शक़ कर रहे हैं, अभी कन्फर्म नहीं हुआ। लेकिन यहाँ एक शाकिंग ख़बर भी है।"

"शाकिंग ख़बर? क्या?"

"तेरा शिष्य अब भिखारी से प्ले-ब्वॉय बन गया है।"

"हाँ, सुना था, उसकी एक अंग्रेज़ गर्ल-फ्रेण्ड है।"

"हाँ, वह तो है ही। अब वह और ऊपर पहुँच गया है। कल वह ब्रिटिश फुटबॉल एसोसिएशन की पार्टी में गया था, वह अब मैनचेस्टर यूनाइटेड का मेम्बर है।"

"अरि ब्बाप! यह तो बड़ी ख़बर है।"

"नहीं, उससे भी बड़ी ख़बर है, मालूम है कल उसने क्या किया?" कहकर वे हँसी नहीं रोक पाये। हँसते-हँसते मुझसे बोले, "ऐ बीडी, बता दे कल तूने क्या किया।"

दाआबू का हुक्म था। मैं असमंजस में पड़ा, बोला, "मास्टर जी, फ़ोन पर कैसे बताऊँ, मुझे समझाकर कहने में वक़्त लगेगा, मैं फ़ोन दाआबू को देता हूँ।" मेरे इतना कहते ही वे फ़ोन ले लिये, बोले, "सुन खोका, मिसेज़ बनर्जी की गाइनोकॉलाजिस्ट हैं डॉक्टर रॉबसन, बहुत सोशल और अट्रैक्टिव, बहुत नामी महिला हैं। तेरे शिष्य ने उन्हें बिस्तर पर केकड़े की तरह जकड़ लिया था...उसके बाद क्या हुआ समझ लो...।" फ़ोन पर उधर से मास्टर जी के हँसने की आवाज़ आ रही थी, इधर दाआबू हँसते-हँसते लोटपोट होने लगे थे। फिर कोई बात नहीं हुई। हँसते-हँसते ही फ़ोन की लाइन काट दी गयी।

मेरी किसी ने भर्त्सना नहीं की, इससे लगा कि मैंने कोई ग़लत काम नहीं किया था। बड़े अगर छोटे को ग़लत राह पर ले जायें तो दोष बड़ों का होता है, छोटे का नहीं। जो हो, भले-बुरे का विचार करने की शक्ति मुझ बुद्धू में नहीं थी।

अपराह्न तीन बजे के आसपास आण्टी को लाने के लिए हम क्लिनिक पहुँचे। दाआबू ने मुझे सचेत कर दिया कि अभी आण्टी को कैन्सर के बारे में नहीं बताना है, बाद में इसकी पुष्टि हो जाये तो वे ख़ुद बतायेंगे। दाआबू आण्टी को लेकर घर लौट गये, मैं वहीं रुक गया तथा बाद में वहाँ के कॉफी हाउस में एक प्याली एस्प्रेसो कॉफी लेकर बैठ गया। ठीक चार बजे डॉ. रॉबसन वहाँ पहुँची।

उन्होंने वहाँ पहुँचकर अपने लिये नार्मल कॉफी का ऑर्डर दिया, मैंने दुबारा एस्प्रेसो ली। डॉक्टर रॉबसन ने ही बातचीत शुरू की, "कितने बजे तक सोये?"

"लगभग साढ़े दस। चाय और नाश्ते के लिए धन्यवाद। आप सौ पाउण्ड छोड़ आयी थीं, टैक्सी में मात्र पन्द्रह पाउण्ड लगे, यह रहे बाकी पैसे।"

"अरे नहीं, तुम रख लो, और ज़रूरत पड़े तो माँग लेना। मेरी क्लिनिक और घर, दोनों पते तुम्हें मालूम हो गये हैं।"

"आपका बहुत शक्रिया। अब ज़रूरत नहीं पड़ेगी। आपसे एक सवाल पूछ सकता हूँ?"

"पूछो।"

"आपने घर पर मुझे कुछ पीने को दिया था, क्या उसमें नींद की कोई दवा भी थी, क्योंकि उतनी उत्तेजना के बाद सो जाना सम्भव नहीं था। मैंने सोचा था कि सोकर उस रोमांचक क्षण को मैं खोना नहीं चाहूँगा, लेकिन कब सो गया, आप कब उठ गयीं, मुझे कुछ पता ही नहीं चला। लेकिन शरीर और मन दोनों हलका हो गये हैं, और बहुत ही अच्छा लगा था मुझे।"

"तुम्हारा अनुमान सही है, वह असल में फ्रान्स का बना एक टॉनिक था।" उन्होंने टॉनिक का नाम भी बताया जो मेरे पल्ले नहीं पड़ा। मैंने कहा, "ओह, अच्छा!" असल

में जब भी मैं कुछ समझ नहीं पाता था, किसी विज्ञ की भाँति हामी भर देता था।

"हाँ, यह रही आपके घर की चाभी।"

"रखोगे नहीं? चाहो तो रख सकते हो। वैसी दवा लेना चाहो तो आधी रात में भी आ सकते हो।"

यह सुनकर दिल धक्-धक् कर उठा। खुला निमन्त्रण था, फिर आओ, फिर आओ! मैंने ख़ुद को ज़ब्त किया, कहा, "ज़रूरत होगी तो ज़रूर आऊँगा, चाभी की ज़रूरत नहीं पड़ेगी, आप रहेंगी तभी तो आऊँगा, खाली घर में तो जाऊँगा नहीं।"

"ठीक है। जैसा चाहो। याद रहे, देह को कष्ट मत देना। मन में धागा जैसी चिन्ता और समस्याएँ उलझ जाती हैं तो उसी से रोग उत्पन्न होता है।"

"मतलब? मैं समझा नहीं।"

"मतलब, जब मन में कुछ करने की वासना हो तब वह इच्छा पूरी कर लेनी चाहिए, इससे मन फ्री हो जाता है।"

"मन की सारी इच्छाएँ क्या भले के लिए होती हैं?"

"वह निर्भर करता है तुम्हारी विद्या, बुद्धि और विचार शक्ति के ऊपर।"

"अच्छा, ठीक है," कहकर मैंने प्रसंग बदला, "आपने डैडी से कहा है कि इलाज के लिए अभी आण्टी को रुकना पड़ेगा। वे क्या और ज़्यादा बीमार हो गयी हैं?"

डॉक्टर रॉबसन थोड़ा मुस्कराईं, फिर बोलीं, "विक्की, तुम बहुत सरल और अच्छे हो। तुम्हारी आण्टी लगभग ठीक हैं, चिन्ता की कोई बात नहीं है।" कहकर कॉफी के पैसे मेज पर रखकर वे उठ पड़ीं। बोलीं, "मुझे परामर्श कार्य के लिए जाना है, फिर मुलाकात होगी।"

मैंने उन्हें निकलकर पार्किंग की ओर जाते देखा। मैं और भी कुछ कहना चाहता था, लेकिन वे इतनी बड़ी थीं कि मुझे हिम्मत नहीं हुई और कुछ पूछने की। मैंने लम्बी उसास ली और सोचा, कहाँ राजा भोज और कहाँ गंगुआ तेली! उनके सामने मेरी औकात कुछ भी नहीं थी।

आठ दिनों के उपरान्त यह शुभ समाचार मिला कि आण्टी पूर्णतया स्वस्थ हैं और घर लौट सकती हैं। उन्हें ब्रेस्ट कैन्सर नहीं था। दाआबू ने राहत की साँस ली और मैं बहुत ख़ुश हुआ।

अगले दिन शाम के चार बजे, दाआबू की हिदायत पर, मैं फूलों का एक गुच्छा लेकर डॉक्टर रॉबसन को धन्यवाद देने और गुड्बाइ कहने पहुँचा। उन्होंने खड़े होकर फूल कबूल कर कहा, "यह क्या, क्यों इस तरह ख़र्च करते हो?" फिर गुच्छा सूँघकर बोली, "बहुत मीठी महक़ है।" उन्होंने मेरे दोनों गाल चूमकर कहा, "धन्यवाद।" फिर उन्होंने मुझे कॉफी हाउस में इन्तज़ार करने को कहा।

वे लगभग बीस मिनट बाद कॉफी हाउस आयीं।

कॉफी का ऑर्डर देकर उन्होंने पूछा, "ब्राइटन कब जा रहे हो?"

"परसों। आण्टी और डैडी ब्राइटन में रहेंगे। मै वहाँ दो दिन रहकर लन्दन चला जाऊँगा।"

"लन्दन में किस जगह?"

"क्रयडॅन। वहाँ हम लोगों की अपनी विला है।"

"विला? वाव!" कुछ रुककर वे फिर बोलीं, "तुम फुटबॉल पसन्द करते हो, मेरी तरह। हम दोनों के हॉबी एक जैसी है।"

"तभी तो आपसे घनिष्ठता हो सकी।"

"ठीक कहते हो। लेकिन विक्की, तुम करते क्या हो? अब भी पढ़ते हो, या ट्रेनिंग या अप्रेण्टिस या कोई नौकरी करते हो? यानी तुम्हारा प्रोफेशन क्या है?"

"मेरा प्रोफेशन? थोड़े में कहना मुश्किल है।"

"कोई बात नहीं। न बताना चाहो, मत बताओ।"

"नहीं-नहीं, आपत्ति की बात नहीं। असल में मेरे कई प्रोफेशन हैं, कौन-सा कहूँ वही सोच रहा हूँ।" कहकर मैंने एस्प्रेसो कॉफी मँगायी ताकि सोचने का वक़्त मिल जाय। उसके बाद मन में एक विचार कौंधते ही मैंने उनसे पूछा, "बाहर जो लोग दिखायी दे रहे हैं, आप उन्हें पहचानती हैं?"

"नहीं, सबको नहीं। अभी छुट्टी हुई है, क्लिनिक और अस्पताल के स्टाफ निकल रहे हैं। हाँ, सिर पर टोपी पहने जो सज्जन इधर आ रहे हैं, उन्हें पहचानती हूँ।"

"ठीक है।" कहकर मैंने कुर्सी खिड़की की ओर मोड़ ली, फिर उस सज्जन की चाल देखकर डॉक्टर रॉबसन से बोला, "मैं एक नज़र देखकर उनका चरित्र आपको बता दूँगा।"

वह व्यक्ति और कुछ क़रीब आने पर मैंने रॉबसन से कहा, "वे हमेशा दुविधा में रहते हैं। दूँ या न दूँ, जाऊँ या न जाऊँ, यानी हमेशा अनिर्णय की स्थिति में होते हैं।"

"इक्ज़ैक्टली, वे हमारे दफ़्तर में क्लर्क हैं, ऐसे ही हैं वे, तुमने एकदम ठीक कहा।"

कुछ देर बाद दूर की फुटपाथ पर लालकोट और पतलून पहनी एक महिला को देखकर वे बोलीं, "मैं उन्हें जानती हूँ।"

"ठीक है," कहकर मैंने उधर देखा। वह महिला शो-केसों की ओर देखकर चलतीं, फिर रुक जातीं, फिर चलने लगतीं। मैंने कहा, "वह महिला बहुत नेक हैं। सब पर उन्हें विश्वास है, अनायास दान करती रहती हैं, बहुत उदार हैं।"

"एकदम सटीक, वह हमारे यहाँ सीनियर नर्स हैं, रोगी और स्टॉफ सभी उन्हें पसन्द करते हैं। तुमने तो ठीक से उनका चेहरा भी नहीं देखा, तो उनका चरित्र कैसे जान गये? आश्चर्य है।"

"वह जो नीली गाउन में नीला बैग लिये युवती आ रही है" मैंने फुटपाथ की ओर देखते हुए कहा, "वह एक कठिन चरित्र है, वह किसी की भी परवाह नहीं करती।"

"वाक़ई, अद्भुत, तुमने एकदम सही आकलन किया। वह लड़की सेक्रेटरी है, उसका काम अच्छा है, लेकिन बहुत अक्खड़ है, व्यवहार भी रूखा। प्लीज़ विक्की, तुम उन्हें नहीं जानते, ठीक से उनका चेहरा तक नहीं देखा, फिर कैसे उनके चरित्र के बारे में अपनी राय बना सके?"

"चेहरा देखकर नहीं, उनकी चाल देखकर मैं अन्दाज़ा लगा लेता हूँ।"

"मैं चकित हूँ, तुमने तीन अपरिचितों के विषय में शत-प्रतिशत सही बात कही। मैं तुम्हें अपने साइक्रियाट्रिस्ट विभाग में ले जाऊँगी, वे भी भौचक्क रह जायेंगे। अब बता दो प्लीज़, तुम्हारा प्रोफेशन क्या है?"

"यही, मैं लोगों का चलना देखकर उनका चरित्र समझ जाता हूँ।"

"यानी तुम फिज़ियोनॉमिस्ट (आकृति विशेषज्ञ) हो, मूवमेण्ट विश्लेषक हो। विक्की, तुममें यह एक अद्भुत क्षमता है। इतनी जल्दी और सटीक ढंग से किसी का चरित्र विश्लेषण किया जा सकता है यह हम सोच भी नहीं सकते। तुम तो टुकड़े-टुकड़े में मेरे बारे में सब-कुछ जान गये हो, लेकिन मैं तुम्हारे बारे में अब भी कुछ भी नहीं जानती। सॉरी, मैंने तुम्हें अण्डर-एस्टिमेट किया था। वादा करो विक्की, तुम यहाँ फिर आओगे, तुमसे हमें बहुत कुछ सीखना है। आना ज़रूर, तब तुम्हारी प्रतिभा का हम यथार्थ मूल्य देंगे। मुझे ख़ेद है, मैं अब उठूँगी, एक एपॉइण्टमेण्ट है, मुझे वहाँ जाना ही पड़ेगा।"

वह उठकर बहुत तेज़ी से चली गयीं। जाते समय केवल हाथ मिलाया, चुम्बन नहीं दिया। मैंने अपने सूखे होंठ जीभ से चाटा।

रात में आण्टी को देखा, वे बहुत ख़ुश थीं, मानों उन्हें नवजीवन मिल गया था। उनके चलने-फिरने में भी स्फूर्ति आ गयी थी। नैश आहार के बाद वे बोलीं, "डॉक्टर रॉबसन का बहुत नाम है और वे बहुत ख़ुशमिज़ाज भी हैं। तेरी बहुत तारीफ़ कर रही थीं। मुझे सम्पर्क बनाये रखने का आग्रह की है और बोली हैं कि वे मेरे फाइल का फालोअप करेंगी। वे इतनी व्यस्त रहती हैं तब भी मुझे बहुत समय दिया। ठीक है, आज बहुत दिनों के बाद अपने कमरे में बैठकर टी.वी. पर सिनेमा देखूँगी, कैरी ग्रैण्ट की फ़िल्म है। तुम तो अब अपने दाआबू संग बांगला में बातें करोगे। ठीक है, गुड नाइट।"

दाआबू बहुत ख़ुशहाल दीख रहे थे। आण्टी के स्वस्थ होने से उन्हें एक भयंकर चिन्ता से छुटकारा मिल गया था। उनका आदेश पाकर मैंने लन्दन ड्राइजिन सर्व किया। दाआबू बोले, "तू भी ले, नहीं तो चीयर्स कैसे होगा?"

हमने चीयर्स किया। आण्टी की स्वास्थ्य की कामना के साथ गिलास होंठों से लगाया। आण्टी को स्ट्राँग ड्रिंक की मनाही थी।

"कैसा है?" दाआबू बोले।

"पहले जैसा ही।" मैंने कहा।

"साला, यह स्टेशन का कुल्हड़ की चाय नहीं है, तू क्या समझेगा? बुद्धू कहीं के!"

मैं समझ गया कि दाआबू को अब कोई तनाव नहीं है।

आमतौर पर दाआबू सोफा पर बैठते तो मैं कुर्सी पर बैठता, वे कुर्सी पर बैठते तो मैं खड़ा रहता। वे जब अपने बग़ल में बैठने को कहते, तभी बैठता। आज उन्होंने मुझे अपने पास बैठाया था।

वे एकाएक बोले, "तू तो अब बाथ का हीरो बन गया है। तुझे मुबारक!"

"मतलब? डॉक्टर रॉबसन और मेरे बीच हुई घटना की यहाँ किसी को जानकारी नहीं है।"

"अरे, वहाँ तो तूने बाजी मार ही ली है, मैं वह बात नहीं कर रहा। आज तूने नया कुछ किया है। डॉक्टर रॉबसन ने मुझे शाम को फ़ोन किया था, तेरी आउटस्टैण्डिग कैपिसिटी देखकर वे हैरान हो गयी हैं। तूने आज ऐसा क्या किया, जरा खुलकर बता।"

"ओह, यह बात है! असल में मैं पेरिस की विद्या यहाँ काम पर लगा आया।" मैंने गर्व से कहा।

"पेरिस की विद्या?" दाआबू ने भौंहें सिकोड़ी।

"हाँ, पेरिस की सारी बातें तुम्हें बताने का तो मुझे मौक़ा ही नहीं मिला। पहले यह बता दूँ कि आज क्या हुआ। मैंने कॉफी हाउस के बाहर की सड़क पर से गुज़रते तीन लोगों का, जिन्हें मैं नहीं जानता था लेकिन डॉ. रॉबसन पहचानती थीं, चरित्र बता दिया। उनमें एक दुविधाग्रस्त, एक दानी और एक कंजूस तथा घमण्डी था। मेरे इस सटीक विश्लेषण से डॉक्टर बहुत प्रभावित हुई थीं, शायद इसीलिए तुम्हें फ़ोन किया होगा।"

"तूने तो मुझे भी चौंका दिया। मैं भी अचरज में हूँ कि वैसे अनजान लोगों के स्वभाव का आकलन तूने किया कैसे? यह तो बहुत मजेदार बात है।"

"इसमें अचरज की कोई बात नहीं। मैं तुम्हें खुलकर बताता हूँ, उसी से तुम समझ जाओगे। पेरिस में मेरा प्रथम परिचय एक आवारागर्द से हुआ था, इन्हें वहाँ की भाषा में क्लोशर कहते हैं। वे शिक्षित और प्रतिष्ठित परिवार से होते हैं जो मानसिक आघात

या अन्य कारणों से घर-परिवार-यार-दोस्त-समाज छोड़कर भिखारियों की तरह जीवन बसर करते हैं। वे विक्षिप्त दीखते हैं, परन्तु बहुत चालाक और बुद्धिमान् होते हैं। मैंने उससे बहुत कुछ सीखा। यह विद्या भी मैंने ज़ँ से, यानी उस दोस्त से सीखी थी। ज्यों, मान लो, पुल पर भीख माँगना है तो मुझे पुल के किनारे किसी सीढ़ी के पास बैठना होगा। सामने टोपी रखकर घण्टों बैठे रहना बहुत आसान काम नहीं होता, बहुत बोरियत होती है। ज़ँ ने इस बोरियत से बचने का सहज रास्ता बताया था। सीढ़ी पर चढ़ती उतरती लड़कियों के घुटने और जाँघ देखो, मजे से समय बीत जायेगा। मैं पहले चेहरा और वक्ष देखकर ही ख़ुश होता था, जाँघ देखना इतना अच्छा लगता है यह मुझे पहले नहीं मालूम था और फुटपाथ पर भीख माँगते समय मैं लोगों का चलना देखता।''

दाआबू ध्यान से सुन रहे थे। गिलास उठाकर मैंने एक चुस्की ली, फिर बोलना जारी रखा, ''कोई तेज़ क़दमों से चलता है, कोई धीमे, कोई पाँव घसीटकर। किसी का पदक्षेप लघु, नरम होता है, किसी का उद्दण्ड, दर्पभरा। अलग-अलग लोगों की चलने की भंगिमा अलग होती है और यही विशेषता उनके चरित्र में भी दिखायी देती है। हम लोगों का चलना देखकर समझ जाते हैं कि कौन हमें पैसे देगा, कौन नहीं देगा, कौर रुकेगा, कौन नहीं रुकेगा, कौन हमें डाँटेगा और कौन हमारी मदद करेगा। कोई सामने से गुज़रता है और भिखारी देखकर चाल बढ़ा देता है और कोई तो सड़क के उस पार से भी रास्ता पार करने की ज़हमत उठाकर पैसे देने के लिए चला आता है। कोई तेज़ चलते हुए भी अचानक गति धीमी करके जेब टटोलता है, कोई न देने का मन बनाकर आगे बढ़ता है, फिर कुछ देने के लिए लौट आता है, और प्रेमी-युगल तो एक-दूसरे को इम्प्रेस करने के लिए भीख दे बैठते हैं। यह सब अनुभव की बातें हैं। जो देता है, वह दाता है, जो सहज ढंग से देता है वह सहज व्यक्ति है, जो लौटकर देता है वह सोच-विचारकर देता है और जो देखता भी नहीं वह किसी की परवाह नहीं करता। भिखारियों के प्रति उनका यह आचरण चारित्रिक है। हम भिखारी अवश्य हैं, किन्तु बेवकूफ़ नहीं हैं, हम ग़रीब हो सकते हैं, पर दुष्ट नहीं हैं। हम सब देखते रहते हैं, देखकर सीखते हैं, और सिखाते भी हैं।''

मैं रुका। दाआबू सहसा उठकर खड़े हो गये। उन्हें उठते देखकर मैं भी खड़ा हो गया।

दाआबू ने मुझे आलिंगन में भरकर कहा, ''माइ डियर बीडी, आइ एम प्राउड ऑफ यू।''

●

(17)

बाथ से ब्राइटन लौटने के उपरान्त मेरा क्रयडॅन जाना नहीं हो पाया, दाआबू ने मुझे वहीं रोक लिया। यूँ आण्टी पहले से स्वस्थ थीं, लेकिन उन्हें देखभाल की ज़रूरत

थी। कोई सात दिनों के बाद एक दिन अचानक कोलकाता से एक फ़ोन आया जिसे थामने के बाद आण्टी ने फ़ोन दाआबू को दे दिया। फ़ोन पर दाआबू के ये शब्द हमें सुनाई दिये, "हाँ, मैं बोल रहा हूँ...हाँ-हाँ, बोलिये...क्या...कब हुआ...अभी कहाँ हैं...कौन-सा नर्सिंग होम...हाँ-हाँ..." कहते-कहते दाआबू ने फ़ोन का मुँह हथेली से दबाकर मुझसे कहा, "एक डबल दे।"

मैं समझ गया, कोई बुरी ख़बर है और दाआबू भयंकर तनाव में हैं। वे जब किसी भयंकर तनाव में होते हैं तभी डबल यानी ह्विस्की का दो लार्ज पेग एक साथ माँगते हैं। ह्विस्की पीते हुए वे लगभग आधा घण्टा फ़ोन पर बातें करते रहे। फिर फ़ोन रखकर हम दोनों के आशंकित चेहरे की ओर देखकर मुझसे बोले, "गोरा, यानी तेरे मास्टर जी कोलकाता के नर्सिंग होम में दाख़िल हैं, उसके ब्रेन में वाइरस है। अब ख़तरे से बाहर बता रहे हैं। और तीन-चार दिन निगरानी में रखने के बाद छोड़ देंगे।"

इस समाचार ने मुझे बहुत दुःखी बना दिया। आण्टी मास्टर जी से परिचित नहीं थीं, किन्तु दाआबू के घनिष्ठ मित्र बहुत बीमार हैं सुनकर वे भी उदास हो गयीं। दाआबू बहुत गम्भीर हो गये थे, बेचैन दिख रहे थे। ऐसी मनःस्थिति में वे कभी बातचीत नहीं करते, गुमसुम बैठे रहते हैं। क्रमशः साँझ पार हो गयी और बाहर अन्धेरा फैल गया। हम हर दिन सन्ध्या के समय समुद्र के किनारे हवाखोरी के लिए जाते थे। आज नहीं गये थे। घर में सन्नाटा पसरा हुआ था।

ऐसी स्थिति में भारत में लोग कैसे जूझते हैं यह मुझे नहीं मालूम, लेकिन ब्रिटेन में सिद्धान्त यह है कि गुमसुम होकर बैठे रहने से मन को कोई राहत नहीं मिलेगी, अतः चलो, बाहर निकलो, टहलो, रेस्तराँ में जाकर बैठो, इससे थोड़ा मन हलका हो जायेगा। आण्टी ने यही किया, बोलीं, "चलो, आज जापानी रेस्तराँ चलते हैं, थोड़ा टहलना भी हो जायेगा और मन भी हलका होगा।" हमने यही किया।

हम 'टोकियो साइड' नामक जापानी रेस्तराँ में दाख़िल हुए, जहाँ किमोनो पहनी तीन जापानी बालाओं ने मुस्कुराते हुए झुककर जापानी क़ायदे से हमारा अभिनन्दन किया। मैंने जापान तो नहीं देखा था लेकिन टी.वी. पर टोकियो या जापान की जो तसवीरें देखी थीं उसी के अनुरूप ब्राइटन के इस जापानी रेस्तराँ की सजावट की गयी थी। हम तीनों बैठ गये। मेज चार लोगों के लिए थी, यानी एक कुर्सी खाली थी। मैंने सोचा, काश! उस कुर्सी पर एलिस होती।

हॉल में मन्द आवाज़ में कोई जापानी गीत गूँज रहा था। हमने भूनी हुई समुद्री काई, चावल का चूर्ण लपेटकर भूनी गयी मछली, चावल और सूप मँगाया। इसके साथ आण्टी ने ग्रीन-टी, मैंने बियर और दाआबू ने ह्वाइट वाइन लिया। आण्टी ने दीवार पर टँगे एक आलेख की ओर दाआबू का ध्यान खींचकर कहा, "देखो, कितनी अच्छी बात लिखी

है। 'जूडो के योद्धा युद्ध के बाद अपना बेल्ट उतारकर मुक्त हो जाता है। हमारा जीवन मुक्त होता है जीवन-संग्राम के बाद।'

इस आलेख में चर्चा लायक ऐसी कौन-सी बात थी यह मैं नहीं समझ पाया, लेकिन उसी पर आण्टी और दाआबू चर्चा करने लगे। मैं चुपचाप सुनता रहा। भोजनोपरान्त इंग्लिश चैनल की शुद्ध हवा का आनन्द लेते हुए हम लौट आये।

अगले दिन ब्रेकफास्ट की मेज पर दाआबू ने अचानक बहुत प्यार से मुझे पुकारा—"विकिबाबा!" उनकी यह पुचकार इस बात की द्योतक थी कि उन्हें मुझ से कोई सेवा चाहिए।

मैंने भी उसी लहज़े में कहा, "यस सर!"

"सुन, मैंने फ़ोन पर जो जानकारी ली उससे लगता है कि तेरे मास्टर जी को कुछ दिनों के बाद नर्सिंग होम से छोड़ देंगे। लेकिन वह गम्भीर रूप से बीमार हैं, ब्रेन का मर्ज़ तू समझ नहीं पायेगा। उसे चलने-फिरने के लिए चौबीसों घण्टे किसी व्यक्ति का सहारा चाहिए। तुझे मालूम है, वह मेरा लंगोटिया दोस्त है, मेरे किसी भाई से भी अधिक प्यारा है वह मेरे लिये। मेरी मासिमा से बात हुई है, उनका कहना है कि एकमात्र तू ही ऐसा है जो इस हालत में उनकी मदद कर सकता है। यानी, तुझे वहाँ जाना है। मैं तुझ पर दबाव नहीं दूँगा। तेरी मर्जी। यह मेरा अनुरोध भर है।"

"अनुरोध? तुम्हें क्या हो गया दाआबू, तुम मुझ से अनुरोध करोगे? मुझे आदेश दो। तुम राम हो, मैं हनुमान।"

दाआबू हो-हो कर हँस पड़े, बोले, "इतना मत उठा मुझे।"

बात तय हो गयी। मुझे कोलकाता जाना था। मैंने मन-ही-मन सोचा कि एलिस को भी ले जा पाता तो कितना अच्छा होता, वह इण्डिया देखने के लिए आतुर है। लेकिन उसे ले जाना असम्भव था, क्योंकि किसी अनब्याही लड़की के साथ मुझे मासिमा कभी भी नहीं रहने देंगी।

ब्रेकफास्ट के बाद दाआबू ने मासिमा को सूचित कर दिया कि वे मुझे भेज रहे हैं। इस संवाद से मासिमा इतना ख़ुश हुईं मानों लन्दन से बीडी को नहीं, किसी ब्रेन-स्पेशलिस्ट को भेजा जा रहा है।

दाआबू ने घर बैठे टेलीफ़ोन पर ही अपने परिचित ट्रैवेल-एजेन्सी के ज़रिये मेरे टिकट की व्यवस्था कर दी। अगले दिन रात की फ्लाइट का ब्रिटिश एयरवेज़ का एक टिकट मुझे मिल गया, यह फ्लाइट सीधे कोलकाता जाती थी।

एलिस को घर पर नहीं बुला सके, उसने फिर से पढ़ाई शुरू कर दी थी, इसलिए उसके पास समय नहीं था। मुझे उम्मीद थी कि वह एयरपोर्ट ज़रूर आयेगी। परन्तु वहाँ

भी वह नहीं आयी। मैं बहुत मायूस हुआ। दाआबू ठीक ही कहते हैं, इनमें सेण्टीमेण्ट या भावुकता बहुत कम होती है।

मुझे हवाईयात्रा कभी अच्छी नहीं लगती। दरवाज़े, खिड़कियाँ बन्द, नौ-दस घण्टे की एकरस यात्रा। बग़ल में बैठे सहयात्री से कभी बातचीत नहीं होती, वहाँ स्टैटॅस और शिक्षा का अभाव आड़े आता है। मुझ जैसा भिखारी हवाईजहाज़ की यात्रा नहीं करता। ग़नीमत है कि ह्विस्की, बियर, कॉफी, कोल्ड ड्रिंक और खाने की चीज़ें भी सर्व होती रहती हैं और मैं खाते-पीते अपना समय काट लेता।

आख़िर घोषणा हुई, "अब कुछ ही देर में हम नेताजी सुभाषचन्द्र बोस अन्तरराष्ट्रीय हवाई अड्डे में उतरेंगे। कृपया अपनी सीट सीधी कर लें और सीट-बेल्ट बाँध लें।" मैंने खिड़की से बाहर झाँका। नारियल के पेड़, घर-बार, कहीं-कहीं तालाबें। आकाश धुएँ से भरा हुआ। ख़ुशक़िस्मती से हवाईजहाज़ में बैठकर कोलकाता के जंजाल के दुर्गन्ध का आपको परिचय नहीं मिलेगा, वायुयान से निकलकर टैक्सी में सवार होकर कोलकाता शहर में प्रवेश करते समय वह मितलीकारक गन्ध आपके फेफड़े में भर जायेगा।

एयरपोर्ट से निकलकर मैंने टैक्सी ली। मैंने बेलभ्यू नर्सिंग होम का नाम लिया तो चालक ने कहा कि उसे मालूम है कि वह नर्सिंग होम कहाँ पर है, अतः मुझे वहाँ पहुँचने में कोई दिक़्क़त नहीं हुई। रिसेप्शन में सफ़ेद एप्रन पहनी बोरसिक महिला ने कहा, "तो आपका नाम मिस्टर दास है?" मैं अपना यह नाम सुनकर चौंका, मुझे गर्व भी हुआ। जेट लैग के बाद मिस्टर दास कहलाना मेरे दिमाग़ को चक्कर खिलाने के लिए काफ़ी था। रिसेप्शन में सूटकेस रखकर मैं दोमंजिले के उस कमरे में पहुँचा जहाँ मास्टर जी को रखा गया था।

मास्टर जी एक आरामकुर्सी पर बैठे थे, उनके आसपास तीन-चार लोग बैठे या खड़े थे। मैंने बढ़कर मास्टर जी को प्रणाम किया तो एक अधेड़ उम्र की हँसमुख सुन्दर महिला बोलीं, "अच्छा, तुम ही विकि हो?"

"जी, मेरा नाम भिखारी दास है।"

मालूम हुआ कि वे मास्टर जी की दीदी हैं, बैंगलुरू में रहती हैं, मासिमा की तरह वे भी धार्मिक प्रकृति की हैं। वे फिर बोलीं, "मैंने माँ से तुम्हारे बारे में बहुत सुना है, अच्छा है कि आज देख भी लिया। तुम चलो, मासी के घर पर तुम्हारे ठहरने की व्यवस्था की गयी है, वहाँ विश्राम लेकर फिर आ जाना।"

दीदी की इस उक्ति पर मैंने सोचा, नौकरों का विश्राम क्या? जो सज्जन हैं, शिक्षित हैं, अमीर हैं अथवा जिनके घर पर नौकर-चाकर हैं उन्हीं लोगों को विश्राम की आवश्यकता होती है। ख़ैर, मासी का घर भवानीपुर में था जो नर्सिंग होम से दूर नहीं

था। वहाँ उस घर के नौकर रामूदा से परिचय हुआ। चाय-नाश्ता के बाद मैं रामूदा के खाट पर पसर गया और तब मुझे लगा कि मैं वाक़ई थका हूँ।

शाम को मास्टर जी के पास गया तो वे मुझे कुर्सी लेकर उनके सिरहाने के पास बैठने को बोले। शान्तिनिकेतन से एक महिला उन्हें देखने आयी थीं, मेरी उपस्थिति नज़र अन्दाज़ कर उन्होंने अपना वक्तव्य जारी रखा, "पिकनिक में सभी गये थे, शालिनी ने बहुत अच्छा नाचा, और सुनो, इस बार मांस उस सुरुल के चिकवा से मँगाया गया था, बहुत उम्दा था, और पगला-दा के तालाब की मछली, मछली का सिर देखकर हमें तुम्हारी बहुत याद आयी...यह समय मिला था तुम्हारी बीमारी के लिए...और हाँ, उसे कन्फर्मेशन मिल गया है...नन्दिनी बहुत ख़ुश है...।" वे घण्टा भर अनर्गल बकने के बाद थोड़ा चुप हुईं तो मास्टर जी बोले, "देखो, मेरी बीमारी के बारे में सुनकर यह लन्दन से आया है, वह मुझे इतना चाहता है।"

"अच्छा, अच्छा, आज ही पहुँचा है, अभी रहेगा न, अच्छा मैं अब चलूँ, अब पार्क स्ट्रीट वन-वे हो गया है, बहुत घूमकर जाना पड़ेगा, कल ही शान्तिनिकेतन एक्सप्रेस पकड़ना है, तैयारी करनी है।"

"आज गीत-वितान का जो अनुष्ठान है, वहाँ नहीं जाओगी?"

"उई माँ, ठीक याद दिलाया, वहाँ तो जाना ही पड़ेगा, नहीं तो वे लोग क्या सोचेंगे भला? अच्छा, चलती हूँ।"

"ठीक है।" मास्टर जी बोले।

वे चाट कर चली गयीं तो नर्स आयी दवा खिलाने के लिए। मास्टर जी ने मुझे दिखाकर नर्स से कहा, "यह देखो, यह लन्दन से आया है मेरे लिये।"

"आप डॉक्टर हैं?" नर्स ने पूछा।

"नहीं।" मैंने कहा।

मास्टर जी बोले, "वह डॉक्टरों से भी अच्छा है। असल में वह मेरा छात्र है।"

नर्स बोली, "समझ गयी। तब आप गायक हैं।"

मैं मुस्कुरा दिया, कुछ कहा नहीं।

नर्स चली गयी तो मास्टर जी बोले, "आ, कुर्सी खींचकर बग़ल में बैठ जा।" फिर मेरी ओर देखकर बोले, "तेरा चेहरा पहले जैसा ही है, कोई परिवर्तन नहीं हुआ।"

"हाँ, मास्टर जी, तुमने मुझे जैसा गधा देखा था, मैं अब भी वैसा ही हूँ।" मेरा उत्तर सुनकर मास्टर जी हँस पड़े। मैंने आगे कहा, "तुम अपनी बात बोलो मास्टर जी। दाआबू बहुत चिन्तित हैं। मैं सब जानकारी लेने के बाद उन्हें फ़ोन करूँगा।"

"अब कोई ख़तरा नहीं है, लेकिन बहुत कमज़ोरी है। दिनभर लेटे या बैठे रहना पड़ता है, खड़ा होता हूँ तो चक्कर आता है, गिर पड़ने का डर होता है। यहाँ से टॉयलेट तक किसी को थामकर जाना पड़ता है। डॉक्टर ने वाइरस अटैक कहा है?"

उनकी बात समाप्त होते-होते दो लोग कमरे में आये, एक पुरुष और एक महिला। पुरुष ने हँसकर नाटकीय अन्दाज़ में कहा, "ऐ, आज कैसे हो? तुमने तो हमें घबरा दिया था। जानते हो, मालती ने तुम्हारे प्रोफेसर डॉक्टर चटर्जी को फ़ोन किया था, वह उन्हें जानती है।"

"अच्छा? कैसे जानती है?" मास्टर जी ने पूछा।

"प्रोफेसर चटर्जी मालती के बड़े भैया के क्लास-फ्रेण्ड थे।"

"मालती के भैया...प्रणव तो यहाँ आया था, उसने तो कुछ नहीं बताया।"

"भैया यानी मौसेरा भाई, कानपुर की मौसी का बेटा पानू। पानू और चटर्जी आई.एस.सी. तक साथ पढ़े हैं, उसके बाद पानू दा इंजीनियरिंग पढ़ने गये और प्रोफेसर चटर्जी पढ़ने।"

"प्रोफेसर चटर्जी ने क्या कहा, सो बताओ।"

अब महिला ने बोलना शुरू किया, "असल में पानू दादा का हवाला देकर मैंने ही फ़ोन किया था क्योंकि ऐसे लोगों से सम्पर्क बनाये रखने में ही भलाई है। किसकी कब ज़रूरत पड़ जाये, यह कोई नहीं कह सकता। कौन जानता था कि आपको यहाँ इलाज के लिए आना पड़ेगा। हाँ, प्रोफेसर चटर्जी ने कहा कि अब डरने की कोई बात नहीं है, आपको अब केवल विश्राम करना है, स्वस्थ होने में महीने भर लग जायेंगे। हाँ, मैं आपको बता दूँ, प्रोफेसर चटर्जी का नाम दिलीप है, परिचित लोग उन्हें दिलू कहकर पुकारते हैं। मैंने भी दिलू-दा कहकर ही उनसे बात की।"

वे रुकीं। मैं आश्वस्त हुआ यह जानकर कि अब भय का कोई कारण नहीं था। दाआबू यह जानेंगे तो ख़ुश होंगे। मैंने आहिस्ता मास्टर जी से कहा कि मैं नीचे सड़क के किनारे के बूथ से दाआबू को फ़ोन करने के लिए जा रहा हूँ। वे बोले, हाँ ठीक हैं, जल्दी लौट आना, देर मत करना।

मासिमा कोलकाता आयी थीं, दो दिन रहकर लौट गयीं। दीदी थीं, वे रोज गीता का उपदेश सुनातीं, प्रार्थना करतीं और गुनगुनाकर भजन गातीं। वे बहुत अच्छी थीं, मुझसे कोई काम नहीं लेना चाहती थीं, कहतीं, "तुम सिर्फ़ मेरे भाई की देखभाल करो।"

नर्सिंग होम में कुछ दिन रहकर मैंने जाना कि यह एक अलग ही दुनिया है। ख़ासकर यहाँ के विज़िटर, यानी जो लोग मरीज़ को देखने आते। लगता कि वे सर्वज्ञ हैं और मरीज़ों को उपदेश देना उनका फ़र्ज है। वे कहते, बहुत सावधान रहियेगा, काम का बोझ कम कर दें, सप्ताह भर कहीं बाहर घूम आयें—अभी दार्जिलिंग में भीड़ नहीं होगी, वैसे दीघा भी बहुत अच्छा है। कुछ लोग पथ्य के बारे में बताते, रोज पोना मछली खायें, ख़ासकर उसका सिर, अब महँगी हो गयी है पर आपको क्या फ़र्क़ पड़ेगा। कोई

और कहता, रोज़ाना टँगड़ी का सूप पीयो, उससे जल्दी ताक़त लौट आयेगी। लोग नियमित प्रातः भ्रमण का सुझाव भी देते।

यहाँ एक बात जो मेरी समझ में आयी, वह यह थी कि मास्टर जी को बीमारी ने जितना कमज़ोर बना दिया था, उससे अधिक कमज़ोर वे इन विज़िटर्स के अनर्गल बकझक और नसीहतें सुनते-सुनते हो गये थे। उनमें किसी से बहस करने की शक्ति नहीं थी, बिस्तर पर पड़े-पड़े छत पर आँखें टिकाये मज़बूरन हूँ-हाँ कहते-कहते वे थक जाते। जो कमरे में आता, वह जाने का नाम ही नहीं लेता, क्रमशः अस्पताल का कमरा बैठक में तब्दील हो जाता और लगता कि लोग रोगी को देखने के लिए नहीं, अड्डा मारने के लिए आते हैं। बाथ के नर्सिंग होम में आण्टी को मैंने कई हफ़्ते अटैण्ड किया था, वहाँ विज़िटरों का उत्पात नहीं था क्योंकि सगे-सम्बन्धी और परिचितों की संख्या कम थी। लेकिन वहाँ और भी पेशेण्ट थे, उनके कमरों में कभी भीड़ नहीं होती थी। जो देखने के लिए आते, वे बहुत ही कम समय के लिए आते। अधिकांश लोग फ़ोन पर ख़बर लेते, अथवा कार्ड या फूल भेजते। वे कभी भेषज या पथ्य के बारे में भी सुझाव नहीं देते, क्योंकि यह काम डॉक्टरों का है।

कमरा खाली हो जाता तो मास्टर जी एक गिलास पानी माँगते, कहते, "डॉक्टर ने भी मुझे स्मोक करने से मना किया है, एक सिगरेट मिल जाता तो मेरा स्ट्रेस कम हो जाता। ये लोग यहाँ तमाशा देखने आते हैं। मैं बीमार हूँ, शय्या पर पड़ा हूँ, अतः वे जो भी कहते हैं मुझे सुनना पड़ता है, झेलना पड़ता है। हाँ, इनमें कुछ निष्कपट लोग भी हैं।"

मैंने एक दिन कहा, "जानते हो, ब्राइटन में आण्टी के घर के क़रीब ही इंग्लिश चैनल है, हवाखोरी के लिए बहुत उत्तम। आण्टी और दाआबू रोज़ वहाँ टहलने जाते हैं। तुम भी चलो न, तुम तो कभी गये नहीं। वहाँ बहुत अच्छा लगेगा।"

"देखें।" उन्होंने कहा, फिर आँखें मूँद ली।

जब विज़िटर्स आकर बातचीत करते तब मैं मास्टर जी के सिरहाने बैठकर उनकी चमकदार गंज खोपड़ी को देखता रहता और उस पर उँगलियाँ फेरता। उँगलियाँ आड़े-तिरछे-सीधे या गोलाई में फेरता, कभी-कभी हथेली भी फेरता। हथेली कभी-कभी गंज खोपड़ी में चिपक जाती, तब एक सिहरन-सा पैदा होता। मास्टर जी कहते, "जब तू खोपड़ी पर हाथ फेरता है तब ब्रेन के वाइरस शान्त हो जाते हैं, मुझे नींद आ जाती है, नींद की दवा की ज़रूरत नहीं पड़ती। दिन भर हाथ फेरते-फेरते शाम होते तक उनकी खोपड़ी का गोल चाँद और भी चमकदार हो उठता, इतना कि उस पर कोई अपना चेहरा देख ले। मैं यह इत्मीनान से कह सकता हूँ कि ऐसे मुलायम चमकीले चाँद पर हाथ फेर पाना मेरे लिये सौभाग्य की बात थी।"

बेलभ्यू नर्सिंग होम के बग़ल में एक पार्क था जिसके एक कोने में चाय की एक दुकान जहाँ नौकरों और ड्राइवरों का अड्डा था। नौकर और ड्राइवर में किसका दर्जा ऊँचा है इस पर एक मज़ेदार बहस छिड़ी रहती। नौकर कहते कि चूँकि घर की कुंजी वे रखते और रसोई से लेकर घर की मन्दिर तक उनकी आवाज़ाही थी, इसीलिए उनका दर्जा ऊँचा है और ड्राइवरों का तर्क था कि उन क़ीमती गाड़ियों के असल मालिक वे ही हैं, उनके बिना मालिक एक क़दम भी नहीं जा सकते, अतः उनका दर्जा ऊँचा है। मज़े की बात यह कि ज्यों ही मालिक आते त्यों ही ये दोनों दल ही अपना दुम दबा लेते। मैं इनसे अलग था क्योंकि मैं लन्दन में रहता था। लन्दन शब्द ही मेरे लिये एक डिग्री जैसा था। बेलभ्यू मुहल्ला हालाँकि ख़ास कोलकाता में था, किन्तु वह मुझे साउथ हॉल की याद दिलाता क्योंकि इस क्षेत्र में लोग या तो अंग्रेज़ी में बातें करते, अथवा हिन्दी में।

चार दिनों के बाद मास्टर जी की हालत में काफ़ी सुधार देखकर वे नर्सिंग होम से रिहा कर दिये गये। मास्टर जी ने कहा कि मेरी उपस्थिति से उन्हें बल मिला था। मैंने सोचा, मेरे कारण नहीं, क्योंकि मैंने कुछ भी नहीं किया, विज़िटर्स की ऊट-पटाँग बातों ने उन्हें शीघ्र चंगा होकर शान्तिनिकेतन जाकर विश्राम करने के लिए प्रेरित किया था। यूँ शायद दीदी का गीता-पाठ और प्रार्थनाएँ, मासिमा का आशीष और कुशल डॉक्टरों के सही इलाज से उन्हें जल्द छुटकारा मिला। यहाँ के सभी डॉक्टर नामी-गिरामी थे, अधिकांश विदेशी डिग्रियों से लैस। इनमें कोई भी भिखारियों का डॉक्टर नहीं था, किसी भिखारी ने कभी इनका नाम भी नहीं सुना होगा, इन्हें देखना तो दूर। भिखारियों के इलाज का जिम्मा भगवान् पर था, डॉक्टरों पर नहीं।

किराये की गाड़ी लेकर हम शान्तिनिकेतन के लिए चल पड़े। सड़क बहुत अच्छी थी, साफ़-सुथरी और काफ़ी चौड़ी। गाड़ी नब्बे से सौ किलोमीटर की स्पीड पर चल रही थी। मैंने सोचा, जिस देश ने इतनी उन्नति की है, वहाँ इतने भिखारी क्यों? फिर लगा कि मेरा ही दिमाग़ ख़राब है, यह मैं क्या सोच रहा हूँ, भिखारी दुनिया में कहाँ नहीं हैं? बदनामी है तो बस कोलकाता की।

शान्तिनिकेतन पहुँचकर मेरे जी में जान आया। यहाँ मुझे जब भी मौक़ा मिलता, बोलपुर स्टेशन घूम आता। स्टेशन मेरी जन्मभूमि थी, मेरा तीर्थस्थल, रेलगाड़ी की आवाज़ मेरे हृदय की आवाज़ थी। रेलगाड़ी की झिकझिक में और मेरे दिल के स्पन्दन में एक ही जीवन का लक्षण ध्वनित होता।

मैं मास्टर जी को अब मास्टर जी नहीं, मास्टर-दा कहकर पुकारता था। शान्तिनिकेतन की यही परम्परा थी। लोग औरों को दादा या दीदी कहकर पुकारते, जब नाम लेकर सम्बोधन करते तब नाम के साथ दा या दी जोड़ लेते। मैं चौबीसों घण्टे उन्हीं के साथ रहता था। अब वे चलने-फिरने लगे थे, यानी उनकी सेहत में काफ़ी सुधार था।

बीस दिनों के बाद एक दिन अचानक दाआबू ने मुझे वापस जाने की हिदायत दी। उन्होंने फ़ोन मास्टर-दा को किया था। मास्टर-दा से ज्ञात हुआ कि आण्टी की पुरानी बीमारी फिर उभर आयी है और अब काफ़ी संगीन है। उन्हें पुनः बाथ के क्लिनिक में दाख़िल किया गया है तथा दाआबू भी वहीं हैं। यह सुनकर मुझे बहुत सदमा पहुँचा। मुझे लगा कि विलायती डॉक्टर हमारे भारतीय डॉक्टरों से भी गये-बीते हैं।

मासिमा ने सब सुनकर कहा, "मेरे बेटे पर आया ख़तरा टल गया है, वह अब बहुत बेहतर है, तुम बाबा लौट जाओ। यहाँ की फ़िक्र मत करना।"

गोरा दा बोले, "तू क़िस्मत का धनी है। लोग आजीवन तपस्या करके भी एक बार लन्दन नहीं जा पाते, और तू तो कोलकाता और लन्दन के बीच नियमित आवाज़ाही करने लगा है।"

मैंने दाआबू के लिए बड़ी, खजूर का गुड़, अमावट ख़रीदा और आण्टी के लिए एक सिल्क की साड़ी। मुझे यात्रा के लिए कोई तैयारी नहीं करनी थी, मेरे पास रिटर्न टिकट था जिस पर फ्लाइट बुक करना भर था। मेरे पास बीस वर्षों के लिए वैध मल्टीपल पी.आई.ओ. वीज़ा था।

पाँच दिनों के बाद मैं कोलकाता से हिथ्रो पहुँच गया।

उपसंहार

सोचा था, मैं इससे आगे कुछ नहीं लिखूँगा, क्योंकि लिख नहीं पाऊँगा। साधारण बातें लिखी जा सकती हैं, किन्तु असाधारण बातों को लिखना क्या सम्भव है? मैंने अब तक जो कुछ कहा या लिखा, वह एक भिखारी का, एक ग़रीब का, एक नौकर का अनुभव है; यानी एक बन्दर नाच रहा है, खा-पी रहा है, लोगों को संग दे रहा है, आनन्द दे रहा है। किन्तु बन्दर के पास भी तो मन नाम की कोई चीज़ है। बन्दर अपने मन की बात बताये कैसे? इसका एकमात्र उपाय है कि वह आदमी बने, इसके लिए अगले जन्म का इन्तज़ार करे। यह सब सोचकर मैं अपने भिखारी जीवन की डायरी लिखना बन्द कर दिया था। मुझे कुछ सदमे ऐसे मिले जिसके बाद मैंने समझ लिया था कि मेरी विद्या की इम्तहाँ हो चुकी है, अब आगे कुछ लिखना सम्भव नहीं है।

किन्तु इतनी सहजता से मुक्ति नहीं मिली।

दाआबू ने एक दिन बुलाकर कहा, ''विकि, तेरी डायरी का क्या हुआ? कहाँ तक लिखा, ले आ, देखूँ।'' मैंने संकोच के साथ उन्हें दिखाया तो वे आग बबूला हो गये। उन्हें इतना क्रोधित होते मैंने कम ही देखा था। उन्होंने कभी मुझे नौकर या भिखारी नहीं समझा। पहली बार उन्होंने रोष भरे कड़े शब्दों में कहा, ''तुझमें कोई महत्वाकांक्षा नहीं है, यह तेरा जेनेटिक डिज़ीज़ है। मैं तुझे इस रोग से आज़ाद नहीं कर पाया। मैंने तुझे एक ही बात बतायी थी—चोरी मत करना। मैंने तुझे भीख माँगने से मना नहीं किया था, लेकिन तेरे दिमाग़ में यही एक बात धँसी हुई है कि तू एक भिखारी मात्र है—इस बात को तू भूल ही नहीं पाता! मैंने बहुत सोच-विचार करके तुझे लिखने को कहा था, ठीक ही लिख रहा था तू, फिर अचानक लिखना बन्द कर दिया। जीवन में उन्नति करने के लिए कुछ तो करना ही पड़ता है। मैंने कहा था, तू अपनी ही बात लिख, लोग यह जानें कि तू भिखमंगा होकर भी हम जैसा ही एक इन्सान है। तुझे मेरी बात समझ में नहीं आती तो ठीक है, जो चाहे कर, कल ही सियालदह स्टेशन पहुँच जा। वहाँ जाने पर समझेगा कि तू अब वह बाल-भिखारी नहीं है, तेरी उम्र हो गयी है, अब वह पहले जैसा स्टेशन नहीं है, छोटे जेबकतरे नहीं हैं, सब-कुछ बदल गया है, उस युग में लौटने की अब कोई सम्भावना नहीं है। तभी कह रहा था, एडजस्ट करना सीख, जाग, उठ, वह पुराना भिखारी विलायत में क्या कर रहा है यह सबको बता। ठीक है, मैं तुझे बन्दर कहता हूँ, वह तो प्यार से। मास्टर-दा ने तुझे एक बाल रामायण दिया था, पढ़ा था उसे?''

''जी।'' मैंने सूखा-सा उत्तर दिया।

''पढ़ा था, तो समझा क्या? लगता है तेरे दिमाग़ में कुछ नहीं धँसी। बैठ, तुझे समझाता हूँ। राम राजा ही नहीं, एक विशाल व्यक्तित्व हैं, भगवान् की तरह। पुरुषोत्तम

राम की क्षमता आम लोगों से बहुत अधिक थी और उनके संग घूमता था एक वानर, यानी हनुमान जी। श्रीराम थे एक महामानव और उनका संगी एक हनुमान यानी जीव। इस फ़र्क़ के बावजूद रामभक्त हनुमान को हम श्रीराम से अलग कर नहीं देख सकते। यानी जहाँ राम हैं, वहीं हनुमान भी हैं। भारत के सभी राम मन्दिरों में हनुमान जी भी हैं और बिहार में ख़ासकर महावीर हनुमान जी के मन्दिरों में तुझे श्रीराम की मूर्ति भी मिलेगी। यह हनुमान जी कोई बन्दर नहीं, उन जंगलवासियों का प्रतीक हैं जो हनुमानों की तरह चंचल और ताकतवर होते थे। उनकी शक्ति और श्रीराम की बुद्धि के कॉम्बिनेशन ने श्रीराम को रावण पर विजय दिलायी थी। अब इस बात को समझने की चेष्टा कर, राम और हनुमान की तरह मेरा ब्रेन और तेरा तजुर्बा अथवा मेरी मदद और तेरी मेहनत... अब मैं और क्या कहूँ तुझसे, तू लिखना जारी रख, मैं और कुछ सुनना नहीं चाहता, अगर तुझे मुझ पर श्रद्धा है, अगर मुझसे लगाव है...।''

''क्या कहते हो दाआबू, तुम ही मेरे जीवन में सब-कुछ हो।''

''तो फिर यह समझ ले कि तेरी रचना छपेगी तो मेरा भी नाम होगा... यानी हनुमान के साथ राम भी होंगे ही, यही मेरा लाभ है। ठीक है, ओ.के. यंग मैन... ड्रिंक प्लीज़!''

उनका आदेश पाकर मैं बन्दर की तरह उछलकर बार-रूम में आ गया।

उनके गुस्से और आदेश ने मुझे पुनः लिखने की प्रेरणा दी।

मैं पीछे की कुछ घटनाओं का उल्लेख करूँ तो तुम समझ जाओगे कि मैंने डायरी लिखना क्यों बन्द कर दिया था। मैं जानता हूँ कि तुम मेरी बातें सुनोगे और मेरी मानसिक स्थिति समझ जाओगे। तुम्हें याद होगा कि आण्टी की बीमारी का समाचार सुनकर मुझे यकायक मास्टर-दा को छोड़कर शान्तिनिकेतन से लन्दन के लिए प्रस्थान करना पड़ा था। इस बार मास्टर-दा की सेवा में लगने के बाद उनसे मेरा सम्बन्ध गुरु और शिष्य का नहीं, दो मित्रों जैसा हो गया था। नर्सिंग होम से निकलने के बाद शान्तिनिकेतन पहुँचने पर उन्हें हर वक्त मेरी सेवा की ज़रूरत पड़ती थी, मैं चौबीसों घण्टे उन्हीं के साथ रहता था। मास्टर-दा भी उम्रदराज़ थे, बहुत शिक्षित, अच्छे संगीतज्ञ, लेकिन उस बार वे मेरे अभिन्न मित्र में बदल गये थे। दाआबू भी मेरे माइ डियर थे, फिर भी उनके और मेरे बीच कोई दीवार अवश्य थी। मास्टर-दा माइ डियर बने तो उन्होंने उस दीवार को भी ढहा दिया। पहले जो मज़बूरी थी, बाद में वह आदत-सी बन गयी। मेरे साथ उनका कोई पर्दा नहीं रहा। वे निःसंकोच निर्वस्त्र होकर बाथरूम में घुस जाते। हालाँकि वे काफ़ी ठीक हो गये थे, लेकिन उन्हें छोड़कर जाने में मुझे बहुत तक़लीफ़ हुई थी। फिर भी यह तसल्ली थी कि वे काफ़ी सँभल गये हैं, आगे और भी ठीक हो जायेंगे। मुझे एलिस के हिथ्रो एयरपोर्ट पर मुझे अलविदा कहने के लिए न आना जितना खला था, मास्टर-दा को छोड़कर जाना भी उतना ही खला था। जो हो, आण्टी की सेहत

की चिन्ता दिल में संजोये जब मैंने कोलकाता से उड़ान भरा तब यह तसल्ली अवश्य थी कि मास्टर-दा अब काफ़ी ठीक हो गये हैं।

हिथ्रो एयरपोर्ट से बाहर निकलते ही मुझे किसी का धक्का लगा। मैं कहने ही जा रहा था कि 'साला अन्धा है क्या', लेकिन 'सा' कहने के बाद ही उस व्यक्ति पर निगाह पड़ी तो मेरी साँस रुक गयी, उसके बाद मैंने हकलाकर कहा, "दा...आबू... तुम!" उसके बाद हम एक-दूसरे से लिपट गये। दाआबू में उच्छ्वास की कमी थी, किन्तु मैं बहुत ख़ुश था। एयरपोर्ट से निकलकर हम टैक्सी लेकर स्टेशन पहुँचे। वे गाड़ी नहीं लाये थे। हम ट्रेन पर सवार हुए।

मैंने दाआबू को सारी सूचनाएँ देनी शुरू कर दीं, कहा कि तुम्हें सबने हैलो कहा है, मास्टर-दा अब ठीक हैं, लेकिन मैं वहाँ और एक सप्ताह रुक पाता तो अच्छा होता। अब वहाँ गर्मी पड़ने लगी है, यहाँ तो अब भी स्वेटर पहनना पड़ रहा है। इस बार मैंने मास्टर-दा की दीदी को देखा, वे बहुत अच्छी हैं, मुझे नौकर की तरह नहीं माना, वे सबसे कहतीं कि मैं उनके भाइ के दोस्त का बेटा हूँ। वे वृद्धा तो नहीं हैं, परन्तु हमेशा ईश्वर का नाम-गान करती रहती हैं.... दाआबू, बुरा मत मानना, मुझे लगता था कि वह दीदी तुम्हारी पत्नी होती तो बहुत अच्छा होता।"

इतना कहकर मैं रुका तो दाआबू ने सूखा-सा उत्तर दिया, "उसकी शादी हुए ज़माना बीत गया है। उसका पति मुझसे भी शिक्षित है और बहुत बड़े ओहदे पर है। उनके बच्चे भी शिक्षित हैं और अमेरिका में अच्छी नौकरियों में हैं।"

"शादी हो गयी है...बच्चे अमेरिका में हैं," मैं बुद्धू की तरह इन शब्दों को दुहराकर पहले चुप हो गया, बाद में पूछा, "अरे, अभी तक तो मैंने आण्टी का हाल ही नहीं पूछा! वे कैसी हैं, अब भी बाथ में हैं या ब्राइटन में? क्या आपकी डॉक्टर रॉबसन से मुलाकात हुई थी? हम अभी इस ट्रेन से कहाँ जा रहे हैं, ब्राइटन या बाथ?"

"न ब्राइटन, न बाथ। हम क्रयडॅन जा रहे हैं।"

मैंने दाआबू पर दबाव डालकर कहा, "तुम ख़ुद मुझे लेने के लिए एयरपोर्ट आये। एलिस नहीं आयी। तुम आण्टी के बारे में भी कुछ नहीं बता रहे। क्या बात है, तुम्हारी तबीयत तो ठीक है?"

"हाँ रे, घर चल, फिर सारी बातें होंगी।"

घर का दरवाज़ा दाआबू ने ही खोला। अन्दर दाख़िल होकर वे धम्म् से सोफे पर बैठ गये। फिर मुझसे बोले, "आ, यहाँ बैठ।"

मैं उनकी बग़ल में बैठते ही वे मुझसे लिपटकर फफककर रो पड़े। मैं चाहे जितना बुद्धू क्यों न हूँ, यह तो समझ गया कि एयरपोर्ट से लेकर यहाँ तक वे अपने को ज़ब्त कर रखे थे। इस हालत में मैं क्या करता, क्या कहता, कुछ समझ नहीं पाया। उनको रोते देखकर मैं भी रोने लगा। हालाँकि मैं तब भी नहीं जानता था कि हम क्यों रो रहे हैं, ऐसा क्या हो गया है? यह एक अजीब और भारी परिस्थिति थी। लगभग दस मिनट

बाद दाआबू ने मुझे जकड़े हुए ही हृदय विदारक ख़बर दी, "तेरी आण्टी अब नहीं रहीं। वह फिर ठीक होने लगी थीं, लेकिन हार्ट-अटैक हो गया और एम्बुलेन्स में ही दम तोड़ दिया, मैं उसके साथ ही था...।"

कुछ देर के बाद दाआबू बोले, "कुछ करने का समय ही नहीं मिला, कुछ नहीं हो सकता था। परसों बाथ के कब्रगाह में उसकी अन्त्येष्टि होगी, आण्टी के भाई और बहनें आयेंगी। आण्टी के पति हिन्दू थे, लेकिन आण्टी ऐंग्लिकन थीं।"

मैंने अपनी ज़िन्दगी में यह पहली बार अपने परिचित किसी प्रिय व्यक्ति को गँवाया था। आण्टी बिलकुल मेरी आण्टी ही थीं। बचपन से मैंने आण्टी को और दाआबू को साथ-साथ देखा था। अब मैं सोच भी नहीं पा रहा था कि मेरी आण्टी अब नहीं रहीं। कोलकाता से कूच करते समय मुझे भनक भी नहीं थी कि यहाँ एक ऐसी दुर्घटना मेरे इन्तज़ार में है।

आण्टी की अन्त्येष्टि क्रिया सम्पन्न हुई। उनके मकान और सम्पत्ति का बँटवारा उनके भाई-बहनों के बीच होगा, जैसा इस देश का नियम है। ब्राइटन से अब हमारा कोई नाता नहीं रह गया। दाआबू मुझे लेकर अपने क्रयडॅन के मकान में सिमट गये।

हाँ, इस बीच एक घटना और घटी। आण्टी के मौत का समाचार दिये जाने के बावजूद एलिस नहीं आयी। आण्टी मेरी माँ जैसी थीं, यह उसे मालूम था। वह न आ पाने का कोई-न-कोई बहाना बनाती रही। उसे मालूम था कि मैं अपने बीमार मास्टर जी को देखने कोलकाता गया था, लेकिन उसने एक बार भी उनके सेहत के बारे में नहीं पूछा। जिसे मैंने जीवनसाथी बनाना चाहा था, सोचा था कि हमारे बच्चे होंगे, मेरे बच्चे की माँ एक मेम होगी, इसलिए बाप भिखारी होने पर भी वे मेम के ही बच्चे कहलायेंगे। लेकिन एलिस की इस आकस्मिक बेरुखी ने मुझे एक और सदमा दिया, यह बेरुखी मुझसे बर्दाश्त नहीं हो रही थी। मेरी मायूसी देखकर मेरे पितृतुल्य दाआबू ने मुझे समझाया, "देख, जो होना था सो हो चुका। एलिस ने शायद किसी और को पकड़ लिया है। तू अपने मन से उसे निकाल दे...।"

दाआबू का सुझाव सही था, लेकिन मेरे लिये उसे मानना बहुत कठिन। लगता था कि मेरे मन की गहराई में कहीं कोई गोंद है जिससे मेरी एलिस चिपकी हुई थी, मैं चाहकर भी उसे निकाल नहीं पा रहा था। मेरा दिल टूट गया था और मैं उन्मन होकर अपना दिन गुज़ार रहा था।

दाआबू की हालत मुझसे भी बदतर थी।

थोड़े-थोड़े अन्तराल पर दाआबू डबल पेग माँगते। उनका स्वास्थ्य तेज़ी से बिगड़ता जा रहा था। हालाँकि वे मुँह से कहते कि होनी को कौन टाल सकता है, उनका समय पूरा हो गया था, सो चली गयीं। लेकिन मैं स्पष्ट देख रहा था कि इस ग़म ने उन्हें भी तोड़ दिया था। आण्टी की मौत, दाआबू का ग़मगीन चेहरा और एलिस की बेवफाई ने

मिलकर मुझ पर काफ़ी बोझ डाल दिया था, मैं डायरी लिखने की मनःस्थिति में नहीं था। इसीलिए मैंने लिखना बन्द कर दिया था।

मैं ख़ुद को दाआबू का बेटा मानता था। बचपन से लेकर अब तक उन्होंने ही मुझे पाला-पोसा, मेरी कायापलट की। अब मेरी बारी थी कि मैं उन्हें सँभालूँ, उनकी देखभाल करूँ।

लन्दन में दाआबू के दोस्तों का अभाव नहीं था। किन्तु एक दिन वे बोले, "तुझे मालूम है कि भारत की सबसे बड़ी सम्पदा है वहाँ का वेदान्त-दर्शन यानी फ़िलॉसफ़ि। और बंगालियों का कल्चरल हेरिटेज़ क्या है, तुझे मालूम है?"

"नहीं।"

मेरा उत्तर सुनकर दाआबू ने अपनी ही जाँघ पर एक तमाचा जड़कर कहा, "साला, बन्दर! बंगाली होकर जन्मा है और तुझे यह भी नहीं मालूम, अब तक तूने क्या सीखा?"

बहुत दिनों के बाद उन्होंने मुझे साला बन्दर कहा था, इससे मैं बहुत ख़ुश हुआ क्योंकि इससे मुझे लगा कि वे धीरे-धीरे स्वाभाविक होने लगे हैं। और तभी मुझे उत्तर भी सूझ गया। मैंने उचककर कहा, "अड्डा!"

"हाँ, ठीक, ठीक कहा तूने। मैं पूरी तरह वह अड्डा मिस कर रहा हूँ। कोलकाता जैसा अड्डा लन्दन में जम ही नहीं सकता क्योंकि अड्डे का मूड बनते-बनते लोग अपनी घड़ी देखने लगते हैं, अगले दिन ड्यूटी पर जाने का ख़याल उन पर हावी होने लगता है।"

"तो दाआबू चलो न कुछ महीने कोलकाता और शान्तिनिकेतन में बिता आयें। इससे तुम्हें और मुझे, दोनों को अच्छा लगेगा।"

"हाँ रे, तेरा सुझाव तो ठीक है। हाँ चल, हम अपने देश लौट जायँ।" दाआबू ने मेरे प्रस्ताव का समर्थन किया।

देश—एक छोटा-सा शब्द था। लेकिन इस छोटे-से शब्द ने ही हम दोनों के मन में आशा की एक नयी किरण भर दी।

दाआबू आण्टी की मौत का ग़म भुलाकर सहज होने लगे थे, अतः मैं क्यों एलिस को भुला नहीं पाऊँगा, ऐसा मैं सोचता अवश्य था, किन्तु वह मेरे दिलो-दिमाग़ में इस क़दर छायी हुई थी कि उसे मैं भूल नहीं पाता था। बाहर निकलता तो राह चलती अंग्रेज़ लड़कियों में मुझे एलिस की झलक मिलती, घर बैठे टी.वी. देखता तब भी। दुकानों के विण्डो में रखे मॉडल की मूर्तियों में भी मुझे वह दिखायी देती। दो दिन मैं उस पार्क का चक्कर लगा आया था जहाँ हम पहली बार मिले थे, हमने साथ बैठकर बीड़ी पीना शुरू किया था, फिर दोस्ती हुई थी, फिर हम एक-दूसरे के हो गये थे। अब यह अतीत था। अब उसको मुझमें कोई दिलचस्पी नहीं थी।

उस दिन हम कुछ ख़रीददारी के लिए निकले थे। लौटते हुए मुझे एलिस की इतनी याद आयी कि मैं रो पड़ा। घर पहुँचकर दाआबू ने अपने रूमाल से मेरी आँखें पोछीं

और मुझे सोफ़े पर बैठाकर ख़ुद चाय बनाने गये। पानी चढ़ाकर वे मुझसे बार-बार पूछते—चाय की पत्ती कहाँ रखी है? अदरख़ कहाँ है? शुगर पॉट दिखायी नहीं दे रहा, वह किस सेल्फ में है?

मुझसे और बैठा नहीं गया। रसोई में पहुँचकर बोला, "चलो हटो, यह मेरी रसोई है। मेरा काम तुम करोगे तो मैं बेकार हो जाऊँगा।"

दाआबू बोले, "लन्दन में बेकार हो जायेगा तो नुकसान नहीं होगा, बेकार भत्ता मिलेगा।"

कुछ ही देर में फिर हम दोनों सहज हो गये और कोलकाता जाने के लिए टिकट बुक करा लिये गये। उसके बाद हमने एक-दूसरे का हाथ थामकर मास्टर-दा का सिखाया हमारा प्रिय गीत गाते हुए नाचने लगे—'जय राधे राधे, कृष्ण कृष्ण, गोविन्द गोविन्द बोलो रे...।'

हम लोग कोलकाता होकर शान्तिनिकेतन पहुँच गये। दाआबू और मास्टर दा, दोनों को ही जैसे उनके पुराने दिन वापस मिल गये थे। इन दोनों का ही एकाकी जीवन था, दोनों ही अपने नौकरी-धन्धे से अवसर ले चुके थे, इसलिए दोनों के पास ही अड्डा मारने के लिए समय की कोई कमी नहीं थी। मेरे ख़याल में एकमात्र बंगाली ही ऐसी जाति है जिनके पास पैसे और समय दोनों हों तो केवल अड्डा मारकर ही वे अपनी सारी ज़िन्दगी काट सकते हैं।

शाम को जब दाआबू के घर पर उनके दोस्तों की महफ़िल जमती तब मुझे लगता कि वह अड्डा भी एक अच्छा शिक्षा-केन्द्र है, वहाँ बहुत-कुछ सीखा जा सकता है। यूँ अड्डे की शुरूआत हलकी-फुलकी बातों से होती, विश्वभारती में कौन लड़के-लड़कियाँ इश्क का चक्कर चला रहे हैं, कौन अध्यापक कैसी पोशाक पहनते हैं, कौन औरों के गाने की नकल करता है आदि, बाद में प्रसंग बदलकर सोनिया को बेटे की ख़ातिर राजनीति में आना, अमेरिका की नयी पेट्रोल पॉलिसी आदि राष्ट्रीय-अन्तरराष्ट्रीय मुद्दों पर चर्चा होने लगती। चर्चा का विषय निर्भर करता उस दिन शरीक़ हुए लोगों पर। मैं सारी बातें समझ नहीं पाता, लेकिन जब सब हँसने लगते तब मैं भी हँसता। मुझे लगता कि इन सब अड्डाबाजों के मनोभाव बहुत ऊँचे थे, इन्हें इतनी अधिक सभी विषयों की जानकारी थी मानों देश की सारी जिम्मेदारी इन्हीं पर टिकी थी। ये सब बुद्धिजीवी थे, किन्तु ज्यों कसाई अपने दुकान पर बैठा न बिक पाये मांस पर से भिनभिनाते मक्खियों को भगाता रहता है, त्यों ही ये बुद्धिजीवी भी अपनी बुद्धि नहीं बेच पाते थे, उसे लेकर वे घर बैठे रहते या अड्डे में आ जाते।

शान्तिनिकेतन में दाआबू के घर पर सारा दिन मेरे पास कोई ख़ास काम नहीं रहता था। घर पर कई नौकर चाकर थे। बाग़ के लिए माली, गाड़ी के लिए ड्राइवर, रसोई के लिए बावर्ची, झाड़ू-पोछा और चौका-बर्तन के लिए भी अलग नौकर। ये लोग घर

पर ही रहते। दिन में ज़्यादातर दाआबू मास्टर-दा के घर पर भोजन करते, वहाँ जो रसोइया थी वह लज़ीज़ खाना बनाती थी। दाआबू और मास्टर-दा अभिन्न मित्र थे, उनका सम्बन्ध सगे भाइयों जैसा था। शाम का या रात का अड्डा दाआबू के घर पर जमता, क्योंकि इस अड्डे में शराब चलता था। शराब की जिम्मेदारी मुझ पर थी। अंग्रेज़ी शराब की दुकानों पर मेरी नियमित आवाज़ाही थी और घर पर किस ब्राण्ड का बोतल मौज़ूद है, क्या नहीं है, यह सब मुझे कण्ठस्थ रहता था। शराब के साथ चनाचूर भी रखना पड़ता था। कभी-कभी मैं रोस्टेड मांस भी बना देता। अड्डे की शुरुआत रवीन्द्र संगीत से होती तो अन्त दुनिया के लेटेस्ट न्यूज़ के साथ।

एक दिन मास्टर-दा ने मुझसे कहा, "एइ, सुन! तेरे प्रिन्स ने फिर से शादी कर ली।"

मैंने पूछा, "मेरा प्रिन्स कौन? किससे शादी की?"

"कौन...किससे... साला बकरा! तू कोई भी ख़बर नहीं रखता? प्रिन्स ऑफ वेल्स, चार्ल्स ने कैमेलिया पार्कर से शादी कर ली। प्रिन्सेज़ डायना को लेकर तो स्कैण्डल हुआ था, तुझे याद है न?"

"नहीं।"

मेरा उत्तर सुनकर मास्टर-दा तिलमिला उठे। बोले, "जा, भाग यहाँ से बुद्धू कहीं के। तू लन्दन में रहता है और प्रिन्स चार्ल्स की ख़बर नहीं रखता। तुझसे बातें करना फ़िज़ूल है।"

इन पण्डितों के मुँह से जब मैं साला, बकरा, सुअर का बच्चा आदि शब्द सुनता तब मुझे लगता कि इन विद्वानों के मन में कोई पेंच नहीं है, किन्तु मेरा दुर्भाग्य था कि ऐसी पेंचहीन मनःस्थिति वे अधिक देर तक नहीं थाम पाते थे।

शान्तिनिकेतन में इस बार मेरे पास ख़ास काम नहीं था, इसलिए मैं अक़सर बोलपुर या निकट के प्रान्तिक स्टेशन पर चला जाता, वहाँ मैंने बहुत से दोस्त जुटा लिये थे,विशेषतः स्टेशन के कुली और कुछ अल्पायु के भिखमंगे। मैं उन्हें चाय पिलाता और उनसे गपशप करता। मैं कभी-कभी उन्हें भीख माँगने की कला सिखाता, कहता कि पहले मैं भी भिखारी ही था। वे मेरी बात का यक़ीन नहीं करते, हँसते, सोचते कि मैं झूठ बोल रहा हूँ।

चाय दुकान का मालिक, जो कि फेलू-दा नाम से परिचित था, स्टेशन के बहुत क़िस्से सुनाता था। जब रेलगाड़ी कोयले की इंजन से चलती थी, तब लोकोमोटिव ड्राइवर से इनकी साँठ-गाँठ थी। रात में मालगाड़ी रोककर ड्राइवर इंजन से कोयला बाहर फेंक देता, बाद में लोग वह कोयला बटोरकर बाज़ार में ले जाकर बेचते। लाइन क्लियर न मिलने से जो मालगाड़ी घण्टों रुकी रहती, उनके साथ भी ऐसा लेन-देन चलता। अब डीज़ल इंजन आ जाने से वह धन्धा बन्द हो गया है। अब जो नया धन्धा शुरू हुआ

है उसमें प्रधान लाभकारी धन्धा है बिहारी बच्चों को रामपुरहाट लाकर उन्हें कोलकाता में छोटे-मोटे काम के लिए भेज देना। कोलकाता के साल्टलेक में मुम्बई की तरह इलेक्ट्रॉनिक धन्धा फल-फूल रहा है जहाँ छोटे-छोटे कामों के लिए बहुत श्रमिक चाहिए। चारों ओर उद्योग और व्यवसाय बढ़ने लगे हैं, इसलिए मजदूरों की माँग भी बढ़ी है, लेकिन मजदूर नहीं मिलते। इसलिए मजदूर सप्लाई का धन्धा फ़ायदे का धन्धा है। दादा लोग इस नये धन्धे में लगे हैं। इन्हीं बातों में मुझे अपना बचपन याद आता। बचपन में भीख माँगते समय बहुतों ने मुझे घुड़का था, "चल, घर पर चौका-बर्तन के लिए कोई नहीं है, घर पर काम करेगा तो पैसे दूँगा। भीख नहीं दूँगा...भाग साले!" मज़े की बात यह है कि जो लोग गाली देते थे, पैसा भी वे ही देते थे। लेकिन लन्दन में मेट्रो की स्थिति इससे भिन्न है। वहाँ न कोई गाली देगा, न पैसे। सफ़ेद थोबड़ावाले विलायती यात्रियों के तन में प्राण होता था, आत्मा नहीं। उनके चेहरे की फ़क़ सफ़ेदी में मानों धूप का अभाव था, उनमें रोशनी का उत्ताप नहीं था।

मुझे बचपन की एक और बात याद आती। जब हम यात्री गाड़ियों में भीख माँगने की अपनी ड्यूटी बनाकर सियालदह स्टेशन लौट आते तो हमारे मित्र हमें देखते ही पुकारने लगते, "यहाँ आजा, मैंने तेरे लिये जगह रखी है।" दोस्तों से मुलाकात होने का एक आनन्द था, साथ बैठकर चनाचूर खाने और चाय पीकर ड्रेन पाइप में घुसकर सोने का भी अलग ही आनन्द था। उसके बाद हम एक-दूसरे के शरीर को अपना सिरहाना या तकिया बनाने की कोशिश करते। इस सब में अपनत्व का आनन्द था। यह अपनत्व मैंने विलायत में नहीं देखा।

मैंने एक दिन मास्टर-दा से पूछा था, "कोलकाता के रेलवे स्टेशनों में मैंने एक भी लाल कमीज़वाला बंगाली क़ुली नहीं देखा। क़ुली लोगों की आमदनी अच्छी है। बंगाल में इतने बेकार हैं, वे यह काम क्यों नहीं करते?"

वे बोले थे, "क़ुली का काम बंगाली नहीं कर सकता। एक तो उनका शरीर कमज़ोर होता है, दूसरे, साधारणतः बंगाली पढ़े-लिखे होते हैं और अपनी योग्यता के अनुसार काम तलाशते हैं। वे ऊपर उठना चाहते हैं, तरक़्क़ी चाहते हैं, इसलिए छोटा काम नहीं करना चाहते।"

"लेकिन मास्टर दा, पैसे की ज़रूरत सबको है, जीने के लिए पैसा चाहिए ही। क्या बेकार रहने से अच्छा नहीं कि कोई छोटा-मोटा काम ही कर लिया जाये। अगर शरीर और मन साथ न दे तब वह काम छोड़ देंगे। बेकार रहने से क़ुली बनना अवश्य ही अच्छा है।"

"सुन, तू बहस मत कर। यह सब तू नहीं समझेगा। कहकर उन्होंने कोई रवीन्द्र संगीत गुनगुनाना शुरू किया, जो संकेत था कि मैं उनसे और इस तरह के ऊल-जलूल सवाल न करूँ। मैं चुपचाप वहाँ से खिसक गया। मैं जानता था कि मैं ख़ुद निचले तबके का था, इसलिए मेरे ऊपर से नीचे गिरने का सवाल नहीं था। यूँ भी मुझमें लज्जा, घृणा

और भय नहीं था, जब जो कहना होता निःसंकोच कह देता। मेरे दिमाग़ में गोबर तो था, किन्तु पूरे दिमाग़ में नहीं, कुछ जगह खाली भी थी, जैसा कि स्वयं मास्टर-दा कहते थे। इसीलिए सारी बातें न समझकर भी कुछ बातें तो मैं समझ ही लेता था।

कभी-कभी मुझे लगता, मैं पहले जैसा बेवकूफ़ नहीं हूँ।

अवसर के समय बोलपुर और प्रान्तिक स्टेशनों की आवाज़ाही करते हुए मेरे दिमाग़ में विचार कौंधा कि क्यों न पेरिस की तरह मैं यहाँ भी यहाँ के भिखारियों को भीख माँगने का हुनर सिखाऊँ। मैंने कुछ कम उम्र के छात्र भी जुटा लिये जो अपनी आय बढ़ाने के लिए मेरी बातें मानने को राज़ी थे। मैंने उन्हें सिखाया कि किसी को बाबू न कहकर दादा और चाचा कहें, महिलाओं को दीदी, और विवाहित महिलाओं को भाभी या चाची कहकर पुकारें। यह भी बताया कि अब पैसे की क़ीमत नहीं है, अतः पैसे न माँगकर रुपया माँगे, कहें कि मुझे भोजन के लिए एक रुपया दो।

मैंने देखा कि भिखारी बच्चे किसी को दादा, चाचा कहने में हिचकते हैं, साथ ही बाबूलोग भिखारी बच्चों से ऐसा सम्बोधन सुनकर बेहद ख़फ़ा हो जाते हैं, अपनी तौहिनी महसूस करते हैं। मैं बच्चों का हौसला बढ़ाने के लिए उन्हें चाय-बिस्किट खिलाता, रात में लाइ बेचनेवाले अपना कनस्तर खाली करने के लिए कम पैसे में लाइ बेच देते, वह भी मैं ख़रीद लेता और भिखारियों को बाँट देता। इस तरह मेरे कई शिष्य जुट गये जिनमें लंगड़े-लूले-काने यानी विकलांग भी थे। इनमें कुछ जन्म से विकलांग थे, कुछ दुर्घटना का शिकार हुए थे, और कुछ कुकर्म करते हुए पकड़े जाने पर जनता की पिटाई से अपना हाथ-पाँव तुड़वा बैठे थे। जो विकलांग एक ही स्थान पर बैठकर भीख माँगने के लिए मज़बूर थे, उन्हें कभी-कभी दूसरे समर्थ भिखारी चाय पिला देते। इनमें इतनी मानवता थी। कुछ ही दिनों में मैं इन भिखारियों का दादा बन गया लेकिन मेरा कार्य-कलाप सज्जनों, रेल-प्रशासन और रेल-पुलिस को खटकने लगा, हालाँकि वे मेरा कुछ बिगाड़ न सके क्योंकि मैं टिकट लेकर ही प्लेटफॉर्म में घुसता था।

किन्तु मेरा दुर्भाग्य, भिखारियों का प्रोफेसर बनने की मेरी ख़्वाहिश पूरी न हो सकी। एक सप्ताह बाद ही प्लेटफॉर्म के गेट पर स्टेशन मास्टर ने मुझे पकड़ा और मेरे पास टिकट होने के बावजूद वे मुझे अपने कार्यालय में ले गये। वहाँ कई लोगों ने मुझे यह कहकर डाँटा-फटकारा कि मैं भिक्षावृत्ति को प्रोत्साहन दे रहा हूँ। मैंने कहा कि मैं नया भिखारी नहीं बना रहा, जो पहले से इस लाइन में हैं उन्हें भीख का सहज तरीका बताता हूँ। मैंने कहा, "सर, मैं फॉरेन रिटर्न हूँ, पेशेवर भिखारी रहा हूँ, लन्दन-ब्रिज़ पर और पेरिस के डनफर रसरो में सभी मुझे पहचानते हैं।" मेरी बात का किसी ने यक़ीन नहीं किया, हँसकर उड़ा दिया और उनकी डाँट सुनकर मैं मुँह लटकाकर लौट आया।

घर लौटकर मैंने यह बात बतायी तो दाआबू बोले, "ठीक हुआ, जैसी करनी वैसी भरनी। मैंने तुझे इस तरह की मस्तानी करने के लिए मना किया था।"

मास्टर-दा ने भी दाआबू का ही समर्थन किया। अतः इन दोनों के सम्मान में भिखारी संघ बनाने की परियोजन मुझे त्यागनी पड़ी। यूँ मैंने तो सोचा था कि भिखारी संघ बनाने के बाद मैं विश्व भिखारी फेडरेशन बनाऊँगा। भारत में लाखों भिखारी हैं, भिखारियों के वोट से कोई भी भिखारी विधायक या सांसद भी बन सकता है। लेकिन दाआबू कहते कि हमारे देश में राजनीतिज्ञों की कमी नहीं, मैं इस लाइन में जाने की कोशिश करूँगा तो लोग मुझे लंगी मार देंगे। यानी मैं बारम्बार हतोत्साहित होता रहा।

शान्तिनिकेतन में कुछ भिखारी ऐसे भी थे जो विदेश हो आये थे, लेकिन स्वदेश लौटकर उन्हें भीख से ही गुज़ारा करना पड़ता था। ये बाउल कहलाते थे और बहुत अच्छे गायक थे। उनकी आमदनी और भिखारियों से कहीं अधिक थी। मास्टर-दा कहते, "वे बाउल वंश में जन्में हैं, संगीत उनकी रग-रग में है। तू बन्दर कुल में जन्मा है, लाख कोशिशों के बाद भी तू वैसे गीत नहीं गा पायेगा।" यूँ न तो मैं गायक बनना चाहता था और न भिखारी, मैं तो और भिखारियों की मदद करना चाहता था। मास्टर जी की हिदायत से मैं समझ गया कि हर कोई गायक नहीं बन सकता। यह भी हताशा की बात थी।

मेरा यह भी सोच था कि ट्रेन के भिखारियों को कुछ अंग्रेज़ी शब्द सिखाकर एक क्रान्तिकारी परिवर्तन ला दूँ। भिखारी कहें, "लेडीज़ एण्ड जेण्टलमैन, फाइव रुपीज़ प्लीज़!" भारत में अंग्रेज़ी भाषा को लोग बहुत इज़्ज़त देते हैं। भिखारी अंग्रेज़ी बोलेगा तो उसकी क़द्र बढ़ेगी, उपार्जन बढ़ेगा। विदेश पर्यटक दिखायी पड़ें तो वे फ्रेन्च भाषा में कहें, "दि रूपी सिल वू प्ले" यानी कृपया दस रुपये दीजिये।

अब मेरा सोच यह है कि जिन भिखारियों का स्वभाव-चरित्र अच्छा है, उन्हें लेकर मैं एक बढ़िया-सा क्लब बनाऊँ। शान्तिनिकेतन की छुट्टी के दिन बुधवार को तथा शनिवार व रविवार को मैं यहाँ एक नया आन्दोलन शुरू कर ही सकता हूँ। शान्तिनिकेतन को स्वच्छ रखने का आन्दोलन, शान्तिनिकेतन को सुन्दर बनाने का आन्दोलन। जो शिक्षित लोग कमर दर्द, घुटने की पीड़ा, गर्दन दर्द, गठिया, समय का अभाव अथवा हाथों में मिट्टी लगने के डर से बाग़वानी नहीं कर सकते, मैं इन अशिक्षित भिखारियों के दम पर उनकी बाग़ों में फूल खिला सकता हूँ। मैं इत्मीनान से कह सकता हूँ कि जब ये ग़रीब अशिक्षित भिखारी बाग़ के काम में लगेंगे तब सभी कहेंगे कि ये ट्रेन के भिखमंगे हैं, इनके स्वभाव-चरित्र का अता-पता नहीं, इन्हें घर में घुसने नहीं देना चाहिए। बाद में इन्हीं की मेहनत और प्रयत्नों से जब बाग़ में सुन्दर गुलाब और डालिया के फूल खिलेंगे तब वे ही लोग गर्व से कहेंगे कि वह बाग़ उनका ही है।

मेरी डायरी के पन्ने यहाँ तक पढ़ने के बाद दाआबू और मास्टर-दा ने मेरी ओर देखकर कहा, "शाबाश भाई, तू रुक जा, अब हमें जरा समझने दे।"

अतः मैं यहीं रुक रहा हूँ। तुम सबको प्रणाम। □□□